教育部-中国移动科研基金项目"构建'互联网+'条件下的新型课堂教学模式创新实证研究——以宁夏中卫市第三中学为案例"（编号：MCM20180610）研究成果

"互联网+"环境下的新型课堂教学模式

余亮 著

西南大学出版社
国家一级出版社 全国百佳图书出版单位

图书在版编目(CIP)数据

"互联网+"环境下的新型课堂教学模式 / 余亮著. -- 重庆：西南大学出版社, 2023.6
ISBN 978-7-5697-0984-1

Ⅰ.①互… Ⅱ.①余… Ⅲ.①课堂教学—网络教学—教学模式—研究 Ⅳ.①G434

中国版本图书馆CIP数据核字(2021)第126971号

"互联网+"环境下的新型课堂教学模式
"HULIANWANG+" HUANJING XIA DE XINXING KETANG JIAOXUE MOSHI

余 亮 著

责任编辑：	刘　平
责任校对：	陈才华
装帧设计：	闰江文化
排　　版：	杜霖森
出版发行：	西南大学出版社（原西南师范大学出版社）
	重庆·北碚　　邮编：400715
印　　刷：	重庆市正前方彩色印刷有限公司
幅面尺寸：	170 mm×240 mm
印　　张：	23.75
字　　数：	350千字
版　　次：	2023年6月第1版
印　　次：	2023年6月第1次印刷
书　　号：	ISBN 978-7-5697-0984-1
定　　价：	78.00元

前言
PREFACE

　　互联网自诞生之际就深刻地影响着社会结构、社会互动模式,改变着社会变迁的进程。"互联网+"时代的到来也为教育领域带来了巨大的机遇和挑战,互联网融入教育领域将引起教育形态与教育模式的深层次变革和重构。随着我国教育信息化工程的推进,各级各类学校都在开展"互联网+教育"的实践探索。然而,"互联网+"条件下的教育理念尚未形成,"互联网+教育"的推进模式尚不成熟,导致实践中的"互联网+教育"大多存在新瓶装旧酒的现象。这种只改变教学条件而不改变教学模式的做法,使很多地方投入巨大但效果不彰。因此,充分发挥信息技术优势,革除传统教学模式弊端,构建"互联网+"条件下的新型课堂教学模式,成为推进"互联网+教育"的现实需求。

　　本书以"互联网+"环境下的新型课堂教学模式研究为线索展开,聚焦"互联网+"环境下的学习方式研究、"互联网+"环境下的教学模式比较研究、"互联网+"环境下的新型课堂教学模式构建研究、"互联网＋"环境下的新型课堂教学模式实践研究以及"互联网＋"环境下的新型课堂教学模式应用策略研究。

全书共分为六章。第一章"绪论",对本研究的核心概念进行了界定,阐述了研究内容和研究思路。第二章"'互联网+'环境下的学习方式",结合"互联网+"对学习方式的影响,系统梳理学习方式从传统时代到数字化时代再到互联网时代的演化历程,选取"互联网+"环境下的六种典型学习方式并对其特征进行归纳总结。第三章"'互联网+'环境下新型教学模式比较分析",通过提取教学模式核心要素,建立教学模式对比分析框架,面向中学课堂教学,遴选国内外各五个新型课堂教学模式典型案例,对教学模式进行特征及差异比较,总结归纳新型课堂教学模式的发展趋势。第四章"'互联网+'环境下新型课堂教学模式构建",基于理论基础与实践经验设计新型课堂教学的总模式,在此基础上提炼形成语文、数学、英语学科分模式,并结合典型应用案例对各学科教学模式进行说明。第五章"'互联网+'环境下新型课堂教学模式实证研究",将语文、数学、英语新型课堂教学模式应用于教学实践情境中,综合采用实验研究法(量化)和个案研究法(质性),验证不同学科教学情境下新型课堂教学模式的应用效果。第六章"'互联网+'环境下新型课堂教学模式推广策略",基于新型课堂教学模式构建与实践的经验,从学校、教师和家长三个层面提出新型课堂教学模式应用的方法策略,为其他地区、学校探究和构建基于互联网情境的教学模式提供参考。

本书以"互联网＋"环境下新型课堂教学模式建构与实践

为主旨设计撰写思路,写作体例秉持理论与实践相结合原则,语言文字力争深入浅出,案例力求丰富可行,兼具学理性、实用性、操作性和前瞻性。内容不仅涵盖国内外多所学校推进信息化教学模式改革的实践经验,还详实呈现了在"互联网+"环境下开展学科新型课堂教学模式探究的全部过程。其适用于一线教师、教育管理者、教育教学研究者以及教育政策制定者等相关人群。

在本书的撰写过程中,兰明祥和魏华燕参与第一章撰写,何家欢和刘沛参与第二章撰写,张媛媛和章娜参与第三章撰写,魏华燕、张媛媛和刘沛参与第四章撰写,章娜和何家欢参与第五章撰写,兰明祥参与第六章撰写。此外,赵笃庆、谢梦航、王镜、沈超、周芯玉、李乐儒等参与了案例搜集、整理、撰写和校对。在此,对以上研究生表示由衷的谢意。

本书系教育部-中国移动科研基金项目"构建'互联网+'条件下的新型课堂教学模式创新实证研究——以宁夏中卫市第三中学为案例"(编号:MCM20180610)的研究成果,在项目实施过程中,宁夏回族自治区中卫市第三中学谭军校长、张红玲副校长、宋晓荣主任,王洁、刘玉冰、王宝萍、王金花、万红丽、黄娜、李敏娟、宋玉艳、刘莹、朱箐、任淑慧、胡素梅、曹雪慧、杨婷等老师对实证研究工作给予了大力支持,在此向他们表示衷心的感谢。此外,也向支持和关心作者研究工作的所有单位与个人致以诚挚的谢意。

作者力图精益求精,但限于时间和水平,书中难免有疏漏之处,敬请读者不吝指正,以便改进。

目录

第一章 绪论

第一节 "互联网+"对课堂教学模式的影响 ……003

第二节 "互联网+"环境下新型课堂教学模式的基本概念 ………………………………………004

第三节 "互联网+"环境下新型课堂教学模式的研究内容与思路 …………………………………008

第二章 "互联网+"环境下的学习方式

第一节 "互联网+"对学习方式的影响 ………013

第二节 学习方式的演化历程 ………………014

第三节 "互联网+"环境下学习方式的特征 …021

第三章 "互联网+"环境下新型教学模式比较分析

第一节　"互联网+"环境下教学模式内涵要素 …………043

第二节　"互联网+"环境下新型课堂教学模式比较分析框架
………………………………………………………………056

第三节　"互联网+"环境下新型课堂教学模式案例比较分析 ………………………………………………………075

第四节　新型课堂教学模式的特征及趋势 ………………109

第四章 "互联网+"环境下新型课堂教学模式构建

第一节　模式构建理论依据 …………………………………115

第二节　总模式模块设计 ……………………………………122

第三节　学科教学模式设计 …………………………………124

第四节　学科教学模式教学应用案例 ………………………131

第五章 "互联网+"环境下新型课堂教学模式实证研究

第一节　实验研究 ……………………………………………237

第二节　个案研究 ……………………………………………280

第三节　研究总结 ……………………………………………349

第六章 "互联网+"环境下新型课堂教学模式推广策略

第一节　学校层面 ……………………………………………357

第二节　教师层面 ……………………………………………362

第三节　家长层面 ……………………………………………366

参考文献

第一章

绪论

第一节 "互联网+"对课堂教学模式的影响

大数据、云计算和移动互联等技术的发展,正深刻地改变着教育的面貌,推动教育向数字化、网络化和智能化方向发展。"互联网+教育"带来的不仅是教育技术的革新,更是对学习、教学、组织模式的冲击以及由此给教育理念和体制带来的深层次影响[1],"互联网+教育"引起了传统教学模式的变革。

课堂类型由"知识传授型"走向"互动对话型"。"互联网+"理念的出现,进一步催生了在原有教育信息化基础上各种资源的整合,从而改变传统模式化教学和教育体制。与"互联网+"互动、分享本质相匹配,教学出现了以网络辅助和互联网直接面向个体的传授路径。对照于传统教学模式,"互联网+"教育教学提供的混合式教学模式种类更为丰富,其中,较为典型的有体验式教学、协作式教学、游戏式教学等教学方式。其主要特点表现为对学习个体、学习空间、学习地点与学习方式的变革,学生与教学人员同置于线上与线下空间内,通过互联网实现个体在任何时间、任何地点、任何方式的学习,颠覆了传统教学空间的限制和以教师为中心的授课方式。并且,基于数据库的知识体系,完成了对教学体系的建构,同时,结合标准算法、数据分析等方式,教学人员对学生个体实现了总体与微观的把握,更便于为学生个体提供定制化、个性化服务,进一步促进学生个体知识的积累和能力的形成[2]。

以教师为中心的授课模式被互联网改变,教师不再是唯一的知识来源,学生对教师授课的依赖性明显减弱。与之相适应,教师的作用要从

---

[1] 张岩."互联网+教育"理念及模式探析[J].中国高教研究,2016(2):71.
[2] 白松林."互联网+"视野下的教育改革趋势与教学思路调适研究[J].中国成人教育,2016(8):135.

教学的主导者变成学生学习的辅助者、服务者,教学要从单向传输知识的"满堂灌"向更加注重互动对话的"翻转课堂"转变。所谓翻转课堂,主要是指课堂承载的功能发生改变,过去课堂主要是教师"教授知识",现在教师要求学生课前在网上完成所有相关知识点的视频学习,课堂上主要是"交流和评估",也就是答疑解惑和评估鉴定学习成果。翻转课堂的出现将倒逼学校的教学模式改革,使教师面临教学策略和技能方面的挑战。教师如何既调动学生参与性,及时检查学生的知识掌握情况并给予反馈,又不干预学生的选择,促进学生的自主学习,这对教师的理念转变和素质能力都是新的考验[1]。翻转课堂的创新本质,代表了一种工业化转向信息化社会的教学方式,是对传统教学的颠覆和变革。它昭示着学校教育与社会教育、正式学习与非正式学习、在线学习与面对面学习之间的融合,昭示着一种全新、开放的教育生态体系。

课堂教学从集体教学走向个体差异化教学。"互联网+教学"以差异化学习为基本特征,基于"技术丰富"的教学环境,运用多样化教学策略和形成性评价,将现代信息技术与学科教学深度融合,是班级授课制向个性化学习过渡的必要手段。信息技术支持下的教学模式与传统的班级授课制相比,将发生根本性变革,教学准备从备课到学习设计,教学过程从讲授到学习活动组织,教学评价从学期考试到关注学习全过程,重视对学习过程的支持服务[2]。

第二节 "互联网+"环境下新型课堂教学模式的基本概念

一、"互联网+"

在2015年7月国务院印发的《关于积极推进"互联网+"行动的指导

---

[1] 李凤岐.互联网+教育:技术创新[M].北京:电子工业出版社,2017:17.
[2] 黄荣怀,等.教育信息化[M].北京:科学出版社,2018:196.

意见》文件中提出了政策层面的"互联网+",其对"互联网+"的解释是"把互联网的创新成果与经济社会各领域深度融合,推动技术进步、效率提升和组织变革,提升实体经济创新力和生产力,形成更广泛的以互联网为基础设施和创新要素的经济社会发展新形态"。这可视作目前官方对"互联网+"最权威的解释。国内许多专家学者也开始从多方位解读此概念,但并未形成一个统一的定义,由此本文将从不同视角阐述"互联网+"的内涵。从信息传播的角度看,"互联网+"是一次全新的信息革命,在这次信息革命中,主要从一个传播的时代转向智能感应的时代。从经济转型的角度看,"互联网+"是实体经济与互联网深度融合的经济形态。从社会治理的角度看,"互联网+"是推动社会治理创新的有效手段。虽然"互联网+"是"互联网+各个传统行业",但它却并非是两者的简单相加,而是以互联网为基础设施和创新要素,促进信息通信技术与各行各业进行跨界深度融合,创造传统行业的新发展生态。"互联网+"的关键是创新,只有创新才能让这个"+"真正有价值、有意义。因此,"互联网+"被认为是创新2.0下的互联网发展新形态、新业态,是知识社会创新2.0推动下的经济社会发展的新形态演进,是借助互联网的理念对传统行业进行颠覆性的重组和变革。

"互联网+"具有跨界融合、创新驱动、重塑结构、尊重人性、开放生态、连接一切六大特征。跨界融合,"+"就是跨界、变革、开放和重塑融合,敢于跨界,创新的基础才更坚实,融合协同,群体智能才会实现,从研发到产业化的路径才会更垂直;创新驱动,"互联网+"能够创新驱动发展,促进产业形态创新、促进思维模式创新、促进生产方式创新;重塑结构,信息革命、全球化、互联网已打破了原有的社会结构、经济结构、地缘结构、文化结构,权力、议事规则、话语权在不断发生变化;尊重人性,互联网的力量之所以强大,最根本的是源于对人性最大限度的尊重、对人体验的敬畏、对人创造性发挥的重视;开放生态,依靠创新、创意驱动,同时要跨界融合,就一定要优化生态,对企业、行业应优化内部生态,并和外部生态做好对接,形成生态的融合性;连接一切,跨界需要连接,融合需要连接,创新需要连接,连接是一种对话方式、一种存在形态,没有连接就没有"互联网+"。

二、教学模式

对于教学模式的定义,国内外研究者的看法并不一致。在国外较有影响的教学模式定义是乔伊斯和韦尔的定义。他们认为,教学模式是构成课程和课业、选择教材、提示教师活动的一种范型或计划。他们把教学模式定义为一种教学范型或计划。国内普遍认同何克抗关于教学模式的定义,即教学模式是指在一定的教育思想、教学理论和学习理论的指导下,在某种教学环境和资源的支持下,教与学活动各要素之间稳定的关系和活动进程的结构形式①。实质上,计划只是教学模式的外在表现,教学模式蕴含着某种教学思想或理论,用"范型"或"计划"来定义教学模式显然将教学模式简单化了。因此,本研究倾向于何克抗关于教学模式的定义,将其界定为一种结构形式。一个完整的教学模式具备理论依据、教学目标、实现条件、操作程序及教学评价五个要素。理论依据是指开发教学模式的指导思想,既包括对教学活动现象的理解和认识,也包括教学理论和学习理论,是教学模式的基础;教学目标是指通过教学模式的实施实现某种目的,是教学模式的关键;实现条件是指为教学模式的实施提供必要支持,是教学模式的前提;操作程序强调两个层面,分别是教师的教学活动与学生的学习活动,关注它们的内容以及它们之间的关系,是教学模式的主体;教学评价是指对教学活动进行价值判断,通过教学评价可以发现缺陷、弥补不足、提升教学质量,是教学模式的保障。这些要素各占有不同的地位,起着不同的作用,具有不同的功能,它们之间既有区别,又彼此联系,相互蕴含、相互制约,共同构成了一个完整的教学模式。

三、学习方式

学习方式是由学习主体、学习客体以及学习中介三大要素共同组成的完整学习系统,学习主体作用于学习客体,即是从学习的发动、到运行再到转换的机制和过程,各要素的结构、样式和过程的组合展现出学习

---

① 何克抗,吴娟.信息技术与课程整合的教学模式研究之一——教学模式的内涵及分类[J].现代教育技术,2008(7):5-6.

主体对学习客体作用能力的广度和深度①。

学习主体就是学习中的人,即学习者。传统认知中,学习者或以个体行为进行自主学习或以群体行为进行协作学习,相应构成了"人""多人"的学习主体。随着"互联网+"时代的到来,智能机器人开始普及,它作为学习伙伴,不仅为学习者提供各种学习支持,还可深度参与学习者的整个学习过程,通过与学习者进行复杂的数据交换来捕捉学习者的学习行为、思维习惯,从而对学习者的学习行为数据进行多维度分析,为每个学习者画像,将潜藏在学习者内部的个性特征、学习需求和认知特点实体化、外显化。同时,作为学习辅助者的智能机器人开始打破技术支持的单一身份,被同化为学习者的一部分,在信息筛选、资源推送等层面上体现出人类的部分意志。可见,学习者与智能机器人的融合,扩展了学习主体的范畴,使其更倾向于是一个"人+机"融合体,或者是"多人+机"构成的复杂共同体。

学习客体是学习活动指向的对象,它是自在的、客观的,如知识、技能和能力等②,具有高度抽象性与相对稳定性。比如知识,它是经验经过语言赋予了意义、概念后的产物,其形成包括经验的主体、经验概念化的语脉和社会过程,是高度抽象和概括的结果③。内容的高度抽象性既保证了学习客体在不同时期的新内涵得以延展,也加强了学习客体的时代特征。

学习中介是连接学习主体与学习客体的中介系统,是使学习方式内部要素相互关联的桥梁和纽带。学习中介主要指学生学习活动所依赖的工具、技术、手段等④,如以计算机、平板电脑以及智能手机等为代表的硬件设备。

---

① 李芒.信息化学习方式[M].北京:北京师范大学出版社,2006:37.
② 李芒.信息化学习方式[M].北京:北京师范大学出版社,2006:37.
③ 李芒.信息化学习方式[M].北京:北京师范大学出版社,2006:37.
④ 李芒.信息化学习方式[M].北京:北京师范大学出版社,2006:37.

第三节 "互联网+"环境下新型课堂教学模式的研究内容与思路

一、研究内容

本研究的核心是构建"互联网+"环境下新型课堂教学模式及其实证研究。研究从宏观教育视角出发,全面深入地分析"互联网+"对教育系统产生变革的背景。首先,通过对"互联网+"环境下学生学习方式及国内外典型教学模式的比较分析,构建"互联网+"环境下新型课堂教学模式。其次,对新型课堂教学模式进行实证研究,进一步完善和优化教学模式。最后,提出"互联网+"环境下新型课堂教学模式推广策略。研究的具体内容如下。

(一)"互联网+"环境下学生学习方式研究

"互联网+"时代教师的教应以学生的学为基础,教学模式的构建也必然建立在学生学习方式的基础上。因此,本研究聚焦学习方式这一核心要素,系统梳理技术支持下学习方式的变迁历程,着重关注"互联网+"环境下的学习方式,选取泛在学习、个性化学习、沉浸式学习、移动微型学习、碎片化学习、规模学习等典型学习方式进行分析,进而归纳"互联网+"环境下学生学习方式的特征。随后,从学习主体、学习客体、学习中介以及学习环境等方面预测"互联网+"环境下学习方式变革的发展趋势及其对教学的启示。

(二)"互联网+"环境下新型课堂教学模式典型案例比较研究

"互联网+"环境下新型课堂教学模式典型案例比较研究通过梳理总结"互联网+教育"的基本概念、特征,把握"互联网+教育"的内涵,结合"互联网+"对教学模式各要素的影响,提炼"互联网+"环境下新型课堂教学模式的核心要素,建立教学模式比较分析框架。通过德尔斐法,初步遴选"互联网+"环境下国内外典型新型课堂教学模式案例40个,其中国内20个,国外20个。面向中小学课堂教学,再次筛选出国内外各5个典型课堂教学模式案例,采用比较研究法进行比较分析,归纳新型课堂教学模式的主要特征,进而分析"互联网+"环境下未来课堂教学模式的发展趋势。

(三)"互联网+"环境下新型课堂教学模式构建

"互联网+"环境下新型课堂教学模式构建以学生学习方式和案例比较研究结果为依据,以义务教育学科新课程标准为指导,分析各个学科教学活动组织的共同点和差异,采用定性研究法建构了"互联网+"环境下新型课堂教学模式。该模式以"以学导教,以教促学"的教学思想为理念,将教学过程分为课前导学、课堂互动探究和课后巩固延伸三个部分。以云校家、教学助手、互动课堂等互联网教学资源平台为载体打造"互联网+"的线上线下混合式学习环境,贯穿教学活动始终,联结课堂内外。以课外学习为指引开展课堂教学。以课堂教学为基础深化课外学习。同时,以语文、数学、英语为例,设计三个学科教学模式,并根据每个学科教学活动特点,针对性地设计了五种典型课型。

(四)"互联网+"环境下新型课堂教学模式实证研究

"互联网+"环境下新型课堂教学模式实证研究是本研究的核心内容,采用实验研究法(量化)和个案研究法(质性)开展实证研究,二者研究结论相互印证。按照基于设计的研究范式,实验研究分两轮进行,每一轮时长为一个学期,每一轮实验研究分为前测、培训、教学活动以及后测四个环节。实验组学生和教师在实验前要开展相应的培训活动。第一轮验证新型教学模式对学习者学习成绩、问题解决能力以及信息素养的影响,评价模式的有效性,修改和完善该模式。第二轮则验证修改后的新型教学模式对学习者学习成绩、合作交流能力、问题解决能力以及信息素养的影响。个案研究法则以学科课程为个案,追踪教师选择和应用新型课堂教学模式的过程,学生在线上和课堂学习和发展的轨迹,从另一个侧面验证教学模式有效性。

（五）"互联网+"环境下新型课堂教学模式推广策略

为践行"互联网+"环境下新型课堂教学模式的实践价值，推进新型课堂教学模式的常态化应用，需将研究实施产生的优质成果和经验进行开放和共享，为其他地区、学校探究和构建基于互联网环境的教学模式提供参考。因此，本研究立足于模式实践与相关推广理论，基于前期模式建构和实施的经验，从学校、教师和家长三个层面提出"互联网+"环境下新型课堂教学模式推广策略。

二、研究思路

本研究的总体思路如图1-1所示。首先，通过理论调研，系统分析"互联网+"技术环境对课堂教学的影响，由此解析教学系统要素发生变革的形态，同时分析"数字土著"一代的学习特征，进而归纳和建构"互联网+"技术环境下学生的学习方式；其次，建构课堂教学模式比较分析框架，遴选"互联网+"环境下国内外典型的新型课堂教学模式案例，依据比较分析框架，采用比较研究法进行全面而系统地分析，归纳新型课堂教学模式的主要特征；再次，分析学科特征，以学生学习方式和案例比较研究结果为依据，采用定性研究法建构新型课堂教学模式，分析新型课堂教学模式的应用；从次，将新型课堂教学模式应用于教学实践情境中，综合采用实验研究法（量化）和个案研究法（质性）验证其在课堂教学的应用效果，进而修改和完善新型教学模式；最后，建构"互联网+"环境下新型课堂教学模式应用的策略，并提出推广应用措施和建议。

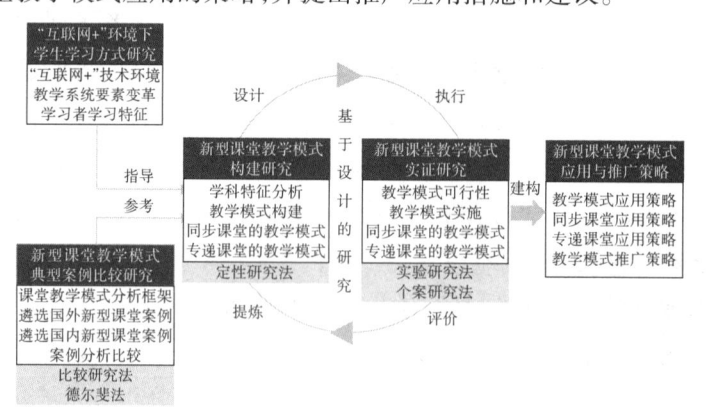

图1-1 研究思路

第二章

「互联网+」环境下的学习方式

第一节 "互联网+"对学习方式的影响

在传统的教育体系中,学习者在课堂中以面对面的形式完成学习。随着互联网的产生,基于网络的学习方式逐渐发展并扩大。这里的网络学习,指完全通过计算机网络完成的一种学习活动。而混合式学习则是课堂学习和网络学习向两种形式有效叠加的一种延伸。把传统课堂学习方式的优势和网络学习的优势结合起来,既发挥了教师的主导作用,又充分体现了学生的主动性、积极性与创造性。"互联网+"对学习方式的影响主要体现在网络学习和混合式学习方面。在网络学习方面,新技术与教育的结合催生了多种新型学习方式,如个性化学习、沉浸式情景学习和跨界学习等,学习观念的转变也进一步发展了学习者的自主学习、探究式学习和协作学习。在混合式学习方面,更加突出了混合式学习形式的优势,是未来教育的主要变革方向。

相较于传统的课堂学习而言,网络学习一般指基于计算机网络发生的学习行为。"互联网+"对网络学习的影响主要体现在技术与理念两个方面。

在技术方面,"互联网+"推进网络学习变革的关键要点在于:

第一,大数据、云计算和学习分析技术能够实现对学习者相关数据、教师相关数据和课程相关数据全程的收集、整理与分析。其中,学习者相关数据主要包括学习者的基本数据、行为数据、交互数据、表现数据、情感数据等。数据分析的结果以可视化形式呈现,用于发现学习问题,评估学习效果,预测未来学习。基于此,可以对学习者进行个性化的指导与干预,以促进学习者有效学习的发生,实现个性化学习。

第二,VR、HR、RFID、NFC和物联网等感知技术能够将真实场景与虚拟场景相结合,帮助学习者拓展学习情境,在情境中应用知识,促进知识的应用迁移,实现学习者远程学习或沉浸式情景学习。

第三，移动互联技术能够基于互联网络连接不同的智能终端，使学习无处不在，引领学习者跨越日常学习、生活和工作的边界，打破传统的教学界限，将学习行为由课堂内延伸到课堂外，促进正式学习与非正式学习的结合，实现"跨界学习"。

在理念方面，"互联网+"推进网络学习变革的关键点在以下三方面。

第一，在"互联网+"影响下，学习者的学习主体地位得到凸显，理念上的变革使学习者在教学环境、教学模式、学习资源上有了很大程度的自主性。学生可以在任何时间、任何地点学习，只要是有网络连接就可以进行，不必再完全依赖于课堂和书本，突破了校园的局限，实现了学习者的自主学习。

第二，在"互联网+"影响下，学习者的角色转变为知识的探究者。在翻转课堂中，学生课前预习，课堂上与老师、同学一同探讨课程内容，开展探究式学习。此外，学生也可以完全使用网络教学平台自主探究，完成相应课程的学习。

第三，"互联网+"突破了传统的灌输式教学，教师从教学的主导者变成了学生学习的辅助者。在"互联网+"环境下，学习更加注重教师与学生、学生与学生之间的交流互动，尤其促进了在大规模网络学习中学习者间协作学习的发展。

第二节 学习方式的演化历程

学习起源于人类的生产劳动，是人终生都会有的一种社会现象，并伴随个体需要而发展。比如，学生的学习方式会受到个人喜好、师生关系、学习内容、学习工具以及知识学习要求等诸多因素的影响，从而形成不同类别的学习方式。按照知识学习要求的不同，我们可以将学生的学习分为面向过去的知识复制式学习、面向现在的知识重组式学习和面向未来的知识创新式学习①,它们分别对应着社会发展进程中的三个典型时代,具体如表2-1所示。

表2-1 社会发展进程中学习方式的变迁

学习要求	传统时代	数字化时代	互联网时代
学习目的	学习技能,谋求生活	个人的终身发展	人类利益共同体
学习内容	学科知识、人文素养、制造知识及技能	学科知识、信息素养、自主发展	学习能力、创造能力、社会责任
学习方式	听讲记忆、练习、标准化学习	混合学习、合作学习、自主学习	个性化学习、真实学习、泛在学习
学习环境	学校或工作场所、教学具有周期	学校或网络场所、时间具有弹性	不限地点、不限时间

一、传统时代的学习方式

(一)传统时代的学习背景

在传统教育时代,教育因为生产需要而得到重视。以蒸汽机为代表的第一次工业革命将人的生产劳动由手工劳动转向动力机器;以电力驱动为代表的第二次工业革命,使得人们正式进入了工业时代,为了促进国家经济的发展,满足大量工业化生产的需要,社会开始要求人们去学习标准化的生产知识与技能。政府也相继颁布对应政策促进基础教育的普及。如1949年发布的《中国人民政治协商会议共同纲领》就明确指出,这一时期的教育任务是培养国家建设人才。1958年颁布的《关于教育工作的指示》也提到,这一时期的教育目标,是培养具有社会主义觉悟的有文化的劳动者。

由于该时期的教育是为工业化生产服务,所以教学目标单一,对学生知识学习的要求主要是知识复制式的学习。人们学习的目的是获得生产所需要用到的知识与实践技能,国家普及教育的目的是促进经济发展,为工业化的生产不断输入产业工人。此外,这时的国家百废待兴,教育资源也比较匮乏。因此,为了满足国家、社会和个人的发展需要,不管

---

① 张义兵.教育技术变迁与学习的变革[J].教育学报,2012,8(2):61.

是学校教师还是家长,都比较强调知识的接收和分数的甄别功能,只注重学生智能方面的发展,导致常以学生的考试成绩作为评判学生的唯一标准,给孩子增加了沉重的负担,具有浓厚的应试教育气息。除此之外,为了满足社会对工业化人才的大批量需求,学校课堂教学主要采用班级授课制,并在教学中呈现出以课堂、教师、书本为中心的特点。可以说,这时的课堂教学总是习惯性地给学生抛出一连串的知识概念,让学生通过"题海战术"去被动吸收[①]。

(二)传统时代的学习方式特征

基于这一时代的特殊社会背景,学生的学习方式主要呈现以下特征:

从学习主体来看,学习面向的主要对象是未成年人。由于这一时代的教育旨在通过"练中学"扎实地掌握基础知识和熟练基本操作技能,常利用分数作为筛选的标准,因此,并没有注意到学生的主体性和个体的差异性,常把学生当作承载知识的容器,使之长期处于弱势地位,整个学习过程呈现出机械化、被动化的特征。

从学习客体来看,由于这一时期的教育是为社会的发展服务、为工业化人才的需要服务。因此,学习的内容主要是学校精心挑选出的、为未来工作打基础的、有关职业化知识的相关书籍,具有标准化的特征。

从学习中介来看,这一时期受当时科技水平以及社会氛围的影响,学生可以利用的学习中介主要是学校教师和同学。而这两个要素仅仅学校才有,这就局限了学生的学习场所、学习方式与学习时间。学生若想学习,只能在以教师为中心的课堂上专心听讲,被动地接收老师讲授的知识,通过识别、记忆与练习,循环往复地去掌握标准化的知识,鲜有实践,也无法从其他渠道获得更多进步与发展。这样的学习方式,在复制知识、创造出大量"高分人才"的同时,也带来了诸如抹杀孩子创造性、学生为了学而学、自主学习能力差等弊病[②],具有很大的被动性。

通过上述对传统时代学习方式的分析我们可以看出,这一时期的学习方式主要呈现出大班教学、讲练结合、标准化、机械化等特点,但这一时期流行的讲授法和交互式电子白板对促进学生智力发展的作用值得肯定。

---

① 李春机.高中数学课堂结构化教学中优化学生学习方式的案例研究[J].数学教学通讯,2019(6):13.

② 张韵姣.慕课与传统教学模式的比较研究[D].呼和浩特:内蒙古师范大学,2015:3.

二、数字化时代的学习方式

(一)数字化时代的学习背景

上文提到,传统教学时代的学习目的主要是为社会发展输送大量工业化人才,所以多采用大班教学与讲练结合的形式来进行知识传授。但这样的学习方式随着实践也暴露出很多弊端,例如传统时代封闭式的教学环境,导致了学生学习的时间和空间受限、评价方式单一、信息交流局限、学习资源匮乏、实践动手能力差等问题。同时,随着以计算机、原子能、空间技术应用为标志的第三次工业革命的全面推进,大量机械式的人力劳动开始被机器所代替,标准化的知识复制式学习已经不再符合当下社会的生产发展需要,个体的终身发展开始越来越受到重视①。可以说,数字公民享受着数字化世界所带来便利的同时,也面临着数字化学习的要求和挑战。因此,这一时期的学校教育开始聚焦适应未来社会发展的数字公民的培养,为此国家也颁布了相关条例来推进教育的改革。例如,1985年我国颁布的《中共中央关于教育体制改革的决定》就提到,教育必须要面向现代化、面向世界、面向未来,为九十年代以至下世纪初我国经济和社会的发展,大规模地准备新的能够坚持社会主义方向的各级、各类合格人才②。在1986年我国颁布的《中华人民共和国义务教育法》中也明确指出,我国义务教育的推广目的是努力提高当下教育的质量,提高全民族的整体素养,培养社会主义的建设人才③。

随着社会需求的改变,大家也认识到了传统教育的局限,众多学者开始针对我国的教育国情做出探索。为了使学生更好地学习,促进学生的终身发展,我国逐步重视面向知识重组式的学习,要求教师在注重知识传授的同时,还要尊重学生的主体性需求,强调学生的自主建构与体验感。因此,学校教育在政策的指引下,开始强调以学生为中心、以问题为中心,强调学生对知识的自主建构,注重对学生创造性与合作性的培

---

① 黄荣怀,刘德建,刘晓琳,等.互联网促进教育变革的基本格局[J].中国电化教育,2017(1):8-9.
② 中华人民共和国教育部.中共中央关于教育体制改革的决定[Z].1985-05-27.
③ 中华人民共和国教育部.中华人民共和国义务教育法[Z].1986-04-12.

养①，帮助学生树立终身学习的习惯。

(二)数字化时代的学习方式特征

基于这一时代的特殊社会背景，学生的学习方式主要呈现出以下特征。

从学习主体来看，学习的对象虽然仍多为未成年人，但学习的要求却不同以往，这一时期主要强调学生的自主学习，注重培养学生的创造性、合作性和自主学习能力，因此，将学生放在了第一位，以学生为中心来开展教学工作。

从学习客体来看，由于计算机与互联网在第三次工业革命后得到了高速发展，多媒体技术与因特网渐渐走入学校课堂，数字化学习伴随着科技进步而产生，学生开始通过纸质书、电子书、视频课程和多媒体课件等工具来获取学科知识以及有关自身发展的学习资源。同时，在"生态人"理念的指导下，这一时期的教育不再局限于社会生活所需知识的传授，开始强调唤醒学生的自我发展意识，注重学生的全面发展和终身发展②。因此，这一时期的学习客体较之前变得更加丰富，这使得学生学习的空间阻碍得到松动。

从学习中介来看，这一时期的教育改变了以讲授法为主、利用课本和练习题来让学生掌握知识的传统教学方式。在课堂教学中，教师开始利用多种教学工具开展更有趣味性的教学活动，增加学生的学习体验感，激发学生的学习积极性；利用分组合作、混合学习等新型学习方式，培养学生的合作性、独立性、创造性以及语言表达能力，满足学生的参与感③。扁平化学习就是一种适应这一时期需求的新型学习形式，它指的是学生以学习小组的形式进行学习，通过共享知识和经验，互相合作讨论来探索事物之间存在的联系，实质上是想让学生通过小组合作学习的方式在获取知识的同时，增强学生的合作交流意识与批判思维④。

社会需求与国家政策的这一系列变化使得这一时期的学习方式由

---

① 贾楠.数字化学习时代下对大学生学习方式的重新审视[J].教育导刊，2017(5)：96.
② 申国昌，程功群.第三次工业革命影响下教育理念的转变[J].江汉学术，2014，33(1)：19.
③ 何莲珍.自主学习及其能力的培养[J].外语教学与研究，2003(4)：289.
④ 申国昌，程功群.第三次工业革命背景下的教学改革[J].教育研究与实验，2013(2)：21.

传统教学的被动走向主动,由接受式学习走向探究式学习[①],注重对学生自主学习能力的培养,体现出了合作性、参与性、主体性、混合性等特征。但这一时期,大家对于评价学生学习结果的标准还是比较集中在学习成绩,而非学习过程。

三、互联网时代的学习方式

(一)互联网时代的学习背景

目前,以人工智能为代表的第四次工业革命正在如火如荼地进行,在技术的支持下,越来越多的智能产品相继出现,影响我们的日常生活,影响市场对人才的需要。在这个技术不断更新迭代的时期,未来将会有部分的工作岗位被机器人取代,同时,科技的不断发展也会创造出新的工作岗位[②]。对技术创新人才也提出了更高要求,这意味着只掌握书本知识无法满足社会对人才的培养要求,需要学习者逐渐形成多学科交叉融合的知识体系,具有批判性思维和创造性思维。与此同时,创新人才也已成为国家最大的资源和最强的核心竞争力,各个国家都开始积极投入人才队伍的建设。在国家可持续性发展需求与新一轮科技革命的双轮驱动下,世界教育体系发生了改革,人工智能与教育开始相互影响。为此,我国政府也开始出台有关促进教育变革的政策条例,如2017年9月颁布的《关于深化教育体制机制改革的意见》明确指出,应该坚持将教育放在国家优先发展的战略位置,提出全面深化教育综合改革,全面实施素质教育,全面落实立德树人的根本任务。同年12月颁布的《普通高中课程方案(2017年版)》也进一步明确了当下普通高中的教育培养目标,即进一步提升学生综合素质,着力发展核心素养,使学生具有理想信念和社会责任感,具有科学文化素养和终身学习能力,具有自主发展能力和沟通合作能力[③]。通过一系列教育政策的颁布,我们可以看出,我国

---

① 王英玉,曲艳红.大数据环境下中国大学生学习方式的变革[J].职业技术,2019,18(9):55.
② 吕文晶,陈劲,刘进.第四次工业革命与人工智能创新[J].高等工程教育研究,2018(3):64.
③ 教育部.普通高中课程方案(2017年版)[M].北京:人民教育出版社,2018:4.

的教育培养目标是与时俱进的,与当时社会的技术发展水平密切相关①。

在这个"大众创业、万众创新"的时代②,为了培养更多的创新人才,满足社会发展的需求,也为了使学生能够在未来社会获得更好的生活,社会和学校在强调学生自主建构知识的同时,更加注重学生的全面发展,尤其是创新能力和动手实践能力的培养。

(二)互联网时代的学习方式特征

基于这一时代的特殊社会背景,学生的学习方式主要呈现以下特征。

从学习主体来看,互联网时代的学习主体地位已发生明显变化。这个时代的教育将学习者置于教育活动的中心位置,其具体表现在以下两点:首先,学习者可以根据自己的需求和意愿,自行决定他们学习的时间、地点、内容和工具;其次,他们可以利用一切闲余时间(例如等公交、买单排队)借助移动终端进行无所不在的学习。

从学习客体来看,在互联网时代之前,纸质材料是知识的主要载体,例如书本、报纸等。而在如今的网络时代,知识的载体已扩充到电子网络等媒介,学习的对象增添了微视频、网课等学习资源。学生可以根据自己的需求,自主寻找相应的网络课程资源进行学习,并通过结合线下教师讲解,实现自我管理的学习。

从学习中介来看,在"互联网+"时代的学习过程中,学习者主要使用的工具是移动终端设备和互联网,比如借助手机、平板、电脑等增强学习的可接入性和可联结性。主要使用的技术是云计算、大数据、虚拟现实技术、仿真技术等新技术,比如通过虚拟现实技术改变认知工具,创设"真实"的学习环境,增强学习体验,实现仿真学习。

简言之,时代发展是教育发展的助推器,教育方式和学习方式的每一次变革与发展也都是对这个时代发展的回应③。互联网时代的学习,改变了学习者的边缘地位,冲击着学习者原有的思维和学习方式;新媒

---

① 孙霄兵.培养社会主义社会的合格公民应当成为我国教育事业的重要目标[J].教育研究,2005(4):15.
② 王佑镁.发现创客:新工业革命视野下的教育新生态[J].开放教育研究,2015,21(5):49.
③ 李红梅."互联网+"时代"新"学习方式的价值逻辑[J].中国电化教育,2017(6):102.

体信息资源增加了知识的容量,扩展了知识的深度和宽度;各种新型学习工具也不再是学习过程中可有可无的辅助,而是可以真正参与学习过程并作为教学系统中的重要组成部分。因此,在这一时代背景下,学生的学习方式开始由被动接受学习走向真正的自主化、个性化和虚拟化学习。

通过对上述三个时代学习方式的分析,不难看出,由于每个时代科学技术发展水平的不同,社会对学习主体的要求也不同。因此,不同时期的学习方式在学习主体、学习客体和学习中介等各要素方面都具有明显差异。

第三节 "互联网+"环境下学习方式的特征

一、"互联网+"环境下的典型学习方式

(一)泛在学习

随着科学技术的快速发展、移动终端与智能穿戴设备的不断升级以及"互联网+"与教育的深度融合,移动学习(M-Learning)已迅速向教育领域扩张开来,得到社会大众的广泛关注与参与,学习者的学习也正逐步从数字学习(E-Learning)走向泛在学习(U-Learning)。何为泛在学习?泛在学习又称"无缝学习""普适学习""无处不在的学习",指学习者可以根据自身需求将注意力完全集中到学习过程之中,而不用担心时间和空间位置的限制。这一学习方式是"互联网+"环境下所产生的一种新型学习方式,是一种可为学生提供随时、随地利用手边的电子设备就可以进行学习活动的3A(Anytime、Anywhere、Anydevice)学习。可以说,它既延伸了数字学习,又克服了数字学习的不足。

许多学者都曾对泛在学习的特征做过研究,潘基鑫等认为泛在学习具有五大特点。第一,泛在性。在泛在学习中,学习者学习行为发生的时间、地点、需求和服务都是泛在的,没有具体的限制。第二,易获取性。利用电子设备建构的泛在学习环境是开放的、共享的,学习者可以通过自身需求选取适合自己的学习资源和学习工具。第三,交互性。泛在学习可以加强知识与真实生活的联系,增强师生、生生之间的协作交流。第四,情境性。泛在学习使学习融入了生活,学生可能感觉不到学习的产生,但学习却真实地存在,并且学习本身就处于一定的情境之中。第五,基于问题的学习。泛在学习是依据学习者自身需求所产生的学习,这样的学习多是为了解决现实生活中所遇到的问题[1],因此,这种学习方式在当下非常普遍。

　　以地理学科为例,上海开放远程教育工程技术研究中心基于泛在学习的空间设计模型和原则构建了一个泛在学习的空间——开放教学数字化实验室,并且根据学习场所的不同将这一学习空间分成了两个部分:课堂学习空间(物理学习场所)和远程学习空间(虚拟学习场所)[2]。如图2-1所示,在课堂学习空间之中,学习者可以通过游戏化的方式进行正式学习,利用数字化实验室的多屏互动技术实现多屏的无缝互动,提升学习趣味性。在远程学习空间中,学习者可以在各类非正式学习场所,利用各类终端设备体验丰富的学习资源,还可以进行在线测试,得到自我学习情况的及时反馈。同时,泛在学习空间还具备学习分析功能,它会对学习者的学习行为作全程记录,然后基于学习者的学习状态提供个性化资源推送,满足学生的个性化发展需要,真正实现以学生为中心的教育。

---

[1] 潘基鑫,雷要曾,程璐璐,等.泛在学习理论研究综述[J].远程教育杂志,2010,28(2):95.
[2] 肖君,王敏娟,李雪.移动学习资源和活动的综合模型设计研究[J].现代教育技术,2011,21(7):16.

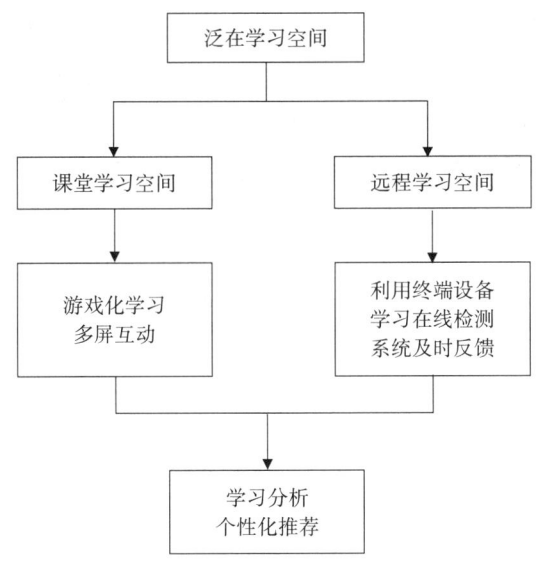

```
                    ┌──────────────┐
                    │  泛在学习空间  │
                    └──────┬───────┘
                    ┌──────┴───────┐
            ┌───────┴──────┐  ┌────┴─────────┐
            │  课堂学习空间 │  │  远程学习空间 │
            └───────┬──────┘  └────┬─────────┘
            ┌──────┴───────┐  ┌────┴─────────┐
            │  游戏化学习   │  │ 利用终端设备  │
            │  多屏互动     │  │ 学习在线检测  │
            │              │  │ 系统及时反馈  │
            └───────┬──────┘  └────┬─────────┘
                    └────────┬─────┘
                      ┌──────┴───────┐
                      │   学习分析    │
                      │   个性化推荐  │
                      └──────────────┘
```

图 2-1　泛在学习空间的设计

基于这一学习空间的特性，该研究中心针对高中地理的《星空探索——太阳系的八大行星》一课，利用增强现实技术设计开发了一个示范性的泛在学习课件，用于验证泛在学习空间对于学习体验和学习效果的影响。研究将师生置于泛在学习空间的学习环境中，利用《星空探索——太阳系的八大行星》作为学习课件对7名高中生开展教学，学习者基于iPad上的增强现实App，更为直观地观察太阳系中八大行星之间的交互，学习内容与学习环境的有效融合，增加了学习者的学习体验。此外，通过数据统计分析发现，学生对该学习空间的满意度较高（81.7%），其中，针对教学体验的满意度更是高达85.4%，这说明学生对该学习空间的体验感和认可度较高。同时，在游戏化答题环节中，以100分为标准，7名高中生在学习后平均分均高达96.5，这说明泛在学习空间具有较好的学习效果[1]。

通过开放教学数字化实验室的案例可以看出，利用计算机网络、虚拟现实等技术改进教学环境，构建泛在学习空间是非常有必要的，这既是社会发展的需要，也是学习者个性化学习的需要。

---

[1] 肖君，姜冰倩，许贞，等.泛在学习理念下的无缝融合学习空间创设及应用[J].现代远程教育研究，2015(6)：99-101.

同时，经过调研也不难发现，泛在学习在教育中不仅体现在利用各类技术构建无缝化的学习空间，帮助学生开展更有效的学习，还体现在利用泛在学习在传统教育课堂上开展各类主题探究学习中。

以语文学科为例，张老师讲授小学四年级《桂林山水甲天下》这一课时就利用泛在学习的思想开展了主题探究学习，教学流程如图2-2所示。

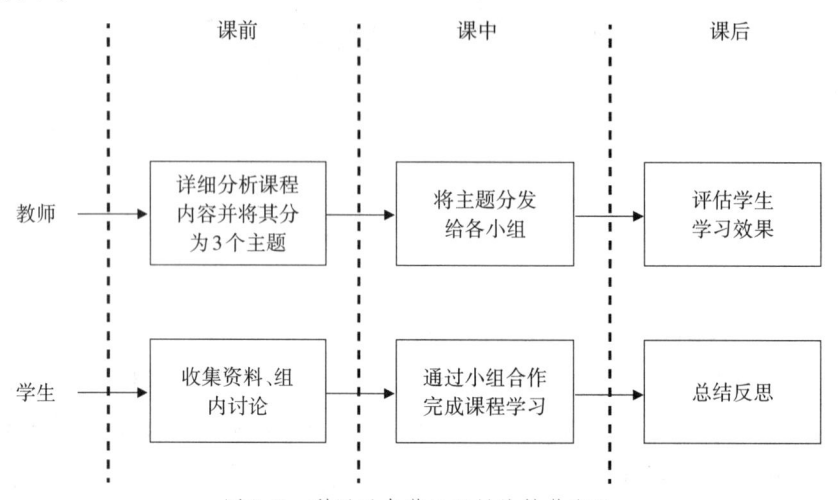

	课前	课中	课后
教师	详细分析课程内容并将其分为3个主题	将主题分发给各小组	评估学生学习效果
学生	收集资料、组内讨论	通过小组合作完成课程学习	总结反思

图2-2 利用泛在学习开展的教学流程

张老师参照课标对本次探究学习所涉及的内容进行了详细分析，发现这一课不仅涉及了听、说、读、写等技能的学习，还涉及了中国地理面貌和历史文化的相关知识。为了使学生获得更全面的知识，深入理解课文背后的含义，张老师对课程涉及的地理面貌和历史文化等相关知识设计了主题探究学习。首先，他将主题探究学习活动分为了三个专题，分别是专题1——桂林山水甲天下（激趣篇）、专题2——桂林山水甲天下（地理篇）和专题3——桂林山水甲天下（文化篇）。其次，他将主题以活动的形式分发给班级的三个小组，让他们通过小组合作完成各自负责的主题任务。

在主题探究活动设计好之后，张老师又依据泛在学习的思想，鼓励学生课前自行收集相关资料，课间组内自行分析、讨论，并在活动开始前为学生搭建了脚手架，列出了各个主题所需要查找的资料内容及途径，指导学生使用、分析、整理资料的方法①。

在泛在学习思想指导下,张老师利用不同专题来引导学生从不同角度理解桂林山水的魅力,这不仅可以帮助四年级学生深入理解知识背后的含义,还可以培养学生的合作交流能力、自学能力和信息素养,可谓一举多得。因此,可以发现泛在学习不仅是当下随着技术产生的一种新型学习方式,而且其所倡导的理念也是变革传统教学课堂、改进当前教学的指导思想。

(二)个性化学习

K-12在线教育协会(International Association for K-12 Online Learning, iNACOL)对于个性化学习的定义是"根据每个学生的优势、需求和兴趣量身定制学习,并为学生提供支持让学生能够自主选择学习的内容、方式、时间和地点以最大程度地提高学生的掌握能力"②。其实,个性化学习又称"定制学习",它依赖于互联网带来的技术支撑。目前,受技术热潮的影响,个性化学习已形成专业的系统模型、适应性机制与策略。综合上述观点,可以认为个性化学习具体指的是基于科技的力量,尤其是通过个体行为偏好的大数据分析与跟踪,确定学习者所需的学习资源类型,通过智能推送学习资源和个性化学习服务支持,记录每个学习者的学习基础、学习速度、学习进度以及交互情况,为学习者提供针对性的学习建议。这种基于大数据的学习环境,能对学习效果进行过程控制和隐性评价,改变传统学习评价以分数为核心的单一价值取向③。

"互联网+"环境下个性化学习的特征主要有三点。第一,学习行为的自主性。"互联网+"环境下的个性化学习方式强调尊重学生的个体差异。学生可以根据自身的学习情况,对学习风格、学习内容、学习路径进行调整,使学生的知识学习更适合自身发展的需要。第二,学习活动的开放性。随着互联网技术的发展,基于移动互联网的个性化学习降低了

---

① 张世珍.基于泛在学习环境的主题探究案例设计——以小学四年级语文课文《桂林山水》为例[J].中小学电教,2018(10):43-45.
② PATRICK S, KENNEDY K, POWELL A.Mean what you say: defining and integrating personalized, blended and competency education [J].International Association for K-12 Online Learning, 2013:37.
③ 赵慧勤.现代教育技术应用[M].北京:北京师范大学出版社,2019:160.

对学习场合和时间的要求。学生可借助各种移动终端设备实现碎片化学习，学习的发生不受时间、空间的束缚，并且学习者还能从中获取个性化的学习资源与学习服务。第三，学习环境的技术性。个性化学习在环境上融合了移动网络技术、通信技术等各种现代信息技术，这些技术增强了师生交互的及时性和频率，师生可借此随时随地进行分享、交流与协作等活动。

以语文学科为例，湖南省长沙市长塘里小学的语文老师邓梅艳在执教《慈母情深》一课时，就通过在平板教学系统中设置反馈点，用提问、抢答等形式收集学生学习情况，从中发现学生在这次课中的学习轨迹[①]。运用这一平板教学系统的好处在于，如果在某一个反馈点上存在问题，教师可以立即定位到学生个人，并开展针对性辅导与个性化评价。除此之外，该系统还可以将一学期甚至多年的学习数据汇集起来，然后利用大数据分析每个学生的学习路径，从而帮助教师开展更深层次的个性化学习指导。

这个案例充分体现了技术与教育的融合，利用技术为教育赋能的特点。教师通过大数据全方位精准地掌握每个学生的学习路径，将学习效果精准地反馈给学生个体，并且针对所反馈的问题进行个性化的辅导和评价。如此一来，既可以突显"以生为本"的教育理念，又可以让每个学生享受高质量的学习服务，从而助力学生高效学习。

针对个性化学习，教师除了可以引入平板教学系统以外，还可以利用一些教学辅助平台开展教学工作。ITtools平台就是由浙江省温岭市第二中学陈斌老师设计制作、浙江省温岭市教学共同体联合开发的教学辅助平台，它是一个可提供多种服务支持的完全免费、开源的教学软件，强调在教师的引导下，以学生为主体，注重学生的个性化发展。ITtools平台通过学生界面的页面模块和教师界面的课程教学模块来支持个性化学习，这些模块分别支持个性化学习的八个方面，具体如表2-2所示。

---

① 喻劲松，王志鳌.新技术支持下的个性化学习[J].发明与创新：职业教育，2014(5)：28.

表 2-2　ITtools 平台通过模块来支持个性化学习①

个性化学习的八个方面	学生界面的页面模块支持	教师界面的课程教学模块支持
个性化学习目标	略	课堂调查、文本书面
个性化学习内容	当前课程、学习记录、课后作业、课后阅读资料	文本书面、MHT 显示、媒体播放、外部页面、Storyline 课件
个性化学习方式	略	文本页面、课堂检测、课堂调查、作品提交、自由分组、组长推选、分组讨论、小组合作、BBS 讨论
个性化学习活动	查漏补缺、学习记录、课后作业、课后阅读资料	文本页面、作品提交、学生互助、BBS 讨论
个性化学习资源	当前课程、课后阅读资料、背单词指法练习	文本页面、外部页面、Chm 文件
个性化学习环境	当前课程、课后阅读资料	略
个性化学习成果	课后学习心得	课堂调查、课堂测验、课堂检测、各操作题批阅
个性化学习评级	我的学习情况、课后作业成绩、课堂作品成绩、课堂测验成绩、精品作品展示、课堂操作题成绩	作品互评、作品互评、各操作题批阅、作品统计

以粤教版《数学》七年级下册第三章第六节《用图表直观表达数据》一课为例,分析 ITtools 平台支持的个性化学习过程,我们可以发现该小节有三个知识点:一是选择图表类型,二是创建图表,三是修改美化图表。在导入环节中,采用微课、文本、影片等多种形式的教学资源体现个性化学习内容;在学习过程中,采用自主学习、任务驱动学习、小组合作学习等多种学习方式体现个性化学习方式;在学习活动中,采用文本、图片、书本、视频等多种形式的学习资源;在学习成果展示中,采用小组互评、自我认知等体现个性化的学习评价。由此可见,利用 ITtools 平台模块的支持,课堂中可以有效地开展个性化学习,发挥学生的主体地位。

在学习活动前、学习活动中、课后学习、学习评价这几个环节,ITtools 平台都可以通过多个板块支持学生的个性化学习,为学生提供个性化学习的资源、个性化的学习形式以及展开个性化的学习评价等。可以说,

---

① 陈慧敏.ITtools 平台支持的个性化学习实践探究[J].中小学电教,2017(4):34.

该平台的使用体现了个性化学习方式中学习行为的自主性、学习活动的开放性、学习环境的技术性等特点。

(三)沉浸式学习

互联网使各种人工智能技术得到飞速发展,从而影响人们的学习和生活。沉浸式学习就是建立在虚拟现实、面向桌面的虚拟应用以及虚拟世界等技术基础上的一种学习新形态,也叫真实性学习。它指的是通过虚拟现实(VR)、增强现实(AR)和混合现实(MR)等技术为学习者提供一个无限接近现实情况或真实情境的虚拟学习环境,学习者以全身的感官系统全方位参与学习过程,且全过程安全、高效[1]。仔细分析可以发现,沉浸式学习依靠Web 3D、云计算、大数据等技术手段,克服了传统虚拟学习环境形象性和沉浸性不足的问题,为学习者提供具有三维仿真情境、支持师生在特定教学情境中自己创建对象、给予师生现实世界无法获得的体验、允许学习者以多种形式互动等特征的社会化网络学习环境,其虚拟学习环境主要包括虚拟实训基地、虚拟仿真校园、虚拟学习社区、虚拟现实角色扮演等[2]。

沉浸式学习主要有两个特点。第一,强调学习者的主动性和参与性。沉浸式学习要求学习者有较高的学习主动性,要积极主动参与相应的学习活动。第二,强调学习者的直观体验和感受[3]。沉浸式学习在学习中尤为注重身临其境的真实体验、灵活多样的交互活动、学习者的动手创造训练和合作学习。

以传统的中学地理课堂为例,教师在讲授相关地理知识时,常用多媒体设备以及教具模型来展示地理实景,这样的展示方式限制了学生的想象力,并且呈现的内容也不够真实、直观,具有一定的局限。为此,许多公司开始利用VR技术研发针对课堂教学所用的软件,Universe Sandbox 2就是当下比较流行的宇宙模拟软件。这款软件利用VR终端设备,

---

[1] 张海生,范颖."互联网+教育"时代的学习新形态:主要类型、共性特征与有效实现[J].中国远程教育,2018(10):26.
[2] 刘革平,谢涛.三维虚拟学习环境综述[J].中国电化教育,2015(9):22-23.
[3] 钟正,陈卫东.基于VR技术的体验式学习环境设计策略与案例实现[J].中国电化教育,2018(2):51-52.

使用户在技术的支持下去体验虚拟的宇宙实景，了解星体的运动规律，并按照学习需求创建新的星体，进行星体的情景交互实验，从而探索、发现相关知识。

在进行高中地理《宇宙中的地球》这一节课的知识讲解时，陈老师就利用了Universe Sandbox 2这款软件来进行知识的传授，具体如图2-3所示。在课堂上，陈老师首先利用Universe Sandbox 2这一软件实现宇宙实景的再现，然后让学生穿戴上配套的终端设备(头盔和手柄)，身临其境地感受宇宙的实景，帮助学生形成对星体的基本认识，并提升学生学习地理知识的兴趣。课堂导入之后，陈老师首先利用多媒体设备简要地讲授了一些关于八大行星与地球的知识点，然后通过Universe Sandbox 2软件模拟宇宙中的太阳系，以实景形式展现太阳系中八大行星的体积、温度等具体数据，并利用动画模拟功能，直观地演示了八大行星的具体公转方向，使学生通过多感官更为具体地了解八大行星的相关知识点。在展示完八大行星的实景之后，陈老师又通过动画模拟展示了地球的实景，进一步加强学生对地球的了解，并通过不停变换地球与太阳的距离，让学生观察并记录地球表面特征的变化，从而帮助学生明确地球存在生命的条件。

```
导入环节  ┌─────────────────────────────────┐
         │ 教师利用宇宙模拟软件再现宇宙实景 │
         └─────────────────────────────────┘
                          ↓
         ┌─────────────────────────────────┐
         │ 学生穿戴上配套终端设备，身临其境感受 │
         └─────────────────────────────────┘
- - - - - - - - - - - - - - - - - - - - - - - - - - - -
         ┌─────────────────────────────────┐
         │ 教师利用多媒体设备授课，讲授相关知识点 │
         └─────────────────────────────────┘
                          ↓
新知环节  ┌─────────────────────────────────┐
         │ 教师利用宇宙模拟软件模拟太阳系八大行星实景 │
         └─────────────────────────────────┘
                          ↓
         ┌─────────────────────────────────┐
         │ 学生多感官了解相关知识点并观察记录 │
         └─────────────────────────────────┘
```

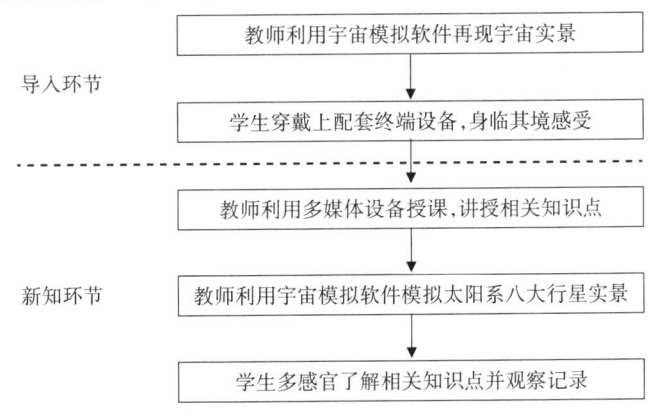

图2-3 运用宇宙模拟软件进行的教学流程设计

利用VR技术营造宇宙虚拟实景的课堂，可打破传统地理教学课堂时空的局限，有助于学生感知运动思维的培养，帮助学生更好地掌握相关知识。同时，课堂上情境性的交互体验，对培养学生学习积极性以及社会责任意识也具有十分重要的作用[①]。当然，这样的沉浸式学习除了

---

① 陈伟，李鸿科.基于虚拟现实技术的实景模拟研究——以中学地理教学为例[J].现代教育技术，2017，27(11)：24.

可以运用于地理、生物这类需要提升学生学习体验感和真实感的学科以外，还可以运用在一些需要培养学生逻辑思维能力的理工类学科。

以数学学科为例，在学习相关数学规律和公式的时候，传统的教学方式主要是依靠老师的讲授，通过黑板板书一步步推导得出结论，学习过程缺乏趣味性，并且对学生注意力的持久性要求很高。而"互联网+"环境下的沉浸式学习就可以改善这一现状。北京师范大学的蔡苏团队曾对这方面做过研究，他们将南京市一所中学的59名初一学生作为研究对象，以"概率学习"作为教学内容，开展了实验研究，发现这种学习方式对增强学生学习体验感和学习效果有积极影响。

在教学的过程当中，他们并未完全依靠教科书开展教学活动，而是基于Android平台开发了一款"抛硬币"的软件，以此开展游戏化教学，其教学流程如图2-4所示。在游戏化学习的过程开始之前，学生利用这一软件自行设定间隔时间和识别时间两个参数，间隔时间指的是摄像头连续两次识别硬币所需要的最短时间，识别时间指的是摄像头识别一次硬币所需要的最短时间。在游戏化学习开始后，设备中的摄像头会自行捕捉此时硬币的正反状态，一旦捕捉并识别成功，该系统就会自动为当前的硬币状态计数，并且同步更新游戏过程中已经识别成功的正反状态次数与对应频率。在学习的过程中，研究者将学生两两分为一组，分别负责控制游戏中的硬币抛掷和识别①。

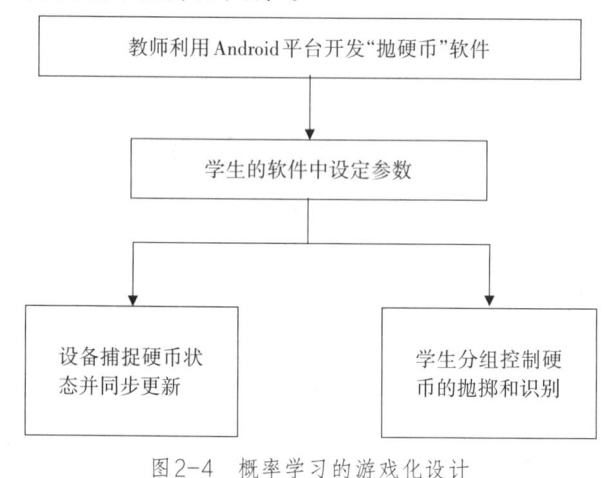

图2-4　概率学习的游戏化设计

---

① 蔡苏,张晗,薛晓茹,等.增强现实(AR)在教学中的应用案例评述[J].中国电化教育,2017(3)：4.

采用带有游戏趣味化的沉浸式学习开展数学教学,既可以增加学生学习的趣味性和积极性,也可以培养学生的合作意识和交流能力,是当下增强学生主体性和提高学习参与度的切实途径之一。

(四)移动微型学习

在数字移动技术高速发展的今天,以手机、平板电脑、电子书、学习机等为代表的微型化移动终端设备越来越普及,移动微型学习由此产生。移动微型学习又叫"微学习",是"互联网+"环境下催生的一种非正式学习方式,在学习内容上具有短小精悍的特点,在学习工具上通常以移动终端为载体,学习者可以利用该学习方式实现任何时间、任何地点的双向交流学习。可以说,这种运用移动客户终端设备将移动和微型有机地结合在一起,不分时间、地点获取学习内容的学习方式,不仅符合学习者闲暇时的学习需要,扩展了学习者的学习领域,还进一步提高了学习者的学习效率,满足了学习者灵活利用学习时间的需求。

互联网环境下移动微型学习具有自主安排、"零存整取"、动态交互等特点。第一,学习者可以自主选择和安排学习活动,学习时间分布在全天,学习行为发生频率高且时间相对零碎,学习过程显得间歇且微观。第二,移动微型学习平台通过"化整为零"的方式来存储课程资源,让学习者通过微型学习活动实现"零存整取"[①]。这样的学习形式,即便学习者没有相对集中的时间和精力,也可以根据个体需求选取小模块化学习资源进行单元学习,实现知识的"零存",最后发展为"整取"。第三,PC端的学习者接触到的碎片化信息和知识更丰富,也更容易获取其他相关资源;而移动端的学习者,其使用场所更灵活,更能利用碎片化时间进行学习,两者各有优势。但不管是利用何种设备进行学习,都是学习者与学习环境之间不断发展的动态过程,是学习者借助学习工具与学习内容不断交互的过程。

以《地球上的大气》为例,这一知识点是高中地理中较为重要又相对独立的单元,知识密度高且关系密切,需要重点学习。但它所涵盖的知识点过于繁杂、琐碎,学生课后需要花费大量精力,而单纯依靠教科书和

---

① 李敏,马秀娟.碎片信息环境下移动微型学习平台设计研究[J].教育教学论坛,2018,391(49):248.

练习题来进行单一形式学习的效果并不理想,这时候就需要其他学习形式的介入,比如移动微型学习。时老师通过对这一节知识的梳理,发现"三圈环流"是学习大气相关知识的关键,因此,利用教师的微课程校本对"三圈环流"进行了微课设计。

时老师首先是根据"三圈环流"的内容对知识点进行了划分:知识点一,单圈环流形成过程;知识点二,三圈环流形成过程;知识点三,全球气压带风带的分布情况。随后针对每一知识点进行了Flash动画的微课制作,并将做好的微课短视频、相关资源链接、任务表、引导表等发布到微信群和QQ群中。学生在课后学习时,可以自行利用移动电子设备下载相关资源进行学习,并利用社交软件与老师、同学进行交流互动[①]。

通过这一案例我们不难发现,给予学生丰富的资源和工具来开展移动微型学习,不仅可以满足学生个性化学习的需要,还可以保障学生的学习效果。

这一学习形式还可以用于语言学科的学习之中。以英语学科为例,何雯老师在讲授人教版《英语》九年级下册第12单元时,利用微课开展了学生的课前预习工作。她选取了教材上的重难点知识进行突破,将其设计到课前微课预习之中。学生在课前,可以利用碎片化时间自主预习微课内容。例如,有的学生在回家的路上利用手机、iPad等移动终端设备将所学知识进行"零存"。学完之后,有疑惑的地方可在讨论区与其他学习者进行讨论,从而攻克所学知识的重难点,培养学生自主、合作、探究的学习能力。这一环节既实现了对所学内容的"整取",也体现了学生与微课平台的交互、与其他同学之间的互动。

这个案例不仅体现了移动微型学习的学习方式,还突出了碎片化学习的特点。案例中,何老师先将知识浓缩在微课中,让学生利用碎片化时间,通过微视频的形式,对知识进行"零存",即积累知识,然后通过与学习同伴、老师的讨论、互动,将积累的知识共享,使已有的知识和经验在互动中得到延伸,自我认知结构得到重构。

---

① 时欢欢.泛在学习环境下高中地理微课程设计研究[D].南京:南京师范大学,2015:34-35.

(五)碎片化学习

碎片化学习与以便捷性应用为目的的移动微型学习是不同的,它主要指学习者在自然生活情境中,依据自身发展的需要,利用多样化的媒体和零散的学习时间去学习零碎知识点[1]。这样的学习方式具有较大的随意性,没有明确的学习目标和学习计划,多是日常生活中的非正式学习,强调"短""平""快"[2],学习者获取的也多是碎片式的简单知识或者软知识[3]。

碎片化的学习方式主要有以下几点特征。第一,学习内容的碎片化。互联网时代是一个信息大爆炸的时代,各类微型信息充斥着整个生活环境,简单到一个表情、一封信息都可以作为我们学习的内容,这样丰富的信息既为个性化发展提供了可能[4],也使我们的学习内容变得更加碎片化。第二,学习工具的碎片化。互联网时代产生了许多诸如手机、平板、电子书等新型学习工具,这样的学习工具打破了传统媒介的单一性和滞后性[5],增强了学习者与学习内容间的交互感,更具个性化,可以为碎片化学习提供技术支持[6]。第三,学习时间的碎片化。碎片化学习所涵盖的知识密度较小,不需要学习者用整块、大块的时间来进行学习,更加符合现实生活的需要。第四,学习行为的多样性。碎片化学习多是非正式学习,具有较强的分散性,学生可以根据自身需要来选择适合的学习工具和学习内容,自主性较高。因此,学习的行为也呈现出多样性[7]。

以政治学科为例,江西古南中学的一线政治老师严春忠就如何利用碎片化学习促进学生获取系统化学科知识作了相关研究,他认为以"熊

---

[1] 张克永.碎片化学习中的认知障碍问题研究[D].长春:吉林大学,2014:8.
[2] 祝智庭.教育信息化的新发展:国际观察与国内动态[J].现代远程教育研究,2012(3):9-10.
[3] 王竹立.移动互联时代的碎片化学习及应对之策——从零存整取到"互联网+"课堂[J].远程教育杂志,2016,34(4):10.
[4] 陶侃.微时代视域中期刊编辑的碎片化学习[J].浙江万里学院学报,2012(5):58.
[5] 贾娟.探析"互联网+"背景下的新学习方式——碎片化学习[J].陕西教育(高教),2019(12):46.
[6] WENXIU P.Analysis of fragmented learning features under the new media environment[J].International Journal of Learning, Teaching and Educational Research, 2015, 13(1):55.
[7] 黄建锋.碎片化学习:基于"互联网+"的学习新样式[J].教育探索,2016(12):118.

猫书院"为代表的互联网碎片式学习模式可以为当下政治教学中"学生不愿意读教师推荐书目"这一现象提供借鉴思路。

严老师首先就问题进行了分析,认为学生出现这一问题的主要原因是推荐书目繁多不知从何学起、阅读需要耗费大量精力,让学生产生了畏难心理。基于这一分析结果和"熊猫书院"的教育模式,严老师认为应该依据初中生的培养方案和课标去精心设计学生学习的主题和课本,从而制订出适宜学情的书单,分主题、分阶段地向学生推送。然后,严老师就制订书单中的书目进行了"拆书",即将每本书的内容按照体系结构进行拆分,提取每部分的有效信息进行总结,缩短学生阅读一整本书所花费的时间,在损失细节的基础上提升阅读的效率。最后,参照"熊猫学院"的考核方式,每周定时通过微信平台对阅读任务进行推送,并由老师进行考勤计分[1]。让学生通过这样一种趣味性强的碎片化阅读方式进行政治学习,可降低学生的认知负担、节省学生的大量精力,对持续激发学生的学习热情有极大的促进作用。

碎片化学习不仅可以帮助学生有效地获取知识,也可以帮助学生对已有知识进行有效复习。以语文学科为例,众所周知,小学六年级语文毕业复习涉及的知识点繁多,而学生的年纪小,注意力难以长时间集中,两者之间就产生了矛盾。为了调动学生复习的积极性,改变现有的机械化复习困境,广东东莞松山湖实验小学的张老师就利用碎片化学习的思想设计了一款"知识漂流卡",具体如图2-5所示。

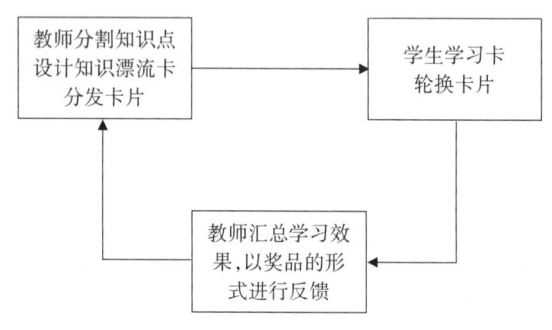

图2-5 "知识漂流卡"教学流程图

---

[1] 严春忠.移动碎片化学习方式对初中政治教学的启示[J].科学咨询(教育科研),2018(12):123.

首先,他对毕业考试所涉及的知识点进行了整体审视,建构了一个知识地图,然后依据知识点之间的关系对知识进行了合理分割,分割出的每部分都对应一张卡片,以此来实现知识碎片化。其次,依据分割出的知识点难度及知识量的大小,为每张卡设置了星级:"一星卡"对应的内容是字词,主要涉及拼音、组词的知识点,尤其注重对近义词、反义词的考察;"二星卡"对应的内容是修辞与句子,涉及的是小学阶段需要掌握的各种修辞手法、连词的使用以及病句修改的知识点;"三星卡"对应的内容是名言警句、诗词典故的知识点,主要考查学生对各类名句的理解和运用;"四星卡"对应的内容是写作,更加强调学生的语言表达,也就是知识的"输出"。再次,在"知识漂流卡"设计好之后,张老师选择了松山湖实验小学的六(1)班和六(2)班开展了实验。他将班级同学按照8人一组分发卡片,学生在课余时间利用抽取到的卡片进行"知识复习之旅"。每张卡片的背后会有一张"漂流记录表",用于记录每位学生基于这一卡片的学习状况,方便教师对学生的复习进度进行跟踪调查,也便于教师进一步了解班级学生对每一知识点的掌握情况。一般来说,一套卡在4周的时间里就可以在每位学生手里完成轮换,每个月张老师也会对学生的旧卡知识点复习情况进行汇总和定分排名,然后分发奖品,并在此基础上为学生制作新卡[①]。这种知识量小、时间零散式的复习方式极大地调动了学生的求知欲和好胜心,使这两个班的同学在六年级这一学年中,班级的语文平均分皆高于其他普通班级。

通过这一案例我们可以看出,利用"知识漂流卡"进行游戏化复习,不仅可以增加学习的趣味性,也降低了毕业班学生的复习压力,对于优化小学生的语文复习效果有很大的促进作用,而卡片式的知识学习也极大化地体现了碎片化学习的特征,展现了碎片化学习对日常教学活动的改进作用。

(六)社群学习

伴随着"互联网+"环境下各种新型技术的发展,教育规模开始走向全球化,社群学习也借助网络成为当下学习的一个新常态,使得在线学

---

① 张新元."碎片化学习"在小学语文教学中的探索——以小学语文毕业复习"知识漂流卡"为例[J].教育信息技术,2019(1,2):133.

习、开放学习、群体性学习等形态席卷世界各地。我们所熟知的慕课（Massive Open Online Courses，MOOC）、QQ群、微信群、论坛以及博客等，就是社群学习的典型实施形式，它们使得全球在线学习者的人数、网络课程资源以及网络学习渠道的数量得到了爆发式的增长，使得越来越多的学习者只需要利用网络就可以享受到更为丰富的学习资源，得到更多自主学习与个性化学习的机会。何为社群学习？许多学者都对它下过定义，埃蒂纳·温格（Etienne Wenger）等人认为，社群学习指一群拥有相同兴趣的人，通过非正式的方式聚集到一起来进行学习交流活动[1]。付伟等人则将社群学习定义为借助于互联网技术，通过精心的设计，让同一单位的一群人因为相同的兴趣和信仰而进行群体学习行为的一种学习新形态[2]。本文将借鉴付伟对社群学习的定义，把社群学习界定为来自相似单位的人，借助网络环境的支持，以相同兴趣、信仰、价值观等为契合点，开展群体学习活动的一种学习方式。

社群学习本质上是一种以学习者为中心，强调学习者主观体验的学习方式[3]，其主要展现出三大特点。第一，大众化。社群学习面向的对象是广大群众，学习者只要有相同的兴趣、观念或者知识需求，便可以参与到这个群体中进行学习。例如，慕课提供方只需将课程相关资源置于特定的网络平台上，学习者若是感兴趣，借助网络通过注册即可进行学习。这一平台不会对学习者进行国籍和年龄的区分，也不分学历和专业，每一位学习者都是平等的。因此，从这个层面上来看，大众化是社群学习的首要特征。第二，跨时空性。社群学习借助于网络环境打破了时空对学习者的束缚，使学习可以跨时空而存在，促使学习者自主学习的发生。第三，主体性。社群学习具有较强的主体性，它将学习者的需求、兴趣等放在首位，尊重学习者的学习意愿，致力于满足学习者的个性化学习需求，是"生本教育"理念的一种体现。

---

[1] SNYDER W M, WENGER E.Our world as a learning system: A communities-of-practice approach [M]//BLACKMORE C.Social learning systems and communities of practice.London:Springer, 2010:109.
[2] 付伟,季承."社群学习"模式探索——以中国银联支付学院实践为例[J].中国人力资源开发, 2014(24)：30.
[3] 巫新秋.社群学习:让学习自然地发生——以互联网+绘本阅读课程实践为例[J].人民教育, 2016(10)：24.

以语文学科为例,在进行苏教版《语文》三年级下册《恐龙》一课的教学时,教师通过对慕课平台众多优质资源的筛选,设计一些预习资源包(一是关于恐龙的文本、图片介绍,二是生字词的朗读指导),并将这些学习资源包上传至学习平台,要求学生课前自行下载资源包的内容进行预习。在预习过程中,学生通过在线学习的形式,不仅可以观看、学习恐龙的微视频和相关资料,还可以根据教师设计的预习资源包的指引,预先对学习内容进行自我学习,这对调动学生主动学习的学习积极性有较强的促进作用。

在基于慕课的预习中,每个学生都拥有丰富的学习资源,能快速感知学习内容,避免了以往预习时内容相对单一、预习深度较为浅显等问题,让预习发挥了更好的引导作用[①]。

慕课、QQ、微信等学习工具,不仅可以提升预习的效果,还可以丰富在线学习资源,促进当下教学设计的变革。

以英语学科为例,某县级中学的王老师为了提升学生学习英语的积极性,就利用在线视频课程进行了初中英语翻转课堂的设计,具体如图2-6所示。

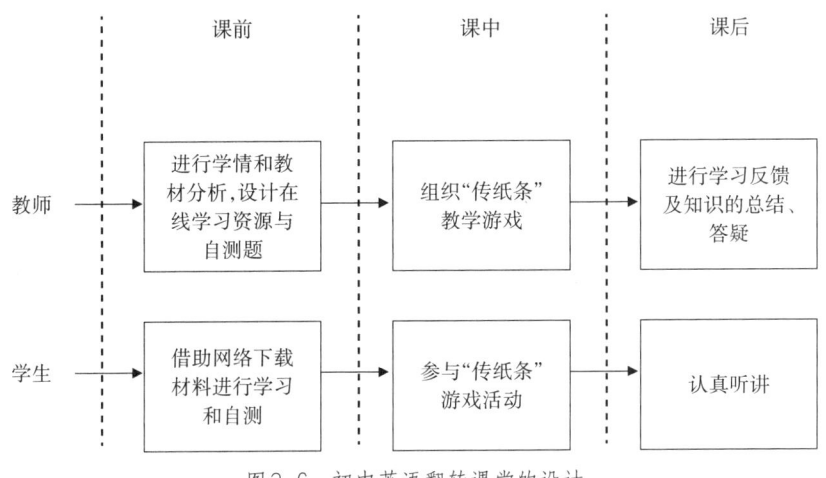

	课前	课中	课后
教师	进行学情和教材分析,设计在线学习资源与自测题	组织"传纸条"教学游戏	进行学习反馈及知识的总结、答疑
学生	借助网络下载材料进行学习和自测	参与"传纸条"游戏活动	认真听讲

图2-6 初中英语翻转课堂的设计

在进行翻转课堂教学之前,教师首先对班级里的学生进行学情分析。通过调查,她发现初三的学生正处于青春期,面对不理想的分数易产生自卑等负面情绪,打击英语学习的兴趣。然后,王老师对该县级中

---

① 赵龙.慕课在小学语文教学中的应用与思考[J].中国现代教育装备,2018,290(10):40-41.

学自身的信息化教学设备进行了调查,通过分析数据发现,96%的学生认为自己在家庭中的学习环境良好,这为翻转课堂的进行提供了环境基础。因此,王老师在设计翻转课堂时,选择了学生即将要学的"How do you do sth.?"句型的知识点。在深刻理解教材内容之后,王老师将这一单元的知识内容分为了三个组块,同时也针对这三个组块参照网上现有的慕课课程进行了教学视频的制作以及自主学习任务单的设计,并将制作好的视频资源及学习任务发布到微信、QQ等平台中,让学生在家中利用这些视频课程进行自主在线学习,完成任务学习单中规定的任务。同时,在课前发布了自测题,用以了解学生在家自学的情况,并针对有困难的学生进行个别辅导。此外,教师在课中还组织学生进行"传纸条"的教学游戏,让学生进行游戏化学习,改善学习英语"难开口"的现状,给予学生学习英语的自信心。最后,王老师总结了班级里每位学生在游戏化学习中的表现,并对该堂课知识点的学习做出总结和答疑[①]。

通过后续的调查,我们可以发现,这样的学习既重视了常规教学,又强化了对学生英语语言技能的培养,使学生的学习积极性与自信心得到加强,这说明利用在线课程学习资源来进行翻转课堂的设计与开展,对于改进当下初中英语的教学现状是有积极意义的。

二、"互联网+"环境下学习方式的共同特征

(一)融合教育与技术

"互联网+"教育的融合是"互联网+"环境下学习方式的首要特征,是新兴信息技术发展和人类教学理念不断演变的综合性产物,其直接影响是帮助学习者更便利地进行学习,最终目的是扩展学习者的精神世界。信息技术作为学习者的学习工具和手段,为学习者的学习活动营造了现代化的学习环境,提供了多元化、个性化的学习服务。可以说,信息技术已经成为了教育的一部分。因而,技术所带来的学习方式变革具有显著的"双重性"——高人文性和高技术性,这使得教育与技术深度整合,甚至融为一体。在当下教育实践中,教育与技术的深度融合是解决信息爆炸式增长与知识碎片化的有力武器,同时也是对"以学生为中心"的教育的不断追求和探索的表现。

---

① 王安琪.翻转课堂在初中英语语言技能教学中的应用[D].上海:上海外国语大学,2014:36-37.

(二)强调学习体验

实用主义教育哲学家杜威认为,教育的基本原则包括"做中学",从生活经验中学习,将学校所获得的知识与生活过程相联系,注重学习者的学习体验,培养学习者的学习兴趣。为了改善传统教条式教学的弊端,无论是翻转课堂还是慕课,都强调学习者的学习体验,加强知识与生活实际的联系,这种学习有三个要点:一是充分利用现代技术的力量,借助各式各样的新媒体手段或工具,呈现出多样化的教学内容,以此激发学习者的求知欲,调动学习者的学习兴趣,学习者在教师的组织下采用情景模拟、虚拟现实等方式真实参与学习过程,体验学习的乐趣;二是学习者在参与学习的过程中,教师可以利用大数据,精准发现每位学生学习过程中的痛点、难点、疑点,追踪学习路径,之后再通过交互平台对学习者进行个性化指导;三是学习者能随时在学习平台与同伴进行交流互动,针对老师、同伴所提出的问题加以研讨,线下还可以利用社交平台与他人分享自身的学习体会。这种双向乃至多向的动态交互机制,使学习者全程都能体验到学习的乐趣,真正实现寓教于乐。

(三)打破时空阻碍

在"互联网+"时代,教育围墙被打破,学习时空开始从单维向多维的无边界转变。从时间维度上看,学习时间不再局限于单一的课程教学,学习者在互联网技术下能够在任何时间进行即时学习或碎片化学习,学习时间贯穿课前交互、课中交互、课后交互的始终,从而实现正式学习和非正式学习的结合。从空间维度看,学习空间从物理空间走向虚拟空间,由封闭、固定的学习场所走向开放、自由的网络空间,这使得学习者的学习不仅发生在相对狭小的教室内,还发生在世界各地开放的网络平台上、移动设备上等。此外,无论是在传统教室里发生的学习,还是在网络平台上的学习,技术先进性都实现了学习资源的快速互通、互享,增加了学习者的学习意愿。总的来说,"互联网+"环境下学习时空的无边界性可用5个"A"来概括:Anytime(任何时间)、Anywhere(任何地点)、Anyone(任何人)、Anycontent(任何内容)、Anyformat(任何形式)。由此,学习者的学习时间和空间不再是知识产生、传播与应用的限制因素,相反,在多种新型学习方式的支持下,学习者的学习将变得更加自由和无边界化。

(四)注重自主学习

在传统教育中,教师占据学习的主导地位,学生成为受众,只能进行被动学习。这一时期的学习目标是培养社会所需要的人,并不注重学习者的个人需求,学习者学习的内容也是经过挑选后的教材,整个教育呈现出标准化、模式化的特点。这样的教育模式虽然高效,但却使学生的全面发展受到了很大限制。互联网的普及使得这一局面得到了改变。各种技术的飞速发展使得教育资源得到共享,学习者可以依靠互联网选择适合自己的学习方式以及学习资源进行自主学习,智能化的资源推荐也可以极大化地满足学习者的个性化需求。同时,互联网支持下的学习方式打破了时空的阻隔,使学习者可以自定步调,从而实现更加高效的自主学习。当然,这也给教师带来了很大的挑战,这一时期的教师需要根据不同的学习方式和学习资源适时转变角色,从而帮助学习者达到最佳的学习效果。

(五)提升学习效率

自从2009年马克·普伦斯基(Marc Prensky)提出"数字智慧"的理念之后,"互联网+"与教育领域就开始了更深一步的融合,大量新兴技术出现在教学之中为教育服务,从而使得教学效果得到显著提升,我们称之为"智慧教学"。智慧教学是基于社会发展和学习者需求而产生的。从社会发展来看,由于互联网的快速崛起,大数据等新兴技术对社会的各方各面都带来了极大影响,包括金融、医疗、教育等。由技术支持所构建的教学环境将教学的各个环节更加有效地联系起来,使得教学管理衔接得更加融洽。从学习者的需求来看,智慧教学将学习者放在中心地位,强调学习者的个性化需求,旨在通过互联网技术为学习者提供更好的服务和学习体验。由此,在智慧教学中,学习者可以利用互联网技术自定步调进行学习,满足自身发展的需要,教师可以利用各种智能工具进行备课、作业发布及批改、班级管理等活动,实现更好的教学管理,从而提升教学效率。同时,VR等虚拟技术的发展也使得学习内容变得更加直观,提升了学习体验感,增强了学习者的学习兴趣,进而提升学习的效果。

第三章

「互联网+」环境下新型教学模式比较分析

第一节 "互联网+"环境下教学模式内涵要素

一、教学模式的内涵

美国教学研究者乔伊斯和韦尔于1972年出版《教学模式》一书系统地研究了各种教学模式,我国近些年也有相关学者专门撰文介绍和研究教学模式,可见教学模式已成为教学研究的一个重要课题。但是,对于教学模式的定义,国内外研究者的看法并不一致。在国外较有影响的教学模式定义是乔伊斯和韦尔的定义。他们认为,教学模式是构成课程和课业、选择教材、提示教师活动的一种范型或计划[1]。国内普遍认同的是何克抗对教学模式做出的定义,即教学模式是指在一定教育思想、教学理论和学习理论的指导下,在某种教学环境和资源的支持下,教与学活动各要素之间稳定的关系和活动进程的结构形式。由于"互联网+"环境对教学模式的影响涉及教学模式的各个要素,进而将教学模式界定为一种结构形式更为合理。故而本书更倾向于何克抗对教学模式的定义,后文涉及的与教学模式定义相关的内容也都基于该定义。

二、教学模式的要素

从何克抗提出的关于教学模式的定义可以得知教学模式强调以下几个要素[2]:理论依据,指开发教学模式的指导思想,既包括对教学活动现象的理解和认识,也包括教学理论和学习理论,是教学模式的基础;教

---

[1] 睢文龙,廖时人,朱新春.教育学[M].北京:人民教育出版社,1994:220.
[2] 何克抗,吴娟.信息技术与课程整合的教学模式研究之一——教学模式的内涵及分类[J].现代教育术,2008(7):5.

学目标,指通过教学模式的实施实现某种目的,是教学模式的关键;实现条件,指为教学模式的实施提供必要支持,是教学模式的前提;操作程序,强调两个层面,分别是教师的教学活动与学生的学习活动,关注它们的内容以及它们之间的关系,是教学模式的主体;教学评价,指对教学活动进行价值判断,通过教学评价可以发现缺陷,调整不足,提升教学质量,是教学模式的保障。从教学模式的要素中可以发现,教学模式是一个整体,是教学活动中各要素相互联系、相互作用的稳定结构框架。

(一)理论依据

"互联网+"环境下,教育研究者和实践者为了适应教育新需求,积极探索教学新模式,例如:翻转教学打破了人们对传统课堂的认识,对传统授课模式产生了颠覆性影响;智慧教学推动学生主动学习,积极参与,促进课堂更富有创造力;泛在学习突破了传统学习环境的局限,使得人人可学,随处可学。这一系列创新的教学模式都是为适应教育发展而做出的探索,是在原有经典理论与互联网支持的基础上逐渐产生的,是为了适应新环境、解决新的教育问题而做出的改变。

目前,已有许多学者对"互联网+"环境下教学模式的理论依据进行了探索和研究。王志军和陈丽认为,联通主义是"互联网+教育"的本体论,慕课的诞生即是基于该理论所诞生的"互联网+教育"的实践[①]。秦楠认为互联网背景下的混合式教学模式理论依据应该包括关联主义理论、学习教学理论、教学交互理论以及香农—施拉姆传播理论[②]。蒋慧鸯通过对某中学学生的多元智能发展情况与创造力开发情况进行统计分析,得出结论为学习者的多元智能与其创造力息息相关[③]。朱梦涛通过对互联网时代智慧课堂的构建研究,认为智慧课堂的理论基础包括建构主义学习理论、混合学习理论以及最近发展区理论[④]。而冯晓英对"互联网+"时代混合式学习中的学习理论与教学法分析中,认为不同的学习法适合

---

① 王志军,陈丽.联通主义:"互联网+教育"的本体论[J].中国远程教育,2019(8):5.
② 秦楠."互联网+"背景下混合式教学模式建构研究[D].济南:山东师范大学,2017:23-25.
③ 蒋慧鸯,邹晓东.高中学生多元智能与创造力关系研究[J].清华大学教育研究,2016,37(6):100.
④ 朱梦涛."互联网+"时代的智慧课堂构建研究[D].长沙:湖南师范大学,2019:23-26.

于不同目标层次,而不同阶段的混合式教学也可以通过不同理论来解释①。尽管这些理论的形式和内容还在不断丰富和发展,新模式的理论也未能涵盖所有前沿的理论,但是通过分析借鉴前述的理论观点,并结合现阶段的教学实践,仍可以归纳出"互联网+"环境下新型课堂教学模式较为经典的理论依据,具体如下。

1.经典学习理论

经典学习理论包括行为主义学习理论、认知主义学习理论、建构主义学习理论以及人本主义学习理论。虽然新型教学模式已经突破了传统课堂的限制,但从某些角度上看,经典学习理论仍然支撑着新型课堂,因为只要一堂课在开展,知识的习得就会发生,学生的经验或知识就会得到改变和提升。行为主义以及认知主义学习理论的观点能够很好解释这些现象,基于此,教学能够得到更好的反馈。在网络支持的情境下,建构主义学习理论更是对教学产生了巨大影响,信息技术环境可以充分保障建构主义对教学环境的要求,使原有的学生观、教师观、知识观、学习观等产生变化,让教学系统各要素更好地发挥作用。随着时代发展,建构主义学习理论在互联网时代日益受到学者们的广泛关注,为教学研究开展提供了更好的理论支撑。此外,新型教学模式强调特色与个性化,尊重每个学生的个性特点,让大部分甚至所有学生的个性与才能得到充分发挥,通过不同维度衡量学习者的智能,也与人本主义的观点高度契合。因此,基于上述情境,经典的学习理论不但不能被丢弃,还必须更好地结合课堂实践,从而为新型教学模式提供支撑。

2.联通主义理论

联通主义理论为重新认识学习提供了新视角。联通主义最初是由乔治·西蒙斯和斯蒂芬·唐斯在数字时代提出的一种理论,该理论认为,知识是一种网络现象,学习即连接的建立和网络的形成,这些网络包括神经网络、概念网络和外部/社会网络,学习的目标是基于创造的知识生

---

① 冯晓英,孙雨薇,曹洁婷."互联网+"时代的混合式学习:学习理论与教法学基础[J].中国远程教育,2019(2):10.

长,即实现知识的流通①。王志军和陈丽认为联通主义恰是"互联网+教育"的本体论②,联通主义理论提出的背景与我们当前探讨的"互联网+教育"背景紧密相关,慕课的诞生是基于该理论所诞生的"互联网+教育"的实践。互联网背景下的新型教学模式强调借助网络资源的力量,将互联网的优质资源带入实际课堂,实现知识的融会贯通。通过跨学科的方法和理念来提高学习者思维能力。基于该视角,联通主义理论必将成为"互联网+"环境下新型课堂教学模式的理论基础之一。

3.混合学习理论

混合学习,即 Blended Learning,是伴随信息技术发展而产生的,将传统教学和在线学习相结合的教学模式③。作为一种对传统课堂进行补充和优化的教学模式,混合学习理论为现代化课堂教学提供了强有力的理论支撑,智能化的信息技术环境对信息时代的课堂发展也将具有重大意义。朱梦涛通过研究分析出混合学习模式具有时代性、综合性以及系统性的特点④。在信息时代的课堂中,先进前沿的知识可实现共享,线上线下知识可实现融通,对学习环境进行了优化,对学习视野进行了拓展。将混合学习理论作为"互联网+"环境下新型课堂教学模式的理论依据,既保留了传统学习的优势,又能充分体现大背景、大环境下教育教学的特征,让学习者在丰富的学习资源背景下发挥主体地位优势,实现个性化的学习。

4.多元智能理论

多元智能理论是霍华德·加德纳在1983年发表的《智能的结构》中提出的,他认为智能是一种对特定信息的处理能力。据此,他指出人类的智能至少可以分成八个范畴,即言语语言、逻辑数理、视觉空间、身体运动、音乐节奏、人际交往、自我认识和自然观察智能。除此之外,加德纳还认为智能不是与生俱有、一成不变的,只要创造了一定条件,施加一定

---

① GOLDIE J G S.Connectivism:A konwledge learning thery for the digital age?[J].Medical teacher,2016,38(10):1065.

② 王志军,陈丽.联通主义:"互联网+教育"的本体论[J].中国远程教育,2019(08):5.

③ 段御宇.混合学习理论在课堂教学中的应用风险及教学建议[J].教育理论与实践,2017(11):47.

④ 朱梦涛."互联网+"时代的智慧课堂构建研究[D].长沙:湖南师范大学,2019:18-19.

影响和教育,任何人的任何一种智能都有可能得到充分发展。该理论以学生为中心,重视学习过程,强调通过丰富的教学活动培养学生的多方面能力,不再是传统的以提高分数为主的单一评价指标,而是从多维度、多方面去提升和评价学生智能。多元智能理论作为新型课堂教学模式的理论支柱,能够较好地借助互联网的力量来丰富课堂教学形式,让学生实现多元化发展。

综上所述,经典学习理论、联通主义理论、混合学习理论、多元智能理论等是"互联网+"环境下新型课堂教学模式的理论依据,为新型课堂教学模式的实践探索提供了严谨的科学指导,为进一步发展架起了桥梁。

(二)教学目标

从教育视角审视"互联网+",其带来的不仅有教育技术的革新,也有对教育理念等方面的影响,因而教学目标也相应发生了改变,主要体现在以下两个方面。

从宏观上看,新型课堂的教学目标以"互联网+教育"的总体目标为方向,即促进互联网创新成果与教育教学深度融合,优化教育系统要素,重构教育生态系统,实现互联网支持的教育体制变革。2020年,基本实现了优化教育系统要素的目标。将互联网及其相关技术与教育深度融合,变革教育系统中各要素的原有形态:实现教学环境的分布式和去中心化,使教学场所开放化、教学平台多元化、教学软件智能化;师生关系更加平等、和谐,学生的主体地位凸显;教学模式更加丰富、灵活,强调个性,正式学习与非正式学习无缝衔接,沉浸式学习和"跨界学习"得以实现;教育管理模式更加高效、科学、人性化。到2023年,初步实现重构教育生态系统的目标。互联网基因完全注入教育生态系统,符合新时代特色的人才培养模式和教育信息化体系初步形成,新型教育理念被广泛接受,新型教育教学模式与新型教育治理模式逐渐普及;互联网与教育的关系从融合应用向创新发展转变,原有教育生态系统中各要素形态均走向互联网化,要素之间的关系得以优化,线上教育和线下教育基本实现深度融合和良性互补;以互联网技术为支撑,以学习者为中心的公平且高质量的全新教育生态系统逐渐形成。到2035年,完全实现重构教育生态系统的目标。建立起新时代"互联网+"环境下人才培养的新模式和教育服务与教育治理的新模式;所有教育要素和整个教育生态链呈现出互联网化的全新形态;人人皆学、处处能学、时时可学的泛在学习环境完全建成;以学习者为中心,关注人的全面发展,满足个性化学习需求的教育教学模式成为常态;面向个体定制需求的精准化、智能化、个性化服务供给模式基本稳定;以立德树人为根本任务的人性化、智能化、现代化教育治理机制完全落实。传统教育生态系统被颠覆性重构,形成可循环的、开放的、平等的、更具生态性的"互联网+教育"生态系统。

从微观上看,新型课堂教学模式应实现两个目标,一是实现从核心素养维度对教学目标的解构。核心素养是一个动态、整合的概念,其以培养"全面发展的人"为核心,内容包括文化基础、自主发展、社会参与三个方面,综合表现为具有人文底蕴、科学精神、学会学习、健康生活、责任担当和实践创新六大素养的人。核心素养的特征包括以下三个方面:核心素养是能够应对复杂情境中工作的要求并成功开展工作的能力;核心素养是比知识、技能等更宽泛的概念,它是相关知识、技能、态度、价值观和情感的集合体;核心素养是基于行动和情境导向的,即偏于从具体生活情境中的成功行动的角度界定素养概念和确定素养要素[①]。因此,新型课堂的教学目标应以核心素养为纲领,从整体上推动各教育环节深层次的改革,落实立德树人的根本目标,改变教育领域内存在的"唯分数论"现象,帮助学生明确未来的发展方向,激励学生不断努力,引领和促进教师专业发展,改变当前存在的"知识本位"现象。二是通过信息技术与课程深层次整合,借助互联网力量,培养符合信息社会发展要求的创新人才,这种创新人才必须具备良好的创新能力,较高的信息素养以及高尚的道德精神;要打破传统课堂教学以分数为唯一标准、以教师为核心领导、教学资源单一的缺点,通过结合互联网的发展优势实现以教师为中心向学习者为中心的教学观转变,构建符合学生个性发展的智能环境,塑造浓厚的学习氛围以及改变原有单一的评价体系,将"学校—学生"和"学生—家长"教育机制转变为"学校—学生—家长"三向互通的教育机制,进而培养出符合21世纪人才质量观的全面、个性化、自主发展的新型人才。

---

① 张娜.DeSeCo项目关于核心素养的研究及启示[J].教育科学研究,2013(10):42-43.

(三)实现条件

在物联网、云计算、大数据等技术的推动下,为了提升教育质量,响应国家政策,各校积极进行教学改革工作,实施"互联网+"环境下新型课堂教学模式。"互联网+"环境下新型课堂教学模式有效运行涉及现代化的教学环境、丰富的教学资源、教学观念转变、制度保证等多方面的工作,即需要硬件层面和软件层面上的支持。只有当各方面协同配合,才能达到预期目标。

1.硬件层面

"互联网+"环境下新型课堂教学模式的运行必须要有信息化的教学条件作支撑,包括三方面的工作,即学校网络基础建设工作、信息化技术设备配置工作、数字化教育资源开发工作。第一,学校网络基础建设工作是实施"互联网+"环境下新型课堂教学模式的前提条件。首先需要学校网络中心提供网址或域名,实现无线网络全覆盖,方便师生随时随地登录网络课堂进行交流学习。其次,学校网络中心需要维护学校网络的运行,网络存在被恶意攻击的风险,在运行过程中常常出现难以预估的问题,这些风险的防范、问题的解决都需要学校网络中心及时采取措施,对学校网络提供技术支持[①]。第二,信息化技术设备是实施"互联网+"环境下新型课堂教学模式的必备条件。学校要加强多媒体教室建设,配置计算机、投影仪、平板等必要设施,提供信息化学习场所;开发知识交流平台、教育教学相关网站等数字化学习平台,为师生线上学习提供途径;加强数据库建设工作,为网络课堂提供足够的存储空间,方便师生能随时访问资源,随时上传、保存学习资源。第三,开发数字化教育资源是实施"互联网+"环境下新型课堂教学模式的充分条件。随着信息化时代的到来,教学资源由传统的教材进行扩展,包括内容丰富、形式多样的网络教学资源。教研人员需要针对学生学习特点以及知识内容特性,开发文字、图像、音频、视频等各种形式的教学材料,并且因材施教,在不同的教学场合有针对性的使用教学材料。例如微视频资源有容量小、时间短、

---

① 夏仕武."互联网+"背景下大学双课堂教学模式的建构与运行[J].国家教育行政学院学报,2016(5):45.

自足性、易传播等特点①,可用于课前预习导学;文字资料具有直观性、辨识性、易理解性等特点,可用于课堂教学等。

2. 软件层面

"互联网+"环境下新型课堂教学模式的运行还需要学校内部协同工作保障,包括转变学校教育观念以及建立相关保障制度。首先,转变教育观念是实施"互联网+"环境下新型课堂教学模式的成败关键,涉及教师的教学观念以及学生的学习观念。教师的教学观念必须从"知识本位"转向"素质本位",教育教学、管理服务等一切工作都要服从和围绕培养学生素质这个根本点。教师从教学主体转变为教学主导,知识的传授不再作为教学的中心,更多的立足于培养学生知识建构的能力,以学生为中心。相应地,学生要转变学习观念,认识到自身在学习中的主体地位,要主动学习、探究性学习,既要乐学又要善学。要求学生在学习过程中要敏于观察、敢于质疑、大胆发问、善于辩论、积极探究、努力求证、不断提升自身知识素养和道德修养等②。其次,学校必须建立健全相关的保障制度,这是实施"互联网+"环境下新型课堂教学模式的推动机制。一是建立职能监督机制。"互联网+"环境下新型课堂教学模式的实施,涉及学校各个部门的工作,需要明确相关部门职能,使其各司其职,通过一定的监督机制,负责评价各部门的工作效果,及时调整,提升工作效率。二是建立线上线下激励机制。"互联网+"环境下新型课堂教学模式的实施是一个长期工程,无论对老师还是学生都具有一定的压力,为了保证"互联网+"环境下新型课堂教学模式的实施效果,应该将激励机制落到实处,线上线下结合实际情况采取有效措施。例如,对教师,可以增加绩效工资、减少教学任务等,使其增加工作动力;对学生,可以分层针对知识缺口布置作业、线上打卡奖励等,使其减缓学习压力。

"互联网+"环境下新型课堂教学模式的运行是建立在完备的信息化教学条件和学校内部协同工作的基础上。完成硬件和软件两个方面的建设工作,"互联网+"环境下新型课堂教学模式才可以有效运行,实现教学效果,达到预期目标,发挥其特有的优势。

---

① 祝智庭,彭红超.信息技术支持的高效知识教学:激发精准教学的活力[J].中国电化教育,2016(1):21.

② 赵作斌,牛换霞.开发·内化·创新——高校课堂教学模式新探[J].中国高等教育,2019(Z2):38.

(四)操作程序

教学模式是一种具体化、操作化的教学思想或理论,它把某种教学理论或活动方式中最核心的部分用简化的形式反映出来,为人们提供了具体的教学行为框架,具体规定了教师的教学行为,使得教师在课堂上有章可循。教学模式作为结构框架,突出了其从宏观上把握教学活动整体及各要素之间内部的关系和功能,作为活动程序,则突出了教学模式的有序性和可操作性,每一种教学模式都有其特定的逻辑步骤和操作程序,其强调两个层面,分别是教师的教学活动与学生的学习活动,它规定了在教学活动中师生先做什么、后做什么,各步骤应当完成的任务。

在"互联网+"的背景之下,在5G网络、移动终端、信息技术平台等互联网技术的支持下,极大地推进了深度教育改革。利用新型的信息技术手段改进课堂教学,为师生提供互联互通的教学平台和学习平台,连接课堂内外,打造智能、联通的课堂。同时,教学模式受到互联网思维和新型教育理念的影响,教学环节向"先学后教,以学定教"转型,以促进全体学生实现符合其个性化特征要求的成长和发展。因此,在"互联网+"环境下新型课堂教学模式操作程序呈现出以下四方面的特征:教学过程连通性、教学流程翻转性、教学活动交互性和学习活动自主性。

1. 教学过程连通性

大数据、云计算、物联网等新一代信息技术手段在教育教学中的应用,打造了信息化教学平台和教学环境,通过信息化的学习平台,将课前、课中、课后师生的教学活动进行互联,同时使学生端、教师端、家长端三端互通,实现家校共育。学生的在线作业可随时提交并得到即时反馈,教师的教学资源可在课堂内外通过软件随时调用,家长可便捷接收孩子课堂上的一切动态,如:教学素材、课堂作业、课堂录制等。全程基于动态学习数据分析进行评价和决策,改进教学策略和实施个性化教学,实现教学决策数据化、评价反馈即时化、交流互动立体化,全面变革传统课堂教学结构,逐渐形成基于"云、网、端"互联互通的常态化智能教学形态。

2. 教学流程翻转性

教学活动体现出"先学后教,以学定教"特征,教师的教学活动和学生的学习活动进行了翻转,形成以教师的指导为主导,学生的自主学习为主体,生生、师生共同合作完成教学任务的教学模式。在课前,教师的主要活动是编写重点突出、难点分散的"导学案",并在课前发给学生,让学生明确学习目标,以达到启发和开拓学生思维,增强学生学习能力的目的。而学生则自学教材,完成"导学案"中的有关问题,带着问题对课文进行预习。在课中,教师的主要活动是引导启发,精讲释疑,教师组织学生讨论学案中的有关问题,对教学中的重点、难点问题引导学生展开交流讨论,形成共识,对学生在讨论中不能解决或存在的共性问题,进行重点讲解。学生的主要活动是进行交流合作、分享展示、总结归纳。学生直接参与、亲身体验和感悟知识形成的过程,探索发现问题、解决问题、形成结论、创新知识体系。课后,教师为学生推送精准的补充性资源,布置形式多样的在线作业和活动,记录学生成长内容,形成学生的成长档案。

3. 教学活动交互性

伴随计算机技术和网络技术的普遍使用和交互式教学理念的深入人心,教学模式体现出多维互动性,新一代的学生和教师越来越倾向于交互式的教育方式。互动性教学体现在以多种方式、多种手段开展教学。教师通过多种方法手段进行课程设计,在教学活动中合理地运用多样化的教学方法,用讨论式教学培养学生理解分析能力,开启思维大门;用轻松的谈话式教学,促进师生互动;用问题答辩式教学培养学生处理问题能力,激发其思维活力;用开发式教学发散学生思维,培养学生后续学习能力,并加以引导,完成相应的学习反思。在教师与学生之间、学生与学生之间形成交流互动的合作关系,使学生完成由"乐学""好学"到"会学""学会"的转变。同时,还利用网络技术,借助多媒体课件或网上资源,让学习者能够自主进行双向交流式学习。

4. 学习活动自主性

"互联网+"推动人类学习范式的变革从"教学者中心"向"学习者中心"转型,以个性化学习为中心的新时代已经到来,学生基于互联网和移动终端,根据自身学习特点和进程安排的自主学习已成为常态。因此,在"互联网+"环境中,在新课改背景下,催生了很多新型课堂教学模式,虽然这些教学模式在不同学科、不同课型中的操作程序呈现出了不同特征,但都体现"以学习者为中心,发挥学生自主性"的核心思想。学生基于互联网和移动终端进行自主学习,使得个性化的自主学习成为可能。大体来看,学生在课前、课中、课后主要包括三大学习模块,即预习模块、展示模块和反馈模块。预习模块,学生的主要任务是明确学习目标,通过自学,生成本课题的重点、难点,并初步达成学习目标;展示模块,学生通过小组合作学习,展示分享,交流预习和分组学习的成果,并进行知识的迁移运用,对感悟进行提炼提升;反馈模块,学生对本节课进行反思和总结,对预设的目标进行回归性检测。

(五)教学评价

《教育信息化2.0行动计划》的发布标志着我国教育信息化从重视"基础建设,设备配套,应用探索"为主要特征的1.0时代,开始迈向以"育人为本,融合创新,系统推进,引领发展"为主要特征的2.0时代,其根本任务是积极推进"互联网+教育",促进信息技术与教育教学深度融合和创新,而科学、有序地推进教学创新性发展的重要依据在于对学校教学实践进行精准评价[①]。2017年9月,中共中央办公厅、国务院办公厅印发了《关于深化教育体制机制改革的意见》,指出"要建立以学生发展为本的新型教学关系。改进教学方式和学习方式,变革教学组织形式,创新教学手段,改革学生评价方式"。因而,为了适应教育革新的需要,"互联网+"环境下教学评价区别于传统教学评价,呈现出多维度、全面性、多元化、综合性的特点,具体如下。

1.评价目的:由一维走向多维

传统课堂教学模式中其评价目的更多侧重于学生学业成绩的提高,认为学生的发展即知识水平的提高,评价目只关注知识维度。在"互联网+"环境下,人们对学生发展普遍有了新的认识。2016年9月,教育部颁布了《中国学生发展核心素养》,提出"全面发展的人"应具备"人文底蕴、科学精神、学会学习、健康生活、责任担当、实践创新"六大核心素养。因此,"互联网+"环境下新型课堂教学模式的评价目的呈现出多维

---

① 刘晓琳.基础教育学校信息化教学创新评价指标体系研制——面向2.0时代[J].中国电化教育,2018(12):11.

性,重视学生的文化基础,关注学生的自主发展,强调学生的社会参与,从而促进学生全面发展。

2. 评价主体:由片面走向全面

"互联网+"环境下新型课堂教学模式的评价主体对传统教学模式的评价主体进行了扩展,表现出全面性。一是对学习者和教师进行评价,既包括师生个人的评价,也包括师生集体的评价;二是对过程进行评价,包括教师的教学过程评价以及学生的学习过程评价;三是对"互联网+"环境下新型课堂教学模式中所涉及的学习支持与服务系统进行评价,包括网络平台的使用情况、媒体设备的可用性、制度机制的有效性等;此外,还要对教学模式产生影响的内外部因素、环境、理念等进行评价。

3. 评价标准:由单一走向多元

传统课堂教学模式评价标准主要是从教育思想、教学方法、教学素养和教学效果等方面进行,过于偏重知识的传递和接受,忽略学生能力、情感、个性等方面的培养,具有一定程度的单一性[1]。"互联网+"环境下新型课堂教学模式的评价标准要求与时俱进,以学生为中心,从"以教论教""以教论学"到"以学论教",通过教师在教学过程中所引起的学生学习表现和状态来进行评价,重视学生的知识、技能、情感等方面的培养,同时也关注信息化学习,结合信息化发展的特点来创新评价指标[2]。"互联网+"环境下新型课堂教学模式的评价标准表现出多元化的特点。

4. 评价方式:由简单走向综合

传统的教学评价方式多由评价者按照事先定制好的评价标准进行评价,随着"互联网+"时代的到来,评价方式由简单化走向综合性。按评价基准的不同,可分为相对评价、绝对评价以及自身评价;按评价内容的不同,可分为过程评价和成果评价;按评价表达的不同,分为质性评价和量性评价;按评价功能的不同,可分为诊断性评价、形成性评价和总结性评价等[3]。"互联网+"环境下新型课堂教学模式在进行评价时,通常采用

---

[1] 朱丽.从"选拔为先"到"素养为重":中国教学评价改革40年[J].全球教育展望,2018,47(8):38-40.
[2] 何克抗,李文光.教育技术学[M].北京:北京师范大学出版社,2009:322.
[3] 何克抗,李文光.教育技术学[M].北京:北京师范大学出版社,2009:338.

多种评价方式相结合,关注个体差异,进行综合评价,使评价更精确,结果更可信。

由此可见,"互联网+"环境下新型课堂教学模式的教学评价,其评价目的更多维,评价主体更全面,评价标准更多元,评价方式更综合,教学评价更加符合当代教育发展需要,有助于提升教育质量,是扩展教育深度、延伸教育广度的重要保障。

综上所述,受互联网理念和与新兴信息技术的影响,教学模式的理论依据、教学目标、实现条件、操作程序、教学评价产生了极大的转变,使得教学模式具有智能性、灵活性、可操作性。受经典学习理论、联通主义学习理论、混合学习理论以及多元智能理论等随互联网兴起的教学理论影响,为互联网背景下新型课堂教学模式构建提供了新理念,为教学实践提供了指导,为进一步探索新型教学模式架构注入了新的活力。互联网基因注入教育生态系统,互联网时代对人才需求和人才培养目标有了更高的要求,教学不再局限于培养学生知识能力、过程目标、情感态度价值观的三维目标,信息化社会需要具备创新能力、问题解决能力、跨界能力等核心素养的人才。将物联网、云计算、大数据等互联网技术应用于教育领域,使教育信息化基础条件得到了极大提升,在硬件层面使学校网络基础建设、信息化技术设备配置、数字化教育资源开发得到保障,在软件层面促进了教学方式、教学管理、教学评价等教育理念的转变。信息技术与课堂的深度融合,改变了教师的教学方式和学生的学习方式。"互联网+教育"大平台和优质资源的共建共享,打破了课堂和学校的边界,课堂内外得以联通,"先学后教、以学定教"成为教学活动的典型特征,在教学过程中强调师生互动、生生互动,教师以学习者为中心展开教学,学生成为课堂的主体,主动参与课堂环节,积极思考探索,教师知识从讲授者角色转变为释疑点拨的引导者和帮助者。与"互联网+"环境下对人才培养目标相对应,其教育评价也呈现出多维度、全面性、多元化、综合性的特点。评价目的由一维走向多维,既重视学生的文化基础,又关注学生的自主发展,强调学生的社会参与。评价主体由片面走向全面,家长评价、学生互评以及机器评价成为可能。评价标准由单一走向多元,评价以学生为中心,从"以教论教""以教论学"到"以学论教",通过教师在教学过程中所引起的学生学习行为表现和状态来进行评价。评价方式由简单走向综合,通常采用多种评价方式相结合的方式,关注个体差异,进行综合评价,评价更精确可信。

第二节 "互联网+"环境下新型课堂教学模式比较分析框架

为了全面理解和阐述新型教学模式,本研究从教学理论、教学目标、实现条件、操作程序以及教学评价五个维度出发,提出二级维度,并详细分析每个维度的具体内涵。通过这些维度,对"互联网+"环境下新型课堂教学模式进行深度剖析,明确新型课堂教学模式的重点,为后续研究提供分析基础。其比较分析框架,如表3-1所示。

表3-1 "互联网+"环境下新型课堂教学模式比较分析框架

一级维度	二级维度	内涵
理论依据	联通主义学习	存在于物质、认知、情感、精神的认识领域
		知道关于,知道做,知道成为,知道在哪里,知道要变换和知道为什么等不同的知识类型
		存在的不同空间,包括:自我的、集体的、组织的和社会的存在结构
	混合学习	线上线下知识的融合
		智能学习环境的创设和构建
		虚拟学习情景的创设
	多元智能	教学活动形式的丰富性
		多指标评价学习者智能
教学目标	知识与技能	对知识获取以及对问题的处理
		对问题的分析以及对知识、工具的运用
		对知识以及问题的综合评价
	过程与方法	学习者主动、自主处理问题
		与同伴相互合作共同完成目标
		通过探究性学习获得问题答案

续表

一级维度	二级维度	内涵
教学目标	情感态度与价值观	通过团队协作，获得合作意识
		通过问题解决，培养科学精神
		通过角色分配，培养责任意识
	信息素养	利用信息技术工具，高效获取信息
		有效地筛选、吸收、存储、分析信息
		有目的地对信息进行处理和加工
		运用多媒体形式表达信息、创造性地使用信息
实现条件	硬件层面	学校网络基础建设，打造智慧化校园
		信息化技术设备配置，营造信息化学习环境
		数字化教育资源开发，提供丰富数字化资源
	软件层面	转变教育观念，以学生为中心
		建立保障制度，保证效率效果
操作程序	教学过程连通性	"学校—学生—家长"之间实现三端互联
		"课前—课中—课后"教学环节互通
		教材资源和互联网资源相互整合
	教学流程翻转性	教师与学生教学角色翻转，教师是引导者和帮助者，学生是思考者和探究者
		学习流程翻转，学习贯穿全程，学在教前
		教学流程翻转，引导贯穿全程，教在学后
	教学活动交互性	教师在教学过程中采用多种互动式的教学方法，促进师生平等对话
		学生在学习过程中通过合作、探究等学习方式，促进学生之间交流互动
		学生通过互联网平台和资源与其他学习者进行双交互式学习
	学习活动自主性	教学活动中涉及学生自主预习模块、展示模块和反馈模块
		注重自主学习方法指导，帮助学生明确学习目标，制定学习计划，进行自主学习管理
		重视自主学习能力培养，旨在让学生能够积极主动地从事和管理自己的学习活动，养成独立学习的能力

续表

一级维度	二级维度	内涵
教学评价	评价目的多维度	具备文化基础,培养人文底蕴、科学精神
		实现自主发展,锻炼学会学习、健康生活
		促进社会参与,增强责任担当、实践创新
	评价主体全面性	评价学习者和教师,促进人的发展
		评价教学过程和学习过程,实现过程的改善
		评价学习支持与服务系统,提供人性化服务
	评价标准多元化	以学生为中心,做到以学论教
		关注信息化学习,结合信息化发展特点
	评价方式综合性	多种评价方式相结合,实现精准评价
		关注学生个体差异,促进全面发展

一、理论依据

关于新型课堂教学模式的理论依据,除经典教育理论对教学模式提供了支撑作用外,新型课堂教学模式的具体核心理论还包括:联通主义学习理论、混合学习理论和多元智能理论,具体内容如下。

(一)联通主义理论

联通主义理论作为"互联网+教育"的本体论,实施特点与互联网在教育领域的作用紧密相关,联通主义强调知识是网络,学习就是网络的形成。根据西门思的观点,对该理论依据指标进行解构得出:理解(Understanding)是一种暂时性的状态,受认识领域(Domains of Knowing)、知识类型(Types of Knowledge)和存在结构的影响。首先,认知领域是指人们存在物质(Physical)、认知(Cognitive)、情感(Emotional)、精神(Spiritual)几个领域中,只突出任何一个领域都是不对的。每个领域在不同的情形下都会有自己的优势,它们聚集起来共同提供体验知识的管道。其次,知识类型指由不同类型的知识组成知识共同体,即:知道关于(Knowing about)、知道做(Knowing to do)、知道成为(Knowing to be)、知道在哪里(Knowing where)、知道要变换(Knowing to transform)和知道为什么(Why of Knowing)。最后,存在结构是指人们存在不同的空间,包括:自我的(Self)、集体的(Collective)、组织的(Organizations)和社会的

（Society）①。以联通主义理论为依据开展课堂教学的特点,具有不同的形式体现,例如:学习者个人利用互联网资源主动寻找和构建知识、团队成员借助互联网工具与学习共同体共同探究等方式,以此衡量新型课堂教学。

(二)混合学习理论

混合学习理论的实质是实现信息技术与课堂深层次整合的构想转化,是以信息技术与课程整合理论为基础,采用信息化教学手段弥补课堂教学的不足,从而提升课堂教学质量。因而,新型课堂满足几个条件:第一,融合线上线下知识。互联网为师生提供了丰富的教与学资源,教师在课前可借助互联网平台为学生提供资料,丰富课堂教学内容的同时扩展学生的知识面,学生课上可借助互联网工具对问题进行讨论与探究,以扩大自学空间与自由度;教师在课下可借助互联网平台布置作业,通过师生在线答疑与分享心得,以巩固和深化课堂知识,提高学习质量。第二,搭建智能学习环境。智能的教学环境,要能够全面、有效地支持网络环境下教师的教和学生的学②,学生开展学习活动的场景不应受传统学习空间的限制,而是要通过借助智慧教室和网络学习平台的工具和资源,让学生拥有一个相对自由的学习空间,以促进学生的有效学习。第三,构建虚拟情境。虚拟情境一般用于要求实验操作的课堂,借助智慧教室中的条件和设备,针对某个实验重复操作并深入思考,不受时间与空间的限制,对于知识实践操作技能的掌握,有充分的内化过程③。通过理论知识与实践操作的结合,帮助学生理解知识,获得实际生活情景中的价值体验。这两个维度是混合理论学习思想在教学活动中的具体运用,通过互联网条件下的信息化教学与课堂教学,进而实现信息技术与课堂深层次整合。

---

① 杜修平,杜文睿,王怡雯.连接主义的知识观解读[J].现代教育技术,2012,22(11):13.
② 谢晓林,余胜泉,程罡,等.网络教学平台的新发展[J].开放教育研究,2007(5):12-13.
③ 王慧.基于混合学习理论的高校信息化教学思考[J].宁波大学学报(教育科学版),2011,33(1):30.

(三)多元智能理论

多元智能理论是由美国哈佛大学教育研究院的心理发展学家霍华德·加德纳教授提出的,以多样性的方式重新定义、评判智力和解决问题能力的一种全新的人类智能结构理论,该理论提出了八种智能。为了实现多元化的目的,在反思过程中不应该停留在只围绕数理语言智能或课堂问题解答的老思路上,对学生多方面的智能应该做到同步关注,从而使课程日趋完善,达到促使学生多方面的智能得到全面发展的目的[①]。因此,新型课堂为了实现该目标,应至少满足两个条件:第一,丰富学生的教学活动。传统的教学活动多以教师讲授型为主,而这种活动形式往往限制了学习者能力的发挥。为了充分体现学习者的主体性,应该采取多样性的教学活动来提升学习者的智能,如:合作型、探究型、协作型等。第二,采用多样化的评价模式。新型课堂的评价体系应是多元的,除了对学生知识掌握程度的评价外,还应该对学习者的表现和潜在的能力进行定位。新型课堂应发现每个学生独特的优势,对于单以成绩评判学习者的方式是不可取的,而应通过多种评价模式动态性地评价学习者的表现,包括:学生自评、互评、教师参评等方式,评价学生的上课表现、知识生成、问题解决等维度[②],以此实现学生的多元智能发展。

二、教学目标

关于新型课堂教学模式的教学目标,是在传统"三维目标",即强调教学关注知识与技能、学习过程与方法以及情感态度与价值观的基础上,增加了信息素养维度,具体内容如下。

(一)三维目标

首先,"知识与技能"是指掌握以及运用基本科学知识的能力。对知识与技能的判断指标参照"布鲁姆教学目标分类"理论,即在完成一堂课

---

① 高毓婉,冯晓颖.新课改视野下基于加德纳多元智能特征理论的化学教学反思[J].化学教育(中英文),2019,40(21):38.
② 韦广玉.如何构建基于多元智能理论的课堂教学评价[J].吉林省教育学院学报(学科版),2010,26(3):104-105.

程基本的知识与技能学习中,明确三项基本指标。第一,获取处理。获取处理是指学生在学习过程中,对理论科学知识做出选择与判断,包括通过回忆先前经验、知道当前知识、领会所学知识、处理知识四个步骤。能对以前学习过的知识材料进行回忆,包括对具体事实、方法、过程、理论的回忆,在回忆的基础上,对当前的材料进行判断,并且能够对这些要点按照特定方式进行加工,理解和把握知识材料的意义,掌握其核心要点。第二,分析运用。分析是指把复杂的知识分解为若干组成部分,并理解各部分之间联系的能力。它包括识别各部分、分析各部分之间的关系和认识其中的组织结构三个方面。分析代表了比运用更高的认知能力水平,因为它既要理解知识材料的内容,又要理解其结构。运用是指将所学到的规则、方法、步骤、原理、原则和概念等运用到新情境的能力,还要以知道和领会为基础,把所学知识内容运用到实际生活中进行解构,发挥知识的作用。第三,综合评价。综合是指将所学到的各个概念或各种知识、原理、原则与事实等整合成新知识的能力。例如,综合各项资料而获得结论,该能力强调的是形成新的模式或结构的能力。评价是认知目标中最高层次的认知能力,它要求超越原先的学习内容,并需要依据某项标准做出价值判断①。因此,从"知识与技能"维度可以发现,在运用新型课堂教学模式开展的教学活动中,强调既要让学习者能够知道和掌握知识本身的概念、原理,又要能对知识进行分析、评价并能将其运用到真实生活情境中去。

其次,"过程与方法"贯穿于知识与技能、情感态度与价值观形成的全过程。新课程标准明确提出:科学教育要注重培养学生良好的科学素养,使学生在学习科学的过程中逐步领会科学的本质。新型课堂下的过程方法要求课堂实现。第一,自主。自主学习是以学生作为学习的主体,通过学生独立分析、探索、实践、质疑、创造等方法来实现学习目标,自主学习强调学生在学习中拥有强烈的学习动机和浓厚的学习兴趣,从而进行能动学习,即主动地自觉自愿地学习,而不是被动地或不情愿地学习。自主学习要求施教者以学校教育为主阵地,同时辅之以必要而科学合理的家庭教育和社会教育,使儿童和青少年通过自主学习,学会求

---

① 傅钢善.现代教育技术[M].西安:陕西师范大学出版社,2007:159.

知、学会做人、学会健体、学会审美、学会生活、学会交往、学会劳动、学会生存,具备与现代社会需要相适应的学习、生活、交往、生产以及不断促进自身发展的基本素质①。第二,合作。合作是指学生为了完成共同的任务,有明确的责任分工的互助性学习。合作学习的目标是从学生的学习动机的角度出发,通过激发学生使其发挥出自己的最高水平,促进学习者之间的互帮互助、共同提高学生学习能力和效率,同时增进同学间的感情交流,改善人际关系。合作学习强调合作目标对学生完成学业任务的诱因影响,让学生在体验合作学习的同时获得个人能力的发展。第三,探究。科学学习以探究为核心,探究又是科学学习的主要方式。科学探究的过程一般包括提出问题、猜想与假设、制定计划与设计实验、进行实验与收集证据、分析与论证、评估、交流与合作七个环节。不同的环节采用不同的方法。同时,新课程标准认为,知识属于人的认识范畴,更像一个动词,即知识是一种"探究活动",因此无论是新知识的获得或是现成知识的掌握都离不开人的积极参与,离不开认识主体的活动,学生掌握知识的过程实质上是一种探究的过程,是选择、创造的过程,也是学生科学精神、创造精神及世界观形成的过程②。无论是从知识的掌握到技能的培养,还是情感态度与价值观的形成、转化,课堂的学习都要注重过程和方法,并在过程中、方法中完成知识技能目标,从而也突出了学生在教学中的主体作用。因此,从"过程与方法"维度可以发现,在运用新型课堂教学模式开展的教学活动中,强调过程与方法应该基于教师引导,在课堂基本练习、课堂参与指标的基础上,实现学生的主动学习,师生、生生间的合作学习。

最后,"情感态度与价值观"同样贯穿于整个课堂,情感不仅指学习兴趣、学习责任,更重要的是乐观的生活态度、求实的科学态度以及宽容的人生态度。价值观不仅强调个人的价值,更强调个人价值和社会价值的统一,科学的价值和人文价值的统一,以及人类价值和自然价值的统一,从而使学生内心确立起对真善美的价值追求以及人与自然和谐和可持续发展的理念③。"情感态度与价值观"维度下的指标,是全面贯彻课程

---

① 李炳亭.编导学案也可还给学生[N].中国教师报,2016-02-24(007).
② 朱彩兰,李艺.教育目标的"过程"与"结果"辩证[J].基础教育,2016,13(1):15.
③ 刘建平,王强.学校课程再造,让教育与生命同行[M].北京:中国轻工业出版社,2013:63.

整合要求以及核心素养能力要素扩展而形成的划分依据,主要强调培养学生的合作意识、科学精神和责任担当。第一,合作意识。它是学生在学习活动中产生的对共同行动及其行为规则的认知与情感,是合作行为产生的一个基本前提和重要基础。合作意识是团队成员之间形成团结一心,充分发挥集体的智慧和力量,是克服困难、取得成功的关键,并在活动进程中通过互看、互助、互译、互评而实现。第二,科学精神。科学是一种为获得最可靠知识的方法、过程和途径,经过特殊的实践过程。科学精神是在反复实践锻炼下寻求可重复的经验证据,包括对科学思维的运用。在课堂中,学生要采用科学的思维考虑问题,科学的方法解决问题。第三,责任担当。责任感是衡量一个人精神素质的重要指标,学生在参与合作和解决问题的过程中,能够意识到自己的角色担当和自我存在的价值,同时履行自己的责任和义务,并将这种意识迁移至日常生活中。因此,从"情感态度与价值观"维度可以发现,在运用新型课堂教学模式开展的教学活动中,强调学生在学习的过程中或之后产生相互合作的意识、培养出相应的实践创新能力和科学探究精神,以及形成科学的态度并承担起相应责任,使课堂学习可以提升学生的思想情商而超越纯知识性学习的目标。

(二)信息素养

在"信息素养"维度中,培养学习者信息素养能力是21世纪人才培养的基本要求,也是在"互联网+"大背景下,新型课堂人才培养的基本要求。桑新民提出应从以下六个方面确立培养学生信息素养的内在结构与目标体系:高效获取信息的能力;熟练、批判性地评价信息的能力;有效地吸收、存储、快速提取信息的能力;运用多媒体形式表达信息、创造性地使用信息的能力;将以上一整套驾驭信息的能力转化为自主、高效地学习与交流的能力;学习、培养和提高信息时代公民的道德、情感,法律意识与社会责任[①]。综合国内外大多数教育技术专家和计算机教育专家的意见,本研究选择以信息获取、信息分析、信息加工、信息利用四个指标衡量信息素养的基本要求。

---

① 桑新民.从印刷时代到信息时代:人类学习方式与教育模式的历史性变革[J].职业技术教育,2001,22(12):36.

首先,"信息获取"包括信息发现、信息采集与信息优选;其次,"信息分析"包括信息分类、信息综合、信息查错与信息评价;再次,"信息加工"包括信息的排序与检索、信息的组织与表达、信息的存储与变换、信息的控制与传输等;最后,"信息利用"包括如何有效地利用信息来解决学习、工作和生活中的各种问题,例如不断地自我更新知识、能用新信息提出解决问题的新方案、能适应网络时代的新生活等。这种与信息获取、分析、加工、利用有关的知识可以简称为"信息技术基础知识",相应的能力可以简称为"信息能力"。这种知识与能力既是信息素养水平高低的具体体现,又是信息社会对新型人才培养所提出的最基本要求。达不到这方面的要求,将无法适应信息社会的学习、工作与竞争的需要,就会被信息社会所淘汰。从这个意义上说,缺乏信息方面的知识与能力就相当于信息社会的"文盲"[①]。除此之外,具有在信息社会中生存所必需的道德、情感、法律意识与社会责任也是信息素养的重要组成部分,不可忽视。因此,从"信息素养"维度可以发现,在运用新型课堂教学模式开展的教学活动中,判断学生是否具有信息素养,即是判断学习者在通过正式和非正式学习后是否具有能够高效获取信息、有效提取信息、批判性地评价信息以及创造性地使用信息的能力。

三、实现条件

关于新型课堂教学模式的实现条件,要求学校做好硬件层面和软件层面的建设工作,具体内容如下。

(一)硬件层面

首先,学校网络基础建设工作、打造智慧化校园,是实施"互联网+"环境下新型课堂教学模式的前提条件。学校的网络基础建设包括连接互联网的高速网络配置、建立教育专用高速网络、准备学校内无线网络配置及专用服务器等、健全电源保障系统和设置学校网络运行管理中

---

① 中国教育学会.中国教育科学2003[M].北京:人民教育出版社,2004:639.

心①。前四项工作是为了保证无线网络的提供，实现校园网络的全覆盖，方便师生随时随地登录网络课堂进行交流学习。最后一项是为了保证学校网络的良好运行，网络运行管理中心负责做好网络风险的防范、网络系统的定期维护，及时处理网络运行过程中的故障，方便师生在互联网学习过程中不会受到任何网络干扰。实施"互联网+"环境下新型课堂教学模式，任何一个学校都应当具备这五方面的网络基础建设工作，并且保证其运行效果。

其次，配置信息化技术设备，营造信息化学习环境，是实施"互联网+"环境下新型课堂教学模式的必备条件。"互联网+"环境下新型课堂教学模式强调实现信息技术与教育教学的深度融合，毫无疑问，教学过程中需要借助信息化技术设备。学校的信息化技术设备配置一般包括：①多媒体教室，内含计算机、投影设备、平板电脑等；②网络学习平台，内含互联网学习资源，例如数字化学习平台、教育教学相关网站等；③基础数据库，覆盖学校教学、科研、管理和服务，例如教学资源数据库、教务管理数据库等。前两项工作是为了提供实施"互联网+"环境下新型课堂教学模式的信息化学习场所，分别是物理学习场所以及网络学习场所，满足互联网条件下的学习需求，保证教育教学的有效开展。最后一项工作是为了增强信息化服务，促使各部门协同工作，体现教学工作的科学性和优化性。实施"互联网+"环境下新型课堂教学模式，每个学校都应当衡量本校的信息化技术设备配置是否达到要求。

最后，开发数字化教育资源，是实施"互联网+"环境下新型课堂教学模式的充分条件。"互联网+"环境下新型课堂教学模式以建设、应用和共享数字化教育资源为手段，因此开发数字化教育资源必不可少。一所学校的数字化教育资源应满足以下要求：①教育性，要求数字化教学资源要实现教育目的，符合学生认知特点，帮助学生掌握知识技能，提高学生问题解决能力等；②科学性，要求数字化教学资源要客观、科学、真实，反映出知识的规律性②，资源中所包含的知识必须是前人智慧、经实践验证

---

① 李哲,前迫孝宪,西森年寿,等."未来学校"中孕育的希望(二)：人手一台——让孩子们都拥有自己的学习工具[J].中国信息技术教育,2013(3)：115.
② 王琦.简述多媒体课件的教学评价原则[J].福建电脑,2009(8)：197.

了的科学知识及真理[①]；③技术性,要求数字化教育资源的运行环境可靠、兼容性强,数字化教学资源的操作设计要方便灵活,具有较强的交互性,数字化软件的使用要安全、友好、可靠,与教育教学相适应;④艺术性,涉及界面效果、美工效果、媒体选择、媒体设计四个方面,要求图、文、声、像等要素的表现符合审美规律,能够产生良好的视觉效应、听觉效应,使内容呈现富有表现力和感染力[②]。实施"互联网+"环境下新型课堂教学模式,学校需在开发数字化教育资源时争取实现以上标准,达到以上要求。

(二)软件层面

首先,转变教育观念,以学生为中心,是实施"互联网+"环境下新型课堂教学模式的成败关键。在"互联网+"环境下新型课堂教学模式中,教育观念会直接影响到教学效率和教育效果,因此必须转变教育观念。转变教育观念涉及教学观和学习观两个方面。第一,教学观必须要从"知识本位"转向"素质本位",以学生为中心。应注意以下几个重点：①育人性,要求教学要适应学生身心发展特点和认知特点,教师应当分析学科特性,因材施教,帮助学生建构知识,锻炼学生技能,陶冶学生情操;②启发性,要求教学以核心素养为宗旨,着眼于知识的形成过程和认识的实现过程,教师要引导学生发现问题、认识不足,"使无知者自觉其有知"[③]；③互动性,要求教学要充分考虑学生所思所想,教师在教学过程中要及时与学生沟通,根据学生学习实际情况,调整教学进度,优化教学策略。第二,学习观必须要面向全面发展,认识到自身在学习中的主体地位。主要强调以下几点：①主动性,要求学生在学习过程中积极主动,敏于观察、敢于质疑、大胆发问;②探究性,要求学生在学习过程中勤于思考,发现问题、积极探究、努力求证;③互动性,要求学生在学习过程中乐于沟通,师生互动、生生讨论、创新发展。实施"互联网+"环境下新型

---

① 于双娜,张旭.高校多媒体课件评价指标体系的构建[J].河北农业大学学报(农林教育版),2013(8)：99.

② 寇海莲,万正刚,高铁刚.中小学教师对基础教育优质数字资源质量评价实证研究——基于198名评审专家的调查[J].中国电化教育,2014(10)：75.

③ 徐汀潇.核心素养视域下的启发式教学观[J].教育理论与实践,2018,38(20)：5.

课堂教学模式,教师和学生都应当严格要求自己,抓住核心要求,转变教育观念。

其次,建立健全相关的保障制度,保证效率效果,是实施"互联网+"环境下新型课堂教学模式的推动机制。良好的保障制度可以让教学模式得以顺利开展、长期实施,为了提升教育改革成效,必须建立保障制度。建立保障制度涉及职能监督机制和线上线下激励机制两方面的工作。第一,建立职能监督机制。具有以下几个重点方面:①全面监督,要求全面覆盖学校教学、科研、管理和服务,监督主体涉及学校各个部门的工作;②有效监督,要求监督力度大,建立职能标准,实行目标化监督,保证监督效果;③协同监督,要求在监督过程中注重整体性,联合各个部门工作,综合考虑工作效果;④创新监督,要求监督与时俱进,随着职能的创新,创新监督体系,同时透明化监督过程,听取多方意见,改进监督机制。第二,建立线上线下激励机制。考虑以下几点原则:①最有效原则,要求将各种激励方法、手段有机地组合起来,对所有的人和事进行全面规范的激励,最大限度发挥激励的作用[①];②物质激励和精神激励相结合的原则,要求以精神激励为主、物质激励为辅,努力实现激励的正向作用;③引导性原则,要求逐渐将基于激励的参与行为转化为自觉意愿,增强师生自主性[②]。实施"互联网+"环境下新型课堂教学模式,学校应当采取措施,积极推动模式的有序开展。

四、操作程序

关于新型课堂教学模式的操作程序,需要借助新兴技术,转变传统课堂的教学程序,实现教学过程的联通性、教学流程的翻转性、教学活动的交互性以及学习过程的自主性,具体内容如下。

(一)教学过程联通性

教学过程联通性指依托物联网、云计算、无线通信等新一代信息技术打造的物联化、智能化、感知化、泛在化的教育信息环境,实现教学主

---

① 王祖成.世界上最有效的管理——激励[M].北京:中国统计出版社,2002:87.
② 李业根.网络文库用户激励机制及其对图书馆自建数据库的启示[J].图书馆工作与研究,2018(11):79.

体、课内外教学环节、教学资源等形成互联互通的回路。教学过程的联通主要有以下要求。第一，教学主体互联。"互联网+"环境下的育人模式强调家校合作、协同育人，因此要创新传统家校沟通的渠道，建立"学校—学生—家长"三端的沟通渠道，通过校讯通、微博、微信等智能移动终端，连接起学生、家长与教师，促进家长之间、家长与教师之间的共同探讨。这既可为家长了解学生提供途径，也可为学生寻求帮助、解决问题提供支持，还能够借助技术优势为教师减负，通过线上线下相结合的方式进行教学管理，形成家校共育的育人模式，使"云、网、端"互联互通的智能教学常态化。第二，教学环节联通。课外是课内的延伸，是教学环节的一部分，课外时间的高效学习能够提高学生的学习效果。将课前预习环节中对学生的学习诊断作为课堂教学的生长点，能够精准定位学生的疑惑点，促进知识的深化和提高，同时课后的作业巩固也是对课前、课中两个环节的反思和提升。因此，"互联网+"环境下新型课堂教学模式应将师生的教学活动从前到后串联起来，以形成回路，提高教育的效果和效率。第三，教学资源互联。伴随网络的不断发展，课堂教学资源从传统课堂资源延伸至网络资源，网络资源的开放共享和生成性优势具有巨大的应用潜能，课堂教学中，应该充分利用开放的优质互联网资源，实现课内资源与课外资源、教材资源与网络资源的整合应用。

(二)教学流程翻转性

教学流程翻转性是指教学活动体现出"先学后教，以学定教"特征，不同于传统教学模式中教师进行"信息传递"、学生进行"吸收内化"的教学方式，师生的角色发生了翻转，教学流程也发生了翻转。教学流程的翻转主要有以下要求。第一，教师与学生的角色翻转。教师不再是知识的传授者与灌输者，而是引导者、帮助者。教师与学生的角色发生变化，课堂体现学生的主体地位，教师把更多的时间留给学生，让学生不管在课堂上还是在课堂下都可以充分发挥自己的主动学习能力，同时还给学生提供了很多团队合作交流的机会，增强了学生的能动性。第二，重构学生学习流程。信息传递部分在课前进行，吸收内化在课堂上通过互动完成，教师在课堂上对学生的疑难问题给予有效辅导，同学之间进行相互交流以促进学生对知识的内化。第三，重构教师教学流程。课前，教师提供视频资料以及学法指导,帮助学生进行自主学习和知识建构,总结学习过程中的问题;课中,教师针对学生的问题进行引导启发和精讲释疑,组织学生讨论。

(三)教学活动交互性

教学活动交互性是指教学过程体现出交互式教育方式,教师采用多种教学方式开展互动教学,学生利用互联网教学平台和资源自主进行双向交流学习。教学活动的交互主要有以下要求。第一,教师开展交互式教学。教师在教学过程中使用讨论式、谈话式、探究式、小组合作式等多种方法,使师生之间进行平等对话,并通过提问、引导等方式,帮助学生思考问题、自信地表达自己的想法、分享自己的学习成果。第二,学生之间进行交互合作。教师通过小组或团队的形式组织学生学习,小组成员协同参与以实现共同的学习目的。学生个体可以将其在学习过程中探索、发现的信息和学习材料与小组中的其他成员进行共享、交流和讨论。第三,学生自主双向交流式学习。学生在学习过程中利用网络学习资源进行自主学习,与教师或者其他学习者之间进行交互,相互学习。

(四)学习过程自主性

学习过程自主性是指学生是学习过程的主体,通过自主学习的方式完成课前、课中、课后的重要模块,养成自主学习的习惯,培养独立学习的能力。学习过程的自主主要有以下要求。第一,自主学习模块。教学环节中涉及学生自主预习模块、展示模块和反馈模块,每个环节需要学生通过自主学习的方式完成相应的学习任务,达成相应的学习目标。第二,自主学习指导。在教师的指导下,学生能够清楚自己在每个学习环节中的任务,自行确定学习目标,制定学习计划,做好学习准备。在学习活动过程中学生能够对学习进展进行自我监控和调节,学习活动后对学习结果进行自我总结和反思。第三,自主学习能力培养。通过学生自主探究、合作交流,培养学生的自主学习能力,让学生能够积极主动地从事和管理自己的学习活动,并能采取各种学习调控策略使自己的学习达到最优化,在学习过程中尽可能摆脱对教师或他人的依赖,养成独立学习的能力。

五、教学评价

教学评价是对教学模式的实施进行价值判断,发现缺陷,调整不足,提升教学质量,转变传统的教学评价,使评价目的多维度、主体全面、标准多元、方式综合,具体内容如下。

(一)评价目的多维度

首先,教学评价立足于使学生具备文化基础,培养学生人文底蕴、科学精神。文化基础重在强调习得各领域的知识和技能,掌握和运用人类优秀智慧成果,涵养内在精神,追求真善美的统一,发展成为有宽厚文化基础、有更高精神追求的人,包括人文底蕴和科学精神。第一,人文底蕴指学生在学习、理解、运用人文领域知识和技能等方面所形成的基本能力、情感态度和价值取向。强调以下方面:①人文积淀,要求学生具有人文领域基本知识和成果,理解和掌握人文思想;②人文情怀,要求学生具有以人为本的意识,关切人的生存发展等;③审美情趣,要求学生掌握艺术知识、技能与方法,理解、尊重、发现、表达艺术等[①]。第二,科学精神指学生在学习、理解、运用科学知识和技能等方面所形成的价值标准、思维方式和行为表现。重视以下标准:①理性思维,要求学生理解和掌握基本的科学原理和方法,具备科学思维能力并善于运用;②批判质疑,要求学生能够发现问题、思考问题、解决问题;③勇于探究,要求学生具有好奇心、想象力、探究精神以及问题解决能力。文化是人存在的根和魂,实施"互联网+"环境下新型课堂教学模式,需通过教学评价,在关注学生的文化基础方面,争取实现以上标准和要求。

其次,教学评价是为了使学生实现自主发展,锻炼学生学会学习、健康生活。自主发展强调能有效管理自己的学习和生活,发现自我价值,发掘自身潜力,有效应对复杂多变的环境,成就出彩人生,发展成为有明确人生方向、有生活品质的人,包括学会学习和健康生活。第一,学会学习指学生在学习意识形成、学习方式方法选择、学习进程评估调控等方面的综合表现。具有以下标准:①乐学善学,要求学生具有良好的学习态度,采用适当的学习方法,养成良好的学习习惯,具备学习的能力;②勤

[①] 黄东显.应用型人才培养改革研究[M].北京:科学出版社,2016:8.

于反思,要求学生能对自己的学习状态进行审视,善于总结经验,及时调整学习策略和方法;③信息意识,要求学生具备获取、评估、鉴别、使用信息的能力,适应信息化社会发展,具有网络伦理道德与信息安全意识等。第二,健康生活,指学生在认识自我、发展身心、规划人生等方面的综合表现。核心内容包括:①珍爱生命,要求学生尊重生命,具有安全意识与自我保护能力,养成良好的生活方式和行为习惯;②健全人格,要求学生具有积极的心理品质,能管理好自己的情绪等;③自我管理,要求学生能正确认识与评估自我,制定自己的发展路径,并严格执行①。自主是人作为主体的根本属性,实施"互联网+"环境下新型课堂教学模式,需通过教学评价,培养学生自主发展,争取实现以上要求。

最后,教学评价要求促进学生社会参与,增强学生责任担当、实践创新。社会参与强调能处理好自我与社会的关系,养成道德准则和行为规范,增强社会责任感,提升创新精神、实践能力,实现个人价值,推动社会发展进步,发展成为有理想信念、敢于担当的人,包括责任担当和实践创新②。第一,责任担当指学生在处理与社会、国家、国际等关系方面所形成的情感态度、价值取向和行为方式。强调以下几个方面:①社会责任,要求学生具备基本社会道德,积极履行公民义务,严守社会法制,维护社会发展等;②国家认同,要求学生具有国家意识,爱国护国,通过自身实践促进国家发展;③国际理解,要求学生具有全球意识和开放的心态,尊重各国文化,关注全球发展等。第二,实践创新指学生在日常活动、问题解决、适应挑战等方面所形成的实践能力、创新意识和行为表现。具有以下重点方面:①劳动意识,要求学生具有积极的劳动态度和良好的劳动习惯,掌握劳动技能,积极主动参与劳动等;②问题解决,要求学生善于发现和提出问题,制定问题解决方案,采取行动;③技术运用,要求学生理解技术价值、内涵,能够应用技术、改善技术等。社会性是人的本质属性,实施"互联网+"环境下新型课堂教学模式,需通过教学评价,促进学生社会参与,争取达到以上标准。

---

① 陈坤华,彭拥军,夏永庚.现代教育学[M].长沙:中南大学出版社,2018:28.
② 核心素养研究课题组.中国学生发展核心素养[J].中国教育学刊,2016(10):1.

(二)评价主体全面性

首先,教学评价需要评价学习者和教师,促进人的发展。学习者和教师是实施"互联网+"环境下新型课堂教学模式的核心人员,决定实施方向,是教学评价的第一主体。评价学习者和教师时,强调以下几点:①协调性,教学评价要求评价者充分考虑评价主体的文化背景、教育观念、认知特点等各方面的差异,进行有效沟通,详细制定评价计划;②透明性,教学评价要求评价主体了解评价过程,参与评价,及时对评价提出改进建议;③指导性,教学评价要求评价者将自己的专业特长和评价技术作为资源,创造各种有利的支持条件,让评价主体自我负责,自己去开展评价,并从中找出问题,改进评价[1]。总而言之,在新型课堂教学模式下对学习者和教师开展评价时,必须考虑人的发展特性,强调评价主体的协调性、透明性和指导性,保证教学评价的广度。

其次,评价教学过程和学习过程,实现过程的改善。教与学过程是实施"互联网+"环境下新型课堂教学模式的主要内容,决定实施效果,是教学评价的中心主体。评价教学过程和学习过程时,要注意以下方面:①整体性,教学评价要求考虑教与学的三个阶段,起始阶段、进行阶段以及最终阶段,将每个阶段教与学的任务和重点联系起来,辩证地把握阶段、过程、结果和整体,进行综合评价;②复杂性,教学评价要求审慎对待教与学过程,不能一成不变地看待,要求仔细考量各个因素之间的关系和变化;③发展性,教学评价要求反思与总结评价经验,具备一定后视与前瞻的眼光,关注过程的下一步发展,客观、公正、全面和深刻地评价[2]。因此,在"互联网+"环境下新型课堂教学模式下评价教学过程和学习过程,需关注面向过程的整体性、复杂性和发展性,保证教学评价的深度。

最后,评价学习支持与服务系统,提供人性化服务。学习支持与服务系统是实施"互联网+"环境下新型课堂教学模式的支撑力量,决定实施可持续性,是教学评价的内在主体。评价学习支持与服务系统时,需要关注以下方面:①适应性,教学评价要求考虑系统的环境适应性,系统使用的时期是否合适以及系统的故障处理过程是否方便、维护过程是否

---

[1] 蔡敏.论教育评价的主体多元化[J].教育研究与实验,2003(1):23.
[2] 吴振利.论中小学教师之整体性教学评价[J].教育科学,2019,35(2):54.

简易等；②智能性，教学评价要求考虑系统是否功能完善、性能友好，能否与时俱进，符合时代特点，满足师生需求；③交互性，教学评价要求系统能实现与人的交互，帮助师生提高工作学习效率；④开放性，教学评价要求审视系统，其系统的包容、延伸、扩展要随着教育需求的变化，及时调整系统架构、改进系统、开发新功能支持服务；⑤友好性，教学评价需要面向系统的使用效果，分析系统的界面是否友好、操作是否简单等[1]。在"互联网+"环境下新型课堂教学模式下评价学习支持与服务系统，必须综合分析系统的五个特性，保证教学评价的高度。

（三）评价标准多元化

首先，以学生为中心，做到以学论教。"互联网+"环境下新型课堂教学模式的实施，其本质是为了促进学生的发展，因此应当确定学生的主体地位，以学生为中心，围绕学生展开教学。评价标准以学生为中心，包括三个方面。第一，以学生发展为中心，教学评价要求以学生当前状态为基础，以促进其发展为目的，完成特定发展任务，发掘学生潜力，促进其全面发展；第二，以学生学习为中心，教学评价强调把学习作为教育的中心，在学生所有活动中，学习是中心，让学生对自己的学习负责，培养其主动学习、自主学习、终身学习的能力；第三，以学习效果为中心，教学评价关注学习效果，把学习效果作为判断教学和学校工作成效的主要依据，重视测量与反馈在学习中的作用，有效帮助学生调整学习、帮助教师调整教学、帮助学校调整工作[2]。以学习者为中心，是教学评价标准的核心部分，故而在"互联网+"环境下新型课堂教学模式下，需基于学生发展、学习以及学习效果三方面进行教学评价设计。

其次，结合信息化发展特点，关注信息化学习。在信息化时代下，"互联网+"环境下新型课堂教学模式要求转变教与学方式，尤其关注学生信息化学习。评价标准应结合信息化发展特点，关注信息化学习，强调以下特性：①知识贯通性，教学评价要求考查学生的知识迁移能力和学习习惯，从了解知识来源和知识结构出发，逐步掌握关键性知识内容，

---

[1] 高彬,唐加福.综合评价支持系统的分析设计与实现[J].控制工程,2010,17(5)：651.
[2] 赵炬明.论新三中心：概念与历史——美国SC本科教学改革研究之一[J].高等工程教育研究,2016(3)：40.

并对所学内容进行整体掌握①;②问题导向性,教学评价要求测评学生如何理解问题语境、如何界定问题、如何提出问题、从何处寻找解决问题的途径等;③开放性,教学评价要求关注书本知识与现实世界的联系,面向信息化情景,考察学习是否扩展延伸;④有效使用信息技术和工具,教学评价要求衡量学生是否"会"利用信息技术进行学习,以充分借助技术的作用满足学习需求;⑤社会交互性,教学评价要求分析师生、生生之间的交流是否促进学习,对媒体的利用是否提升学习效果和效率,以衡量学生在教学过程中的知识贡献②。教学评价要意识到社会信息化的发展已经带动教育的变革,相关的评价标准也应当作出调整,要关注信息化学习。

(四)评价方式综合性

首先,多种评价方式相结合,实现精准评价。"互联网+"环境下新型课堂教学模式教学评价注重过程,强调评价方式的灵活多样。要综合运用评价方式,要求做到:第一,注重学习过程,突出评价过程化,强调把学习过程中的全部情况都纳入评价范围,强调评价者与评价对象、与具体评价情境的交互,强调评价过程本身的价值;第二,充分利用现代信息技术,实现评价电子化,利用技术手段对学生进行形成性考核,利用网络技术对学生学习成绩进行学习评价;第三,注重学以致用的评价效果,实现学习内容应用的综合评价,在评价中"引入社会调查、工作问题解决方案、实际操作和技术应用性成果"等实际应用③。教学评价应当考虑各类评价方式特点,采用多种评价方式相结合的形式,关注以上要求,使评价更精确。

其次,关注学生个体差异,促进全面发展。关注学生个体差异是教育中最为重要的原则与方法,"互联网+"环境下新型课堂教学模式评价方式要求针对差异性,采取有效评价。强调以下三点:第一,多维度评估,评价方式要求尊重学生多元智能发展需求和个体差异,分析学生的

---

① 黄荣怀,张晓英,陈桄,等.面向信息化学习方式的电子教材设计与开发[J].开放教育研究,2012,18(3):30.
② 黄荣怀,陈庚,张进宝,等.论信息化学习方式及其数字资源形态[J].现代远程教育研究,2010(6):70.
③ 刘仁坤,杨亭亭,王丽娜.论现代远程教育多元化的学习评价方式[J].中国电化教育,2012(4):55.

不同生活背景、身心发展水平以及个性需求,尊重学习者的差异,针对学习者的学习基础、学习思维、学习能力、自尊心、自信心等方面进行多维度评估;第二,过程性评价,评价方式重视学生在学习过程中的多样性和多变性,要灵活选用评价方式,突出评价的动态性;第三,发展性评价,评价方式考虑学生多元智能发展的需求,要求评价总结学习者的阶段性学习成果与进度,参照评价结果,查缺补漏,以便更有效地开展后续学习活动[1]。为了满足学生个性化发展,教育过程需要实现因材施教,同时教学评价也应关注学生个体差异,选择恰当的评价方式,使评价更可信。

第三节 "互联网+"环境下新型课堂教学模式案例比较分析

一、国内外经典案例遴选案例

互联网是一种技术与平台,更是一种场域与精神。"互联网+教育"改变了传统以教师为中心的教学形式,促使其转向以学习者为中心,为学生提供全方位、个性化、持续的学习服务。教学资源、教学过程、学习评价等也越来越以学生为中心,教师的作用由以往的教学主体变成了学生学习的辅助者、服务者。同时,以学习者为中心的教学将从课程教学过程本身,延伸到课程结业后的就业服务和终身学习需求的满足,教学将更加注重学生的全方位发展和能力的提升。可以说,"互联网+教育"重新解构了传统的学习模式和教育体制,制定了一套新的教与学的互动模式,使学习者可以在任何时间、任何地点,以任何方式,从任何人那里进行学习。

---

[1] 刘和海,戴濛濛."互联网+"时代个性化学习实践路径:从"因材施教"走向"可因材施教"[J]. 中国电化教育,2019(7):52.

(一)国内经典案例

1. 昌乐一中"二段四步十环节"翻转课堂模式

(1)案例实施单位

山东省昌乐一中

(2)案例分析描述

理论依据。昌乐一中"二段四步十环节"翻转课堂教学模式[1]主要基于人本主义学习理论以及深度学习理论。同时,该模式以学习者为中心,关注学生的发展,要求借助互联网资源条件,以班级为单位,构建知识的网络,也体现出了联通主义理论。此外,该模式还结合了混合学习理论和多元智能理论,主要表现为线上线下的融合、课堂资源的丰富、评价方式的多元。

教学目标。昌乐一中翻转课堂教学模式的教学目标主要有三点:第一,促进学生深度学习的发生;第二,激发学生学习内在动机与兴趣;第三,提升学生各项学习能力,如言语表达能力、自主探究能力、合作学习能力、思维能力、创新能力等。可见昌乐一中翻转课堂教学模式的教学目标覆盖知识与技能、过程与方法、情感态度与价值观三个层面,在线上线下的学习过程中也体现了对学生信息素养的培养。

实现条件。学校重视其网络基础建设和信息化技术设备配置工作,构建了由数字化学习平台("创课学堂"平台,能够实现微课等教学资源的上传下载、在线观看功能,亦支持在线测试和数据分析处理等功能)、校园镜像服务器、千兆校园网、教室无线网络和学生个人便携终端组成的在线教学系统。此外,昌乐一中还与校外企业合作开发了微课资源、教师合作编制学案(学校利用暑假,组织骨干教师,按照"研究学案模式—编制学案目录—编写学案初稿—学案集中修改"的步骤提供教案及其他辅助资源等)。学校翻转课堂的实施不仅体现了师生教育观念的转变,也体现了以学生为中心的思想。

操作程序。翻转课堂本质上是一种线上与线下相结合的教学模式,基于此,昌乐一中翻转课堂的教学流程包括课前准备(教学资源准备、课

---

[1] 黄发国.昌乐一中"二段四步十环节"翻转课堂模式的实践探索[J].中小学数字化教学,2018 (7):85-88.

前自学)和课堂交互两个阶段,具体可分为"二段四步十环节"。操作程序如图3-1所示。

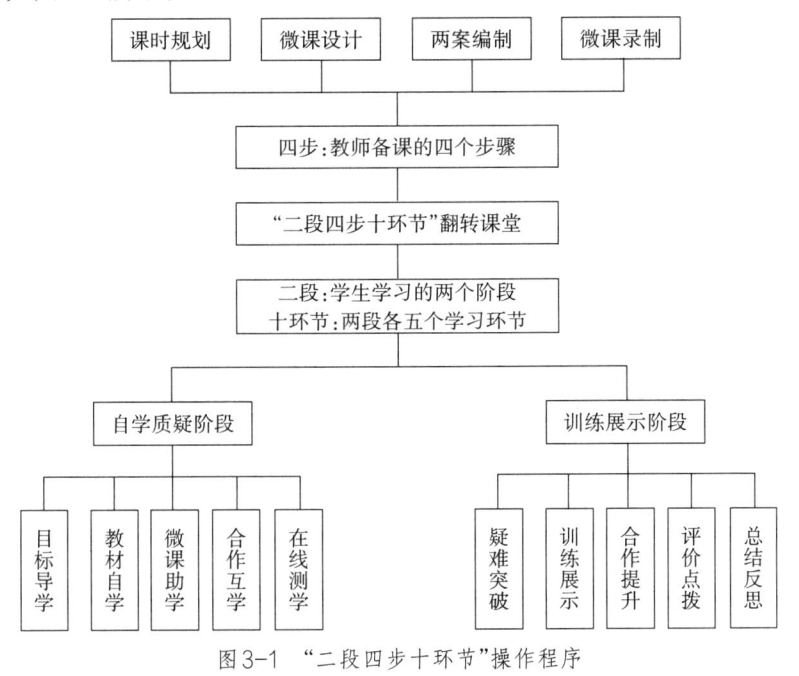

```
课时规划    微课设计    两案编制    微课录制
       └──────┬───────┴───────┬──────┘
              │
       四步:教师备课的四个步骤
              │
       "二段四步十环节"翻转课堂
              │
       二段:学生学习的两个阶段
       十环节:两段各五个学习环节
              │
       ┌──────┴──────┐
   自学质疑阶段        训练展示阶段
   ┌──┬──┬──┬──┐   ┌──┬──┬──┬──┬──┐
  目  教  微  合  在   疑  训  合  评  总
  标  材  课  作  线   难  练  作  价  结
  导  自  助  互  测   突  展  提  点  反
  学  学  学  学  学   破  示  升  拨  思
```

图3-1 "二段四步十环节"操作程序

课前准备阶段主要包括教师和学生的准备工作。教师为学生的自学整合学习资源、提供学习材料,如教师自制教学微视频、学案、教案,搜集课外拓展学习资源等;学生实现自主学习、自定进度,完成检测、提出问题。昌乐一中为寄宿制学校,因此学生自主学习主要在晚自习时间进行,在自学过程中教师会在班级中不断巡视,给予必要指导。

课堂交互的第一阶段是自学质疑阶段,教师首先以PPT形式呈现本节课的学习目标,由教师或学生代表对学习目标进行解说,学生明确目标后,先自学教材或观看教学微视频,完成学案内容,然后学生有选择性地观看微视频,并对已完成学案进行修改,修改完成后,小组内部(昌乐一中各班按组间同质、组内异质的原则对学生进行分组,每组基本4-6人)就学案中未解决的问题或学案本身提出问题,并进行讨论交流,最后小组长将本组未能解决的疑难困惑记录下来交至课代表,课代表收集后交由教师。自学质疑完成后,教师会对学生的学案进行批阅,大致掌握学生的学习情况。在自学过程中学生遇到难题可及时请教教师或同伴,以实现对基础知识的初步掌握。

课堂交互的第二阶段是训练展示,主要是教师精心设计、组织课堂教学活动。第一环节为"疑难突破",教师依据学案的批阅结果,整合学生自学质疑环节提交的学习疑难和困惑,通过直接讲解的方式,有针对性地进行指导答疑;答疑结束后,第二环节为学生独立完成"训练展示"课的学案并进行展示,由教师点名各组学生代表上黑板对典型问题进行解答;学案完成后,进行第三环节,就学案完成内容进行小组间的合作讨论(各组小组长起带头作用,将讨论任务落实到每一位同学),教师控制讨论时间,并在学生讨论时给予及时的指导帮助,这一环节通常穿插于训练展示环节中;第四环节的"评价点拨"主要采取"学生互评+教师总结评价"的模式,以充分调动学生的主动性、积极性。第五环节为"总结反思",教师总结本堂课教学成效,反思教学活动的收获与不足。

教学评价。昌乐一中翻转课堂主要面向学生的文化基础和自主发展进行评价,关注学生知识方面的增长以及学习能力等方面的提高。评价主体包括教师和学生,该案例采取了综合性评价,评价贯穿整个教学环节。基于信息化学习的关键指标,以学生为中心,采用多样化的评价方式,包括形成性评价与总结性评价相结合,教师点评、学生互评相结合的方式。

(3)案例优势

昌乐一中翻转课堂教学模式的优势在于:第一,学校重视翻转课堂实施的硬件和软件方面的条件,基础设施完备,数字化资源是结合本校特色按照一定标准进行开发;第二,整个操作程序较为完整,分为课前准备和课堂交互两个阶段,这两个阶段体现了翻转课堂的特点,充分发挥了教师和学生的主体性,交互性贯穿了学习的全过程;第三,可复制性强,该案例教学模式环节完整且操作简单,可应用于数学、语文、科学等多个学科。

(4)启示

"互联网+"环境下新型课堂教学模式的实施,学校应加强对校园的改进工作,推进网络基础设施建设,打造智慧校园,并通过校企合作开发适合本校教学的数字化资源。同时,为了强化翻转课堂教学模式的可操作性,还需充分结合本校实际情况,设计详细的操作流程。

2.STEAM教育理念下中小学创客课程教学模式

（1）案例实施单位

重庆师范大学附属小学

（2）案例描述

理论依据。重庆师范大学附属小学[①]以"跨科统整，动手创造"的STEAM教育理念为指导开设创客教育课程，通过在学校集体空间中，学习者以自学或合作学习的方式去完成学习，个体与个体、群体与群体之间体现了很好的连通性。同时，该校还依托学校搭建的学习环境，采用课程与项目相结合的方式，将知识课程与实践课程进行了有效衔接。

教学目标。创客教育的目标在于培养学生的创新思维和创造能力，通过对不同学科知识的学习，学会多角度思考问题；多角度寻求分析问题和解决问题的方法，体验解决问题的多样性，形成严谨求实的科学态度；合理使用工具和制作方法，体验设计和制作过程，增强创新意识和创造能力。课程目标如图3-2所示。

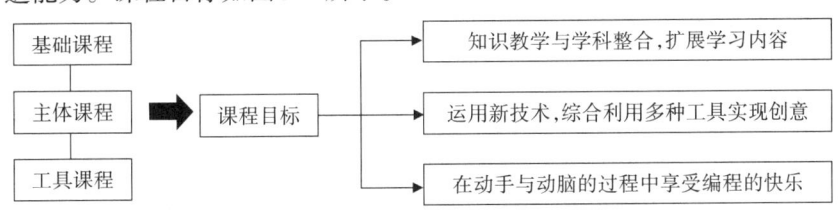

图3-2 创客教育课程目标

实现条件。学校的创客教育课程内容由基础课程、主体课程和工具课程三部分组成。第一，基础课程，来源于不同学科的校本知识，需要在STEAM理念的指导下进行有效融合。第二，主体课程，依托项目制教学，着眼于产品制作本身，涉及情境创设和产品设计等方面。第三，工具课程，主要是针对产品的完成而设置的课程，比如使用3D建模、3D打印、仿真软件等，不是单纯学习如何使用这些工具，而是通过完成具体设置的任务，在过程中进行有效学习。

操作程序。创客教育课程通过对不同学科知识的整合，促进学生对知识的掌握，以及动手实践能力的发展，其教学模式如图3-3所示，具体

---

① 薄丽娜.STEAM教育理念下中小学创客课程教学模式的探究[J].中国教育信息化,2018(2)：38-39.

内容包括以下五个方面。第一，明确教学目标，对知识与技能、过程与方法、情感态度与价值观三维度进行详细设计。第二，知识与积累，主要分为课前准备与课堂活动两方面，课前准备的工作主要是教师对学习者进行分析，根据学习者的具体情况，进行学科整合，将不同学科的内容进行融合，以便学生进行理解性学习，在此基础上，教师对学习情境进行创设，进而引入课堂学习。课堂学习首先由教师进行"总—分"结构的知识讲解，在学生掌握知识的基础上，进行分组教学，引导学生完成作品文档（包含案例名称、创作思想、技术技巧、独特之处等要素），并进行交流与分享。第三，工具与能力，在设计图完成的前提下，采用分享式教学，指导学生进行三维建模，最终进行3D打印，完成作品的外在结构模型。第四，创新与制造，即项目制作，选取合适的主板和电子元件，进行编程、电子元件的连接以及与外在模型的组装，完成项目制作。第五，展示与评价，评价的方法主要包括成品展示与制作分享，其中，成品展示旨在体现学生的动手能力，制作分享则要求学生交流与分享完成作品的收获，锻炼和考验学生的表达能力，在此过程中，教师进行视频录制，在学生陈述之后，教师进行点评，将学生表现反馈到教学中，促进创客教育的持续发展。

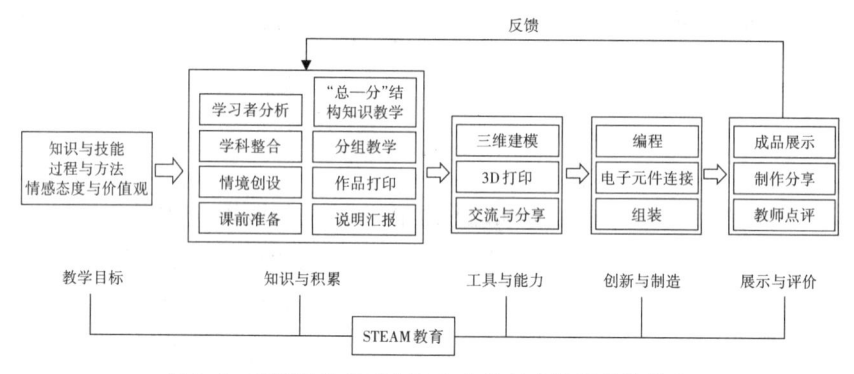

图3-3　STEAM教育理念下中小学创客课程教学模式

教学评价。该模式将结合学生自评、小组互评、教师点评三种评价方式。

（3）案例优势

通过对STEAM教育理念下中小学创客课程教学模式的分析，得出STEAM课堂开展的优势包括：第一，以联通主义学习、混合学习、多元智能等丰富的理论为支撑，为课程实践打下坚实基础；第二，通过对不同学科知识的整合,打破学科界限,既促进学生对知识技能的掌握,又可培养学生的合作意识、责任担当意识和科学精神;第三,学校为课程开展配置了丰富稳定的硬软件装备,为学习者关于课程的学习提供了良好氛围;第四,STEAM课堂的开展紧密联系课堂目标,使教学活动具有良好的交互性,通过教师的教授与指导,培养学生的新技能。通过互动式的教学、合作探究的学习、生生双交互式的学习等多样化的教与学方式,让学习者在实际操作中内化与建构新知,同时也让课堂活动更具丰富性和多样性;第五,通过学生自评、小组互评和教师点评等多维评价方式对团队作品进行点评,可更好关注个体差异,并体现以学习者为中心的特征。

(4)启示

以STEAM教育理念为指导开设的创客教育课程最大的特征就是根据学习者的具体情况,将不同学科内容进行融合,以优化学生学业成绩,进而为创新人才的成长奠定基础。这种跨学科的关联,正是STEAM教育所提倡的"不是科学、技术、工程和数学知识的简单叠加,而是将这四种学科整合到一种教学范式中,把零碎知识变成相互联系的统一整体",倡导由问题解决驱动的跨学科理科教育,旨在培养具有科学素养、技术素养、工程素养和数学素养的综合性人才。

3.徐州市同步课堂教学模式

(1)案例实施单位

江苏省徐州市教育局(徐州市城乡学校网上结伴试点工程)

(2)案例分析描述

理论依据。同步课堂以建构主义和分布式认知理论为基础,关注群体知识建构,构建学习共同体,在探究和交流中发展学习者的高阶思维能力,体现了联通主义学习理论的连通性。同步课堂的建设需要创设能促进学习者进行自我建构的多元互动环境,融合线上线下知识,教学活动形式丰富,表现出混合学习的特点。

教学目标。徐州市同步课堂[①]旨在通过远程学习培养学生的沟通协作能力,为农村学生提供个性化在线远程辅导及情感方面的支持,借助

---

① 张尧,王运武,余长营.面向城乡教育均衡发展的教育变革:徐州市同步课堂教学模式的设计与实践[J].现代教育技术,2019,29(6):91-92.

云平台等工具研讨问题,锻炼学生解决问题的能力。同步课堂是远程学习的一种形式,既可以培养学生获取知识技能的能力,也可以促进学生自主、探究、合作等能力的提升。

实现条件。徐州市同步课堂分别对基础设施层、教育数据资源层和教育应用服务层进行建设,其中,基础设施层融合了云存储和硬件设备等基础条件,为优质教育资源的汇聚和共享提供条件;教育数据资源层是海量数据传输的通道,为同步课堂数据整合与共享提供平台,保证数据的及时性和准确性;教育应用服务层是同步课堂具体业务的单元合集,是实现区域教育发展协同化、数字化的载体。此外,该同步课堂借助三种应用系统进行管理,分别是同步课堂教学系统、同步课堂管理系统、同步课堂服务系统,旨在发挥同步课堂在教育教学、教育管理、教育服务的优势作用。在应用系统中,信息安全与保障贯穿整个流程,以保证同步课堂各个环节的安全性。信息管理与标准则是整个系统服务的基础,以保障各层级之间和整个体系中优质教育资源的传播与共享。具体实现条件如图3-4所示。

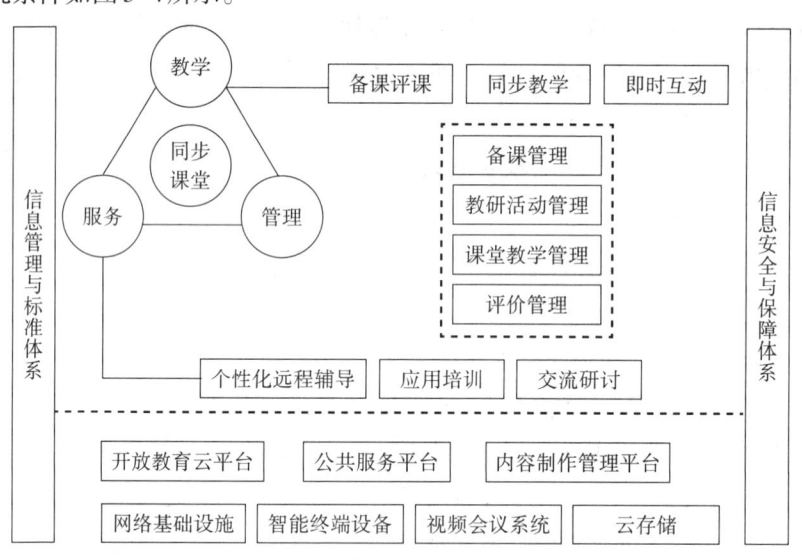

图3-4 徐州市同步课堂实现条件

操作程序。徐州市同步课堂是政府主导、城乡学校共同参与、企业提供网络技术支持、高校协助实施的一次积极探索,做到了"政府—学校—企业—高校"四方协同,具体分为课前、课中、课后三个阶段。其教学过程如图3-5所示。

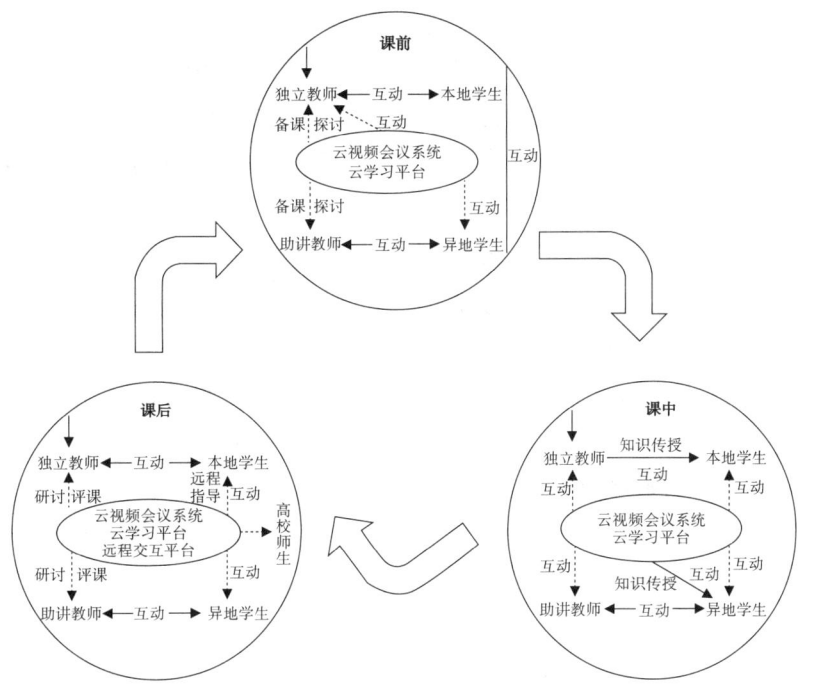

图 3-5　徐州市同步课堂教学过程

课前包括同步备课、学情调研。第一,集体备课。首先,教师团队通过云学习平台进行备课,针对本节课的教学,在教学大纲的指导下共同设定教学目标、教学流程、教学评价等内容,更新和完善团队知识结构。与此同时,教师团队还会分享教学经验,了解对方的教学习惯和特点,共同确定在同步课堂中的职责和沟通方式。其次,教师团队通过云视频会议系统进行调研与探讨,熟悉上课需要使用的设备和技术,并确定同步课堂教学使用的教学资源和工具。此外,主讲教师与异地学生还将进行互动交流,消除异地学生的紧张感和陌生感。第二,了解学生。教师团队在了解各自班级学生学习风格与习惯的基础上,对本地学生和异地学生进行学习者特征分析,并根据分析结果,调整相应的教学活动。

课中包括同步互动、无缝联结。第一,课堂导入。在课堂正式开始后,教师团队通过自我介绍、提出问题、展示有趣的音视频资源等导入方式,营造轻松愉悦的学习氛围。第二,师问生答。在同步课堂的学习中,教师团队创设问题情境,提出问题,持续提升异地学生的学习参与感。第三,小组讨论。本地学生和异地学生既可以利用云视频会议系统或云学习平台中的协作功能,进行跨课堂的同伴互动,也可以在同一班级建立小组,进行面对面讨论。教师团队主动参与学生的讨论,对学生的讨论成果进行分析交流,把握课堂节奏。第四,生问师答。本地学生和异地学生根据本节课内容的疑惑点,提出问题,教师团队帮助学生解决问题。

课后包括同步评课、学习支持。第一,同步反思。教师团队通过批改作业、考试等形式测试同步课堂的教学效果,在云学习平台汇集学生问题,再使用云视频会议系统进行评课,研讨本地学生和异地学生的学习情况,进一步解答问题,及时调整教学方案,完善教学流程。第二,个性化辅导。在教师团队辅导学生的基础上,通过远程交互平台,高校志愿者为农村学生提供个性化在线远程辅导及情感方面的支持。

总而言之,徐州市同步课堂整合了教材与互联网资源,课堂教学环节实现互通,教学过程也注重交互性,包括师生、生生交互式学习,并针对学生及时反馈的学习情况进行个性化辅导,培养了学生自主学习的能力。

教学评价。徐州市同步课堂通过教师团队研讨学生的学习情况,面向学生的文化基础情况、自主发展能力提升情况进行评价,教师在评价过程中反思教学方案,调整教学流程,评价主体包括教师和学生,较为全面。评价以学生为中心,研讨学生学习情况,采用过程性评价与总结性评价、自我评价与集体评价相结合,通过个性化辅导,关注学生的个性化差异。

(3)案例优势

徐州市同步课堂的优势:第一,实现条件覆盖基础设施层、教育数据资源层和教育应用服务层,此外还借助三种应用系统进行管理,发挥同步课堂在教育教学、教育管理、教育服务的优势作用,充分考虑了同步课堂实施的影响因素,提供了较好的支持;第二,在操作程序中的课前备课阶段,一方面结合教学大纲,另一方面考虑实施条件,进行了学情调研和针对性的备课。

(4)启示

"互联网+"环境下新型课堂教学模式的实施,学校应当发挥教育教学、教育管理、教育服务的优势作用,为教学模式的实施提供支持。教师备课阶段,除了结合标准、实际情况外,还需进行学情调研,针对性备课。

4. 浙江蛟镇中学"互联网+"技术下的汇教课堂教学模式

（1）案例实施单位

浙江省嵊州市甘霖镇蛟镇中学

（2）案例分析描述

理论依据。在"互联网+教育"和深化课程改革的背景下，浙江省嵊州市甘霖镇蛟镇中学积极开展智慧课堂教学实践，形成了具有时代特征以及学校风格的汇教课堂教学模式。该模式在互联网大背景的支持下，既吸取了传统教学的优势，通过建构主义理论支撑，将学习者放在第一位，又有联通主义学习理论的支持，在线上线下混合学习的环境下，促进学习者的智慧多元发展。

教学目标。汇教课堂把培养学生自主选择、探索创新、互动合作的学习能力和学习品质作为核心发展目标。通过重构常态课堂形式，优化教学流程，推动信息化教学评价，以及通过构建个性化教学平台，推动教学质量监测管理。依托汇教课堂的实施，以期有效解决传统课堂教学的种种弊端与新课程先进理念之间的尖锐矛盾，缓和现代网络信息和技术与现实生活之间的矛盾，解决减轻师生负担过重和大面积、大幅度提高教育质量的激烈冲突，并让学校在常规发展基础上实现品牌上的突破。

实现条件。该课堂的实现条件是利用计算机设备和互联网技术，师生人手拥有一个计算机网络终端，主要由合作方提供技术和业务支持，提供课件和作业，通过整合网络资源，在常规课堂中实现学生个性充分发展的一种特定教学活动。

操作程序。课前，先学后教。教师通过平板电脑布置预习内容，学生利用"虚拟课堂"完成预习任务，教师查看学生的预习情况，了解学情，有针对性地调整教学方案，学生预习的成果可以在虚拟课堂上展示。课中，以学导教。课堂上教师组织学生利用平板电脑开展合作探究性学习，并将最终的学习成果共享学生，学生在掌握相关知识后，教师对当堂课教授内容进行随堂检测，并及时反馈结果。课后，个性学习。对部分学生，教师利用虚拟课堂进行"一对一"辅导或"一对多"分层次辅导，并布置个性化的学习任务。此外，智慧课堂还可以开展一些延伸的教学活动。例如，班主任可以通过平板电脑及时了解学生在家的学习动态，为不能及时上学的学生提供资源帮助;学生可通过教学平台向教师提出疑问。

教学评价。课上通过多样的评价方式、多元的评价主体以及灵活的评价时间评价课堂。课后通过教学平台上的学习数据帮助教师精准化定位,借助网上阅卷方式或问答的形式,及时了解学生完成情况和对错情况。

(3)案例优势

"互联网+"环境下,作为农村学校,蛟镇中学结合国家、地方政策,落实信息技术和教学结合的具体举措,大力推进信息技术在教学中的应用,为建设现代化学校打造必要条件,助推其成为首批农村示范中学。该学校加快了智慧校园建设速度,并充分利用智慧的教学条件,为师生开展教学活动提供了便利的教学条件,同时积极开展了智慧课堂实践探索,把传统的教学方式与互联网结合。

(4)启示

在汇教课堂教学模式下,教师充分利用信息技术手段,实现跨时空多元交互及教学数据采集与灵活应用,使不同层次的学生都能得到发展。将传统课堂的优势与信息技术充分融合,通过信息技术与学科融合,实现跨时空立体交互(即时多元交互)和学情数据的采集与应用(精准教学),并把虚拟课堂与现实课堂融为一体,对新型课堂教学模式有重大借鉴意义。

5.兴庆十八小"3333"智慧课堂教学模式

(1)案例实施单位

银川市兴庆区第十八小学

(2)案例分析描述

理论依据。"3333"智慧课堂教学模式主要基于建构主义学习理论、教学交互理论以及泛在学习理论进行构建和实施。教学交互理论对混合式教学模式具有指导作用,在本案例中的智慧课堂教学模式综合了混合式学习的特点,培养学生认知能力,面向多类型知识,开展丰富的教学活动,多指标评价学习者的智能。

教学目标。对教师而言,充分研究教材、灵活设计教学,并利用各自的特长合作进行微课制作,使自我能力得以展现和提高,团队凝聚力不断增强。对学生而言,逐步学会利用信息技术进行学习,善于并乐于开展合作性学习,提升协作能力和沟通能力。

实现条件。"3333"智慧课堂教学模式分为三个层面对实施提供支持。第一是打造泛在教育学习环境,校园云服务打造了无时无刻、无处不在的泛在学习环境,为课堂教学提供了有效的延伸,通过触屏打开互联网浏览知识,通过教学App软件拓展视野,通过展示平台观看作品。第二是开发数字化授课平台,将教师备授课所需的资源、工具进行有效整合,减轻负担。平台中增加了工具应用功能,教师轻松标注教学重点内容,便于课堂生成性资源的保存及再编辑。通过"探照灯和幕布"等白板工具来增加教学的互动性。教师通过平台进行备课授课,让信息技术应用常态化。第三是常规教研与管理平台助推网络教研常态化。管理平台应用分为三种模式:教师备课应用模式、教师教研应用模式、教学管理应用模式。管理者、教师将自己日常工作全部在网络中完成,解决了信息化应用中增加教师工作负担的问题。教导处通过平台后台数据分析,智能管理,让教育教学管理更科学、合理、便捷。因此,"3333"智慧课堂教学模式无论是硬件层面还是软件层面都为模式的实施提供了良好的支撑条件。

操作程序。"3333"智慧课堂教学模式把课堂教学分成家庭观课、课堂交流和当堂检测三个流程,每个流程有三个环节。三个环节互联互通,其中,课堂交流是核心。通过专题研讨,关注交流中的"三维互动",即教师、学生和家长。具体操作程序如下。

家庭观课分为明确目标、自学微课和完成任务单三个环节。首先,教师把学校数字化资源库中的微课视频、课前导学任务单发送给学生;其次,学生在家中自行观看视频,进行自主学习;最后,学生把学习的情况通过云校家平台(宁夏教育厅数字化资源平台App)发送给教师,教师对同学们反馈的问题进行梳理,并据此调整自己的教学设计。

课堂交流分为小组交流、汇报质疑和拓展延伸三个环节。在这三个环节中,其一,学生通过小组围绕某个或多个知识点开展探究与讨论;其二,学生利用白板软件,汇报自己的想法以及模拟演示,由其他同学进行纠正补充,提出疑惑;其三,由教师对学生的讨论交流与演示环节进行总结,在提供适当点拨评价的同时,帮助学生解决难点及困惑。

当堂训练分为课堂练习、红笔批阅和评价反馈三个环节。课堂练习时,学生通过移动终端完成老师推送的习题,并提交至平台;红笔批阅时,教师利用平板电脑对学生的练习情况进行统计分析,并再次引导矫正;评价反馈时,教师将学生的回答情况以及需要重点讲解的知识通过平台"移动课堂"功能推送到电子白板上,引导学生自批或互批,在学生完成批阅后,进行讲解与总结。

教学评价。该模式采用多元化评价主体和多样化评价工具来评价学习者的课堂学习情况,过程性评价贯穿于整个课堂。教师借助信息化教学设备对练习情况进行统计分析,开展总体评价,并且引导学生自批或互批,开展个性化点评。评价重点在于关注学生知识掌握情况以及搜集和处理信息的能力、获取新知识的能力、分析和解决问题的能力、交流与合作的能力。

(3)案例优势

兴庆十八小"3333"智慧课堂教学模式其优势:第一,把操作程序分成了三个流程,实现了课前、课中和课后三个环节互联互通,"教师—学生—家长"进行三维互动;第二,教学评价较为完整,面向多维度评价目的,采用多样化的评价方式,多元化评价主体,多样化评价工具(信息化教学评价),评价时间贯穿教学整个教学环节。

(4)启示

"互联网+"环境下新型课堂教学模式的实施,学校要意识到家长在学习中的重要地位,在教学环节中体现家长的重要作用,实现家校互联;教学评价要进行全面综合性的评价,重视评价对教学模式的作用,通过评价不断改善教学模式。

(二)国外经典案例

1.基于3D虚拟环境的混合式教学模式

(1)案例实施单位

希腊的19所小学

(2)案例分析描述

理论依据。该案例利用了认知学徒制的原理以及模拟和拼图协作学习策略,通过创建合适的教学条件以及设计3D虚拟环境开展教学实践来促进小学生数学教育中的协作学习①。认知学徒理论认为,协作学习强调以下三个方面。一是过程建模。二是在活动过程中提供脚手架,并发展相应的技能和学习,从而促进知识的共建和高级技能的获得。三是反思。此外,认知学徒理论提倡创建真实的语境来反映现实世界的自然复杂性,从而纳入真实的学习活动,因而该案例实施还体现了联通主义学习理论以及混合学习原理。

教学目标。该课程案例旨在从情感参与、行为参与和认知参与三个维度促进学生在协作学习过程中的参与度。其具有三组活动,各组教学目标如下:在第一组活动中,目标是让学生通过不同的表示系统来认识分数的概念,作为整体的一部分和一组对象的一部分,以及认识等价概念的分数;第二组活动的目的是让学生熟悉分数作为整体的一部分的灵活处理方式,以及表示系统中的等价概念、分数;第三组活动旨在发展将分数作为整体的一部分进行翻译的能力,以及将等价概念从一种表示形式转换为另一种表示形式的能力(分发工作表,要求儿童对一种表示形式进行符号、图形或口头表达)。三组目标体现了对学生知识与技能、过程与方法等方面的要求。

实现条件。学校建设了基础网络设施,配备了信息化学习设备,教学过程中使用了7台计算机(学生6台,教师1台),每台计算机都与一个由3-4名学生组成的小组相匹配(每个小组一个虚拟代表)。此外,该课程实施主要基于 Active Worlds 3D 平台创建了一个在线 3D 虚拟环境(CoSy_World)。它由旅行社和古代开罗两个基本位置组成。根据脚本,模拟行程,以化身为代表的孩子在3D环境中旅行、互动。学校以学生为中心,为促进学生的协作学习而开展基于互联网的教学模式。

操作程序。小组学生通过角色扮演来解决问题。每个小组在旅行模拟中扮演旅行者的角色。这次旅行分四个阶段完成,每个阶段都是在数学课上的在线课程,具体如下。

阶段1:了解 CoSy_World 信息

教师向学生展示了一个视频,告知他们体验的目标:如何在小组中

---

① BOUTA H, RETALIS S.Enhancing primary school children collaborative learning experiences in maths via 3D virtual environment[J].Education and Information Technologies,2013,18(4):571.

活动以及他们将遇到的活动。虚拟教师简短地演示如何进入环境、在聊天空间中移动、手势和写作。

阶段2：在旅行社——专家模拟小组的角色定义

学生在这个阶段相互讨论，解决旅行中遇到的问题，收集有关可能的旅行信息（数学知识）。作为"旅行代理人"，教师可以协调程序，指导学生，澄清歧义，回答问题，提供现场反馈和指导——通过建模或指导。在整个课程中，教师还会协调在线上进行讨论。

阶段3：旅行——专家模拟小组

学生继续他们选择的旅程。学生必须成对合作（专家模拟小组）。他们在虚拟环境中，停留各个地方，必须先解决问题，然后才能继续进行。所有问题都与基本分数概念的理解有关。在该阶段，教师会减少对学生的干扰，让学生自主学习。

阶段4：讨论——2个拼图模拟小组

A组和B组（拼图模拟组）的学生互相交流经验。在讨论中，两个拼图模拟组的成员通过共享知识来解决各自的问题。之后，学生回到自己所在的拼图模拟组中，进行全面讨论来深入解决问题。通过聊天，学生表达他们的意见；比较他们对活动或讨论主题的态度，探索模拟环境提供的新交流方式，分享日常生活中数学知识的应用。教师在适当的时候提出反思性问题进行反馈。

教学评价。该案例利用Wilcoxon准则进行统计分析，采用形成性评价与总结性评价相结合的方式分别衡量学生的情感投入、行为投入、认知参与度以及知识掌握情况等，实现对学生的全面培养。此外，教师还将进行研讨反思，总结自己的教学不足，从而改进教学。

(3) 案例优势

该案例的优势在于精心设计虚拟环境以支持教学过程，从而增强学生的学习体验。该环境设计与教学目标相联系，为有效的协作学习创造合适的条件，在一定背景下整合结构良好的活动，从而促进学生全面发展。

(4) 启示

"互联网+"环境下新型课堂教学模式的实施，教师在进行教学设计时应当与教学目标相联系，重视虚拟环境以及学生活动的作用，应当创造合适的条件,在一定的背景下整合结构良好的活动。

2.面向STEAM教育的设计型教学模式

(1)案例实施单位

美国北加州郊区一所公立学校

(2)案例描述说明

理论依据。该案例[①]是让学生利用移动手机、小车、车帆、模拟斜坡、气球等工具,融合数学、物理、工程等多学科知识,制作一台风能车。案例基于联通主义学习理论,融合多学科知识与方法,从不同的角度对知识现象、类型进行深入分析和探索,重视学生的多元智能发展,将学习内容与生活有机融合,使学生感受到学习的真正乐趣。

教学目标。本次课程学习目标之一是了解多层纸房如何承受不同类型的力,同时学习地震的性质、波的类型以及测量波幅的方法,制作出风能车,体现了对知识技能层面的要求。该课程教师围绕学生自主学习开展教学活动,重视对学习过程与方法的培养,通过团队合作促进学生的情感交流。该案例中的教学模式在实施中提供了移动手机,要求学生查阅相关资料,提升学生的信息素养综合能力。

实现条件。STEAM教学环境是开展设计型教学的基础,因此该校重视对网络基础工作的构建,配备信息化设备,提供丰富的资源与工具,如Scratch可视化编程工具、3D打印机、多媒体计算机、移动手机等硬件工具,以及网络平台、微视频、任务导图、导学案、记录本、练习册等教学资源。该校转变了教育观念,开始主张面向学生这一主体开展教学活动。

操作程序。本次课程主题是"利用空气动能,使交通工具的运行更加高效"。分别站在教师和学生两个层面来描述具体的操作过程,其操作流程如图3-6所示。

---

① KIM P, SUH E, SONG D.Development of a design-based learning curriculum through design-based research for a technology-enabled science classroom [J] Educational technology vesearch and development, 2015, 63(4): 600.

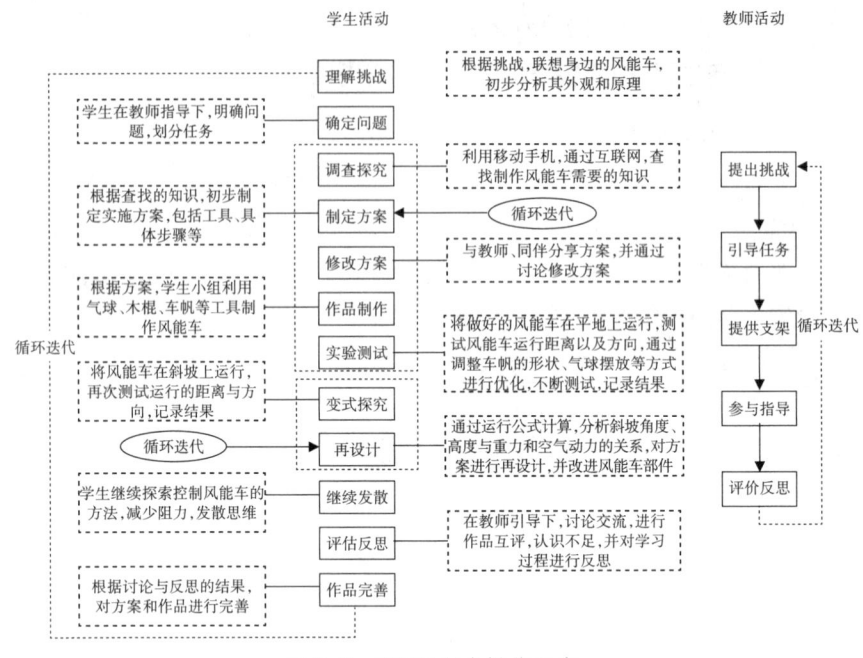

图 3-6 STEAM课堂操作程序

在教师活动中，教师提出挑战，即"运用空气能量，让风能车得以顺利运行"。之后，教师引导学生明确问题，设计评价标准，指出需要做的和不需要做的。在此基础上，教师提供学习工具和支架，工具包括小车、车帆、小刀、模拟斜坡、气球等，支架包括移动手机、记录本等。学生在实践中，教师适当指导，并记录易错点，比如车帆的位置与形状，风能车运行的方向和距离等。最后，对学生制作的风能车从外观、性能、动力等方面进行评价，帮助学生对风能车进行优化，反思问题。

在学生活动中，共有三个循环过程，包括两个内循环和一个外循环。内循环分别为测试循环和再设计循环，外循环是整个设计活动。测试循环中的调查探究也是一个循环过程，具体活动如下。第一步，理解挑战。联想身边风能车的基本外观和运行原理。第二步，确定问题。即要求每小组利用数学、物理、工程等知识制作一台风能车，之后根据评价标准明确成员的任务。第三步，调查探究。利用移动手机上网查询制作风能车所需的基本知识。第四步，制定方案。初步制定方案，包括工具以及开展流程。第五步，修改方案。将方案与教师、其他组同学分享，并根据建议进行修改。第六步，作品制作。融合跨学科知识，利用小车、车帆、气球等工具制作风能车。第七步,实验测试。将风能车在平地上运行,测试它运行的方向与距离,并用手机实时拍摄、录制运行过程,拿记录本注明问题。出现疑惑后,回到调查探究环节,再次厘清原理,改变车帆形状或气球位置,重新测试、优化。第八步,变式探究。让风能车在斜坡上运行,测试运行的方向和距离。第九步,再设计。根据测试结果,计算斜坡角度、高度、重力与动力的关系,对风能车进行改造,回到变式探究阶段,再测试,循环迭代。第十步,进一步发散。继续探究控制风能车方向和动力的方法,并思考如何减少前进的阻力。第十一步,评估反思。向教师与同学展示,评估性能。第十二步,作品完善。根据建议,对风能车进行完善。在此过程中,会产生新的挑战,重新进入循环。

教学评价。教师对学生的作品评价主要基于三个评价标准,即想象力、创造性特征和功能,采用自评和他评相结合的方式,学生和教师分别反思学习或在教学过程中出现的问题,从而不断改进教学过程,培养学生的核心素养。

(3)案例优势

美国美加州公立学校实施的面向STEAM教育的设计型教学模式优势在于:在操作程序部分,重视两个教学主体,分别站在教师和学生的两个角度,规划了不同角色应当承担的任务和流程,将教与学的过程较为清晰的展现出来。

(4)启示

学校在开展"互联网+"环境下新型课堂教学模式时,在教学设计方面可以分别站在教师和学生的角度,依据各自的角色特征,重点设计教与学的过程,使教师与学生分别明晰各自的任务。

3.美国纽约米尼奥拉初中的智慧课堂教学模式

(1)案例实施单位

美国纽约米尼奥拉初中智慧课堂

(2)案例分析描述

理论依据。在智慧课堂的支持下,运用信息技术创新教学手段和教学方法提高教学质量,是米尼奥拉[①]初中信息技术应用的重点。在该堂

---

① 韦单丹.邂逅一所全电子化教学的学校[J].教育艺术,2016(6):32-35.

智慧课程中,混合学习理论为混合式教学的开展提供理论支撑,为师生搭建混合学习环境,让课堂更加灵活;利用多元智能理论的观点和要求,指导教师用智能多元的教学方式,采取综合全面的评价方式去评估学习者的智力和能力,使其不断改进不足,让学习者的个性特点都能充分展示以及发挥。

教学目标。米尼奥拉初中智慧课堂的教学目标,就是通过在互联网支撑的智慧环境下,结合不同学科的特点,选择适宜的教学方式,利用丰富的学习资源,达到预期结果。既能体现学科特性,又能帮助学生形成较为完善的知识体系,发挥学习者潜能,培养相应的能力,以最大程度实现学习者多元化个性发展。

实现条件。米尼奥拉初中的智慧课堂具有较高水平的软硬条件。首先,通过"云+端"的架构、有线与无线的融合,将课堂移到虚拟社区和外部世界,拓展了校园学习环境;其次,通过融合课堂教学、虚拟现实、开放教育资源、混合式教学和协作式学习,来实现学习过程轨迹的全追踪和基于大数据的统计分析,为学校决策者和教师提供了可量化的分析数据,促进了教学质量的提高。除此之外,为每位教师和学生都配备了一台iPad,以便师生随时随地开展教学活动。

操作程序。针对不同的课程,根据不同的学科特点以及具体的教学目标采取不同的教学流程,达到教学要求。例如在数学课上,首先,教师用iPad布置课堂作业,推送给学生;随后,学生利用可涂写的书桌及iPad完成作业并提交给教师;接着,教师通过iPad随时调用学生的作业进行批改,此时iPad会记录下学生的演算过程和教师的批改痕迹,并自动进行统计,生成图表数据反馈给教师;最后,教师通过对图表进行分析,掌握学生的学习进度,对个别重难点进行专门辅导。例如在地理课上,将3D投影技术引入到了课堂教学中。首先,让学生戴上3D眼镜,使之清楚地看到天体运转的情况;其次,针对不同单元的知识和任务,教师会在课堂上针对看到的3D影像随时进行知识讲解,学生根据身临其境的体验并结合教师的分析与讲解去理解知识;最后,学习者可根据小组协作参与讨论、共同体验去分解任务完成课堂任务。

教学评价。米尼奥拉初中的智慧课堂利用了信息技术特点,通过智能软件进行数据分析、挖掘、监测来收集学习者的学习情况,将学习者的学习情况可视化呈现出来,从而根据不同学习者的学习情况进行下一步教学设计。在课堂开展过程中,学习者可以共同协助完成某项任务,小组之间可以进行共同评比以及教师可以对小组作品和学习表现进行评价。

(3)案例优势

美国课堂教学其网络学习资源是最重要的教学资源之一。在智慧课堂中,它通过利用信息技术激发师生的能动性和创造性,促使师生转变教与学观念,形成敢于探索、勇于探索、善于探索新的教与学方式,实现教学方式由"传统型"向"智慧型"转变。

(4)启示

智慧教学是在信息化环境的基础上,以学生为中心,以个性化、泛在、互动、协作、探究为特征的新型教与学方式。它利用信息技术创新教学方式与学习方法,培养学生的创造性思维能力和综合问题解决能力,从而提高教育教学质量。因此,"互联网+"环境下新型课堂教学模式应关注学科特性、教师教学特点以及学生个性化发展,促进师生的共同进步,充分发挥智慧学习的智慧优势和特性。

4.德国中学物理课堂的翻转课堂教学模式

(1)案例实施单位

德国某中学

(2)案例分析描述

理论依据。该案例是针对11年级的学生,包括两个连续的主题领域"电磁感应"和"电磁振荡电路",总共需要上八周的课程。该案例满足了自决理论的基本要求:通过在场阶段的学习机会来感知能力,自决和社会包容性,也从侧面体现联通主义学习理论的核心要素,以混合学习理论为指导,实施翻转课堂,促进学生的多元智能发展。

教学目标。首先,在知识与技能层面,该课堂要求学生通过视频学习相关物理知识,能够熟练获取信息并处理、应用信息。其次,在过程与方法层面,要求学生能够自主或合作完成教师设置的知识任务。在课堂中,要求学生们能够互相支持,用自己的语言表达知识,解释知识的内涵,提高语言表达能力,培养学生的合作意识。

实现条件。该校配置了多媒体设备,在信息化学习环境中开展学习,将真实的实验集成到学习视频中,所有视频均可在学习平台上获得。通过幻灯片演示、录像、电子白板、配音的屏幕录像等设备开展教学。学校的教育观念以学生为中心,为教师的教、学生的学提供各类支持。

操作程序。该课程实施大致分为四个阶段,具体程序如下。

第一,回顾知识,讨论作业。在课程的第一阶段,以师生讨论的形式概括了上一课的主要教学内容。由于在每节课的末尾都提供了有关应用程序和合并的书面作业,因此在课程开始时师生一起讨论作业,教师为学生答疑解惑。

第二,引入探究知识内容。开始由教师进行示范实验,学生提供必要的协助,教师控制实验的主进展。师生的提问式对话是交流的主要形式。此外,个人工作的短期阶段(例如转换测量值或后续计算)或搭档工作(例如共同思考问题)通过合作学习,在反复交流中加深知识的理解。

第三,通过任务来加深和应用知识。掌握新知识后,接着进入深化和应用知识的阶段。该阶段一般在课程的结尾,并通过书面作业呈现。在下一次课程中,教师一般以口头或书面形式总结学生完成任务的情况(视难度而定)。家庭作业则是对课堂知识点的进一步应用和深化,教师根据自己的判断安排任务并提供相应资料供学生拓展学习。

第四,干预说明。根据教学系列的不同,它分为三个阶段:引入、评估和应用。

引入主要是在居家学习阶段,该教学系列的内容为16个教学视频。教师进行2至6个连续视频的制作,其中视频录制的真实实验与幻灯片演示的屏幕录像结合在一起。视频长度的标准度量是5-8分钟。如果学生不了解某些内容,可以暂停播放,然后跳回并重新观看。另外,学生需要写下在自主学习过程中出现的问题,以便在课堂上予以解答。

评估关联了课前视频学习与课堂教学活动。课堂学习初始,教师首先设置答题测验,学生借助测验回忆视频内容。教师通过测验结果,收到有关学生理解水平的匿名和直接反馈。如果至少75%的学生正确回答了该问题,则对问题进行简要的补充讲解,否则,教师针对问题进行详细描述和分析,找到解决方案。然后,再次发布问题让学生回答。如果正确答案的比率仍然太低,师生将继续展开探究。

应用是本课中最重要的部分。学生以合作形式应用和深化知识。首先,学生需要选择一定的任务,这些任务与学习视频相匹配;然后,通过协作分工,对知识进行描述和解释,针对关键性问题或知识点,师生可以共同讨论,得出解决方案;最后,学生进行自主学习和总结,教师可通过提出开放性问题或借助辅助性工具为学生提供支持和反馈。

教学评价。教学评价分为两个部分,首先,通过知识测试衡量学习进步。教师发布任务,以70分钟物理考试的形式完成。由维尔茨堡大学的五名经验丰富的物理学教师和四名物理学教学专家组成的专家小组进行测试和修改。其次,通过问卷或调查表确定学生情感学习特征。除了关注学生的学习成绩,学生的学习体验感以及核心能力也是评价的重要方面。

(3)案例优势

德国中学物理课堂实施的翻转课堂教学模式的优势在于:学生在课下学习知识视频后,教师在课上对学生所学知识进行补充,教师重视学生的参与度,要求学生相互讨论问题疑惑,提供线索,反复将问题抛给学生自行解决,最后再进行答疑;在教学评价阶段,教师除了关注学生的学习成绩变化,还包括关注学生学习态度和学习能力的变化。

(4)启示

在翻转课堂教学模式实施过程中,学生遇到问题时,教师不急于解答,可以尝试将问题留给学生自行讨论,通过学生之间的交流进行相互答疑。最后针对未解决的问题,教师再进行讲解,从而提高学习者的学习能力,提升学生学习思考能力。

5. 城市高中学生的IT/STEM学习:基于调查和设计的教学模式

(1)案例实施单位

美国密歇根州东南部

(2)案例分析描述

理论依据。该案例[①]实施基于联通主义学习理论,重视对知识的贯通,运用了设计师社区方法理念。设计师社区是指团队共同协作设计和

---

① DURAN M, HÖFT M, LAWSON D B, et al.Urban high school students' IT/STEM learning: Findings from a collaborative inquiry and design-based afterschool program[J].Journal of science education and technology, 2014,23(1): 120.

开发针对真实问题的解决方案环境,这种方法的本质是社区、设计、产品/解决方案和真实问题。"社区"描述为该方法的社会安排;"设计"指定了方法的活动维度,基于情境认知理论的思想基础上,表明学习是在情境中解决实际问题;"产品/解决方案"强调了目标导向的心理维度;"真实问题"解决了动机挑战。该案例受多元智能理论的影响,强调通过学生自主调查和设计,培养学生的智能发展。

教学目标。IT/STEM学习,旨在解决IT在科学、工程、技术和数学中的使用问题。在科学方面,参加学生在IT/科学方面的学习要求包括:使用GPS进行位置测量,并将测量结果集成到GIS系统中,使用科学中的温度和光传感器,以及使用iSee Systems的计算机应用程序STELLA创建基于数学的模型,并结合已测量的数据作出预测。在工程方面,强调与IT相关的机器人技术及其应用的基础,包括建模机器人、编程机器人以及将机器人集成到应用环境中,学习经验涉及使用机器人仿真软件包ROBCAD来学习机器人技术的基础知识以及如何构造机器人。在技术方面,专注于设计和开发Web应用程序(例如基于Web的游戏和聊天室)的技术工具和语言,要求学生获得视觉编程基础方面的经验,熟悉Visual Studio、Alice等集成开发环境,并练习游戏的设计和开发。最后是数学方面,专注于统计科学,并考虑两个样本的比较问题,回归相关问题以及协方差问题的简单分析,并举例说明公共卫生科学,环境科学和制造可靠性,要求学生使用Minitab软件创建对比显示和回归显示,并进行适当的分析测试和估计效果程度。IT/STEM学习这四个领域的目标,是布鲁姆目标的核心要求,并且体现了对学生信息素养的培养。

实现条件。该课程实施要求高等教育机构、K12学校、商业、工业和政府部门以及父母和志愿者进行投资并大力参与,组成了STEM团队,参与教师是从参与STEM地区相关认证的至少有5年教学经验的高中教师并从高等教育机构的学校和学院中选出,此外还有来自技术公司或组织机构的教师。硬件层面,在互联网条件下,学生可选择使用电脑、数码相机、扫描仪、iPad或其他手持设备等,运用文字处理软件、图形计算器、数据库软件、Stella建模软件、博客等软件开展IT/STEM学习。

操作程序。参与者是77名10-12年级的高中学生,该课程的前9个月是第一阶段,主要是让学生增加与IT/STEM相关领域的知识与技能。

第二阶段的重点是促进学生活动,活动中,学生利用在计划的能力建设阶段学到的知识,设计了一些真实项目。以下描述了每个阶段的项目事件和活动。

阶段一:能力建设。第一阶段从十年级开学开始,然后在该学年为学生设置一组IT密集型STEM区域讲习班,而后在秋季和冬季学期结束时,举行研讨会,分别是1级研讨会和2级研讨会。

1级研讨会。在秋季学期中,每个STEM区域为所有参与的学生提供了两个1级研讨会。这些讲习班包括简短的演示文稿和动手活动,目的是使学生有机会在STEM的背景下学习IT工具集。1级研讨会的第二个目的是让参与的学生发现自己对STEM领域内的特定感兴趣领域。在此期间,STEM区域的教师,教职员工等观察并调查了学生对STEM特定领域的兴趣,并帮助他们将兴趣缩小到了两个与STEM相关的特定领域。而后,在秋季学期末举行一次全组研讨会会议。在会议上,学生、教师、内容专家、项目负责人和父母共同致力于确定STEM领域中两个特定领域的决定,并计划在下个冬季学期开展即将开展的活动。

2级研讨会。在冬季学期中,向学生们确定了两个感兴趣的STEM领域,并提供了一组IT/STEM研讨会。每个STEM区域包括四个共需三个小时的针对特定内容的IT研讨会,每个学生可以参加两个STEM领域有关的八个研讨会。在所有研讨会中,参加活动的学生都有机会学习特定STEM领域中IT工具集的高级用法。2级研讨会使学生将兴趣缩小到一个特定的STEM领域,并帮助他们加入一个特定的IT/STEM设计团队。而后,在学年春季末进行了整个小组的研讨会会议,根据参加者的兴趣,组成四个设计团队(每个IT/STEM领域有一个设计团队)。该会议还被用来计划次年夏季的实习活动,其中包括基于实地的实际经验。

阶段二:设计年。设计阶段从夏季开始,是每个设计团队的一系列现场会议,以及在下学年末临近的整个小组研讨会会议。在此阶段,参与STEM的教师继续与高等教育教职员工、本科生/研究生和业务合作伙伴合作,为分配给IT/STEM设计团队的高中生提供由IT支持的STEM项目活动。每个设计团队当年的首要任务是使用上一个能力建设年度探索的一种或多种特定内容的IT工具,开发基于探究的真实项目,这些项目具有科学公平的质量以及创新性。在下一春季学期,设计阶段以技术/职业会议结束。在此阶段中,学生将在预计学年的30周内每周花大约四个小时在项目上。以下各节描述了每个阶段的项目事件和活动。

暑期实习。夏季实习包括实地体验和设计活动准备。在为期两周的夏季计划(6月中旬为一个星期,8月下旬为另一个星期)中,项目参与者见面并观察IT/STEM领域的科学家和专业人员的工作。该项目促进了八次不同的为期一整天的实地考察(每个STEM设计团队两个),每个考察都着重于STEM范围内与IT相关的职业和教育途径,并在每次考察之后进行汇报活动。暑期课程还旨在使学生为在随后的合作学年进行的项目开发阶段做好准备。

网站—基于会话。与周期性查询模型的五个主要步骤(Bruce 2003)保持一致,即询问、调查、创建、讨论和反思五个部分,每个部分包括多个会议。作为上述暑期计划的一部分,该项目促进了协作学习的体验,学生学习如何设计和实施真实项目,具体包括学习如何提问、如何调查、如何创建、如何讨论以及如何进行反思。然后将这些理论与学生的真实项目联系起来,以提供实际应用。设计的重点和方法包括五个步骤。步骤1:询问。步骤1在暑期课程中进行。在项目领导团队的一个专门成员的带领下,每个STEM区域都举行了一系列会议,讨论IT密集型真实项目的想法,并与每个设计团队关注领域内的标准保持一致。在这个阶段,每个学生都专注于问题或问题的定义和描述,设计团队成员为学生提供协助。在此过程中,设计团队的领导层调查了每个参与项目的学生的关注点和兴趣,以促进单个小组项目的发展。步骤2:调查。步骤2也在暑期课程中进行,其执行方式与步骤1类似。学生开始收集有关问题的信息。该过程包括使用阅读、观察、访谈或进行探索性实验的研究。即设计团队的领导协助学生进行了调查,但在此过程中注重学生的主体地位。从暑期课程之后的新学年开始,学生反复参与项目设计的以下三个阶段(创建、讨论和反思)。在一年的初春之前,学生平均每周在项目上花费四个小时。在此过程中,每个设计团队都使用预定的会议和项目的社交网站开展会议和讨论,持续促进设计团队的互动,以评估项目进度。步骤3:创建。在此阶段,学生基于一定调查结果,开始创造性工作,并打破原有经验,提出如何回答或解决问题的新思路。同样,设计团队成员在此过程中为学生提供了帮助。步骤4:讨论。学生与他人分享研究和新想法。步骤5：反思。反思包括回顾问题，探究研究路径和得出结论。在此过程中，学生们确定解决方案，并观察出现了哪些问题。这样，探究循环又重新开始了。

3级研讨会。在学年末举行了一次为时三小时的全小组研讨会，设计团队重新参加会议，分享有关设计活动的经验。项目参与者讨论将项目传播给整个地区及同行的策略。会议还为学生提供了时间以便在技术/职业博览会上进行项目介绍。

技术/职业博览会。在为期半天的博览会上，参与者展示了他们的项目并与社区讨论了他们的经验。来自合作机构的社区成员和家长被邀请参加博览会。

教学评价。STEM团队在整个教学过程中，采用诊断性评价与形成性评价，对教师的教与学生的学提出建议，促进教学程序的改进。在教学过程中，多次组织研讨会，在研讨会上进行总结反思、自评或互评，不断调整下一步教学工作计划。STEM团队分别设计了学生技术使用调查和有关STEM的学生调查表，用于了解学生的学习情况，实现对学生的全面培养。

（3）案例优势

城市高中学生IT/STEM学习中的基于调查和设计的教学模式其优势在于：第一，该案例课程实施与高等教育机构、K12学校、商业、工业和政府部门以及父母和志愿者大力合作，对课程开展提供支持；第二，操作程序中，形式丰富，平均每学期组织一次研讨会，促进学生交流发展，改进教学模式，确定下一步工作的开展；第三，举办作品博览会，学生展示了他们的项目作品并与社区讨论了他们的经验，增强了学生自信心和满足感。

（4）启示

学校在开展新型教学模式时可以考虑与高等教育机构、K12学校、工商业组织机构、政府部门以及父母和志愿者进行合作，利用各组织所在优势，为教学模式提供支持。此外，教学模式开展过程应当积极组织研讨会，促进相互交流沟通。

二、国内外新型课堂教学模式案例比较分析

"互联网+教育"对传统教学模式的建构,让新型课堂教学模式呈现出智能性、灵活性、可操作性的特点,同时也对教学模式的各个要素,即对理论依据、教学目标、实现条件、操作程序、教学评价等方面产生了极大的影响。本研究基于"互联网+"环境下新型课堂教学模式案例比较分析框架,对筛选出的十个国内外典型案例进行比较分析,如表3-2,从而总结国内外教学模式各方面的优势,为国内"互联网+"环境下新型课堂教学模式的实践提供可借鉴经验。

表3-2 国内外"互联网+"环境下新型课堂教学模式案例比较

核心要素		典型案例 主要特征	国内					国外				
			①	②	③	④	⑤	①	②	③	④	⑤
理论依据	联通主义	认识领域	√	√	√	√	√	√	√	√	√	√
		知识类型	√	√	√	√	√	√	√	√	√	√
		存在结构	√	√	√	√	√	√	√	√	√	√
	混合学习	融合线上线下知识	√	√	√	√	√	√	√	√	√	√
		搭建智能学习环境	√	√	√	√	√	√	√	√	√	√
		构建虚拟学习情境			√		√		√			
	多元智能	教学活动形式的丰富性	√	√	√	√	√	√	√	√	√	√
		多指标评价学习者智能	√	√	√	√	√	√	√	√	√	√
教学目标	知识与技能	获取处理	√	√	√	√	√	√	√	√	√	√
		分析运用	√	√	√	√	√	√	√	√	√	√
		综合评价	√	√	√	√	√	√	√	√	√	√
	过程与方法	自主										
		合作	√	√	√	√	√	√	√	√	√	√
		探究	√	√		√		√		√		√

续表

核心要素		主要特征	典型案例 国内					典型案例 国外				
			①	②	③	④	⑤	①	②	③	④	⑤
教学目标	情感态度与价值观	合作意识	√	√	√	√	√	√	√	√	√	√
		科学精神	√	√	√	√	√	√	√	√	√	√
		责任担当	√	√	√	√	√	√	√	√	√	√
	信息素养	信息获取	√	√	√	√	√	√	√	√	√	√
		信息分析	√	√	√	√	√	√	√	√	√	√
		信息加工	√	√	√	√	√	√	√	√	√	√
		信息利用	√	√	√	√	√	√	√	√	√	√
实现条件	硬件层面	学校网络基础建设	√	√	√	√	√	√	√	√	√	√
		信息化技术设备配置	√	√	√	√	√	√	√	√	√	√
		数字化教育资源开发	√	√	√	√	√	√	√	√	√	√
	软件层面	转变教育观念	√	√	√	√	√	√	√	√	√	√
		建立保障制度	√	√	√						√	
操作程序	教学过程连通性	"教师—学生—家长"三端互联				√	√					
		课堂教学环节互通	√	√	√	√	√	√	√	√	√	√
		教材—互联网资源整合	√	√	√	√	√	√	√	√	√	√
	教学流程翻转性	师生角色翻转	√			√	√					
		学习流程翻转,学在教前	√					√	√	√	√	√
		教学流程翻转,教在学后	√		√	√		√	√	√		
	教学活动交互性	互动式的教学方法	√	√	√	√	√	√	√	√	√	√
		合作、探究学习方式	√	√	√	√	√	√	√		√	√
		生生双交互式学习	√	√	√	√		√				√

续表

核心要素	主要特征	典型案例 国内 ①	②	③	④	⑤	国外 ①	②	③	④	⑤
操作程序	学生自主预习、展示和反馈		√	√	√	√	√	√	√		√
	注重自主学习方法指导	√			√		√	√		√	
	重视自主学习能力培养	√	√	√	√	√	√	√	√		√
教学评价	人文底蕴、科学精神	√					√		√		√
	学会学习、健康生活	√					√		√		
	责任担当、实践创新			√	√	√	√		√		√
	评价学习者和教师	√		√		√	√		√		
	评价教与学过程	√		√	√	√	√		√		
	评价学习支持与服务系统										√
	以学生为中心	√	√	√	√	√	√	√	√		√
	关注信息化学习	√			√						
	多种评价方式结合	√	√	√	√	√	√	√	√		√
	关注个体差异	√	√	√	√	√	√		√		√

注：国内（1）—（5）所呈现的案例名称分别是：（1）昌乐一中"二段四步十环节"翻转课堂模式；（2）STEAM教育理念下中小学创客课程教学模式；（3）徐州同步课堂教学模式；（4）浙江蛟镇中学"互联网+"技术下的汇教课堂教学模式；（5）兴庆十八小"3333"智慧课堂教学模式。国外（1）—（5）所呈现的案例名称分别是：（1）基于3D虚拟环境的混合式教学模式；（2）面向STEAM教育的设计型教学模式；（3）美国纽约米尼奥拉初中的智慧课堂教学模式；（4）德国中学物理课堂的翻转课堂教学模式；（5）城市高中学生的IT/STEM学习：基于调查和设计的教学模式。

(一)理论依据

对比分析支撑国内外"互联网+"环境下新型课堂教学模式的教学理论,得出以下结论。第一,从联通主义学习理论来看,由于国内外教学课堂开展的情境得到互联网的支持与帮助,学习的发生都能更好的与外部世界相连通,可以帮助学习者构建知识网络,并且从分析框架可以看出,联通主义学习理论是"互联网+"支撑教学的本体论。第二,从混合学习理论来看,在融合线上线下知识以及搭建智能学习环境方面,国外课堂与国内课堂效果都非常突出,但在构建虚拟情境方面,国外的教学模式却更胜一筹,例如基于3D虚拟环境的混合式教学模式案例以及美国纽约米尼奥拉初中的智慧课堂教学模式案例。第三,从多元智能理论来看,国内外的新型课堂都十分尊重学生的个性发展,并采用丰富的教学活动和多样的评价标准促进学生的智慧成长,但在利用多种指标评价学习者方面,国内仍要向国外借鉴经验。例如在开展智慧课堂以及混合式教学的过程中,国外的教师能够在已有的环境基础上,灵活运用多种评价指标,让教学情境更加生动、具体、形象,并充分利用技术优势,多方面评价学生的智能。因此,应多借鉴国外的优秀案例,并积极开展适合学校、教师、学生特色的教学。同时我国的教育观念与教学改革情况在某些方面仍然受到阻力,由于新型课堂概念提出的时间相对较短,大部分的课堂还是以传统的讲授型课堂为主,部分教师、家长的观点转变都不太明显,而且没有意识到互联网带来的变化以及积极作用,导致接受互联网支撑的新型课堂教学的程度不高。综上所述,在这样的情景下,教师与家长应转变教育观念,充分利用"互联网+"对教育教学的优势,促进学生的成长进步。

(二)教学目标

对比分析支撑国内外"互联网+"环境下新型课堂教学模式的课堂教学目标,得出以下结论。第一,从三维目标来看,国内外的新型课堂都十分重视对知识的获取、分析以及运用,除了习得知识、培养相应技能之外,还尤其注重培养学习者自主探究能力以及团队协作能力,同时关注学习者情感的变化。其中,徐州实施的同步课堂教学通过城乡学校共同参与,本地、异地学生共同学习的方式为国内课堂教学模式的构建树立了很好的典范。国内还有类似案例,如咸安"1+2"同步课堂,成都七中的同步课堂,这种学习模式打破了时空限制,与异地名师、同学共同学习,可以帮助贫困偏远地区学生引进优质教育资源,改善教育质量,逐渐消除教育的两极分化现象。相比而言,国外采用的通过网络异地同步学习的模式目标与国内类似,但由于国内同步课堂还正处于萌芽观察期,在学生情感态度与价值观的培养方面仍需结合区域、城乡特点广泛展开实践。翻转课堂教学模式方面亦是如此,国内翻转课堂教学模式在培养学生的责任担当方面,没有国外的课堂开展那样表现突出。原因也可能存在翻转课堂的教学形式在我国的开展时间较短,但从翻转课堂模式的效果来看,在提升课堂教学效果以及效率方面具有积极作用。第二,从信息素养来看,由于我国高度强调21世纪人才所必备的信息素养,并将对学生信息素养的培养逐渐融入于课堂内外,从各方面积极开展实践以提高其实施效果,在该方面,我国取得了显著成效。综上所述,国内在以国外经典案例为借鉴的基础之上还应该积极展开高效的教学实践,将具有我国特色的课堂模式进一步完善和推广。

(三)实现条件

对比分析国内外"互联网+"环境下新型课堂教学模式实现条件,得出以下结论。第一,对于硬件层面的建设,可以发现无论是国内案例还是国外案例都比较重视对数字化校园环境的建设。国外源于发达国家教育信息化的规划发展已经实施了20年左右,其网络建设、设备建设、数字化资源建设基本完成。国内教育信息化虽起步较晚,但发展迅速,学校普遍构建了网络基础建设,配置了信息技术设备,开发了数字化教育平台,例如昌乐一中翻转课堂模式中开发了"创课学堂"平台、徐州同步课堂教学模式教育数据资源云平台等。第二,对于软件层面的建设,国内外普遍转换了传统教育思想,教学过程以学生为中心,重视对学生的培养。但是可以发现,无论是国内还是国外,在"互联网+"环境下新型课堂教学模式的保障制度方面所做的工作还不太完善,部分学校还没有建立相关制度推动教学模式的实施。部分学校应当借鉴国内外优秀学校的经验,在保障制度方面进行变革,例如国内徐州同步课堂借助三种应用系统进行管理、美国密歇根州东南部实施的城市高中IT/STEM学习课程与高等教育机构、K12学校、商业、工业和政府部门以及父母和志愿者进行合作，组成了STEM团队等。综上所述，"互联网+"环境下新型课堂教学模式实现条件，在硬件方面，国内外学校普遍重视网络基础、信息化设备、数字化教育资源建设工作，符合指标要求；在软件方面，国内外学校都转变了教育观念，但在建立保障制度方面都需要进一步完善。

（四）操作程序

对比分析国内外"互联网+"环境下新型课堂教学模式的教学操作程序，得出以下结论。第一，在操作程序的联通性方面，国内外都注重联通课内外环节以及教学资源的整合应用，受到基础硬件设施和网络条件的影响，通过移动端连接家长、学生、教师三端在国内外案例中都未能普遍实现。第二，在教学流程翻转性方面，国内外的案例中大部分教学模式的核心都体现出翻转课堂的特性，师生角色和学习流程翻转，体现出学在教前，教在学后的教育理念，课堂内的教学依赖于课堂外的自主学习，主要应用于正式学习场景，主要偏向知识性内容传授。但是也有部分学校在教学流程翻转性方面仍需改进，普遍表现在STEM的课程学习中，例如重庆师范大学附小开展的中小学创客课程、美国北加州郊区一所公立学校开展的STEM课程等。国内外在STEM课程开展中，需要更多关注翻转性。第三，在教学活动交互性上，国内外都突出教学过程中采用互动式的教学方法、合作探究、生生双交互的学习，但是在实施过程中，国内的师生、生生交互程度不够，主要的互动还是由教师主导，互动环节所占比例较少，学生之间的互动体现不明显。而国外的教学中主要以任务驱动式教学贯穿全程，学生自主分组合作、交流探讨并解决问题，共同完成作品和任务，学生之间的互动程度高。第四，在学习活动自主性上，由于国内教学模式受到传统灌输式教学的影响，教学改革过程中更加注重学生自主预习和自主学习能力培养，以提高学生学习自主性进行学习活动的自我管理，但是在学习方法的指导上国内外教学模式都有待提高。综上所述，对于操作程序，国内外课堂教学模式在实践过程中还可以优化改进，从而加强教学过程的联通性、教学流程的翻转性，实现家校共育，结合线上线下的优势进行混合式学习。

(五)教学评价

对比分析国内外"互联网+"环境下新型课堂教学模式的教学评价过程,得出以下结论。第一,在评价目的方面,国内外学校都重视对学生的文化基础、自主能力方面的培养,评价学生是否实现其人文底蕴、科学精神的丰富,以及学会学习、健康生活能力的提高。然而,国内学校进行评价时对学生的社会参与层面关注度不高,并未过多评价学生的责任担当与实践创新能力。第二,在评价主体方面,国内外学校普遍都重视对学习者和教师的评价,少数国外学校忽视了对教师的评价,例如德国中学物理课程在实施过程中,主要涵盖对学生多个方面的评价。国内少数学校忽视了对教与学过程的评价,如重庆师范大学附属小学在STEAM实施课堂中较少对教与学过程进行评价,而国外学校普遍都对教与学过程进行了评价。另外,国内外学校普遍忽视了对学习支持与服务系统方面的评价,这一点应当值得国内外学校进行反思,在评价中要注意评价学习支持与服务系统的效果。第三,在评价标准方面,国内外学校源于教育观念的更新,在评价过程中以学生为中心制定评价标准,但国内部分学校的评价标准方面还没有像国外学校一样普遍关注到信息化学习,没有结合信息化特点进行标准的制定。第四,在评价方式方面,国内外学校都采用了多元化的评价方式,各类评价方式相结合,评价贯穿整个过程,关注学生的个体差异,采用自评或者问卷测试了解每位学生的情况。综上所述,相比国外,国内教学评价采取综合性教学评价,评价教师与学生,评价主体相对全面,这一方面优于国外教学评价,但还需要进一步改善。借鉴国外教学评价优点,同时强调注意以下三点:一是注意结合信息化特点来制定评价标准;二是注意评价学生的责任担当与实践创新能力;三是国内外学校普遍需要注意评价学习支持与服务系统的效果。

第四节 新型课堂教学模式的特征及趋势

一、新型课堂教学模式的特征

在"互联网+"环境下新型课堂教学模式中,教学理论体现了对学生多元智能的重视,即言语语言、逻辑数理、视觉空间、身体运动、音乐节奏、人际交往、自我认识和自然观察等智能方面的关注。紧跟联通主义学习理论的发展动态,实现在网络环境下的知识资源联通。同时更加关注混合式学习理论,以实现信息技术与课堂的深层次整合。

新型课堂教学模式的教学目标着眼于学生的全面发展,重视学生的知识与技能,要求学生能够获取处理、分析运用、综合评价知识,培养学生的情感态度,并分别在合作意识、科学精神、责任担当三个层面对学生提出一定的要求。关注学生的学习过程与方法,要求学生学会自主学习、合作学习、探究学习等学习方式。同时促进学习者信息素养的提高,即高效获取信息、有效提取信息、批判性地评价信息以及创造性地使用信息的能力。

"互联网+"环境下新型课堂教学模式的实现条件强调两个层面的支持:一是打造现代化智能校园环境,营造信息化学习氛围,开发数字化教学资源,从而提供硬支持;二是转变教育观念,以学生为中心,在学校各个层面建立健全相关的保障制度,从而提供软保障。

在新型课堂教学模式的操作程序中,依托教育信息环境,在教学主体、课内外教学环节、教学资源等方面形成互联互通的回路,通过"先学后教,以学定教",课堂体现学生的主体地位,翻转教学流程,采用多种教学方式开展互动教学,利用互联网教学平台和资源进行双向交流,重视学生的学习过程,强调学生是学习过程的主体,实现学生自主学习。

关于新型课堂教学模式的教学评价,在多元化评价标准的指导下,结合各类评价方式的特征优势,综合运用评价方式,涵盖各类评价主体,包括教师与学生、教与学过程、学习支持与服务系统三个层面,从而进行全面精准评价,实现多维度的评价目标。通过教学评价,调整教学模式的不足,促进学生全面发展。

综上所述,"互联网+"环境下新型课堂教学模式呈现出与传统教学模式不同的特征,其核心在于以学生为中心,善用、会用教育信息环境提供的支持,从而开展新型课堂教学。

二、新型课堂教学模式的趋势

"互联网+教育"的本质特征充分体现出教育信息化已经进入到技术与教育深度融合的阶段,技术的发展与进步为教学带来了众多的突破和改变,同时转变了传统的教学思想和教学观念,使得教学系统不断呈现出新的特点。"互联网+"既可以保留传统教育所具有的大规模班级的结构特点,同时又能够实现个性化教育;既能够实现"每个人都有"的公平,又能够实现"跟每个人能力相匹配"的高质量的服务[1],因而新型课堂也在"互联网+"驱动引起的课堂内、外部条件变化下,呈现出崭新的风貌。在"互联网+"的大环境中,翻转课堂教学模式、基于STEM/STEAM理念的创客课堂教学模式、同步课堂教学模式以及智慧课堂教学模式等典型的新型课堂教学模式的出现,是为适应未来教育的需求及发展、化解更深层次的教育矛盾和教学问题而出现的产物。这些创新模式虽然典型,但仍是冰山一角,未来还会随着信息技术的发展以及教育的实践催生出更多、更新、更具特色的"互联网+教育"的创新实践,以满足互联网时代的教育需求。因此,根据相关研究,本研究通过分析我国现阶段的教学特点及信息技术的主要发展动向,总结出了未来新型课堂教学模式的基本趋势。主要包括以下四个方面。

第一,助力均衡教育。由于我国国土辽阔,教育资源的不均衡现状一直是我国教育教学的特点,借助互联网构建出虚拟的教育时空,搭建更富智慧的教学环境,可对义务教育系统进行结构重塑,让原本局限于学校的教育空间得以拓展。由于互联网具有实时性的特点,如在同步课堂中,位于两端的师生都能相互连接,处于异地的课堂可以打破时空局

---

[1] 余胜泉.互联网+教育:未来学校[M].北京:电子工业出版社,2019:7.

限,共享优质资源,让课堂得以拓展,实现优质课堂共通共享,甚至可将优秀的师资带到偏远山区,以提升教育薄弱学校的教学质量,改善原有停滞不前的教育现状,推动义务教育的均衡、优质发展。"互联网+"环境下新型课堂教学模式应以此为契机,不断创新,尽最大可能在起点相对不公的背景下实现教育结果的相对公平,助力义务教育的均衡发展。

第二,强化协同教育。作为信息时代教育的主流,协同教育日益受到社会的重视,党的十九大提出建立学习型社会,而建设学习型的社会,必须在教育领域普遍应用现代信息技术,协同建设充足的教育资源,使这些资源不仅能进入学校,也进入家庭和社会的任何角落[①]。一直以来,教育都是社会关注的重点领域,而与教育最紧密相关的就是家庭与学校,家校合作是协同教育的主要方式之一,互联网时代打破了原有单一教育通道,促进了家校的协同。教育并不是单方面就能完成的,需要家长与学校的共同相互努力,因此,新型的课堂教学模式应把握好协同教育的优势,充分利用"家—校"的协作交流平台,缓解"家—校"的互动缺失,提高"家—校"的配合程度,强化家庭教育与学校教育整体化发展和互助与协同式发展。

第三,实现智慧教育。智慧教育是一种理念,同时也是在智慧环境的支撑下,以促进实现学生多样化的学习需求,丰富学生的学习体验,以及提升学生学习效果为目标的生态构建。"互联网+"环境下,智慧课堂以学习者为中心,通过改变教学的方式方法,促使学生主动经历发现、构想、抉择、评价等高阶思维经验积累过程,帮助学生获得美好的学习体验,或者说智慧课堂是对传统课堂的继承与发展,重点关注的是融于信息技术的教学系统如何更加深入、全面引领学生智慧的发展。因此,未来新型课堂模式将会呈现出学习目标由"知识化"向"思维化"转变,学习内容由"复制化"向"任务化"转变,学习评价由"终结性"向"多元性"转变,学习环境由"单一化"向"智能化"转变[②],让学习者在智慧环境下都能收获智慧的教育,并实现智慧的成长。

---

① 李运林.协同教育研究引领教育发展进入新时代[J].电化教育研究,2018,39(3):7-8.
② 高琳琳,解月光."互联网+"背景下智慧课堂教学设计研究[J].教育理论与实践,2019,39(20):12.

第四,迈向未来教育。未来的教育必须是个性化的,其基本目标是培养学生的个性化综合素养与创新能力,重视学生的核心素养与综合技能的提升。未来新型课堂教学模式的发展必须通过将信息技术有效地融合于各学科的教学过程来营造一种信息化教学环境,实现一种既能发挥教师主导作用,又能充分体现学生主体地位的以"自主、探究、合作"为特征的教与学方式,从而把学生的主动性、积极性、创造性较充分地发挥出来,使传统的以教师为中心的课堂教学结构发生根本性变革,即由教师为中心的教学结构转变为"主导—主体相结合"的教学结构[①]。因此,要实现能够促进学生个性化发展的未来教育,就应以培养个性化学生、创新型学生以及综合型学生作为其基本方向,以云计算、大数据、人工智能等互联网技术为依托,实现从环境、资源到活动的转变,让课堂模式作为信息、知识、活动的载体,通过挖掘学生的深层次智慧与天赋,实现每个学生的个性化发展,并最终打造出全新的教育生态。

[①] 李玉斌,戴心来,王朋娇.现代教育技术(第2版)[M].北京:高等教育出版社,2011:2.

第四章 「互联网+」环境下新型课堂教学模式构建

第一节 模式构建理论依据

一、理论基础

"互联网+"环境下,教育研究者和实践者为了适应教育新需求,积极探索出了具有开创性意义的成果,例如:翻转理念打破了人们对传统课堂的认识,对传统授课模式产生了颠覆性的影响;智慧理念推动学生主动学习,积极参与,促进课堂更加富有创造力;泛在学习突破了传统学习环境的局限,使得人人可学,随处可学。这一系列创新理念都是为适应教育发展而作出的探索,是在原有经典理论与互联网支持的基础上逐渐产生的,是为适应新环境、解决新的教育问题而作出的改变。

目前,已有许多学者对"互联网+教育"环境下教学模式的理论依据进行了探索和研究,例如:王志军,陈丽等认为联通主义学习理论是"互联网+教育"的本体论,MOOC的诞生即是基于该理论所诞生的"互联网+教育"的实践[1];秦楠认为互联网背景下的混合式教学模式理论依据应该包括关联主义理论、掌握学习教学理论、教学交互理论以及香农传播理论[2];蒋慧鸯等通过对某中学学生的多元智能发展情况与创造力开发情况进行统计分析,得出了学习者的多元智能与其创造力息息相关的结论[3];朱梦涛通过对互联网时代智慧课堂的构建研究,认为智慧课堂的理论基础包括建构主义学习理论、混合学习理论以及最近发展区理论[4];而冯晓英对"互联网+"时代混合式学习中的学习理论与教学法分析中,认

---

[1] 王志军,陈丽.联通主义:"互联网+教育"的本体论[J].中国远程教育,2019(8):5.
[2] 秦楠."互联网+"背景下混合式教学模式建构研究[D].济南:山东师范大学,2017:23-25.
[3] 蒋慧鸯,邹晓东.高中学生多元智能与创造力关系研究[J].清华大学教育研究,2016(6):98-99.
[4] 朱梦涛."互联网+"时代的智慧课堂构建研究[D].长沙:湖南师范大学,2019:23-26.

为不同的学习法适合于不同的目标层次,而不同阶段的混合式教学也可以通过不同的理论来解释①。尽管这些理论的形式和内容还在不断丰富和发展,新模式的理论也未能涵盖所有前沿的理论,但是通过分析借鉴上述理论观点,结合现阶段的教学实践,可以归纳出"互联网+"环境下新型课堂教学模式的理论依据,具体如下。

(一)联通主义学习理论

联通主义学习理论为重新认识学习提供了新视角。联通主义最初是由乔治·西蒙斯和斯蒂芬·唐斯在数字时代提出的一种理论,该理论认为知识是一种网络现象,学习即连接的建立和网络的形成,这些网络包括神经网络、概念网络和外部社会网络,学习的目标是基于创造的知识生长,即实现知识的流通②。王志军和陈丽认为联通主义恰是"互联网+教育"的本体论③,联通主义学习理论提出的背景与我们当前探讨的"互联网+教育"的背景紧密相关,MOOC即是基于该理论所诞生的"互联网+教育"的实践。"互联网+"环境下的新型教学模式强调借助网络资源的力量,认为知识可以融会贯通,并将互联网的优质资源带入实际课堂,通过跨学科的方法和理念来提高学习者的思维能力,基于该视角,联通主义学习理论必将成为"互联网+"环境下新型课堂教学模式的理论基础之一。

(二)混合学习理论

混合学习,即 Blended Learning,是伴随着信息技术发展而产生的将传统教学和在线学习相合的教学模式④。作为一种对传统课堂优化和补充的教学模式,混合学习理论对现代化课堂教学提供了强有力的理论支撑,智能化的信息技术环境对信息时代的课堂发展具有重大意义。朱梦涛通过研究,分析出混合学习模式具有时代性、综合性以及系统性的特

---

① 冯晓英,孙雨薇,曹洁婷."互联网+"时代的混合式学习:学习理论与教法学基础[J].中国远程教育,2019(2):10.
② SIEMENS G.Connectivism: A learning theory for the digital age[J].International journal of of instructional technology and distance learning,2005,2(1):9.
③ 王志军,陈丽.联通主义:"互联网+教育"的本体论[J].中国远程教育, 2019(8): 5.
④ 段御宇.混合学习理论在课堂教学中的应用风险及教学建议[J].教育理论与实践,2017(11):47.

点①。在信息时代的课堂中,先进前沿知识可实现共享,线上线下知识可实现融通,进而对学习环境进行优化,对学习视野进行拓展。将混合学习理论作为"互联网+"环境下新型课堂教学模式的理论依据,既保留了传统学习的优势,又能充分体现大环境下的教育教学特征,让学习者在丰富的学习资源背景下发挥主体地位优势,实现个性化学习。

(三)多元智能理论

多元智能理论是霍华德·加德纳在1983年发表的《智能的结构》中提出的,他认为智能是一种对特定信息的处理能力。据此,他指出人类的智能至少可以分成八个范畴,即言语语言、逻辑数理、视觉空间、身体运动、音乐节奏、人际交往、自我认识和自然观察智能。除此之外,加德纳还认为智能不是与生俱有、一成不变的,只要创造了一定的条件,给予一定的教育,任何人的任何一种智能都有可能得到充分的发展。该理论以学生为中心,重视学习过程,强调通过丰富的教学活动培养学生的多方面能力,不再采用以传统的提高分数为主的单一评价指标,而是从多维度、多方面去提升和评价学生的智能。多元智能理论作为新型课堂教学模式的理论支柱,能够较好地借助互联网技术丰富课堂教学形式,让学生实现多元发展。

综上所述,联通主义学习理论、混合学习理论、多元智能理论等是"互联网+"环境下新型课堂教学模式的理论依据,为新型教学模式的实践探索提供了严格的科学指导。

二、设计原则

(一)联通性原则

联通性原则指依托物联网、云计算、无线通信等新一代信息技术打造的物联化、智能化、感知化、泛在化的教育信息环境,实现教学主体、教学环节、教学资源等互联互通的回路。首先,教学主体互联。"互联网+"环境下的育人模式强调家校合作,协同育人,因此要创新传统家校沟通

---

① 朱梦涛."互联网+"时代的智慧课堂构建研究[D].长沙:湖南师范大学,2019:21-23.

的方式,建立"学校—学生—家长"之间的沟通渠道,通过智能移动终端连接学生与教师,既为学生寻求帮助、解决问题提供支持,又能够采用线上线下相结合的方式进行教学管理,借助技术优势为教师减负。畅通信息时代家校沟通的新渠道,如校讯通、微信等移动终端,促进家长之间、家长与教师之间共同探讨,实现"学生—家长—教师"三端互联,形成家校共育的育人模式,使"云、网、端"互联互通的智能教学常态化。其次,教学环节联通。课外是课内的延伸,课上知识的习得是教学环节的一部分,课外时间的高效学习更能够促进学生的学习效果,通过将课前预习环节中学生的学习诊断作为课堂教学生长点,能够精准定位学情,促进知识深化和提高,课后的作业巩固是对前两个环节的反思提高,基于"互联网+"的教学模式可将教学活动从前到后串联起来形成回路。最后,教学资源互联。伴随网络的不断发展,课堂教学资源从传统课堂资源延伸至网络资源,网络资源的开放共享和生成性具有巨大的应用潜能,课堂教学中,应该充分利用开放的优质互联网资源,实现课内资源与课外资源、教材资源与网络资源的整合应用。

(二)开放性原则

开放性原则是在把课堂教学看作一个整体的基础上,由封闭状态走向开放状态。依据系统论的思想,世界上一切事物都可以看作一个由相互影响的若干要素组合而成的系统。课堂教学可看作一个系统、一个开放的耗散结构,要及时吸纳外界环境中的新信息、新思想、新理念。故而如果一个系统要保持长期的稳定,就必须保持其开放性。首先,教学方式的开放。具体包括教学设施的开放和教学手段的开放,通过教学方式的多样化,拓宽教师、学生教与学的途径,促进学生高效完成学习任务。其次,教学内容的开放。"互联网+"环境下的教学资源不应局限于固定书本、图书馆等有限的学习空间内,而应成为学生无限延展信息的接收源,课堂逐渐向社会、网络领域延伸,促进学生学习的发生。最后,教学过程的开放。教育理念从机械、灌输等价值取向转变为民主、开放、探究、交互等理念诉求。

(三)翻转性原则

翻转性原则是指教学活动体现出"先学后教,以学定教"特征,不同于传统教学中主要由课堂上教师进行"信息传递",学生进行"吸收内化"的教学方式,师生角色发生翻转,课堂体现学生的主体地位,教学流程也同样发生了翻转。首先,教师与学生的角色翻转。教师不再是知识的传授者与灌输者,而是引导者、帮助者。教师与学生的角色发生变化,课堂体现学生的主体地位,强调把更多的时间留给学生,让学生不管在课堂内还是在课堂外都可以主动学习,并给学生提供了很多团队合作交流的机会,增强了学生的能动性。其次,重构学生学习流程。学生在课前独自进行信息传递部分,在课堂上互动完成吸收内化部分,通过教师课堂上的有效辅导、同学间的相互交流,促进学生的知识吸收内化过程。最后,重构教师教学流程。课前教师提供视频资料及学法指导,帮助学生进行自主学习和知识建构,并提出学习过程中的问题,课中教师针对学生的问题进行引导启发和精讲释疑,组织学生讨论。

(四)交互性原则

交互性原则是指教学过程体现出交互式教育方式,教师采用多种教学方式开展互动教学,学生利用互联网教学平台和资源,自主进行双向交流式学习。首先,教师开展交互式教学。教师在教学过程中使用讨论式、谈话式、探究式、小组合作式等多种方法,使师生之间进行平等对话,并借助提问、引导等方式帮助学生思考问题,使其自信地表达自己的想法和成果。其次,学生之间进行交互合作。教师通过小组或团队的形式组织学生学习,学生个体可以将其在学习过程中发现的信息和学习材料与小组中的其他成员共享、交流和讨论。最后,学生自主双向交流式学习。学生在学习过程中利用网络学习资源进行自主学习,与教师或者其他学习者之间进行交互,相互学习。

三、构成要素

教学模式作为一个由系列要素组合而成的复杂系统,其运作机制就是各个要素的组合和相互作用。教学模式构建以特定教学理论为指导思想,除了前面提到的理论基础外,构成教学模式的另外四个要素分别是教学目标、实现条件、操作程序和教学评价。

(一)教学目标

教学目标是教育目的和培养目标在教学活动中的进一步具体化,教学目标的确定,必须反映教育目的的基本要求,接受教育目的的规约,继而将教育目的从观念设想转化为行动追求。"互联网+"环境下的教学目标制定需要遵从一定的教学目的和培养目标的指导,依据学习者兴趣与教学情境设定,在一定程度上能体现学科的整体方向以及活动开展的整体方向。不同的教学模式能够体现不同的教学目标,对教学目标的具体要求也有所差异,诸如"传递—接受"教学模式、"自学—辅导"教学模式、"问题—探究"教学模式、"合作—讨论"教学模式、"讲授—启发"教学模式等,其设定目标的侧重点均不同。"互联网+"环境下的教学目标基于时代背景的特点,应在培养传统"三维目标",即强调教学关注知识与技能、学习过程与方法以及情感态度与价值观的基础上,顺应时代对创新型人才的需求,着重培养学习者的信息素养、合作交流能力和问题解决能力,即要求学生能够拥有获取信息、辨别信息、提取信息、创造性地使用信息的能力,并将以上一整套驾驭信息的能力转化为高效的学习交流与问题解决能力。

(二)实现条件

条件因素是达成教学目标的保障,任何教学模式都应在特定的条件下才能有效。"互联网+"环境下新型课堂教学模式的实施,要求学校做好硬件层面和软件层面的建设工作,"互联网+"环境下新型课堂教学模式,以建设、应用和共享数字化教育资源为手段,因此,完善信息化基础设备和开发数字化教育资源必不可少。在硬件层面:完善网络基础建设,打造智慧化校园,是实施"互联网+"环境下新型课堂教学模式的前提条件;完善信息化技术设备,营造信息化学习环境,是实施"互联网+"环境下新型课堂教学模式的必备条件;开发数字化教育资源,是实施"互联网+"环境下新型课堂教学模式的充分条件。在软件层面:转变教育观念,以学生为中心,是实施"互联网+"环境下新型课堂教学模式成败的关键;建立健全相关的保障制度,保证效率效果,是实施"互联网+"环境下新型课堂教学模式的推动机制。

(三)操作程序

操作程序指教学活动的各个流程以及不同阶段的具体做法,任何教学模式都会有相对固定的操作程序,但不是绝对的固化,具体体现在教学过程中教学内容的组织与引导、教学手段及方法的混合应用、教学情感价值的传递引导等。"互联网+"环境下课堂教学操作程序集中于线上学习、课堂学习和线下总结三部分。线上学习基于网络教学平台进行,包括教师组织教学材料、分发任务、学习者完成任务、提出问题等环节;课堂学习为师生面对面开展教学活动,包括学生问题反馈(展示)、小组互动、教师精讲、问题解决、布置作业等环节;线下总结是学生在课后进行自主反思,包括强化对盲点的排查、知识梳理、完成作业、作业(作品)展示等环节。由以上三大环节组成的教学过程活动,将表现出教学环节联通性、教学流程翻转化、教学活动交互性和学习方式自主性的特征。教学活动不再局限于课堂,而是通过线上学习向课外延伸,通过"先学后教,以学定教"的教学将传统课堂的教学顺序进行翻转,课堂不再以教师为中心,而是强调学生的主体地位,给学生更多自主探索的空间、交流互动的机会。

(四)教学评价

教学评价是教学活动过程中必不可少的环节,控制着教学活动的进行。由于"互联网+"时代背景变革在一定程度上重构了教学组织形式,使其与传统课堂的教学结构、教学方式、手段、内容都不相同。因此,传统的评价手段放到混合式教学上将难以立足。新的教学评价应遵循评价目的多维度、评价标准多元性的原则,一部分指向学业成绩,另一部分指向学习者在使用互联网平台进行学习活动中的表现形式以及所涉及的软因素指标,诸如学习者自控能力、信息资源收集、处理能力、合作能力、创新能力等,使教学评价真正从注重"知识本位"继而转向"学识+能力本位"的综合考量。此外,还要遵从评价主体全面性原则,将学生和家长纳入评价主体中,综合教师评价、学生互评、学生自评、家长评价等评价方式对学生的学习过程进行全面系统的评价。

第二节　总模式模块设计

基于"互联网+"环境下新型课堂教学模式设计旨在完善当前教学模式中的不足,满足社会时代发展对教学模式变革的要求,我们通过对"互联网+"环境和内涵、混合式教学深层意义的理解与探究,发现新型混合式教学模式融合在线教学与面授的教学优势,可产生"一加一大于二"的教学效果。

本节主要基于已有理论基础和设计原则构建教学模式。教学模式构建以"以学导教,以教促学"的教学思想为理念将教学模式的操作过程分为课前导学、课堂互动探究和课后巩固延伸三个部分;以云校家、教学助手、互动课堂等互联网教学资源平台为载体打造"互联网+"的线上线下混合式学习环境,贯穿教学活动始终,联结课堂内外;以课外学习为指引开展课堂教学;以课堂教学为基础深化课外学习。教学模式如图4-1所示。

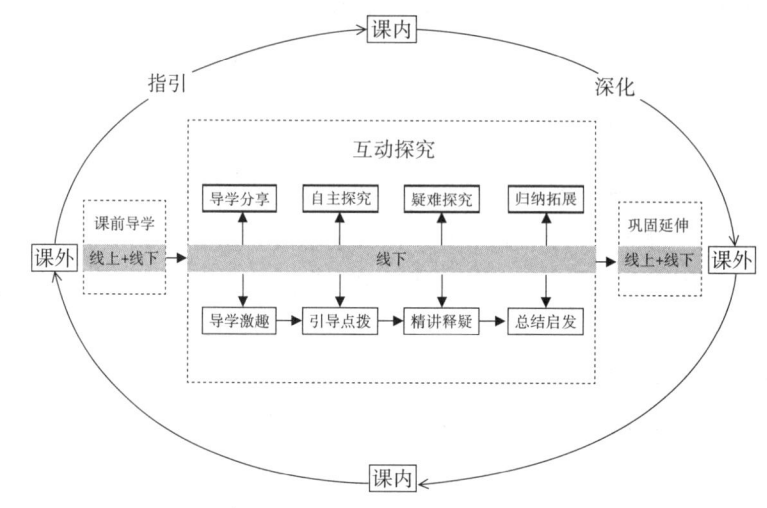

图4-1　"互联网+"环境下课堂教学总模式

一、课前导学阶段

课前导学就是让学生自主先学,然后通过讨论、探索环节使学生参与课堂教学,并通过给学生提供学习的条件和机会,唤起学生的主体意识,发挥学生的主观能动性。课前导学把以学生为本的理念具体化,可操作性强,有利于教师树立以学生为本的新理念。这种教学模式一改过去教师单纯讲、学生被动听的"满堂灌"教学方式,充分体现了教师的主导作用和学生的主体地位。在"互联网+"环境下,课前导学环节非常重要,导学具有目标导向、教学环节导向、学法导航、习题导学、知识导疑的作用。课前导学以互联网平台和资源为载体,能以多种形式在线上线下开展。教师通过整合学习资源、提供学习材料,如教学微视频、学案、测试题等,让学生自主学习、自定进度、自主管理、完成检测、提出问题。学生根据教师设计的学案,认真阅读教材,了解学习内容,并根据学案要求完成相关内容。学生可提出自己的观点或见解,师生共同研究学习。这既可以满足学生思维发展的需要,也可以满足学生自我意识发展的需要,对学生的自我发展和自我评价具有积极作用。

二、课堂领学阶段

课堂教学是教学活动的主阵地。课堂领学阶段主要由教师精心设计、组织课堂教学活动。第一环节为"导学分享",教师当堂展示学案的批阅结果及学生自学质疑环节提交的学习疑难与困惑,让学生分享展示自己的导学成果,激发学生的学习积极性,然后教师再进行针对性反馈,进而促进学生对导学案内容的自评反思。答疑反思结束后,第二环节为学生独立完成"自主探究",学生通过讨论交流进行合作学习,然后教师点名各组学生代表对重点知识进行解答展示,通过适时的引导点拨,启发学生思考,帮助学生理解重点知识。自主探究完成后进行第三环节的"疑难探究",学生就难点内容进行小组讨论(各组小组长起带头作用,将讨论任务落实到每一位同学),教师控制讨论时间。此环节教师需鼓励各个小组成员大胆质疑,学生、师生之间通过质疑进行互动,并采取学生互评和教师总结评价方式对小组讨论结果进行点评,最后再由教师对学生的疑点和难点进行精讲释疑。第四环节的"归纳拓展"主要通过课堂精练反馈、学生总结反思、教师总结启发的方式,引领学生回顾、梳理当堂课的重要知识点。

三、课后助学阶段

　　课后学习是课堂教学的深化,也是下一个教学活动的起点,处于承上启下的重要地位。课后助学阶段,师生的教学活动分别是教师的教学反思和学生的巩固提升。教学反思环节,教师结合课前、课中、课后学生的反馈信息,对自身教学行为进行分析思考,以调整教学。学生复习巩固环节,师生充分发挥互联网云平台的优势,采用线上线下相结合的方式进行复习巩固。教师可以利用线上资源为学生推送图片、文本、音视频等多种资源类型的学习链接,帮助学生梳理、回顾知识,完成课后巩固习题,并借用云平台及时收集学生学习情况。教师还可以通过线下布置作业加强学生作业巩固的效果,起到有效监督的作用,通过多措并举提升学生在真实场景中解决问题的能力,并提高学生的实践应用能力。

第三节 学科教学模式设计

一、语文学科教学模式

　　"互联网+"环境下语文学科课堂教学模式以新型课堂教学总模式为指导。教学模式以云校家、教学助手、互动课堂等互联网平台为技术支撑,其教学目标旨在让学生在自主学习、潜心会文以及小组合作学习、交流表达的过程中,提升思维能力、语言能力,形成独特的审美情趣,进而提高自身的文化修养以及信息素养,养成良好的道德品格和人生价值观。教学活动按照"线上线下课前导学—线下课堂领学—线上线下课后助学"依次开展,面对动态化的教学过程进行全面系统的评价,按照个性化的评价标准,采取多元的评价方式,将形成性评价与总结性评价相结合,重视学生的多维性和发展性,以实现培养目标。教学模式如图4-2所示。

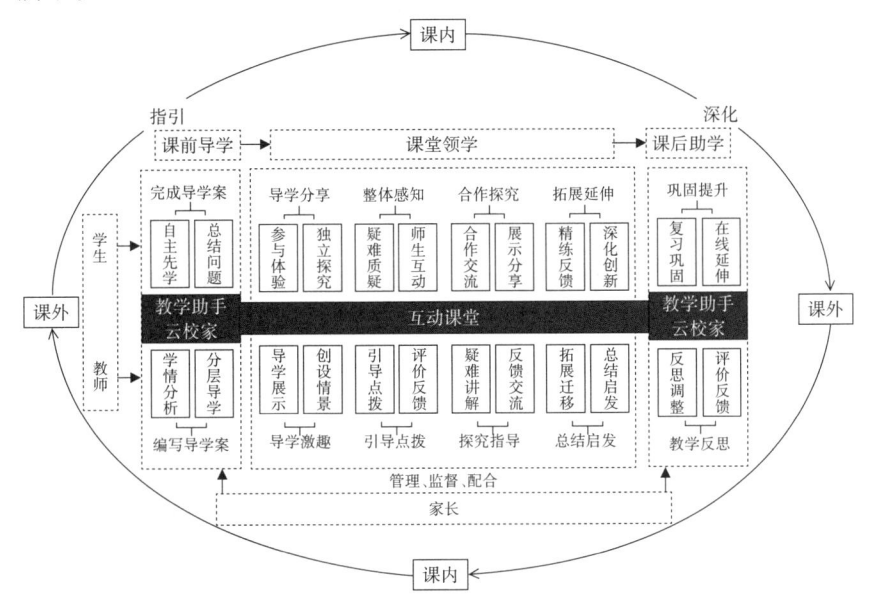

图4-2 "互联网+"环境下语文学科课堂教学模式

(一)课前导学阶段

在课前导学阶段,教师的工作主要是"编写导学案"。教师对学生进行学情分析,了解学生的学习特点、学习习惯、学习成绩等,依据学生的特点,结合具体的教学内容和教学目标,对导学案进行分层设计,以适应不同学生的学习情况,尊重学生的个性化发展。导学案编制设计体现出线上线下结合原则、层次化原则和方法化原则。导学案的形式不限,依据教学内容进行设计,可以采用微课视频、音频、纸质文本等多种形式。导学案的内容包括教学目标、预习策略、分层问题、学生疑惑等板块。导学案以线上线下相结合的形式推送给学生,要求学生在课前"完成导学案"。学生需要按照导学案的要求自主进行课前预习,利用书本资料和云校家等平台推送的数字化教育资源,借助信息化工具上网查询,实现对知识的提前感知。学生在自主预习后进行反思,梳理所掌握的知识内容,整理和总结学习问题,然后在平台中提交给教师。

(二)课堂领学阶段

课堂领学阶段包括四个环节。第一环节,教师通过"导学激趣",学生完成"导学分享"。教师对学生的导学情况进行分析后,通过有意指定学生分享或鼓励学生主动分享的方式,让学生当堂展示导学案的成果,交流自己的学习感受,激发学生的学习积极性。而后,教师以导学案为线索,通过图片、视频、幻灯片等形式,创设真实的学习情境,让学生进行独立探究。第二环节,教师通过"引导点拨",学生进行"整体感知"。该环节的重点是使学生理解知识内容。首先,教师在学生独立探究的过程中,对学生进行引导点拨,帮助学生梳理知识,形成自己的理解。其次,学生疑难质疑,对学习中的困惑进行提问,教师解答困惑,形成师生间的双向互动。最后,教师对学生在该阶段的学习进行评价,总结知识点,为学生提供反馈评价,为开展下一步的知识学习做准备。第三环节,教师通过"探究指导",学生进行"合作探究"。首先,学生组成学习小组,就难点内容进行合作学习,可以采用相互讨论、对话练习或角色扮演等形式,进行深入学习。其次,教师在整个过程中进行辅导答疑,针对学生的难点、疑点、生长点进行精讲引导,帮助学生突破重难点。最后,学生对该阶段的学习成果进行展示分享,师生、生生共同交流,开展过程性评价。第四环节,教师通过"总结启发",学生进行"拓展延伸"。教师在该阶段为学生提供学习资源和话题,让学生进行知识练习,使学生在精练中掌握知识,实现知识的深化与创新。最后,教师进行总结,归纳整节课的重难知识点,引导学生巩固、思考。

(三)课后助学阶段

课后助学阶段教师主要进行"教学反思",教师对整个教学过程进行深入反思,及时发现教学中的问题,调整自己的教学计划,对学生的学习情况进行评价并反馈给学生,让学生了解自己的不足,从而不断改进。此外,教师还要根据学生的不同学习情况为学生布置针对性的课后学习任务,可以采用纸质文本、在线检测、学习打卡、思维导图等形式。课后学习任务的布置体现线上线下结合原则、混合型原则以及层次化原则。学生通过完成课后学习任务形成知识的"巩固提升"。学生在课后复习课堂所学知识,然后完成作业练习,灵活运用课堂知识解决问题;同时借助教师提供的数字化学习资料,自主学习,实现知识的拓展延伸。

二、数学学科教学模式

"互联网+"环境下数学学科教学模式以新型课堂教学总模式为指导。教学模式以云校家、教学助手、互动课堂等互联网平台为技术支撑,其教学目标旨在遵循学生的学习规律,从已有生活经验出发,让学生亲身经历将实际问题抽象成数学模型并进行解释与应用的过程,进而增强学生对数学原理与知识的理解能力,同时在创新精神、思维能力、情感态度与价值观等多方面得到进步和发展。教学环节按照"线上线下导学—线下课堂领学—线上线下课后助学"依次开展,采用目标多元、方法多样的评价体系,使总结性评价与形成性评价更好地相结合,以全面了解学生的数学学习历程,达到激励学习和改进教学的目的,教学模式如图4-3所示。

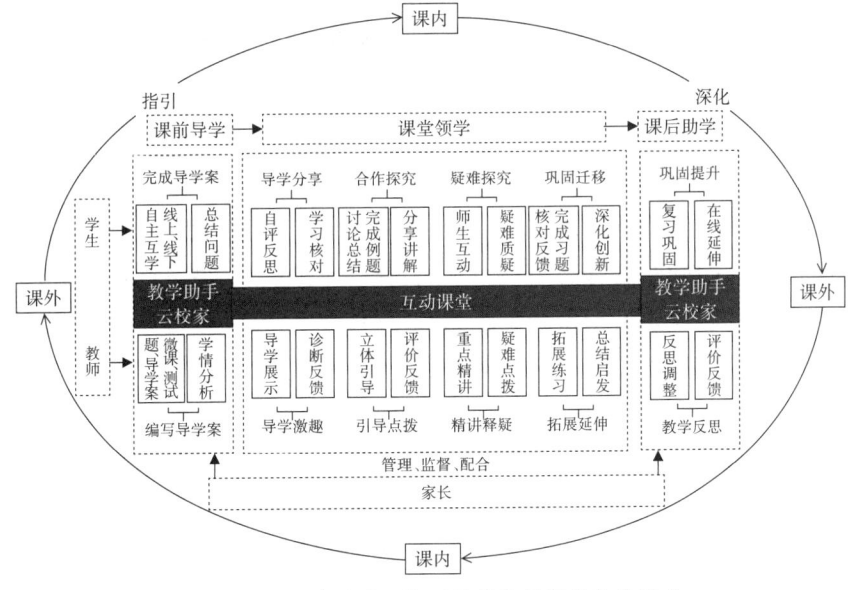

图4-3 "互联网+"环境下数学学科课堂教学模式

(一)课前导学阶段

在课前导学阶段,教师的工作主要是"编写导学案"。教师根据学生的学习特征、学习习惯、学习风格等进行详细的学情分析,并结合具体的教学内容和教学目标,对导学案进行规划与设计,以适应学生的学习需求。导学案编制设计体现出线上线下结合原则、层次化原则和方法化原则。导学案的形式较为灵活,可以采用线上微课、测试题以及线下导学案等形式,以线上线下相结合的形式推送给学生。导学案的内容包括教学目标、预习策略、分层问题和习惯养成等板块。学生的任务就是"完成导学案",根据导学案的内容,采用最合适的学习策略,如:线上线下自学、互学等多种方式,提前熟知课程知识,对自我进行剖析并形成问题总结。

(二)课堂领学阶段

课堂领学阶段包括四个环节。第一环节,教师通过"导学激趣",学生完成"导学分享"。首先,针对学生完成导学案的情况,教师有意选择具有代表性的导学案进行展示,通过现场分析导学案中学生存在的问题,给予学生明确回答和反馈,引导学生思考同时激发其学习兴趣。其次,学生根据教师的指导反馈,梳理反思课前问题,并对导学问题仔细校验,进行自我反馈,进而实现自我提升。第二环节,教师通过"引导点拨",学生开展"合作探究"。首先,教师根据难易程度,结合学生的实际情况,选择具有针对性的数学例题引导学生学习。其次,学生进行独立探索,初步完成例题,随后小组之间展开合作探究,进行例题解答并确定最终答案。其间,教师参与小组互动,针对小组问题,进行指点反馈;然后,各组选派代表展示做题思路,验证题目答案,实现全班互动。最后,针对小组表现情况,教师进行评价反馈,总结相关知识。第三环节,教师通过"精讲释疑",学生进行"疑难探究"。在该阶段,教师首先针对合作探究的结果,对重难点和学生存疑点进行详细演示和讲解,该过程中,学生仔细记录并深入思考,提出新的问题。其次,针对学生问题,师生再次展开互动,教师为学生解决疑难提供思路,便于学生理解。第四环节,教师通过"拓展延伸",学生进行"巩固迁移"。首先,为了能让学生对已经掌握的相关知识进行迁移,教师在该阶段为学生提供了相关的资源习题进行练习。其次,学生完成拓展习题后再进行核对校验,深化课堂知识,提高问题解决能力。最后,教师完成课堂总结,帮助学生回忆重难点和相关学习方法,启发学生的数学学习思维。

(三)课后助学阶段

课后助学阶段,教师需要完成"教学反思",通过回顾整个教学活动,反思课堂教学的不足,及时调整教学计划并制定有关教学策略。针对课堂中留下的问题以及学生的课堂表现,教师梳理后形成较为完善的课堂分析报告和新的学习任务单,利用云平台发送至学生端。课后学习任务的布置同样遵循线上线下结合原则、混合型原则以及层次化原则。学生通过完成课后学习任务形成知识的"巩固提升"。通过教师提供的数字化学习资料,学生在课后进行线上练习,对课堂学习知识进行复习、巩固,加以深化。

三、英语学科教学模式

"互联网+"环境下英语学科课堂教学模式以新型课堂教学总模式为指导。教学模式以云校家、教学助手、互动课堂等互联网平台为技术支撑,其教学目标旨在培养学生听说读写的综合语言运用能力,提升学生的信息素养和合作学习能力,教学环节按照"线上线下导学—线下课堂领学—线上线下课后助学"依次开展,采用多元化、综合性的评价方式,使总结性评价与形成性评价相结合,全面系统地评价学生的学习活动,教学模式如图4-4所示。

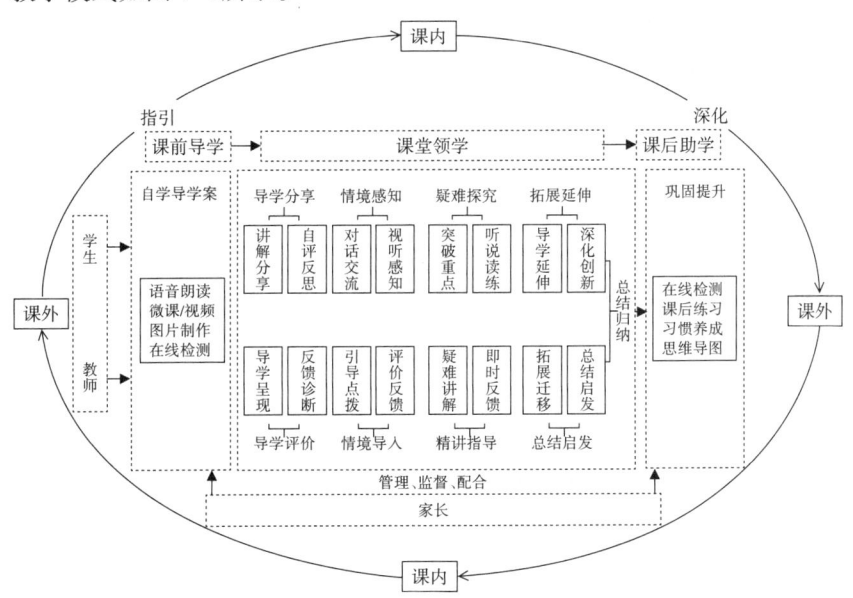

图4-4 "互联网+"环境下英语学科课堂教学模式

（一）课前导学阶段

在课前导学阶段，教师分析学习者特征，结合具体教学内容和教学目标，设计不同内容、形式的导学案，学生通过自主学习完成导学案并提出问题。导学案的编制设计体现出线上线下结合原则、层次化原则和方法化原则。导学案的形式包括纸质文本、微课视频、音频、图片、检测题等，采用线上线下相结合的形式推送给学生，学生可在线上提交打卡。导学案的内容包括教学目标、预习策略、分层问题和习惯养成，使学生能够明确学习方法、学习内容和学习目的。此外，学习内容要兼顾不同学习者的能力差异，教师以分层方式设置不同难度层次的导学案，以满足不同学习者的需要。

（二）课堂领学阶段

课堂领学阶段包括五个环节。第一环节为教师通进行"导学评价"，学生完成"导学分享"。教师通过随机挑人和指定的方式当堂展示导学案成果，如学生的朗读音频、配音视频、手抄报等，分析学生的在线监测数据和疑难困惑。在此环节，学生自愿分享想法，在分享中激发学生的学习积极性，与此同时，教师针对性反馈导学案中的知识点，帮助学生自评反思导学案内容。第二环节为教师通过"情境导入"，学生进行"情境感知"。教师通过图片、音频、视频、语音等媒体形式创设真实的学习情境，学生通过师生对话、同伴对话、视听感知的方式进入学习情境。第三环节为教师进行"精讲指导"，学生进行"疑难探究"。教师就学生感知的学习情境，组织各学习小组就难点内容进行合作讨论、角色扮演、对话练习等，在此过程中，教师给予及时指导，针对学生的难点、疑点、生长点精讲引导和反馈解答，帮助学生突破重难点，提高学生英语听说读写等综合应用能力。第四环节为教师通过"总结启发"，让学生进行"拓展延伸"。拓展延伸是在导学案和课堂学习的基础之上，为学生拓展学习资源和话题，通过引导启发让学生在发展语言技能的同时，汲取文化营养，促进多元思维，提升学生的文化意识。第五环节为"总结归纳"。总结归纳采用学生自主总结和教师总结的方式，促进学生主动思考，提高课堂参与度。

(三)课后助学阶段

在课后助学阶段,教师反思整个教学流程中的问题,进行教学调整,学生巩固练习,对课堂学习内容进一步延伸。教师根据不同学习内容为学生布置针对性的课后巩固延伸任务。课后任务的布置同样体现线上线下结合原则、层次化原则。课后任务的形式主要包括纸质文本、在线检测、学习打卡、思维导图等。课后任务的内容包括练习题、实践活动、内容总结等。学生通过丰富多样的课后任务进一步内化知识点,保持学习兴趣,提高语言应用能力。

第四节 学科教学模式教学应用案例

一、语文学科模式应用案例

义务教育初中阶段的语文课程是一门学习中国语言文字的综合性、实践性课程。根据语文学科的教学特点和教学内容,本研究将语文教学中课的类型主要划分为现代文课、文言文课、作文课、讲评课和复习课五类。课题组以新型语文课堂教学模式为指导进行教学设计,对西北某中学初中语文教学中的现代文课、文言文课、作文课、讲评课和复习课五种课型进行教学模式实践,形成了详细的教学案例。教学活动的实施,旨在借助互联网元素为学生创设真实的语言使用情境,帮助学生以自主的语言实践活动积累语言经验,培养学生的阅读理解、表达交流、运用现代技术搜集和处理信息等多方面的能力,发展学生的思辨水平,提升学生思维品质,帮助学生积累丰厚的文化底蕴,理解文化多样性,使其具备良好的人文素养和科学素养。"互联网+"环境下语文学科现代文课、文言文课、作文课、讲评课和复习课课型的教学案例如下。

(一)现代文课

现代文课是对祖国语言文字的综合运用课程,承载着核心的语言点及语法内容,是知识学习与理解的主要来源,是语文课程的基础。现代文主要分为记叙、描写、抒情、议论和说明五种类型,包括要点概括、词句理解、文意把握、内容探究、作品感受等几个部分。在现代文课教学中采用"互联网+"环境下新型语文课堂教学模式,将部分学习目标移到课前完成,借助互联网资源和平台软件引导学生自主学习,调动学生学习热情,让学生掌握现代文知识,培养学生对现代文的认识、理解与运用能力,增加其阅读文章的方法、增强其思维能力、概况判断能力与表达能力,提升学生的语文学习素养。

课前阶段的教学目标:观看微课视频,初步感知课文,提炼文眼和关键词句;了解作者简介和创作背景,加深对文本的理解。课前阶段的教学环节包括:发布导学—完成导学—在线检查。教师课前制作导学案、教学课件、文言文导学任务单等教学资源,导学案中包括作者简介和创作背景、文眼和关键词句的提炼、文本初识的感知、学习的重难点、作业的布置等内容。教师需广泛收集资料,包括图片、音乐、朗读视频等,为学习者提供更加多元、丰富、有趣的信息。学生查看并完成导学案中的在线检测,并在班群中向教师提出问题、寻求帮助。教师查阅每个学生的学习时间、练习检测情况,并对学生提出的疑问进行分类,用于课中教学活动。

课中阶段的教学目标:通过小组合作探究提高合作意识和团队精神,开阔思维,分析体会文章的思想感情;借助互联网平台和资源,开展讨论和辩论等课内活动,提高语言表达与应用能力。课中阶段的教学活动环节包括:导学问题展示—师生研讨—深层挖掘文本—精讲提升。首先,导学问题展示环节。教师以谈话法或学生自述的方式回顾导学案中的主要内容,组织学生在讨论小组中提出在自主学习的过程中遇到的疑点、难点、模糊点。小组成员依次轮流发言后展示其讨论成果,成果分为三个方面:组内所有成员遇到的学习问题、已解决的问题和尚未解决的问题。教师主要将尚未解决的问题依次列举在投影仪上,呈现给学生。其次,师生研讨环节。教师呈现最适宜的问题,引导学生在组内进行合作探索。学生讨论作答,在学生讨论的过程中,教师走入每个小组,掌握每个小组讨论的进度和有效性,并及时获得反馈,确保学生始终围绕疑难问题开展讨论。再次,深层挖掘环节。以问题为主线,教师为引导,学生为主体,三者合力把握文本中的重点、难点,提炼文本主旨,发掘文本背后深层的含义。学生各抒己见,他人展示成果时,学生学会聆听,通过他人发言打开自己的思路,并立足于他人观点,提出富有创造性的问题和见解,以对文本内容形成多元认识。最后,精讲提升环节。教师进行提升讲解,重点讲解文本特性和文本背后所蕴含的真实情感。学生通过课前知识的传授和前面三个阶段的学习,进一步走进文本,体会作者的情感。

课后阶段的教学目标:通过适量且形式多样的作业,巩固知识。教师布置纸质书写作业和在线阅读打卡作业,帮助学生提升阅读做题方法和技巧。学生在教师的指导下完成课后作业并上传至云校家平台。教师及时查看、批改作业,及时发现学生存在的问题。

语文现代文课"雨的四季"教学案例

一、案例基本信息

1.学校:西北某中学

2.年级学科:七年级语文

3.教材版本:人民教育出版社版

4.案例名称:雨的四季

5.课型:现代文课

6.学时:2课时

二、教学设计

1.设计思想

本案例是一节现代文阅读课,该案例讲述的是"雨的四季"这篇文章,这篇文章属于散文题材,而散文是七年级语文学习的重点,同时也是语文中考考查的重点,命题侧重考查对文章内容的积累运用、感知理解、揣摩体味等方面。因此教师以提高学生对文章的理解、增强学生对记叙文的思维能力等为目标进行教学活动设计。在设计过程中主要基于联通主义学习理论和混合学习理论,教学活动均以学生为中心,教师在教学过程中提供必要的辅导,通过云校家、教学助手等平台的交互、分享功能,促进学生语文知识的网络延伸。

2.教学目标分析

(1)知识与技能:积累重点词语并掌握词义,学会运用词语写作,进行景物的细致描摹;学习比喻、拟人等修辞手法及其作用。

(2)过程与方法:理清文章结构,学习有条理地描写事物的方法;学会细致观察景物,抓住特征描写的方法;学习在景物描写中抒发感情的方法。

(3)情感态度与价值观:准确把握作者的情感脉络,通过品味语言,探情寻意,提高学生对文章、景色等美好事物的审美能力;培养学生热爱祖国河山的感情、热爱生活的态度和积极向上的精神。

3.学习者特征分析

(1)智力因素分析:根据皮亚杰认知发展阶段,七年级的学生处于形式运算阶段,具备系统思维能力,能够理解文章的意义,通过隐喻或直喻对文章进行概括等,因此,学生对该文章的学习是具备一定理解能力和知识基础的,但由于学生处于小学与初中的衔接阶段,思维逻辑的发展还有待提高,对阅读方法还不太熟悉,教师需要在教学过程中进行指导。

(2)非智力因素分析:该阶段的学生求知欲比较强烈,渴望探索外界事物。本文是有关景物的内容,在一定程度上可以引起学生的兴趣,此外,教师在课前借助云校家平台、移动设备等发布导学案,引导学生对文章提前预习,有助于学生在课中学习知识。

(3)学生信息素养分析:七年级的学生可以借助信息设备进行简单操作,例如打字、上传分享、下载学习资料等,但是关于信息的收集能力、鉴别能力等深层次的信息能力还有待提高,因此,教师在该阶段需要提供必要的帮助,培养学生的信息素养。

4.教学内容分析

本课是人教版《语文》七年级上册中的一篇文章,它是写景抒情散文单元的阅读篇目。写景抒情散文单元的鉴赏重点是在整体把握散文思想内容和艺术形式的基础上,品味散文的语言,赏析散文的表现手法,这也是学生阅读能力得以提高的一个重要环节。因此,掌握好本文,对学生阅读能力的提高是有所帮助的。"雨的四季"极具抒情散文的特点,作者饱含深情,笔墨细腻,把景物写得分外美丽、格外灵动。教师为了帮助学生理解知识,制作了与内容相关的PPT、音视频资料等,这对学生课外的学习起到了辅助作用。同时,教师还在云校家等平台中提供了关于散文的其余经典阅读篇目,希望能拓展学生的知识面。

5.教学重难点分析

(1)教学重点:分析四季的雨不同的特点,体会作者对雨寄托的思想情感;赏析本文的语言特色,感受文章的画面美。

(2)教学难点:如何启发学生展开联想与想象去感受自然界的美,并用形象而生动的语言表达出来。

6.教学策略与方法

由于本文是一篇现代美文,语言简洁明快,形象生动,有很强的节奏感,因此,教师首先选用了情境教学策略,借助信息技术的支持,通过微课、音乐等营造氛围,引导学生进行诵读,在情境中加深学生对内容的理解。其次,教师运用了品读感悟与比较阅读法,引导学生对文章进行细读,让学生在云校家、教学助手等平台上分享自己的理解,并现场讨论,启发学生对文章相关内容进行思考。再次,教师借助信息技术手段展示教学资源,让学生进行比较阅读,促进学生的深入理解,提高其鉴赏能力。最后,教师还采用点拨法,在课堂教学中以学生活动为主、教师为辅,比如在语言实例赏析环节,主要让学生自己体会关键词语的妙处,领悟抒发的情感,教师在疑难处给予指导点拨。

7.教学媒体与资源

课前:教师可以利用云校家等信息化平台设计短视频和课前预习微课,帮助学生初步了解课文里的生词和句式,激发学生的学习兴趣。还可以通过云校家、教学助手等发布预习导学案,收集、分析学生学情数据。

课中:(1)在导入环节,播放与课文有关的音频资料,让学生细细领悟什么是雨,激发学生的兴趣。(2)在分享环节,让学生先理解和思考文中的内容,然后在云校家、教学助手等平台上表达自己的观点,并且在他人的分享中进行学习,在课堂中相互交流。(3)在当堂检测环节,教师把题目发至平台中,学生在线作答,通过平台的计时、统计功能,教师准确了解学生知识掌握情况,从而进行适当指导。

课后:教师通过平台的作业与动态评价功能进行个性化的分层课后作业布置,平台会对学生的作业进行收集和分享,教师再依据分析数据进行针对性指导,并将优秀作业分享到班级群。

8.教学活动过程

本课需2课时,共计90分钟。通过在智慧课堂环境下的教学实施,让学生对雨在四季中的不同特点有了一定的理解,对文字的理解能力有一定的提升,学会修辞、拟人等写作手法,培养了学生的语言表达能力,提升了学生的思维品质,增强了学生的文化自信。该课具体教学活动如下。

(1)课前

教师在课前主要进行了导学案的编写工作,根据课程内容与学生能力等因素设计导学案的内容,包括学习目标、学习重难点、学习方法、预习测试等。由于该课是一篇散文,语言简洁明快,形象生动,有很强的节奏感,因此,教师还准备了很多音视频资料,并上传至云校家、教学助手等平台。教师编写导学案后,将其发布至云校家、教学助手等平台以及学习群里,学生根据导学案对"雨的四季"这篇课文进行预习,熟读课文、查阅词语的意思、记忆疑难字等,完成导学案的测试题并上传至平台。

(2)课中

教师在该环节主要依据学生的课前预习情况,以学生为中心开展教学活动。在云校家、教学助手等平台的支持下,让学生自主思考或以小组的形式进行合作探究。教师在整个课中充当引导者的角色,引导学生对《雨的四季》这篇课文进行整体感知、疑难探知、总结反思,并对学生的写作能力进行训练。具体活动如表4-1所示。

表4-1 "雨的四季"教学活动表

	教师活动		学生活动	信息技术支撑	设计意图
导学激趣	(1)教师借助信息平台分享音频资料,请一至两位同学自由发言。(2)根据学生发言引入新课。	导学分享	(1)借助平板电脑登录平台观看音视频。(2)学生发言。	平台为学生提供感官材料,提升学生体验感。	激发学生兴趣。

续表

	教师活动		学生活动	信息技术支撑	设计意图
引导点拨	(1)预习检测。 ①预习新知:对词语、词义进行解释。 (2)朗读课文。 ①教师组织朗读活动并出示朗读要求,即注意语气、语速、语调、停顿及重音的把握。 ②教师就学生朗读情况进行评价。 (3)理解课文。 ①请学生简要概括文中描绘四季雨的不同特点,如春雨的特点是美丽娇媚,夏雨的特点是热烈粗犷,秋雨的特点是端庄沉思,冬雨的特点是平静自然。 ②让学生用优美的语言描绘出最喜欢的一幅图画,并解释原因。教师与学生进行交流,对其进行点拨。 ③教师提问:春雨图中有哪些亮点?请学生说出理由。教师点拨学生。 ④请学生伴随音乐阅读。 ⑤教师带领学生分析对"春雨"的相关理解。 ⑥教师让学生进行发言讨论并点评。	整体感知	(1)预习检测。 ①学生在教师的引导下自主测试预习情况,例如听写、背诵等。 ②学习词语、词义。 (2)朗读课文。 ①以四人小组为单位,选择自己喜欢的段落朗读。 ②学生试读,其他学生评价。 ③学生听录音进行跟读。 ④学生跟随配乐进行朗读。 (3)理解课文。 ①学生思考教师问题,并积极回答问题。 ②学生伴随着音乐进行朗读。 ③学生就教师提出的问题进行讨论。 ④学生互相分享观点。 ⑤学生互相评价对方的发言。	(1)平台提供课前预习数据分析资料以便教师掌握学生学习情况。 (2)平台提供音视频。 (3)平台提供交互分享功能。	培养学生朗读能力,通过朗读让学生熟悉、感知课文,通过研读让学生理解课文。

续表

教师活动		学生活动		信息技术支撑	设计意图
探究指导	(1)教师带领学生对文章内容进行重点研读,如薄雪覆盖下的山景图和水色图,引导学生思考问题,如第3小节和第5小节写景顺序有什么不同之处?第3、5小节在抒发感情和修辞运用方面有什么相同之处?找出你认为美的语句,有感情地读一读,想想为什么写得好?(2)教师指导学生相关写作方法,例如对比喻、拟人等修辞手法的运用。(3)教师提供场景让学生运用相关写作方法尝试写作并讨论交流。(4)教师进行点评指导。	合作探究	(1)学生通过自主、合作探究的方法对文章重点内容进行研读。(2)学生思考教师提出的问题,并进行相互讨论,共同探究。(3)学生学习相关写作方法后,尝试写作,并相互交流探讨。	平台提供交互分享功能。	培养学生的合作交流、语言表达能力,让学生掌握相关写作方法。
总结启发	(1)教师带领学生对文章再次研读。(2)教师对本课知识点进行总结。(3)教师分层布置课后作业:B层学生摘抄文中优美语句并背诵;A层学生运用本课所学到的写景方法,以"__的四季"(如草、花、风等)为题,完成150字左右的习作片段。	拓展延伸	(1)学生研读课文。(2)学生反思总结并发言。	平台提供资料共享功能。	提高学生的自我反思意识和总结能力。

在导入环节,教师让学生自行观看平台中有关雨的一系列视频,观看后,学生在课堂中发表感想,根据视频内容阐述对雨的认识,对话过程如下。

教师:观看视频后,有哪位同学可以谈谈你对雨的认识?

学生1:视频中的雨开始都比较细,感觉像是春天一样,比较温柔。

学生2:我觉得雨有不同的形态,从视频中可以看见不同时段的雨都不太相同,有的比较温和,有的比较猛烈。

在预习检测环节,教师在课中借助云平台开展教学工作,让学生在平板电脑中通过平台的汉字听写功能对预习的字词进行检测。

在朗读课文环节,首先教师范读2-5段,要求同学在听的同时注意文章语气、节奏,并注意四季雨的不同特点,感受作者对雨的思想情感。随后,学生根据平台中的音频资料进行跟读。

在理解课文环节,教师在平台中提供四季中雨的不同形态,帮助学生理解雨的特点。同时,要求学生用语言描绘出最喜欢的一幅图画,并解释原因,教师与学生的交流对话如下。

教师:请哪位同学来说一下,你最喜欢哪张图片,或者说哪个季节的雨你最喜欢。

学生1:老师,我最喜欢秋天的雨。

教师:好,那可以请你描述一下这张图片带给你什么样的感受吗?

学生1:枫叶上带着一颗颗雨滴,这是秋天给大自然的馈赠。秋天的雨……

在探究环节,学生借助云平台的互动资源加深对课文的理解,完成提升练习题,并通过课堂测试题发现问题。教师针对测试题中的易错点进行讲解,并借助相关句子引出比喻、拟人等写作手法,进而对学生进行指导。

(3)课后

在该环节,学生主要完成教师布置的课后作业,并借助云平台寻求帮助,以解决自己的学习疑惑。而教师在课后主要对自己的教学过程进行反思总结,同时教师还会对学生在课堂平台中的分享交流情况进行浏览分析、对学生的课后作业完成情况进行分析、对学生的疑难问题进行总结。依据这些数据,教师在云校家平台中对学生的疑难进行解答,或提供学习资料以拓展学生知识面。学生根据教师的解答以及拓展资料进行课文的深入学习,并在云平台的题库中进行延伸练习。

9.学习评价

课前:教师借助作业与动态评价功能,发布导学案和预习微课;借助平台的预习情况分析功能,基于数据来初步评价学生对预习知识的掌握情况,并以此为依据设计教学过程。

课中：教师在导学、探究环节抛出问题让学生思考交流，并使用随机挑人功能让学生在班级进行分享交流。同时，教师利用云校家、教学助手等平台中的点赞、喝彩、批注等互动功能对学生的表现进行即时评价，形成阶段性的过程评价报告。

课后：教师利用平台的作业与动态评价功能布置在线检测和课后作业，要求学生在规定时间内完成作业并上传。之后教师进行批阅，形成关于学生学习效果的总结性评价，教师再根据评价结果对学生进行针对性的辅导。此外，教师也会对自己的教学过程进行反思和经验总结，并在平台中分享。

(二)文言文课

文言文课是初中语文的重要组成部分。文言文是中国古汉语魅力的呈现，极富典故，且骈俪对仗、音律工整，包含策、诗、词、曲、八股、骈文等多种文体。在文言文课教学中，我们采用"互联网+"环境下新型语文课堂教学模式，创设真实有趣的教学情境，让学生借助注释和工具资料读懂文言文作品，掌握课文中常见的文言实词、文言虚词和文言句式，体会其中蕴含的中华民族传统精神，为形成一定的传统文化底蕴奠定基础。同时让学生学会从历史发展的角度理解古代文学作品的内容价值，从中汲取民族的智慧，并且学会用现代社会观念审视古代文学作品，评价其积极意义与历史局限[1]。

课前阶段的教学目标：观看微课视频，掌握文言实词，熟读文章，理解文章大意；通过拓展资料学习和自主查找资料的方式，了解文章的背景资料。课前阶段的教学环节依次为发布导学—完成导学—在线答疑。首先，发布导学环节。教师课前制作教学课件、微课、文言文导学任务单等教学资源，着力清晰讲解文言文知识点，如文言实词、虚词的用法以及文章内容的理解，提出前置问题，引领学生思考学习，并在云校家平台发送与学习内容相关的背景资料、预习检测题等。其次，完成导学环节。学生查看文言文导学任务单，完成学习任务，熟读课文，进行自主预习检测，提出困惑和问题。最后，在线答疑环节。教师及时在线查看学生的完成情况，并对学生的问题进行梳理解答，将答案进行发布。

---

[1] 武永明,朱晓民.中学语文教学论[M].北京:北京师范大学出版社,2011:5.

课中阶段的教学目标：通过小组合作探究，培养合作意识和团队精神，激发创新能力和逻辑思维能力，加深对课文所要求的核心知识的理解，开阔思维；借助互联网平台和资源，开展朗读背诵比赛、古诗文接句比赛、课本剧表演、讨论和辩论等课内活动，增强学习体验。课中阶段的教学活动环节包括：导学分享—小组合作—成果交流—文本深层挖掘—拓展练习。首先，导学分享环节。教师呈现导学任务单，准备一些简单的测验小题，要求学生们思考后作出回答，检验学生应掌握的基础知识是否达标。学生们借此掌握共同的疑难点、易错点和易混淆点，梳理和巩固基础知识，为进一步的思考探究打好基础。其次，小组合作环节。教师根据学习任务单中的困惑与建议、学情反馈情况，选择重点和难点字词和段落，让学生以小组的形式进行探究，翻译句子、总结段落大意、揣摩作者的思想感情。教师在各个小组进行讨论的过程中需维持各小组讨论时的秩序，给予相应指导。再次，成果交流环节。每个小组选派小组代表或集体展示汇报本小组讨论的成果，可以采用朗读背诵比拼、古诗文接龙、课本剧表演、讨论和辩论等形式，各个小组在表达自己小组看法的同时也接受其他小组的质疑，并积极作出回应。从次，文本深层挖掘环节。该环节将不再拘泥于某个具体细节问题，而是着眼于整篇文本，教师通过提问引导学生回答文章的写作技巧、行文逻辑和思想感情，培养和发展学生的发散性思维。最后，拓展练习环节。采用读写结合的方式，将语文文言文阅读教学和写作教学相结合，学生一边学习课文，一边联系日常生活，将自己的日常生活体验写成古文诗篇。

课后阶段的教学目标：通过过程性评价和作业检测，学生查漏补缺，增强自信、自尊和兴趣，发现自己的不足，以获得长远的进步。学生在教师的指导下完成课后作业并上传至云校家平台。教师及时查看批改作业，及时发现学生存在的问题。

语文文言文课"孙权劝学"教学案例

一、案例基本信息

1. 学校：西北某中学

2. 年级学科：七年级语文

3. 教材版本：人民教育出版社版

4.案例名称:孙权劝学

5.课型:文言文课

6.学时:1课时

二、教学设计

1.设计思想

本案例是一节文言文课,该案例文章是"孙权劝学"。文言文是中考的考点之一,其特点是注重典故、骈骊对仗、音律工整,主要考查学生的语法和词汇方面的知识,因此,该课重点在于提高学生的语文语法知识、对句子的理解,培养学生的思维能力和领悟能力。教师基于联通主义学习理论、混合学习理论和语境学理论开展设计。"语境"这一概念是人类学家马林诺夫斯基最早提出的,主要分为"情景语境"和"文化语境",也可以分为"语言性语境"和"非语言性语境"[①]。教师主要借助云校家、教学助手的资料分享功能创设情境,让学生理解文言文语境从而实现对课文知识的掌握。在教学设计时,教师以"读的雅致、译的顺畅、悟的透彻"为基本原则,从最基本的朗读、翻译、感悟三方面着手,将整个教学流程主要分为读—译—析—悟四步,将学生自学、思考活动贯穿始终。

2.教学目标分析

(1)知识与技能:掌握编年体通史《资治通鉴》和它的作者司马光的相关文学常识;学习本文一些文言词语的古今义;体会人物语言的情味;学会"吴下阿蒙""刮目相待"等成语的用法;能正确翻译、理解全文。

(2)过程与方法:通过反复朗读和个性化阅读,理解文意,顺畅翻译,体会对话中的不同语气,揣摩想象人物当时的神态和心理活动;掌握阅读和积累的方法。

(3)情感态度与价值观:明确本文开卷有益的主旨,理解终生学习、勤奋学习对人成长的重要意义;培养学生正确、积极、健康的读书学习观,体验学习带给人的乐趣。

3.学习者特征分析

(1)智力因素分析:文言文比较考查学生的识记能力和情境分析能力,就前者而言,七年级的学生左脑思维处于发展阶段,逻辑和理性思考的水平处于一般水平,能背诵记忆文章,但却不会理解记忆;就情境分析

---

① 张俊燕.基于语境理论的小学词语教学策略探究[J].教育观察,2019,8(18):50-51.

能力而言,七年级的学生刚刚进入初中阶段的学习,形象思维还有待提高,还不太会主动感知身边的情境,对于文言文的情境理解存在一定的困难,因此,教师要重点引导学生对情境的想象和理解。

(2)非智力因素分析:关于文言文的课程内容,对七年级的学生来说,在小学阶段较少接触过,文言文基础较差,因此,该课的学习对他们来说具有一定的难度。

(3)学生信息素养分析:本课程的学习需要借助云校家、教学助手等平台,让学生观看音视频、电子材料等,并在平台中完成练习,对学生的信息素养要求比较高,但学生已经经过一学期的操作,并且还是在老师的指导下进行,因此,学生的信息能力基本满足该课程的要求。

4.教学内容分析

"孙权劝学"是人教版《语文》七年级下册的一篇文章,选自《资治通鉴》,是由北宋史学家、政治家司马光创作的一篇文言记叙文。此文既记叙了吕蒙在孙权劝说下开始学习,之后大有长进的故事,也赞扬了孙权、吕蒙认真学习的精神,并告诫人们学习的重要性。此文简练生动,侧重以对话表现人物,文中的对话言简意丰,生动传神,极富表现力,运用了侧面烘托及对比的手法来塑造人物形象,突出了人物的风采。该文不仅能够提高学生的文言文理解能力,还表达了对学生认真学习的良好劝诫。此外,教师为了帮助学生理解知识,还在云平台中提供了课外拓展材料,包括PPT课件、习题练习、孙权吕蒙照片、视频音乐等。

5.教学重难点分析

(1)教学重点:积累文言词汇,翻译课文,理解课文。

(2)教学难点:美读课文,揣摩体会人物的语言特点,并能读出人物不同的语气语调,读出文章的韵味;理解孙权、吕蒙与鲁肃对话的含义,领会文章给人的启示。

6.教学策略与方法

为了调动学生的学习兴趣,有效完成预设的教学目标,培养学生良好的学习习惯,提高学生语文学习能力,体现新课标"自主、合作、探究"的学习理念,教师主要采用以下教学策略与方法。第一,朗读法与自学辅导法相结合的教学方法。根据教材学习的需要,教师主动地给学生创设学习情境,使学生自主、互助学习,并对学生学习中出现的问题给予分析和点拨,同时,注重朗读,以读会意,通过让学生读来加强其对文意的理解。第二,情境再现法。通过表演文中三人的说话内容、语气,让学生深入了解课文,激发学习兴趣,培养学生实践和创新的能力,发现真理。第三,比较阅读法。与"伤仲永"进行比较阅读,加深学生对"学习是人成长的关键"这一主旨的认识,进而解决教学难点。

7.教学媒体与资源

课前:教师完成导学案、微课、PPT的制作,并在云校家、教学助手平台发布导学案,让学生按照导学案要求,提前预习文言文课内容,完成导学案的任务,并将导学案的完成情况上传至云平台。

课中:(1)在导入环节,在平台中对学生的导学案进行展示,引导学生讨论,并且让学生观看平台中有关作者、文章背景等方面的资料介绍,引入新课。(2)在知识深入环节,教师结合教学助手中的PPT、图片、音视频等,加深学生对知识的理解。(3)在检测环节,让学生自主借助移动设备完成平台中的文章练习题。(4)在分享环节,教师借助平台资料进行总结,并让学生在平台中分享自己的学习总结,开展课堂点评。

课后:教师在教学助手、云校家等平台的课后作业版块布置作业,学生完成练习后上传作业,平台分析学生的作业完成情况,教师在平台数据的辅助下,对学生进行答疑解惑,并进行下一个阶段的教学设计。

8.教学活动过程

本课需1课时,共计45分钟。在教学助手、云校家平台、移动设备的支持下,让学生学会"孙权劝学"的相关知识,认识文言文的特点,培养学生的理解记忆能力,促进学生思维水平的提高,让学生认识到学习的重要性。该课具体教学活动如下。

(1)课前

教师在课前主要进行了导学案的编写工作,根据课程内容与学生能力等因素设计导学案的内容,包括教师寄语、学习目标、学习层次、学习步骤等。教师编写导学案完成后,将其发布至教学助手平台。由于该课是文言文课,学生在小学阶段较少接触该类课文,因此教师在教学助手中提供了微课视频、背景介绍、人物图片等资料。学生借助教师提供的资料进行文言文预习,完成导学案的内容,上传至云平台。

（2）课中

教师在该环节借助课前的学情数据分析，根据学生的能力和基础开展个性化教学活动。借助云校家、教学助手平台提供的资料以及分享交流等功能，教师加以引导，让学生理解"孙权劝学"的知识点，领悟文章所表达的思想，掌握文言文的学习方法，增强学习的兴趣。具体活动如表4-2所示。

表4-2 "孙权劝学"教学活动表

	教师活动		学生活动	信息技术支撑	设计意图
导学激趣	(1)教师对学生的导学案完成情况进行点评，促进学生讨论、自评。 (2)故事导入，引入文本。 (3)教师引导学生发言介绍作者及相关背景。	导学分享	(1)借助平板登录平台观看学生们的导学案，进行自我评价。 (2)学生发言，分享自己阅读平台资料后对作者及背景的了解。	平台提供学生导学案以及课程材料，促进学生对内容的理解。	引出本课主题，激发学生兴趣。
引导点拨	(1)朗读，培养语感。 ①教师播放范读音频，要学生注意文言词语的读音和断句。 ②学生自由朗读。 ③提供音频，指名学生读，其他同学进行评价，然后，教师强化并夯实语文学习中听、说、读的基本意识和基础能力。 ④指导学生读准字音，读出停顿（提示生僻字、多音字、通假字）。 ⑤教师要求学生齐读课文，引导其边读边思考，初步了解文意。 (2)顺畅翻译，合作学习。 教师引导学生了解文言文学习的第二大要素——"译的顺畅"。 ①让学生自主翻译。 ②分小组质疑交流，疑难提交全班探讨。 ③教师介绍文言文翻译五字法：留、替、补、调、删。 ④请同学复述、概括故事情节，理清文章的写作思路。 明确思路：孙权劝学—吕蒙就学—鲁肃赞学	整体感知	(1)多重朗读，培养语感。 ①学生根据教师的要求自由朗读文言文。 ②学生在音频的帮助下进行朗读，其余学生认真点评。 ③学生齐读课文。 (2)顺畅翻译，合作学习。 ①学生自主探讨，结合书中注释与平台中的资料，对文章进行初步翻译。 ②学生合作探究，分享自己的翻译情况。 ③在教师的讲授下，学习文言文翻译五字法，再次尝试翻译。 ④学生发言，复述、概括故事情节，其余学生借助平台点评，发表看法。	(1)平台提供PPT、文档、音视频等资料。 (2)平台提供交互分享点赞功能。	(1)让学生在朗读中发现用声音对文本进行再创造的美，激发学生学习文言文的兴趣，培养学生的文言语感。 (2)培养学生以读会意的方法，让学生学会使用信息化工具来解决实际问题，学会积累知识。 (3)提升学生的自学能力，激发学生的学习兴趣。

续表

	教师活动		学生活动	信息技术支撑	设计意图
探究指导	(1)分析人物,解读文本。在学生能雅致朗读、顺畅翻译的基础上,教师引导学生进行文章的分析。①教师提出问题,并让学生自主完成平台中的测试练习题。②教师对学生的疑难进行解答。③采用"学生交流朗读体会—学生试读,师生共品共评—学生再读—全班齐读"的方式让学生对文章加以揣摩,读出感情。(2)情境再现,拓展文本。①教师让学生合作探究,进行角色扮演,再现谈话情形,展开想象,适当补充情节。可以提供视频让学生感悟,注意说话人的内容、语气,还可以增加手势等动作。②教师适时创设一个记者采访的情境,检验扮演角色的学生学习和展示后的收获。	合作探究	(1)分析人物,解读文本。①学生自主探究,分析文章内容,回答教师问题,完成练习题。②学生进行交流朗读。(2)情境再现,拓展文本。①学生合作探究,自行规划角色,设计活动,观看视频,尝试角色扮演,再现情境。②学生回答教师的问题,进行自我评价。	(1)平台提供上传习题答案功能。(2)平台对学生的作业情况进行分析初步评价。(3)平台提供视频资料。	(1)通过小组讨论,体会文中人物语气,分析人物形象,加深学生对文章的印象。(2)自主探究,培养思维能力,深入掌握文章内容。(3)加深学生对文意、人物、文本主旨的进一步理解,同时激发学生的学习兴趣,培养学生的实践能力和创新能力。
总结启发	(1)比较阅读,感悟深化文本。让学生先回忆《伤仲永》,与本文比较,独立思考、小组讨论后作答。(2)布置作业。让学生完成教学助手中的课后练习。	拓展延伸	学生讨论并发言。	平台提供资料共享功能。	拓展学生的思维能力和联想能力,让学生加深学习对人成长的积极意义,树立正确的学习观。

在导入环节,教师引导学生发言,让学生对该文的作者、背景知识进行简要介绍,简单考查学生的预习情况,然后结合平台中的司马光的照片、资料等对文章进行介绍,对话如下。

教师:这篇文章选自《资治通鉴》,哪位同学来介绍一下相关资料?

学生自由发言。

教师：这部书是北宋史学家司马光编撰的一部编年体通史，说到司马光，我们对他少年时"司马光砸缸"的故事非常熟悉，我们一起来认识司马光(平台展示资料)。

在多重朗读、培养语感环节，学生首先自行观看平台中的范文朗读音频，初步了解该文朗读的抑扬顿挫；然后，学生进行自我朗读，对文章进行再次熟悉。教师借助平台的随机选人功能，在教学助手中播放配乐音频，让学生进行朗读。

在顺畅翻译、合作学习环节，学生自主借助教学助手中的资料，进行文言文的初步翻译，重点关注导学案中的字词，尝试用自己的语言复述、概括故事情节。

在分析人物、解读文本环节，学生自主探究，分析文章内容，回答教师的问题，完成教学助手中的课堂测试题，并将练习题上传。而后教师在平台的初步评价数据的分析下，对学生的疑难问题进行解答，加深学生对文章的理解。

(3)课后

在该环节，学生将完成教师布置的课后作业，完成后将自己的作业上传至教学助手平台，并进行学习反思，将自己的学习疑惑借助教学助手、云校家等平台发布出来。而教师在课后主要查看平台关于学生的课后作业完成情况数据，依据学生作业情况，教师在云平台对学生的疑难进行解答。此外，教师还要对自己本节课的教学情况进行反思，撰写反思报告，上传教学助手平台，供教师间相互交流。

9.学习评价

课前：教师在平台中观看学生的导学案完成情况，结合平台提供的数据，对学生的预习情况开展课前评价，设计教学过程。

课中：在导入环节，教师对学生的导学案完成情况开展评价，学生结合自己的导学案情况进行自评。在探究环节，教师对学生的练习情况进行及时评价，并在课堂中进行讨论互评，引发学生的思考，同时教师在学生角色扮演后还会让学生进行自我评价。在总结环节，教师总结知识并对学生整节课的学习情况进行点评，学生在平台中发布学习总结，开展课中阶段的总结性评价。

课后：平台对学生的课后学习作业进行初步评价，教师结合平台数据对学生作出综合性评价，并提供指导。同时，教师还将反思教学过程，通过教师研讨，不断促进教学能力的改进与提升。

(三)作文课

作文课是学习语言文字后的强化应用，是语文课程的关键。"易于动笔，乐于表达"是作文课的基本理念，作文教学包括习作方法、习作技巧、习作评价等几个方面。在作文课教学中采用"互联网+"环境下新型语文课堂教学模式，借助互联网资源和教学软件的支持，为学生提供自觉去发现、捕捉、感受生活的情感发展的机会；通过学生切切实实经历自我写作、自我修改和相互修改的过程，让学生养成不断反思与自我改进的良好习惯，使学生形成良好的语言反应机制，获取可持续性发展的语言运用能力。

课前阶段的教学目标：通过学习云校家平台关于作文体相关的材料，能够掌握所学作文文体的相关知识点；通过查阅资料，搜集写作素材和支撑材料；联系生活实际，针对作文主题相关的内容进行话题讨论。课前阶段的教学环节包括：发布导学—完成导学—整理话题。首先，"发布导学"环节。教师课前制作教学课件、作文课导学任务单等教学资源，主要包括相关文体写作的知识点、微课视频、作文主题相关的信息资料和话题谈论。其次，完成"导学环节"。学生自主下载学习写作知识点，了解将要写的作文文体特征和写作方法，通过互联网搜集与作文主题相关的素材和资料，联系生活实际进行话题讨论，并将其上传至云校家平台。最后，整理话题环节。教师及时查看学生的导学任务完成情况，整理学生和作文主题相关话题的讨论内容，作为课堂教学的素材。

课中阶段的教学目标：掌握写作的原则、人物描写细节、描写方法等，通过讨论各抒己见，发表自己看法的同时内化知识点；通过课堂活动，养成观察生活、重视细节的习惯，将写作与生活实际联系起来。课中阶段的教学活动环节包括：导学话题讨论—梳理提纲—深化讲解—独立写作。首先，导学话题讨论环节。教师呈现学生导学任务单中的话题讨论内容，邀请学生分享并讨论作文主题相关的生活事件。学生根据教师提出的讨论内容积极参与活动，分享作文话题相关的素材和知识链接，畅所欲言,说出自己的想法。其次,梳理提纲环节。教师要求学生自主完成写作提纲并进行展示分享。学生结合话题讨论环节的丰富素材,按照文体格式要求和写作步骤,梳理文章思路,自主完成写作提纲,上传至云平台,并自愿进行分享。再次,深化讲解环节。教师根据学生提交的提纲,针对作文立意、格式、逻辑等问题进行精讲解说,为学生呈现规范的写作提纲示范。学生需要积极思考教师提出的问题,并认真修改自己的作文提纲。最后,独立写作环节。教师再次呈现作文题目和要求,规定学生独立完成作文,在此过程中进行巡视监督,维持课堂秩序。学生进行独立写作,作文完成之后上传至云校家学习平台。

课后阶段的教学目标:根据作文评价标准对自己或他人的文章进行评价,及时反馈,了解自己文章的不足。课后阶段,首先,教师将根据写作评价表,对学生提交的作文进行评分。然后,发布作文评价表,让学生自行根据写作标准对自己的文章以及几篇其他同学的文章进行打分,并逐步写出理由。学生通过写作内容评价标准对自己文章进行评价,完成自评的学习活动任务;通过依据评价标准对同伴的文章进行评价,完成他评的任务。

语文作文课"抓住细节"教学案例

一、案例基本信息

1.学校:西北某中学

2.年级学科:七年级语文

3.教材版本:人民教育出版社版

4.案例名称:抓住细节

5.课型:作文课

6.学时:1课时

二、教学设计

1.设计思想

本案例是一节主题为"抓住细节"的作文课,而细节描写是语文写作的重点之一,通过对细节的描写,可以使学生的作文更具真情实感、贴合主题、吸引阅卷老师的注意力。细节描写的重点在学生要学会观察细节,并对细微处进行感悟。因此,教师在进行教学活动设计时,重点应放在培养学生的观察能力、对细节的表达能力等方面。本课教学设计主要基于联通主义学习理论和布鲁纳的发现学习理论,而发现学习的实质在于学习者能够在学习过程中锻炼心智,根据教师提供的材料,按照自己特有的观察和思考方式来掌握知识的基本结构,发现未知事物及其规律,并且学会头脑中接受知识的特有方式①。因此,教师教学设计时需精心设计案例和问题,以引发学生的思考,同时借助云校家、教学助手的资料分享功能创设情境,并通过交互功能促进学生之间的交流合作。

2.教学目标分析

(1)知识与技能:在阅读教学和既有的写作积累基础上,帮助学生感受细节描写的好处,了解细节描写在作文中的作用;了解细节描写及常见类型;掌握细节描写的写作技法,并应用于写作实践。

(2)过程与方法:学习捕捉生活中的细节,并进行生动的细节描写;进行写作实践,指导学生掌握细节描写的写作技法,并应用于写作实践。

(3)情感态度与价值观:激发学生对作文写作的热爱;运用细节描写来表达自身情感。

3.学习者特征分析

(1)智力因素分析:观察力是学生智力发展的重要部分,而七年级的学生正处于小学向中学的过渡期,根据皮亚杰认知发展理论,他们的思维仍处于以具体思维为主。虽然其已有小学六年写作经验的积累,但仍缺少对人物、生活细致的观察能力。教师应从情境案例着手培养学生的观察能力,逐步引导学生学会观察。

(2)非智力因素分析:小学阶段的作业课主要以写话为主,教师提供了一定的素材让学生进行描写。而七年级学生的写作类型主要以写人叙事的记叙文为主,需要学生自己结合实际生活经验,运用想象力描绘出细节,这对学生的观察力和描绘力要求更高。而学生在小学阶段积累的基础较薄弱,如记叙事件不具体、描写人物和写景状物时,不会抓住细微处具体刻画,使文章空洞、缺少细节、不会很好刻画人物,表达情感等,因此,教师在本课中需要重点关注对学生细节描写能力的指导与训练。

(3)学生信息素养分析:该课需要借助云校家、教学助手等平台进行交流、查阅学习资料等活动,这些操作相对比较简单,而七年级的学生已

---

① 李晓丽.布鲁纳学习理论及其对教学工作的启示[J].教育探索,2015(11):5-8.

经具备对信息技术的简单操作能力,例如浏览信息、分享信息等,因此能够适应课堂的需要。

4.教学内容分析

本课是人教版《语文》七年级下册三单元的学习内容,这一单元的写作要求是"抓住细节",写作目的是指导学生抓住细节、刻画人物和表达情感。教材具体包含以下内容:首先,指出文中对细节描写的内容;其次,以"阿长与《山海经》"中的例子来帮助学生进行理解;再次,将学过的课文内容中关于细节描述的句子呈现出来,更好地体会细节描写的作用;最后,是关于学生细节描写时需注意的问题。除了课文教材外,教师还设计了PPT课件,在教学助手中提供了细节描写的范文、关于细节描述的方法策略等学习材料。

5.教学重难点分析

(1)教学重点:培养学生的观察能力;掌握几种细节描写的方法;运用方法策略进行细节描述的写作实践。

(2)教学难点:学生对于细节描写方法的综合运用;运用典型、生动的细节来表达真情实感。

6.教学策略与方法

首先,本文是一篇作文课,需要学生学习对细节的描写,对学生的观察领悟能力有较高的要求。因此,教师在教学时应主要采用朗读法,通过朗读领悟句子的细节,感悟细节描写的重要性。其次,教师应重视讨论点拨法的作用,引导学生进行讨论,在讨论中提高认识。同时,教师还应在学生练习过程中加以点拨,帮助学生掌握细节描写的方法策略。再次,教师在教学过程中需要善用品评鉴赏法,让学生自主分析关于细节描写的句子。最后,教师要有效运用体验法,让学生在体验中发现细节,培养学生的观察能力。

7.教学媒体与资源

课前:教师在云平台发布导学案,同时利用云校家等信息化平台将设计好的PPT、课时包、微课以及电子教材等资料上传,让学生按照导学案要求,提前预习写作课的内容,并完成导学案任务。

课中:(1)在导入环节,借助于云校家、教学助手等平台将学生完成的导学案进行展示,方便讨论,同时将电子教材展示出来,介绍细节描写的知识点。(2)在知识深入环节，教师结合平台中的PPT、方法策略文案等对细节描写的方法策略进行介绍。(3)在课堂检测环节，教师把写作测试发至云平台中，学生借助设备在线测验，通过平台的计时、统计功能，使教师对学生细节描写水平有一个准确的了解，从而进行更适当的指导。(4)在分享环节，教师借助平台的随机挑人功能，让学生分享自己的写作，其余学生则通过平台的点赞等功能进行互评。

课后：教师通过平台的作业与动态评价功能分层布置写作作业，这时平台会对学生的写作进行收集并初步点评，教师在这一基础上需对学生的作业情况进行分析，并将优秀作业分享到班级群。

8. 教学活动过程

本课需1课时，共计45分钟，通过在智慧课堂环境下进行教学实施，使学生对细节描写的策略、方法有一定的理解，提升学生关于细节描写的写作能力，培养学生观察身边事物的能力，促进学生思维水平的提高，增强学生的写作兴趣。该课的具体教学活动如下。

(1) 课前

教师在课前主要进行了导学案的编写工作，根据课程内容与学生能力等因素精心设计导学案的内容，包括学习目标、文题展示、写作导航、范文示例等。由于该课是写作课，需要引导学生形象思维的发展，在初中阶段比较重要，因此，教师在教学助手中提供了微课视频、经典范文、课时包等材料供学生进行学习。教师编写好导学案后，将其发布至云校家、教学助手等平台以及学习群里，学生根据导学案对"抓住细节"作文指导课的内容进行预习，完成导学案并上传至平台。

(2) 课中

教师在该环节主要依据学生的课前预习情况，针对性地开展写作教学活动，在教学助手等平台的支持下，让学生进行自主思考细节写作的方法策略、独立探索细节描述和合作交流写作的心得和作品等活动。教师在课中需关注学生的学习状态，引导学生发现细节，指导学生学会写作，总结写作策略，促进学生写作能力的提高。具体活动如表4-3所示。

表4-3 "抓住细节"教学活动表

	教师活动		学生活动	信息技术支撑	设计意图
导学激趣	(1)教师分享学生的导学案完成情况,引发学生进行讨论。 (2)根据学生发言引入本课主题。 (3)展示对比句子,让学生体会什么是细节描写。	导学分享	(1)借助平板电脑登录平台,观看同学间的导学案。 (2)学生发言。	平台提供学生教材材料,促进学生对内容的理解。	引出本课主题,激发学生兴趣。
引导点拨	(1)了解细节描写。 教师让学生观看平台中的微课,然后邀请学生分享自己对细节描写的认识。 (2)例文分析细节描写。 教师出示案例,包括以前学过的课文中关于细节描写的句子,让学生领悟细节描写。 (3)介绍细节描写的策略方法。 教师借助教学助手提供的资料,引导学生学习细节描写的策略方法。	整体感知	(1)了解细节描写。 ①学生观看微课视频。 ②学生分享看法,表达自己对细节描写的观点。 (2)例文分析细节描写。 ①学生阅读教师出示的案例。 ②学生思考细节描写的意义,并学习如何进行细节描写。 (3)介绍细节描写的策略方法。 ①学生思考教师问题,并积极回答问题。 ②学生在教师引导下学习策略方法。	(1)平台提供导学案学习数据。 (2)平台提供PPT、文档、音视频等资料。 (3)平台提供交互分享功能。	培养学生的观察能力,通过对示例的分析,让学生理解细节。

续表

教师活动		学生活动		信息技术支撑	设计意图
探究指导	(1)写作练习。①让学生运用想象力去合理扩展一句话,恰当添加动作、神态、语言、心理等词句,使句子的内容充实起来。②让学生运用描写来扩展句子,注意突出重点,每段50字左右。③让学生分享写作,开展生生、师生互评。(2)实战演练。分析学过的课文中的细节描写,例如:分析"我的叔叔于勒""从百草园到三味书屋"中的一段细节描写。(3)疑难指导。教师根据学生练习情况,介绍细节描写注意事项,包括真实、典型、生动三个要点。	合作探究	(1)写作练习。①学生思考教师的问题,完成写作练习。②学生在平台上分享自己的练习,互相点评、交流探讨。(2)实战演练。学生运用所学知识,完成教师布置的练习题,并在平台中上传练习答案以及自己的疑惑问题。(3)疑难指导。学生在教师的指导下,认真学习知识。	(1)平台提供上传习题答案功能。(2)平台对学生的作业情况进行分析,形成初步评价。(3)平台提供交互分享功能。	培养学生领悟细节的能力、思维能力和语言表达能力等;让学生掌握有关细节写作的方法,巩固细节写作的基础知识。
总结启发	(1)教师对细节写作的知识点进行总结。(2)教师分层布置课后作业,要求学生回忆一个自己难忘的时刻,并以"____的那一刻"为题,写一篇作文,不少于1500字;阅读自己以前的习作,找出关于细节的毛病并修改(选做)。	拓展延伸	学生反思总结并发言。	平台提供资料共享功能。	提高学生的自我反思意识和总结能力。

在导入环节,教师邀请两位学生读句子,并让全班同学判断哪个句子更好,从而借助平台的PPT展示引出对细节描写的介绍,让学生体会到细节描写的重要性。具体对话过程如下。

句子1:烈日当空,火热的太阳炙烤着大地,热极了。

句子2:烈日当空,火热的太阳炙烤着大地,道路两旁的庄稼热得低下头,弯下腰;河里的水烫手;地里的土冒烟。

出示任务:1.你认为哪一个句子好?为什么?

2.第2句比第1句增加了一些内容,说说增补了哪些内容?

3.什么是细节描写?

了解细节描写环节,教师首先在课中借助云平台播放细节描写的微课视频。然后,教师根据学生课前的导学案完成情况,邀请基础较差的同学分享认识,教师再在这一基础上进行补充讲解。

介绍细节描写的方法策略,教师通过教学资料,结合课文例句引导学生学会细节描写,对话如下。

教师:运用比喻、拟人、夸张等修辞,可以增强语言的生动性,变抽象为具体,变无形为有形,变平淡质朴为文采斐然。

教师出示课文案例:说得可笑些,他简直像棺材里倒出来的,就像我想象里的僵尸,骷髅上绷着一层枯黄的干皮,打上一棍就会散成一堆白骨。(选自"老王")

教师解说案例:运用比喻的修辞手法,生动形象地描绘出老王给"我"送香油和鸡蛋时病入膏肓的状态。

写作练习环节,教师提供简单的句子,引导学生学会细节描述,进行练习。具体如下。

教师提供句子:她在骂他懦夫。

教师要求学生添加语言:她骂他道,"你真是一个懦夫。"

教师要求学生添加动作:她用手指着他的鼻子骂道,"你真是一个懦夫。"

教师要求学生添加神态:她早已被气得浑身颤抖,脸色铁青,怒睁杏目,用手指着他的鼻子骂道,"你真是一个懦夫。"

教师要求学生添加心理:其实她早已被气得浑身颤抖,脸色铁青,但她还是在不断地告诫自己,不要失态、不要骂人!最终她实在是忍不住了,于是怒睁杏目,用手指着他的鼻子骂道,"你真是一个懦夫。"

疑难指导环节,教师通过平台观看学生的练习分析数据,然后对学生的练习困惑部分进行再讲解,同时讲解细节描写的注意事项。

(3)课后

在该环节,学生需要完成教师布置的课后作业,根据自己的学习情况完成选做部分的练习题,将作业上传至云平台,并将学习疑惑借助平台发布出来。而教师在课后需要对教学过程进行反思总结,并对学生课中在平台里的分享交流情况进行浏览分析,查看平台关于学生的课后作业完成情况数据。依据这些数据,教师可在平台中对学生的疑难进行解答,为学生提供拓展学习资料,让学生自主学习如何选材。

9.学习评价

课前:教师借助平台的预习情况分析功能,基于数据初步评价学生的预习情况,查看学生的疑难问题,并以此为依据设计教学过程。

课中:在分享环节,教师利用云校家、教学助手等平台上的点赞、批注等互动功能对学生的表现及时评价,并在课堂中讨论互评,进行阶段性的过程评价;在总结环节,教师总结知识并对学生整节课的学习情况进行点评,开展课中的总结性评价。

课后:教师利用平台的作业与动态评价功能,布置在线检测和课后作业,平台会进行初步修改,形成学习效果评价数据,教师根据该数据作出综合性的评价,同时提供指导。此外,教师还需要进行课后反思,发现问题,撰写反思日记,并上传至平台供其他教师参考。

(四)讲评课

讲评课是语文课程的关键。讲评课包括教师讲评和学生讲评两个部分,教师通过讲评课与学生一起剖析问题,分析原因,评价学生的学习效果,以此答疑补漏,将学生的知识网串联起来,将答题策略技巧在讲评课中进行融合,提升学生的答题技巧。在讲评课教学中采用"互联网+"环境下新型语文课堂教学模式,发挥学生的主动性讲解知识点,教师再针对学生学习中的问题进行深入研究,以便开展课外个别辅导和实施补偿性教学,从而促进学生对知识的理解,锻炼学生自我反思、语言表达和思维发散的能力。

课前阶段的教学目标:借助导学提纲,课前自主纠错,更正自己的试卷和习题并找出错误原因。课前阶段的教学环节包括:发布导学—完成导学。首先,发布导学环节。教师课前在云校家平台发布学生自主检查纠错的导学提纲,让学生独立思考,纠正试卷或习题中的错误。其次,完成导学环节。学生根据导学案的要求,自主纠正试卷中的错题。对于字形、字音、诗歌默写等基础知识中出现的错误,直接在卷子上改正过来,找出错误的原因,然后强化记忆。简答题和阅读题中出错的地方则要自主思考失分的原因。

课中阶段的教学目标:通过师生互助交流,归纳题目所涉及的考点,明确答题思路,探究答题技巧;通过变式练习进行巩固性训练,发散思维,举一反三。课中阶段的教学活动环节包括:导学纠错展示—互助共评—交流质疑—拓展提升。首先,导学纠错展示环节。教师在全班展示学生提交的自主纠错作业,对学生的纠错作业进行点评,让学生就纠错书写格式、纠错思路进行分享。学生认真观看他人的纠错情况,学习别人的优点。其次,互助共评环节。教师让学生解说基础知识题的正确答案,其他人再补充纠正并强调易错点;简答题和阅读理解题则让学生先讲出自己错误的原因和纠错的思路,教师再补充点评,指出共性问题。学生互助交流,归纳题目所涉及的考点,明确答题思路,探究答题技巧。再次,交流质疑环节。教师组织全班集体交流,教师对学生的发言进行及时点拨,对于全班共同存在的易错点进行强调,同时引导学生针对失误原因总结答题技巧,帮助学生解决疑问,寻求答题思路,学习更好的答题方法。学生简述疑惑问题,其他学生帮助解答疑问,明确答题技巧。最后,拓展提升环节。教师根据测试中学生出现的共性问题,设计变式练习题,让学生进行巩固性训练。学生先自主思考,完成练习题,然后互助检查交流。

课后阶段的教学目标:对讲评课进行总结归纳,再次明确本节课的知识易错点、答题技巧。课后阶段,学生主要进行归纳总结,梳理本节课的收获,包括知识、方法、答题技巧、生生互助等,并制作成思维导图上传至云校家平台。教师查看思维导图,完善补充后再次发布,让学生进一步明确本节课的知识易错点、答题技巧等。

语文讲评课"第一单元测试"教学案例

一、案例基本信息

1.学校:中卫市第三中学

2.年级学科:七年级语文

3.教材版本:人民教育出版社版

4.案例名称:第一单元测试讲评

5.课型:讲评课

6.学时:1课时

二、教学设计

1.设计思想

本案例是一节讲评课,教师主要针对学生一单元的测试题,根据学生的测试情况对试卷进行讲评。讲评课是复习阶段主要的课型,其主要作用在于:通过试卷讲评帮助学生分析前一阶段的学习情况,查漏补缺、纠正错误、巩固双基,并且在此基础上寻找产生错误的原因,掌握学习、复习方法,从而完善学生的知识系统和思维系统,进一步提高学生解决问题的能力。同时,通过习题讲评帮助教师发现自己教学方面的问题和不足,进行自我总结、自我反思、改进教学方法,最终达到提高教学质量的目的。教师主要基于联通主义学习理论、多元智能理论、反思教学理论开展教学设计。美国教育理论家杜威认为,人类有不同的思维活动方式,"思维的较好方式叫反思思维,这种思维乃是对某个问题进行反复的、严肃的、持续不断的深思"①。因此教师的活动设计需将反思贯穿其中,集合"讲、评、思"三个要素,借助教学助手、云校家平台的扩展资料,促进学生能力的提高。

2.教学目标分析

(1)知识与技能:掌握试卷中出现的知识点并学会拓展;复习和巩固基本技能;进一步让学生理解一单元的课文内容。

(2)过程与方法:通过讲评、探究提高学生收集、处理信息能力及实际解决问题能力;掌握复习的方法策略;学会自我反思。

(3)情感、态度与价值观:通过讲评复习,进一步树立严谨求实、实事求是的科学态度,养成敢于质疑、勇于创新的科学作风;增强学生对语文的兴趣。

3.学习者特征分析

(1)智力因素分析:七年级的学生不仅生理上在发展,心理上也产生了一定的变化,学生的自我意识开始出现,对学习有自己的想法。因此,在该阶段要侧重培养学生的行为习惯,同时学生的思维发展处于高发展阶段,面对问题开始尝试独立探索,学习能力逐渐增强,讲评课客观上可满足学生智力发展的需要,培养学生反思能力。

---

① 倪绍旺.反思教学更应让学生学会反思"学"[J].思想政治课教学,2012(7):46-47.

(2)非智力因素分析：七年级的学生还处于小学到初中的过渡阶段，在小学多是教师讲、学生听的教学方式，尤其是对讲评课而言，学生只是纯粹修改错误，缺乏自己的思考，因此，学生的反思能力比较弱，自我分析问题的能力也有待提高，该课程对学生而言比较重要且具有新意，教师在课程中要注意引导学生思考、自我改正错题。

(3)学生信息素养分析：本课是讲评课，主要借助教学助手分享资料、交流、练习等，对学生的信息素养要求比较低，而七年级的学生基本上掌握这些操作功能，学生的信息素养能满足该课程的需要。

4.教学内容分析

本课的主要内容是七年级学生一单元的测试试卷，包括积累运用、阅读理解、现代文理解、作文四个部分，编写原则是整体性、针对性和引导性，是对一单元整体的基础知识（字、词、诗句）、文章内容、拓展文章以及写作能力的考查。为了加深学生对试卷的理解，教师在云校家、教学助手平台中提供了试卷答案以及"一单元测试试卷讲解视频"，方便学生课后观看，对试卷不清晰的地方进行回顾。此外，教师还在云校家、教学助手平台中提供了拓展练习题，包括基础知识、文章内容两个部分，让学生巩固错题。

5.教学重难点分析

(1)教学重点：通过评讲试卷，使学生能找出试卷上自己的错误，并知道错误的原因，做到查漏补缺。

(2)教学难点：引导学生归纳总结知识点，能分析考试失分原因并探讨如何避免此类失分情况的发生。

6.教学策略与方法

讲评课的质量直接关系到学生知识的增长和学生考试能力的提高，不仅要帮助学生纠正错题、巩固知识，更重要的是要促进学生掌握做题技巧，善于发现习题中的知识点。因此，教师在讲课过程中主要采用以下策略：一是讲练结合，教师不仅要讲解学生的错题，还需要提供相同题型或扩展题型，让学生进行练习以彻底掌握该题型的做法；二是自主探索，讲练课重点在于学生，教师要把时间留给学生，让学生独立思考测试题的做法，反思自己的解法是否合适，探求是否有更好的做法；三是合作学习，对于有一定难度的题目，教师可以让学生共同探讨，相互交流，以优生带差生,促进学生们的共同理解,学会自己分析题目、讲解题目。

7.教学媒体与资源

课前:教师准备试卷答案、测试练习题、讲解微课等,将资料上传云校家、教学助手平台。教师查看学生试卷分析情况,了解该次测试的重难点,根据试卷情况进行教学设计。

课中:(1)在导入环节,教师引导学生观看教学助手中的考情分析,学生在教学助手中分享对此次测试的感想。(2)在整体感知环节,教师结合教学助手中的PPT、文本资料等,对学生的试卷进行讲解,讲授解题方法技巧。(3)在探究环节,让学生自主借助移动设备完成云校家平台中的练习题。(4)在分享环节,教师借助平台资料进行试卷、方法总结,并让学生在平台中分享自己的总结,开展课堂自评以及师生互评。

课后:教师在云校家、教学助手平台上传课后测试题,对学生的课堂知识进行巩固,学生完成练习后上传作业,教师结合平台数据再次分析学生的学习情况,对学生进行答疑解惑,总结本次课堂的不足,并进行下一个阶段的教学设计。

8.教学活动过程

本课需1课时,共计45分钟。课程以学生为中心,借助教学助手、云校家平台、移动设备等,让学生结合资料进行自主探究,分享自己的总结,以此弥补知识漏缺,掌握做题技巧,培养了学生的反思能力,促进了学生思维水平的提高。该课具体教学活动如下。

(1)课前

教师在课前主要进行了试卷的分析工作,查看教学助手中的考试学情分析,根据数据确定本节课的讲解重点,开展教学设计。由于该课是讲评课,需要对以往知识进行回顾,因此,教师还在教学助手、云校家平台上传了一单元的所有学习资料,让学生对单元知识进行提前回顾。

(2)课中

教师根据教学设计,开展试卷的讲评活动,借助教学助手提供的资料以及分享交流等功能,引导学生纠正试卷的错误,掌握题型,巩固知识点,同时了解答题技巧,培养学生的总结反思能力。具体活动如表4-4所示。

表4-4 "第一单元测试讲评"教学活动表

	教师活动		学生活动	信息技术支撑	设计意图
导学激趣	(1)教师让学生对本次考试进行总结,并在教学助手平台分享。 (2)教师观看学生总结,邀请学生分享。 (3)教师对本次考情进行总结发言。	导学分享	(1)针对自己的试卷情况,学生反思,借助平板电脑登录平台进行自我评价。 (2)学生分享交流自己的考试心得。	平台提供分享、上传资料功能	引导学生反思,引出本课主题。
引导点拨	(1)教师在教学助手、云校家平台上传试卷答案,让学生进行订正。 (2)让学生进行合作学习,相互讲解错题,总结疑惑。 (3)教师结合学生考情数据以及学生讨论结果,有针对性地对试卷进行讲解,其中可以邀请学生分享解题思路。	整体感知	(1)学生订正试卷答案。 (2)学生讨论试卷,互相分享解题思路,归纳难题疑惑,上传至教学助手平台。 (3)学生在班级分享解题步骤及思路。 (4)跟随老师思路,纠正错题。	(1)平台提供试卷答案资料。 (2)平台提供交互分享功能。	让学生纠正试卷答案,培养合作学习能力,并掌握这类题型的解法。
探究指导	(1)教师归纳做题策略,答题技巧。 (2)教师在云校家平台上传相似题型练习题,让学生进行练习。 (3)教师对学生还未掌握的知识进行补充讲解。 (4)教师对作文进行点评,在云校家平台分享优秀作文,让学生学习。 (5)教师让学生修改作文,并进行学生自评和同学互评。	合作探究	(1)学生学习掌握答题技巧、策略。 (2)学生运用技巧、策略完成练习题。 (3)学生在云校家平台提出自己的疑惑,认真听讲。 (4)学生在云校家平台观看优秀作文。 (5)学生修改作文,并进行自评和同学互评。	(1)平台提供上传习题答案功能。 (2)平台对学生的作业情况进行分析初步评价。	让学生掌握做题策略技巧;巩固学生的知识,帮助学生克服重难点;提高学生的反思能力。
总结启发	(1)教师让学生发言,总结本课的知识点。 (2)教师对本次考试进行总结,鼓励激发学生继续努力。 (3)布置作业,让学生完成课后练习,并制定下一步的学习计划。	拓展延伸	(1)学生总结知识点,并积极发言。 (2)学生再次对本次的考试进行反思,了解自己的不足。 (3)学生完成课后练习,制定学习计划。	平台提供资料共享功能。	促进学生思维水平的提高,引发学生的学习积极性,提高学生的自主学习能力。

在引导点拨环节,教师在教学助手、云校家等平台上传试卷答案资料,让学生仔细分析答案,对试卷错题进行更正。

在探究指导环节,教师在云校家平台提供了相似题型练习题,让学生结合自己的知识掌握情况,运用教师讲授的答题技巧、策略等进行练习,并提出自己的疑惑。教师在云校家平台分享优秀作文,结合优秀作文,教师对学生的试卷作文进行分析,帮助学生掌握审题立意、写好作文的方法,然后让学生结合自己的试卷作文进行自我评价,并交换学生试卷进行互评,最后教师再针对全班作文进行点评。

在总结启发环节,教师让学生发言,总结本课知识点,例如理解句子的方法指导:回归原文、抓重点词、找上下文、同义词互换等。然后,教师对学生的本次考试进行点评,鼓励学生,针对具体的题对学生进行表扬。同时,在点评时要遵循因人而异原则,从解题思路,书写格式等方面细心寻找学习有困难的学生试卷上的"闪光点",使他们看到自己的进步,增强其信心。

(3)课后

在该环节,教师上传了试卷讲评课视频,让学生在课后结合自己的学习情况进行观看。同时,教师还上传了专题练习资料,促进学生拓展学习。学生完成教师布置的课后作业,反思自己的试卷情况,制定下一步的学习计划,上传至教学助手、云校家平台。而教师在课后主要查看平台中学生的学习计划,结合学生的计划,反思教学过程,调整教学策略,以制定下一步的教学计划。

9.学习评价

课前:教师在平台观看学生的试卷测试情况,并结合平台提供的数据,对学生的学业水平开展阶段性评价,设计教学过程。

课中:在导入环节,教师让学生在教学助手平台对测试情况进行自评。在探究环节,教师对学生练习情况及时评价,并在课堂中进行讨论互评。在总结环节,教师对学生的试卷进行整体分析,总结做题技巧,同时学生也在平台中分享自己的总结,进而开展师生、生生互评,实现课中阶段的总结性评价。

课后:平台对学生的课后练习作业进行初步评价,教师结合平台数据对学生的学业情况再次评价,同时提供指导。教师结合平台提供的学生学业水平变化指数分析,反思教学过程,调整改进教学策略,为下一单元的教学做准备。

(五)复习课

复习课是语文教学的必要课程。复习课是教师引导学生将语文知识进行前后联系,串联知识体系的课型,教师通过系统性整理知识,可帮助学生查缺补漏,举一反三,触类旁通。在复习课教学中采用"互联网+"环境下新型语文课堂教学模式,旨在采用多样化的教学方式,配合单元复习、模块复习(专项复习)、阶段复习等不同的复习类型,引导学生巩固庞杂的语文知识,最终帮助学生提升语文知识概括能力、语文自主复习能力和语文素养。

课前阶段的教学目标:借助复习导学指南,学生根据自己现有的学习水平,自主选择合适的内容进行归纳梳理。课前阶段教学环节包括:发布复习指南—提交复习成果。首先,发布复习指南环节。教师课前精心设计复习指南,让学生明确复习内容和方法,复习内容主要包括字音字形、文学常识、古诗词赏析、文言文阅读、现代文阅读、作文等内容。其次,提交复习成果环节。学生根据具体的复习内容,通过思维导图独立梳理、归纳知识点,并上传至云校家平台,教师需及时查看并了解学生的完成情况。

课中阶段的教学目标:通过小组合作交流与展示,互相补充复习内容,提高总结归纳能力和思维发散能力;在教师的帮助与指导下,掌握复习方法,学会通过思维导图整理学习过的知识与内容。课中阶段的教学活动环节包括:导学展示—绘制思维导图—拓展练习—方法总结。首先,导学展示环节。教师展示云校家平台上提交的导学复习指南完成情况,邀请学生分享自己的复习结构图。其次,绘制思维导图环节。教师要求学生将学习内容绘制成思维导图,包括关键词、线条、图案、颜色的应用。学生在绘制之前要作出预设,合理布局整张图的各部分内容,重点突出什么、先后有序绘制、机动调整内容、留白等,进而逐步训练学生的调整能力、把控能力、知识统筹能力和自主能力。再次,拓展练习环节。教师针对学生完成的复习结构图,选取重难点知识,呈现例题,复习字音字形、文学常识、古诗词赏析、文言文阅读、现代文阅读、写作等内容。并通过穿插师生问答、提问默写、背诵、游戏竞争、积分奖惩等方式辅助学生完成复习任务。最后,方法总结环节。教师邀请学生分享复习总结的方法,并让学生结合思维导图中的关键词、图案甚至是颜色的提示,说出隐藏在个性凝练符号中的文字内容,以进一步增强学生的记忆力,锻炼学生的语言组织、表达能力,提升学习参与感、自豪感和自我效能感。

课后阶段的教学目标:总结归纳复习课重点知识点。学生在课后需美化完善自己的思维导图,并上传至云校家平台班级圈,供班上同学参考借鉴。

语文复习课"诗歌鉴赏复习"教学案例

一、案例基本信息

1.学校:西北某中学

2.年级学科:八年级语文

4.案例名称:诗歌鉴赏复习

5.课型:复习课

6.学时:1课时

二、教学设计

1.设计思想

本案例是一节诗歌鉴赏复习课,教师主要对学生阶段性的学习进行回顾,帮助学生巩固知识。复习课是语文知识学习的重要课型,通过复习课,可以实现以下目标:引导学生发现自己的知识漏洞,在教师的帮助下,实现对知识的理解;帮助学生拓展知识网络,深入应用知识;帮助学生明确考试的方向,引导学生掌握重点、考点;培养学生总结复习的习惯,在实际举例中掌握做题的基本方法。为了实现以上目标,教师以建构主义为原则,联通主义学习理论为本体论。联通主义学习理论强调加入联通主义学习的学习者是自我导向的学习者,他们在联通主义学习中能发现和创造知识[①]。因此,教师在教学设计中将重点强调促进学生的自我思考、交互学习,以及在合作中掌握知识。此外,教师还借助教学助手、云校家平台、移动设备、学习交流群等开展了个性化的教学活动。

2.教学目标分析

(1)知识与能力:判断诗歌的种类,并能从"四看""四析"的角度赏析诗歌;抓好基础训练,培养学生积累知识的能力;提高学生识字写字能力、阅读理解能力、写作能力和口语交际能力。

---

① 郭玉娟,陈丽,许玲,等.联通主义学习中学习者社会网络特征研究[J].中国远程教育,2020(2):38.

(2)过程与方法：通过诗歌练习，落实考点及答题技巧，并重点掌握诗歌语言的赏析技巧；引导学生自主地、合作地、探究性地从事学习活动，逐渐养成这种新型的学习方式。

(3)情感态度和价值观：通过赏析诗歌，走近诗人，知人论世，培养学生热爱自然的情感和关注社会的意识。

3.学习者特征分析

(1)智力因素分析：八年级的学生智力发展处于高水平状态，根据皮亚杰的认知发展阶段，这个时期的学生思维发展到了抽象逻辑推理水平，其思维形式能够摆脱现实的影响，关注假设的命题，可以对假设作出具有逻辑性、创造性的反应，同时还可以进行假设演绎推理，提出各种解决问题的方案，再系统地评价和判断正确答案的推理方式。因此，对复习课而言，学生的思维反应能力不仅能满足课程的需要，还能在该课中得到良好的锻炼。

(2)非智力因素分析：八年级的学生经过七年级教师的引导，有了复习课的经验，具备一定的复习方法，能够自己开展复习。但是，由于八年级的知识点逐渐增多，难度也加大，因此，学生的自我复习的难度也提升了，故而教师在复习课中对学生提供辅导帮助，帮助学生解决复习中的疑难是有必要的。

(3)学生信息素养分析：本课是复习课，学生需要借助教学助手、云校家等平台进行课堂练习，借助拓展资料实现知识的深入理解，同时还需要在云校家平台发表意见，进行合作探究。八年级的学生经过七年级的练习，已经基本具备良好的信息素养，能够满足该课的需要。

4.教学内容分析

本课的教学内容围绕考试说明，以课本的诗歌作为载体，以课后习题为导引，将诗歌鉴赏复习课的教学内容分为三个部分：一是关于诗歌内容的分类；二是对诗歌考点的梳理；三是对命题特点的讲解。为了帮助学生回忆所学诗歌的内容，教师设计了导学案，准备了复习资料，并将所学诗歌的PPT、练习题等上传教学助手平台，帮助学生回顾以往知识，巩固练习。

5.教学重难点分析

(1)教学重点:通过语言赏析,把握诗人感情,理解诗歌内容,背诵并记忆重要诗句。

(2)教学难点:归纳诗歌的内容要点,明确诗歌考点,掌握答题技巧。

6.教学策略与方法

复习课是语文学习的必要课型之一,可实现巩固学生所学知识,促进学生知识深化的目的。复习课既不同于新授课,更不同于练习课,复习课不是旧知识的简单再现和机械重复,而是把平时相对独立教学的知识,其中特别重要的是把带有规律性的知识,以再现、整理、归纳等办法串起来,进而加深学生对知识的理解、沟通。因此,教师在教学过程中主要采用以下原则:(1)自主性原则,在复习中要体现学生的主体地位,教师引导学生自主探索一切知识规律;(2)针对性原则,教师在复习课中必须突出重点内容,针对性强,注重实效;(3)系统性原则,教师要注重知识间的联系,将知识进行归类,辅助学生将分散的知识体系化;(4)发展性原则,复习课的最终目的是促进学生的拓展学习,因此,教学过程中要注意引导学生在原有基础上有提高进步。

7.教学媒体与资源

课前:教师认真备课,将所学的诗歌进行整理归纳,制作思维导图、复习课件,认真审读中考诗歌方面的考点,把握命题特点,依据考试要求,设计导学案以及练习题,并将导学案上传至教学助手,让学生提前预习诗歌内容。

课中:(1)在导学环节,让学生查看教学助手平台中的诗歌复习PPT等,回忆诗歌类的考试题目。(2)在整体感知环节,教师结合教学助手平台的PPT、文本资料等,让学生进行炼字品析以及名句评析。(3)在探究环节,让学生借助平台资料理解诗歌意境,同时完成教学助手平台的练习题。(4)在分享环节,学生在教学助手平台总结诗歌鉴赏的方法、学习感悟等,并进行课堂交流。

课后:教师在教学助手平台上传课后测试题,对学生的课堂知识进行巩固,学生完成练习后上传作业。教师为了促进学生的知识深化,将准备的复习资料、拓展资料等上传至教学助手平台,方便学生延伸学习。

8.教学活动过程

本课需1课时,共计45分钟。教师以学生为中心,在教学助手、云校家等平台、移动设备等帮助下,结合自主性、针对性、系统性、发展性四原则进行授课,通过本课将学生的诗歌知识体系完整化,培养学生鉴赏美的情操,帮助学生掌握考试的重点,攻克考试的难点。该课具体教学活动如下。

(1)课前

教师在课前主要进行教学内容的设计、PPT的制作、导学案、练习题等各类资料的准备工作。然后教师将导学案上传至云校家平台,让学生自主完成导学案练习。学生在课前主要对以前学过的诗歌知识进行回顾练习,为课中学习作准备。

(2)课中

教师根据教学设计开展诗歌的鉴赏复习课。教师借助教学助手、云校家平台提供的资料及其功能,对学生进行引导,让学生自主总结诗歌的分类,发现考题以及命题规律,提升其对诗歌的理解鉴赏能力以及自主复习的能力。具体活动如表4-5所示。

表4-5 "诗歌鉴赏复习"教学活动表

教师活动		学生活动	信息技术支撑	设计意图
导学激趣	(1)教师提示学生进行考试题目的回忆,然后总结考点,具体包括以下部分:预设炼字品析;名句赏析;描绘画面、意境;体会情感、主旨;技巧赏析。(2)教师向学生提问,掌握学生情况。	导学分享	(1)学生观看教学助手平台关于诗歌复习的PPT等,并进行考题的回忆。(2)小组沟通并总结考点。(3)将总结的考点上传至教学助手平台中。(4)学生回答教师问题,分享考点总结。	平台提供分享、上传资料功能。	引导学生回顾所学诗歌,促进学生合作交流能力的提升,增强学生总结归纳能力。

续表

	教师活动	学生活动		信息技术支撑	设计意图
引导点拨	(1)炼字品析,技巧归纳。 ①教师提问:这首诗中最生动传神的是什么字?为什么?某字历来受人称赞,你认为它好在哪里?这一联中最生动传神的是什么字?为什么? ②教师解答分析并归纳答题要点:解释该字含义;结合诗句描述景象;分析表达效果。 (2)名句赏析,加深理解。 ①教师提问:最后两句是什么意思?表达了作者怎样的思想感情?结合全诗谈谈对第四联或第四句的理解或赏析。 ②教师解答提示并归纳答题要点:阐明语表义,有时要发掘它的深层意思,教师要求学生指出诗句的描写作用,或表达了什么感情和旨趣。	整体感知	(1)学生自主思考,回答问题。 (2)教师点拨,学生记录技巧要点。	(1)平台提供资料。 (2)多媒体展示课件。	让学生自主思考,发展学生的思维能力,促进学生对诗歌的理解以及对做题方法技巧的掌握。
探究指导	(1)体会情感、主旨,描绘画面意境。 ①教师让学生合作学习,体会诗歌的意境。 ②教师让学生发言,描绘诗歌所表达的情境、意义。 (2)教师在平台上上传诗歌鉴赏课的练习题,让学生完成。 (3)教师答疑解惑。	合作探究	(1)学生合作学习,分享自己对诗歌的理解。 (2)将理解用文字表达出来,上传至教学助手平台。 (3)学生分享理解,课中进行师生、生生互评。 (4)学生完成课堂测试,总结疑难问题,上传至云校家平台。	(1)平台提供资料。 (2)平台提供上传习题答案、分享功能。 (3)平台对学生的练习情况进行分析和初步评价。	通过合作学习,相互评价,训练学生规范、准确、全面的语言表达能力,促进其对诗歌情境、意义的理解,提高学生的诗歌鉴赏水平。

续表

	教师活动	学生活动	信息技术支撑	设计意图
总结启发	(1)教师让学生发言，总结学习的技巧。(2)教师归纳诗歌内容，分析诗歌要点。(3)教师布置作业，让学生完成课后练习。	拓展延伸	(1)学生总结答题技巧并积极发言。(2)学生跟随教师思路，总结诗歌内容。(3)学生完成课后练习。	平台提供资料共享功能。	促使学生落实考点及答题技巧，并重点掌握诗歌语言的赏析技巧，提高其对诗歌的兴趣。

在导学激趣、引导点拨环节，教师让学生自主思考，通过教学助手平台提供的诗歌复习PPT、导学案答案等资料，让学生回顾以前所学的诗歌，更正自己的导学案练习，通过学生更正过程，加深关于诗歌考点的印象。

在探究指导环节，教师在云校家平台提供了诗歌的情境视频，让学生借助图片资料进行赏析，并开展合作学习，互相表达对诗歌意境的理解，而后再总结归纳小组意见，用文字表达出来，在云校家中分享，在课堂中进行互相点评。教师在云校家平台上传了诗歌练习资料，让学生结合教师讲授的答题技巧、策略进行再次练习，发现问题，然后在教学助手、云校家等平台中提出问题，教师再对共性问题进行集体解答。

(3)课后

在该环节，教师上传了课后专题练习资料，学生完成教师布置的课后作业，结合教学助手平台的学情分析，发现自己的不足，并根据教师上传的诗歌鉴赏复习资料，结合学习情况进行补充性、拓展性学习。教师在课后主要查看学生的课后练习情况，根据平台的学情分析制定教学计划，同时反思教学过程，调整教学方法与教学策略。

9.学习评价

课前：教师在平台中观看学生的导学案完成情况，对学生的诗歌掌握情况有了初步评价，再结合学生的漏洞进行复习课的教学设计。

课中：在导学引导环节，教师让学生对诗歌的考点内容进行回忆，间接性地让学生对前期学习情况进行自评，同时提问学生，以掌握全班的学习情况。在探究指导环节，教师对学生练习情况进行即时评价，并在课堂中进行讨论互评。在总结启发环节，学生在平台中分享诗歌考点总结，进行师生、生生互评分享，实现课中阶段的总结性评价。

课后：首先，平台对学生的课后练习情况进行初步评价，然后教师再结合平台数据对学生的诗歌鉴赏水平再次进行评价，并提供指导。此外，教师还需对教学过程进行反思总结，撰写反思日记，为下一阶段的教学做准备。

二、数学学科模式应用案例

义务教育初中阶段数学课程体系以培养学生的知识技能、数学思考、问题解决以及情感态度为总体目标。根据数学学科的教学特点和教学内容，将数学教学中课程的类型主要划分为新授课、练习课、测验课、讲评课和复习课五类。课题组以新型数学课堂教学模式为指导进行教学设计，对西北某中学数学教学中的新授课、练习课、测验课、讲评课和复习课等五种课型都进行了教学模式实践。通过教学活动的实施，旨在借助互联网学习技术手段，为学生提供解决数学问题的情境，支持开展多种交互式学习活动，使学生掌握必备的基础知识和基本技能，培养学生的抽象思维和推理能力、创新意识和实践能力，促进学生在情感态度与价值观等方面的发展，为学生未来生活、工作和学习奠定重要的基础。"互联网+"环境下数学学科新授课、练习课、测验课、讲评课和复习课的教学案例如下。

（一）新授课

初中数学教学的重点是培养学生的知识技能、逻辑思维以及创新能力，而数学新授课是学生掌握数学新知识的开始，也是最常见和最重要的课型。数学新授课是指以传授新的数学知识为起点，从而培养学生的演绎推理能力、综合分析能力的课型。在新授课教学中采用"互联网+"环境下新型数学课堂教学模式，旨在将教学内容与互联网技术资源相结合，创设贴近生活的情境，开展趣味性的教学活动，充分驱动学生的学习兴趣，让学生在接受新知识的同时，亲身体验、感知和实践，最终形成对数学问题的深度思考、理解和应用。

课前阶段的教学目标：了解与掌握课堂将要讲授的概念、公式或例题；观看微课、课件等学习资源，借助资源完成例题训练。在课前阶段，教学环节包括：发布导学—完成导学—在线答疑。首先，发布导学环节。

教师制作教学课件、微视频以及导学任务单,通过云校家平台发布新授课的预习任务,推送课前学习材料。其次,完成导学环节。学生查看导学任务单,自主观看微视频,了解课件内容后完成导学训练,并概括出重难点和疑难点,并将自主学习结果上传至云校家平台。最后,在线答疑环节。在该过程中,学生可借助互联网资源自主答疑或将存疑的新授数学知识在导学任务单中做好记录,并在云校家平台话题区留言,以便教师进行在线答疑。

课中阶段的教学目标:通过学习数学新知识,为理解公式和定理提供思路;通过解决生活情境中的例题,实现对数学新知的迁移和应用;通过自主练习和师生答疑,深化对数学知识的理解。在课中阶段,教学活动的环节包括:导学分享—教师讲授—自主练习—师生答疑—课堂总结。首先,导学分享环节,教师对云校家平台上提交的自学任务单的完成度进行总结并为学生梳理存疑点,针对错误率或疑惑率较高的问题,邀请学生上台讲解,并辅助学生分析,进而梳理重难点。学生用iPad登录云校家平台,查看自学任务单,扫除课前学习障碍。其次,教师讲授环节,根据教学内容创设问题情境,师生围绕新知进行探究,通过对数学问题的层层分析,逐步引导学生掌握规律。再次,自主练习环节,教师为学生提供多样化的例题,学生通过自主练习和训练后,能够实现对数学新知的应用。从次,师生答疑环节,学生在完成课堂练习后,借助iPad在云校家平台提出疑问,教师随机抽取,进行解答。最后,课堂总结环节,教师围绕本节课的目标,对知识点进行总结,分析学生的课堂学习表现,对学生进行评价,并布置课后作业。

课后阶段的教学目标:通过课后作业的练习和资源的查找对课上新授知识进行巩固。在课后阶段,教学环节主要包括:布置任务—巩固提升—反思评价。首先,布置任务环节。教师在课后为学生进行资源补充和拓展,在云校家平台发布课后学习任务。其次,巩固提升环节。学生根据课后任务的要求,按时完成课后作业以查补缺漏,进行复习以巩固深化课堂知识,疑难问题可通过班级群或者云校家平台反馈给教师。最后,反思评价环节。教师根据学生的课前、课堂以及课后的表现情况,反思导学以及微课制定的合理性,总结教学的不足之处。

数学新授课"函数"教学案例

一、案例基本信息

1. 学校：西北某中学

2. 年级学科：八年级数学

3. 教材版本：北师大版

4. 案例名称：函数

5. 课型：新授课

6. 学时：1学时

二、教学设计

1. 设计思想

本案例是一堂数学新授课，案例以"函数"基础知识的学习为起点，使学生初步完成对函数概念的理解，为学生后续对函数知识的应用和探究打下基础。因此，在教学设计中，引入了大量的生活实际案例和图表，让学生探索和发现生活中的函数问题，以此认识和理解函数。教学过程主要以混合学习理论为指导，利用智能化设备以及教学助手等平台，为学生提供丰富的资源，便于学生对函数知识的理解与掌握。

2. 教学目标分析

(1) 知识与技能：一是初步掌握函数概念，能判断两个变量间的关系是否可以看成函数；二是根据两个变量之间的关系式，给定其中一个量，求出另一个量的值。

(2) 过程与方法：通过函数概念及性质的学习，掌握函数的三种表示方法。

(3) 情感态度与价值观：通过函数概念的学习，初步形成学生利用函数观点认识现实世界的意识和能力，以及在函数概念形成的过程中，培养联系实际、善于观察、乐于探索和勤于思考的精神。

3. 学习者特征分析

(1) 智力因素分析：根据皮亚杰认知发展阶段，八年级的学生处于形式运算阶段，具备系统思维能力，同时，学生在七年级下册第三章已学习了"变量之间的关系"，对变量间互相依存的关系有了一定的认识，但对于变量间的变化规律尚不明确。本章内容对学生的思维能力有较高要求，学生在理解和运用知识时会有一定的难度。

(2)非智力因素分析:由于八年级的学生有较强的好奇心,在学习中也接触了大量的生活实例,体会了变量之间相互依赖关系的普遍性,感受到了学习变量关系的必要性,并且也具备了一定的识图能力和参与合作的意识。

(3)学生信息素养分析:八年级的学生可以借助信息设备,完成对知识点的练习和其他相关要求,例如打字、上传分享、下载学习资料等,但是对于信息的处理和利用能力还有待提高。

4.教学内容分析

"函数"是北师大版《数学》八年级上册第四章"一次函数"第一节的内容。通过将生活实际问题的数量关系和变化规律抽象出来,让学生探索变量之间的关系,进而抽象出函数的概念。与传统教材相比,新教材更注重感性材料,让学生分析了大量的问题情境,感受到在实际问题中存在两个变量,而且这两个变量之间存在一定的关系,它们的表示方式是多样的,可以通过列表的方法表示,可以通过画图像的方法表示,还可以通过列解析式的方法表示,但都有着共性:其中一个变量依赖于另一个变量。本节内容是在八年级知识的基础上,继续通过对变量间的关系的分析,让学生初步体会函数的概念,为后续学习打下基础。同时,函数的学习可以使学生体会到数形结合的思想方法,感受事物是相互联系的以及存在规律的变化。

5.教学重难点分析

(1)教学重点:理解函数的定义,会用三种方法来表示函数关系式。

(2)教学难点:会将生活问题转换为函数问题,并能列出相应的函数关系式。

6.教学策略与方法

(1)启发式:在新授课的导入环节中,教师需要引入生活实际案例来激发学生的学习兴趣,以此引导和启发学生对问题的思考。

(2)讨论式:在新授课的探究环节中,学生需要针对教师提出的问题开展同伴或者小组间的讨论,以此完成对疑难问题的探究和解答。

(3)讲练结合:在新授课的整个过程中,教师知识需要借助工具和资源充分内化,选择知识讲授与例题训练的方式,以此引导学生对知识的理解。

7.教学媒体与资源

课前:利用平台查找或者设计关于函数的微课,准备课程需要的PPT,通过教学助手平台提前发布给学生,为学生提供课前预习的资料,让学生初步了解相关知识,为课堂中对问题的探究奠定基础。

课中:在导入环节,利用PPT课件和教具,展示一些与学生实际生活有关的图片,促进学生对知识的回忆并激起学习兴趣,同时通过课件上的例题引起学生的观察和反思。

课后:教师在教学助手平台为学生布置课后作业,学生完成任务后利用教学助手平台上传作业,教师修改作业后反馈给学生,并将优秀作业分享到班级群。

8.教学活动过程

本课需1课时,共计45分钟。通过有规划的师生活动,借助适切的教学资源为学生在认识、掌握、运用函数知识等方面提供保障,为学生进一步学习更深层次的函数知识奠定基础,课堂中的教学活动具体如下:

(1)课前

教师在课前主要进行导学案的编写工作,结合课程要求并根据课程内容设计导学,导学的形式主要有两种:一是用PPT为学生呈现函数的基本概念与生活案例,二是以微视频的方式帮助学生更好地理解函数。教师完成导学案后,将其发布至教学助手平台上,学生根据导学案的要求对"函数"一节的内容进行预习,初步掌握函数概念,形成对函数的基本认识等,并将疑难问题发布至班级群。

(2)课中

在该环节,教师在学生课前预习的基础上,以学生对函数概念的理解与掌握为中心开展教学活动,教学中通过列举生活中大量的实例促进学生对知识的迁移,从而让学生对"函数"一节的知识进行深度理解、探究疑难、总结反思。教师承担的是引导者与答疑者的角色,学生则是教学活动的主体与探究者。具体活动如表4-6所示。

表4-6 "函数"教学活动表

	教师活动	学生活动		信息技术支撑	设计意图
导学激趣	(1)教师利用课前导学资源,请一至两位同学自由发言。 (2)根据学生发言引入新课。	导学分享	(1)学生发言。 (2)思考导学中留下的问题。	PPT课件。	激发学生对先前知识的回忆以及学习兴趣。
引导点拨	(1)展示一些与日常生活相关的图片,如心电图、天气随时间变化的图片、抛掷铅球形成的轨迹、k线图等,请学生分析并思考问题。 (2)提出三个问题。	合作探究	(1)观察图片,感受本章内容与生活的紧密联系。 (2)交流并回答教师提出的三个问题。 (3)学生发言,参与课堂活动。	(1)PPT课件。 (2)云校家平台。	通过生活实例,启发学生对函数概念的理解。
精讲释疑	(1)引导学生思考以上三个问题的共同点,揭示出函数的概念。 (2)点明函数概念中的两个关键词:两个变量,一个x值确定一个y值,它们是判断函数关系的关键。 (3)通过对上面三个情境的比较,引导学生思考和讨论三个情境不同的呈现形式(依次以图像、代数表达式、表格的形式反映两个变量之间的关系),得出函数常用的三种表示方法:图像法、列表法以及解析法。	疑难探究	(1)思考问题,总结归纳。 (2)学生发言。 (3)理解函数的概念。 (4)学生思考教师提出的问题,互相讨论,共同探究并归纳函数表示的方法。	PPT课件。	通过教师的讲解与学生的探究,深化对函数的理解,并归纳出函数表示的三种方法。
拓展延伸	(1)讲解常量与变量的概念。 (2)借助案例,引导学生找出常量与变量。 (3)概念应用举例与拓展。 (4)教师总结。	巩固迁移	(1)学生听讲。 (2)学生练习。 (3)学生反思与总结。	(1)PPT课件。 (2)云校家平台。	提高学生的反思与总结能力。

其中,在教师的引导点拨环节中,引出来三个问题情境,分别是:

①问题情境一:摩天轮

教师:你去过游乐园吗?你坐过摩天轮吗?你能描述一下坐摩天轮

的感觉吗?

学生1:去过,也玩过摩天轮,坐上摩天轮感觉忽高忽低,画了一个圆。

教师:当人坐在摩天轮上时,人的高度随时间在变化,那么变化有规律吗?摩天轮上一点的高度h与旋转时间t之间有什么关系?给定一个t值,你都能找到相应的h值吗?

学生:学生讨论并发言。

教师给出正确答案。

②问题情境二:堆放罐头

教师:瓶子或罐头盒等圆柱形的物体,依次堆放。随着层数的增加,物体的总数是如何变化的?

学生:学生思考,填写表格。

教师给出正确答案。

③问题情境三:温度转换

教师:一定质量的气体在体积不变时,假若温度降低到-273℃,则气体的压强为零。因此,物理学把-273℃作为热力学温度的零度。热力学温度$T(K)$与摄氏温度$t(℃)$之间有如下数量关系:$T=t+273,T≥0$。请解决两个问题,一是:当t分别等于-43,-27,0,18时,相应的热力学温度T是多少?二是:给定一个大于-273 ℃的t值,你能求出相应的T值吗?

学生:思考疑问,积极回答问题。

在教师的拓展延伸环节中,教师通过举出三个案例为学生辨清常量与变量的关系,以及通过课堂习题训练验证和巩固学生对函数的理解。

(3) 课后

在该环节,学生主要完成教师布置的课后作业,并将自己的学习疑惑发送在云校家平台或者班级群中,寻求教师和同学的帮助。学生还可以反复观看平台中的视频资源,以深化对知识的理解。教师在课后主要完成对教学过程的反思总结,对班级群中学生的分享交流情况进行分析,对平台中学生的课后作业完成情况进行批改,对学生的问题进行答疑,并为学生提供课后的辅助资料。

9.学习评价

课前:学生在自主学习教材内容和平台资源后,对疑难进行梳理,并开展自我反思。

课中：学生在合作探究的阶段，需要进行小组讨论，小组成员相互评价，同时教师在指导与释疑的过程中，对学生的讨论结果进行点评。

课后：教师利用教学助手平台批改和点评学生的作业，并将批注后的结果反馈至班级群中，让家长共同参与、点评和监督学生学习。

(二)练习课

初中数学教学的重点是培养学生的知识技能、逻辑思维以及创新能力，而数学练习课主要通过习题训练以及解题的形式实现学生对数学知识的巩固和迁移，它是数学课型的基本结构之一。数学练习课以训练作为课堂教学主要任务，从而加深学生对数学基本概念、公式、性质、识别方法等的理解，以逐步形成合理的认知结构。在练习课教学中采用"互联网+"环境下新型数学课堂教学模式，旨在将教学内容与互联网技术资源相结合，为学生创设适宜的学习情境，通过练习的方式检查学生对所学知识的理解和掌握程度，以提升学生综合运用知识解决实际问题的能力和灵活的思维品质。

课前阶段的教学目标：观看微课、课件等学习资源，借助资源完成相关训练，掌握小节或单元的重要知识点，增强自主学习能力。在课前阶段，教学环节包括：发布导学—完成导学—在线答疑。首先，发布导学环节。教师将小节或单元知识点进行总结和提炼，选择以课件或者资源包的形式发布至云校家平台，并制定导学案。其次，完成导学环节。学生查看资源，完成导学任务单，并上传至平台，以形成对知识点的综合应用。最后，在线答疑环节。在该过程中，学生可将重难点记录下来，将存疑点发布至班级群或云校家平台话题区，以便同学和教师为自己答疑解惑。

课中阶段的教学目标：与小组进行疑难探究，加深对重点知识的印象和应用；通过利用学生合作探究中生成的新资源开展师生互动，提高对问题探究的兴趣。在课中阶段，教学活动的环节包括：导学分享—学生练习—小组探究—师生答疑—课堂总结。首先，导学分享环节，教师对云校家平台提交的自学任务单的完成度进行总结和重难点讲解，针对错误率较高的问题，邀请学生上台讲解，教师辅助学生、帮助学生梳理课前知识。学生用iPad登录云校家平台，查看自己的自学任务单，扫除课前学习障碍。其次，学生练习环节，教师通过云校家平台为学生发送课堂练习单,学生自主完成练习后,将结果上传至平台,教师借助云校家平台的自动计分功能,批改学生练习并统计各题正确率,并将分析结果反馈给学生。再次,小组探究环节,教师梳理学生错误率较多的题型,并将学生划分成班级小组,规定每个小组完成一个题型的讨论和探究,最终从小组中选定学生进行分享和交流。从次,师生答疑环节,针对同伴的分享,学生向教师提出疑问,教师根据学生的提问进行答疑解惑,保证全部或大部分学生掌握知识、提升能力。最后,课堂总结环节,教师针对本节课的目标,对知识点进行总结,针对学生的课堂学习表现进行评价,并布置课后作业。

课后阶段的教学目标:学生通过课后练习并补充相关资源形成对课堂知识的延伸和拓展。在课后阶段,教学环节主要包括:布置任务—延伸练习—反思评价。首先,布置任务环节。教师在课后为学生进行资源补充和拓展,在云校家平台发布课后学习任务。其次,延伸练习环节。学生根据任务要求完成课后拓展习题的训练,以对小节或章节知识点进行深化训练和拔高练习,在习题练习过程中,可将疑问发至班级群或云校家平台寻求同学和教师帮助。最后,反思评价环节。教师根据学生的课前、课堂以及课后的学习和表现情况,反思导学和学生课堂练习的效果。

数学练习课"应用一元一次方程"教学案例

一、案例基本信息

1.学校:西北某中学

2.年级学科:七年级数学

3.教材版本:北师大版

4.案例名称:应用一元一次方程

5.课型:练习课

6.学时:2学时

二、教学设计

1.设计思想

本案例是一堂数学练习课,旨在学习"认识一元一次方程"的基础上,通过练习一定量习题,让学生能够深刻理解一元一次方程的特点,同时该课堂从"希望工程义演"出发,与生活实际问题相联系,学生可以通过解决真实情境中的问题,将知识与理解迁移至实践,进一步体会方程的运用。教学过程多以学生探究为主,让学生能够主动发现,提出问题以及解决问题,同时还需要充分借助互联网,利用云校家、教学助手等平台,拓展知识,强化对该节内容的理解。

2.教学目标分析

(1)知识与技能:借助表格分析复杂问题中的数量关系,从而建立方程来解决实际问题。

(2)过程与方法:一是领悟数学来源于实践,服务于实践,用最简单的办法解决问题;二是进一步体会方程模型的作用,提高分析问题、解决问题的能力。

(3)情感态度与价值观:通过对实际问题的分析,一步体会方程是刻画现实世界的有效数学模型,培养良好的数学应用意识,以及热爱数学、积极探索、勇于创新的精神。

3.学习者特征分析

(1)智力因素分析:七年级的学生处于形式运算阶段,具备系统思维能力,同时,学生已经学过"认识一元一次方程""求解一元一次方程""应用一元一次方程——冰箱变高了""应用一元一次方程——打折销售"等小节知识,基本掌握了一元一次方程基本概念、特征,进行了一定的练习,但由于知识的应用属于较高级别的目标,因而对学生的思维能力等方面具有更高的要求。

(2)非智力因素分析:由于七年级的学生对事物具有充分的好奇心,对问题的探究具有一定的兴趣,同时还拥有积极主动参与以及乐于和他人合作的意识,为合作探究、解决疑难提供了条件。

(3)学生信息素养分析:七年级的学生虽然可以运用软硬件设备,但熟练程度仍需要练习,对一些平台的功能操作还需要花时间来体验,并且其对信息的分析、运用能力还有待提高。

4.教学内容分析

"希望工程义演"是北师大版《数学》七年级上册第5章"应用一元一次方程"第5节的内容。通过本节课的学习,学生可以体会到一元一次方程是刻画现实世界数量关系的有效模型,体验建立模型、解决问题的过程;并且可以依据实际问题列出一元一次方程,求解一元一次方程,能根据具体问题的实际意义来检验方程的解是否合理。本节课是应用一元一次方程的第三节课,应用一元一次方程前两节中的实际问题只依据一个等量关系即可列方程求解问题,而本节课中涉及的问题需根据两个等量关系求解,难度加深,是对前两节知识的拓展。小学教材中已出现有关方程的内容,本章是在小学学习方程的基础上,对方程的细化以及进一步应用。

5.教学重难点分析

(1)教学重点:找出等量关系,解决实际问题;探究多种解题方法。

(2)教学难点:从实际问题中抽象出一元一次方程的过程,体会数学方程的建模思想。

6.教学策略与方法

本课以"希望工程义演"为例引入课题,通过学生自主探究和合作交流、教师点拨相结合的方式,引导学生借助列表的方法分析问题,体会用图表语言分析复杂问题并建立方程的策略,由此展开教学活动。因此,本节教材的处理策略是:展现问题情境—提出问题—分析数量关系和等量关系—列出方程—解方程—检验解的合理性。

7.教学媒体与资源

课前:利用教学助手平台为学生发布课前任务和练习,引导学生回顾知识。发布课堂上所需要用到的PPT、微课等资源,让学生提前感知学习内容。学生完成导学任务后,通过教学助手平台巩固练习。

课中:在导学环节,教师展示学生导学情况。在课上练习环节,教师利用PPT课件,呈现相关问题情境,借助教学平板电脑,为学生提供课堂练习题。

课后:教师在教学助手平台为学生布置课后作业,学生完成任务后在教学助手平台上传作业,教师修改作业后反馈给学生,并将优秀作业分享到班级群。

8.教学活动过程

本课需2课时,共计90分钟。通过有规划的师生活动,并借助丰富的教学资源,为学生深化一元一次方程的知识以及将知识应用于解决实际问题等方面提供保障。整个教学活动包括课前、课中、课后三个部分,课堂中的教学活动具体如下。

(1)课前

在该环节,教师需要根据上一节课学生的学习情况来设计导学案,并结合课程要求设计相关题目,让学生提前感知课堂任务。导学主要以两种方式呈现:一种是习题练习的形式,既对上节课知识进行总结,又为本节课的学习打下基础;另一种是以微视频的形式发送给学生,便于学生提前了解本节课的知识点,保障课中教学活动的顺利开展。学生的任务则是根据导学内容,完成相应的学习任务,提前了解"希望工程义演"的学习任务。

(2)课中

在该环节,教师需要根据学生的课前学习情况,以"希望工程义演"为主题背景,以学习者学会应用一元一次方程为目标开展教学活动,在教学媒体与资源的帮助下,为师生创设情境并营造学习氛围。在该过程中,教师是教学的引导者和答疑者,学生是教学活动的主体与中心。具体活动如表4-7所示。

表4-7 "希望工程义演"教学活动表

教师活动		学生活动	信息技术支撑	设计意图
导学激趣	(1)教师利用课前收集的学生导学情况,展示优秀导学,并回顾一元一次方程解决实际问题的一般步骤。 (2)回答"什么是希望工程?"营造学习情境引入新课。	导学分享	(1)学生欣赏导学;思考课前留下的问题。 (2)思考并回答教师问题。	(1)PPT课件。 (2)教学平板。 (3)教学助手平台。	激发学生对先前知识的回顾以及学习兴趣。
引导点拨	(1)情境一展示:通过文艺团体为"希望工程"募捐义演活动,引导学生进入学习情境,思考一元一次方程的含义和解题步骤。 (2)组织学习小组讨论交流:通过问题的应用,交流各自对本题解法的认识。	合作探究	(1)进入情境,思考问题。 (2)根据学生亲身体验,类比前面的应用问题,与小组成员交流想法和意见。 (3)记录解题步骤与疑难。	PPT课件。	通过深入情境,探究疑难,启迪学生对问题的思考。

续表

教师活动		学生活动	信息技术支撑	设计意图
精讲释疑	(1)针对"希望工程义演"情境,为学生提供练习题。 (2)观看学生答题情况,并为学生疑惑进行指导。 (3)收集学生答题情况,组织学生讨论交流。 (4)针对重难点,易错点,以及学生的讨论、发言情况,教师借助课件给出正确答案,并进行详细分析和解答。 (5)组织学生发言。	疑难探究 (1)学生练习并上传答案。 (2)学生讨论与探究。 (3)学生听讲与发言。	(1)PPT课件。 (2)教学平板电脑。	通过学生的练习与同伴之间的探究,加上教师的讲解,归纳解决一元一次方程的解题方法。
拓展延伸	(1)突破问题情境,在学生做完练习的基础之上,为学生提供两个习题以提高该知识的应用能力。 (2)分享学生答题情况,并对难点知识进一步讲解。 (3)通过询问"你今天有何收获?"与学生进行交流。 (4)布置课后练习。	巩固迁移 (1)学生练习并上传答案。 (2)学生对疑难点深入分析。 (3)学生交流与总结。	(1)PPT课件。 (2)教学平板电脑。	提高学生的应用与反思能力。

教师在引导点拨环节,引入问题情境"希望工程义演"。在该过程中,教师引导学生进入问题情境并通过课件提出疑问。学生进入情境并作出相应回应。

解决情境问题之后,教师引导学生思考解决方程的思维步骤。

在精讲释疑环节,教师为学生提供习题,并对学生提供指导和建议。学生完成练习后,教师通过云平台查看学生练习情况,并有针对性的进行讲解,再次深化学习。

(3)课后

在该环节,教师首先需要将拓展习题发布在教学平台,其次是在班级群为学生开展答疑,并查询学生、家长的讨论情况,以及完成对课堂的反思,最后针对学生的作业学习完成情况,安排相应的反馈活动。对学生来说,需要完成教师发布的作业,将不懂的知识点分享至班级群中交流讨论,还可以向同学分享自己的解题经验。家长可借助班级群监督学生的学习,同时还可以在课外生活实践中,和学生共同参与问题讨论,拓展学生的学习。

9.学习评价

课前:该环节主要包括学生自主学习教材内容和平台资源后,对疑难进行梳理,对自我进行反思。教师利用平台上学生上传的导学情况,总结学生的学习情况,了解学情,设计相关教学活动。

课中:该环节主要包括教师的点评,学生、小组、同伴之间的互评,还有学生的自评。评价内容主要包括课上的学习表现以及学习效果。

课后:该环节主要包括教师对教学助手平台上的学生作业进行批阅,对于批阅结果,教师、学生及家长在班级群中展开讨论,互相点评,还包括教师对整个课堂活动的点评和自我反思。

(三)测验课

初中数学教学的重点是培养学生的知识技能、逻辑思维以及创新能力,而数学测验课是指学生在单元测试或考试之后,教师帮助学生对测验题进行分析,对自我进行定位的一种课型。通过测验和评价帮助学生矫正知识理解上的偏差、弥补解题方法的缺陷、寻找解题最佳途径,因而它既是一种深化提高课,又是一种特殊形式的复习课。在测验课教学中采用"互联网+"环境下新型数学课堂教学模式,旨在借助互联网技术,为学生提供开展测验课的资源和情境,帮助学生正确掌握数学概念、熟练运用数学思想方法、系统巩固数学知识结构,并激发学生学习数学的兴趣和培养学生良好的心理素质。

课前阶段的教学目标:对章节知识点进行复习和巩固;观看微课视频,课件等资源,完成课前导学练习。在课前阶段,教学环节包括:发布导学—完成导学—在线答疑。首先,发布导学环节。教师为学生提供知识清单以及导学任务单,帮助学生扫除单元知识障碍,同时提供相关材料作为补充,如微课、课件等。其次,完成导学环节。学生查看导学任务单,根据知识清单自主安排学习计划,借助教师提供的导学资源完成导学案。最后,在线答疑环节。针对不清楚的知识点,学生可在导学任务单中单独列出,同时在云校家平台话题区留言,以便教师进行在线答疑。

课中阶段的教学目标:通过教师在充分了解学情的基础上进行的测验题讲解,加深学生对知识的印象和应用;通过师生答疑互动,提升学生的数学思维能力。在课中阶段,教学活动的环节包括:导学分享—学生测验—教师讲解—师生答疑—课堂总结。首先,导学分享环节,教师对云校家平台上提交的自学任务单的完成度进行总结和重难点讲解,并邀请学生上台讲解部分试题,教师辅助学生、帮助学生梳理课前学习的知识。学生用iPad登录云校家平台,查看自己的自学任务单,扫除课前学习障碍。其次,学生测验环节,教师通过云校家平台为学生发送测验题,学生在规定的时间内完成练习后,将结果上传至平台,教师借助云校家平台上的自动计分功能,对学生进行批改,统计每个小题的正确率情况,并将分析结果和分数反馈至学生端。再次,教师讲解环节,教师根据测验单,对学生逐步分析,针对错误率较高的题目,进行深度剖析和讲解,为学生释疑。从次,师生答疑环节,学生向教师提出疑问,教师根据学生的提问,对问题进行二次讲解。最后,课堂总结环节,教师针对测验知识点和学生答题情况进行总结,针对学生的课堂学习表现,对学生进行评价,并布置课后作业。

课后阶段的教学目标:通过完成针对性的拓展测评题,突破学习难点,实现学生个性化发展。在课后阶段,教学环节主要包括:布置任务—测评延伸—反思评价。首先,布置任务环节。教师课后在云校家平台发布测评题,帮助学生巩固课堂测试的易错点和重难点,对知识进行深化训练,提高学生学习的效果。其次,测评延伸环节。学生完成测验题后,将答案上传至云校家平台,便于教师批阅。学生练习完毕后,自主解疑或将疑问分享至班级群或云校家平台与同学和教师讨论。最后,反思评价环节。教师根据学生的课前导学情况,课堂测验情况以及课后的自主练习情况,反思导学和教学效果,总结教学经验。

数学测验课"基本平面图形"教学案例

一、案例基本信息

1. 学校:西北某中学

2. 年级学科:七年级数学

3. 教材版本:北师大版

4.案例名称:基本平面图形

5.课型:测验课

6.学时:2学时

二、教学设计

1.设计思想

本案例是一堂数学测验课,其目标是对本章知识点进行查补缺漏,以此校正学生在本章知识理解上的偏差。因而教师以习题检验为主要活动,让学生能够清晰地了解并意识自己在掌握本章知识点上的疏漏,同时以练习题为知识载体,围绕知识点开展师生、生生之间的讨论与探究,并对学生答题情况进行总结,从而弥补解题方法的缺陷并寻找解题最佳途径,进而加深学生对"基本平面图形"的理解和运用。

2.教学目标分析

(1)知识与技能:梳理本章的知识点,学会表示各类基本图形,理解平面图形的性质,掌握基本图形的概念并能够进行基本图形的应用及运算。

(2)过程与方法:领悟做题的基本步骤和方法,通过分析问题提高解决问题的能力。

(3)情感态度与价值观:欣赏刻画生活情境的基本图形,培养良好的数学应用意识,以及积极探索、深度思考问题的能力。

3.学习者特征分析

(1)智力因素分析:七年级的学生处于形式运算阶段,具备系统思维能力,学生在第一章已经学过"丰富的图形世界",对基本的数学图形有了清晰定位,同时在学习基本平面图形的概念和性质之后,已经基本对本章的知识有了系统的了解。

(2)非智力因素分析:由于七年级的学生对事物具有充足的好奇心,具有较强的学习动机,并且该阶段的学生情感总趋向是积极、健康的,因而对于测验课的开展奠定了基础。

(3)学生信息素养分析:七年级的学生虽然可以运用软硬件设备,但熟练程度仍需要练习,对一些功能操作还需要花时间来体验,并且信息的分析、运用能力还有待提高。

4.教学内容分析

"基本平面图形"是北师大版《数学》七年级上册第四章的内容。学生在第一章"丰富的图形世界"对几何图形已经有了初步的认识,并且在学完第四章第一节"线段、射线、直线"、第二节"比较线段的长短"、第三节"角"、第四节"角的比较"、第五节"多边形与圆的认识"等知识后,对本章节的知识重点已经有了基本了解。本章中的三种线与角是几何中最基本的元素,它是以后学习一切几何知识的根基,其地位非常重要,因而为了对学生是否掌握该章知识点进行精准定位,并能够为以后的学习打下坚实的基础,有必要开展一次课堂测试活动,并在测试结束之后对学生情况进行分析。

5.教学重难点分析

(1)教学重点:基本平面图形的性质和应用。

(2)教学难点:关于基本平面图形的计算和应用问题。

6.教学策略与方法

本课以深度解构"基本平面图形"的知识点为重点,主要通过回顾、练习、讲解、答疑、拓展等对本章的重要概念进行总结。在该过程中,学生的测验是主要的学习活动,除此之外,教师的讲解答疑也是不可忽视的重要环节。

7.教学媒体与资源

课前:利用教学助手平台为学生发布章节知识点,引导学生对章节知识进行总结与回顾,发布每个小节课上所用到的课件,便于学生系统性复习。

课中:教师借助课件展示学生课前学习情况,利用云校家平台为学生提供练习题,并完成对学生测验情况的统计,学生在完成练习之后,教师需要再次借助课件为学生讲解疑难。

课后:教师在教学助手平台为学生布置课后作业,学生完成任务后利用教学助手平台上传作业,教师依据修改作业后反馈给学生,并将优秀作业分享到班级群。

8.教学活动过程

本课需2课时,共计90分钟。第一个课时主要完成教师导学以及学生练习活动,第二个课时主要完成答疑解难、疑难探究等活动。通过有规划的师生活动,并借助教学平板电脑为学生按时完成练习、为教师精准实施教学计划提供保障。课堂中的教学活动具体如下。

(1)课前

在该环节,教师要为课中测验的顺利开展提供课前支持,主要完成的任务是为学生提供资源,包括:讲述重要知识点的微课、第四章每个小节的课件以及教师设计的综合课件。除此之外,针对本章节的知识点,教师需要结合教材内容和教学目标,编制习题,提前发布给学生,让学生完成练习。相应地,学生在自主学习资源内容之后,完成教师发布的综合测试题,并上传至教学助手平台。

(2)课中

在该环节,教师首先需要完成对学生课前学习情况的总结,主要根据学生上传的习题练习情况,讲解易错和易忽视的知识点,并对该章的重要知识进行回顾,为学生的课堂测验与深入探究奠定基础。在整个教学活动中,学生是学习的中心,教师主要承担的是答疑者以及监督者角色。具体活动如表4-8所示。

表4-8 "基本平面图形"教学活动表

	教师活动		学生活动	信息技术支撑	设计意图
导学激趣	教师展示学生课前的练习情况,引导学生积极思考。	导学分享	学生欣赏导学,思考课前练习存在的问题。	PPT课件。	激发学生对先前知识的回忆。
引导点拨	(1)教师为学生讲解、分析重难点与易错点。(2)组织学生交流:你在练习中存在哪些问题?(3)组织全班讨论:你有答题"金钥匙"吗?	合作探究	(1)记录解题步骤与疑难。(2)与同伴分享交流。(3)倾听同学的意见,并分享自己的学习经验。	PPT课件。	通过营造学习气氛,引导学生深入分析问题,为测验的开展奠定基础。
测验监督	(1)教师将课堂测试题发布至云校家平台,并明确考试要求。(2)组织学生答题,管理测验纪律。	综合训练	(1)利用云校家平台,展开测验训练,对章节知识查补缺漏。(2)遵循测验纪律。	(1)教学平板电脑。(2)云校家平台。	通过对章节知识的综合训练,为学生弥补知识与方法上的缺陷。

续表

	教师活动	学生活动	信息技术支撑	设计意图
精讲释疑	(1)通过云校家平台"自动计分"功能,统计学生测验情况。 (2)为学生提供正确答案,进行错题分析,再次梳理重难点。 (3)组织学生讨论交流,并利用平台互动功能,让学生提出疑问。 (4)开展答疑。	疑难探究	(1)学生校对答案,为自己打分。 (2)学生讨论与探究。 (3)学生发言,提出疑问。 (4)认真听讲。	(1)PPT课件。 (2)教学平板电脑。	通过学生的练习与同伴之间的探究,主动分析问题,并通过教师的辅助讲解,完善不足。
拓展延伸	(1)利用课间为学生展示提升题,组织学生练习。 (2)统计学生答题情况,根据回答情况,提供答案,适当指点。 (3)教师询问:"你今天学到什么?",组织学生讨论与回答。 (4)布置课后作业。	巩固迁移	(1)学生自主练习。 (2)学生分析解题步骤。 (3)学生交流与总结。	(1)PPT课件。 (2)教学平板电脑。	提高学生的应用与反思能力。

其中,在测验监督环节,教师需要给学生提供测试题,学生需要根据教师的要求完成测验。

教师在拓展延伸环节,需要借助教学助手平台的"互动课堂"工具,随机抽取学生发言。学生则对自己的问题或者见解进行发言。

(3)课后

在该环节,教师首先要完成的就是将课堂测验中学生错误率较高的题型通过平台发布出来,让学生及时查询,还有包括学生课下需要完成的练习题。其次是在班级群中展开探究,教师提出问题,让学生参与讨论回答,并再次为学生提供网络资源来丰富学生的课外生活。最后,批阅学生作业,针对学生的课下练习情况,制定相应的反馈计划。对于学生而言,需要完成的任务首先是查看教学助手平台,查看相关要求,下载作业,完成练习之后,将答案再次上传,便于教师批阅。其次是学生积极参与班级群中的互动,完成相应的任务。家长可参与班级讨论,与教师一起共同帮助学生完成本课的学习任务。

9.学习评价

课前:该环节主要包括学生完成导学练习、校对答案和梳理知识。教师主要通过学生课前练习情况,了解学情,设计相关教学活动。

课中:该环节主要包括教师的点评、同学间的互评和学生的自评。评价内容主要包括课上的学习表现以及学习效果。

课后:该环节主要包括教师对学生作业的批阅、教师的课后反思;学生反思学习情况,包括知识,能力,思维;家长对学生学习表现的评价。

(四)讲评课

初中数学教学的重点是培养学生的知识技能、逻辑思维以及创新能力,而数学讲评课是以评讲学生的数学作业、练习、试卷为主要目的的一种课型。通过为学生讲解知识,强化学生对知识和知识网络的理解、巩固和运用,提升思维品质的同时进一步深化学生对解题规律综合理解和把握。在讲评课教学中采用"互联网+"环境下新型数学课堂教学模式,旨在根据讲评课的特点,借助互联网技术,为学生提供课程开展的资源和条件,帮助学生总结学习经验,弥补知识薄弱环节,强化基本技能并激发学习动机。

课前阶段的教学目标:通过习题的自主练习,巩固和运用所学知识。在课前阶段,教学环节包括:发布导学—完成导学—试题分析—自主订正。首先,发布导学环节。教师将测评的题目以导学的形式发布给学生。其次,完成导学环节。学生完成题目后上传至云校家平台。再次,试题分析环节。教师全面地分析试题的来源,测评题的整体得分情况,包括平均分、最高分、方差,做好记录。教师将这份试卷的详细解答上传至云校家平台,得分率低的题录制微课。最后,自主订正环节。学生自主选择纠正方式:文本或微课,多错题进行校正,不懂的知识点列举在知识清单上。

课中阶段的教学目标:通过教师对练习情况的评价、讲解和分析,加深解题印象;通过师生答疑互动,提升数学思维能力。在课中阶段,教学活动的环节包括:导学分享—教师讲评—基础小测—解答探究—课堂总结。首先,导学分享环节。教师将课前整理好的学生练习情况,分享给学生、并针对课前错误率较高的问题,邀请学生上台讲解,教师辅助学生、帮助学生梳理课前学习的知识。学生用iPad登录云校家平台,查看自己的自学任务单,扫除课前学习障碍。其次,教师讲评环节。教师逐步分析其他练习题,列出解题步骤,针对错误率较高的题目,进行深度剖析和讲解,为学生释疑。再次,基础小测环节。教师在云校家平台发布测试题,包含易错题和讲评题目中典型错误的同类题,让学生进行解答。从次,解答探究环节。教师查看学生答题情况,学生向教师提出疑问,教师根据学生的提问,对问题进行解析。最后,课堂总结环节,教师引导学生总结知识结构和解题技能,理顺知识,教师对讲评题目进行知识归纳和题型总结,并布置课后作业。

课后阶段的教学目标:通过完成针对性的拓展测评题,突破学习难点,实现学生个性化发展。在课后阶段,教学环节主要包括:布置任务—完成作业—反思评价。首先,布置任务环节。教师根据学生课前完成的作业或测评题情况,以及课堂的讲评反馈情况,设计课后作业,课后作业需要学生在云校家平台中自行下载,进行打印,让学生回归常规的作业模式。其次,完成作业环节。学生完成课后作业后,以手机拍照的形式反馈至平台上,便于教师批阅。最后,反思评价环节。教师反馈后,学生可在平台答疑区或班级群中进行讨论和交流,教师针对整个课堂环节,进行反思,书写感想心得。

数学复习课《三角形》教学案例

一、案例基本信息

1.学校:西北某中学

2.年级学科:七年级数学

3.教材版本:北师大版

4.案例名称:三角形

5.课型:讲评课

6.学时:1学时

二、教学设计

1.设计思想

本案例是一堂数学讲评课。课前,教师对知识点的梳理和总结,并通过学生做试卷的方法对本章知识点进行查补缺漏,以此校正学生在本章知识理解上的偏差。课中,教师以学生的测试题回答情况作为起点,对三角形相关概念及性质的讲解基础之上,以教师讲评、学生探究为主要活动,让学生能够对三角形的知识点进行查补缺漏,并且能够对解题规律综合理解和把握,同时在教师的指导下,通过习题拓展的方式来检验学生的掌握情况,围绕知识点开展师生、生生之间的讨论与探究。课后,教师为学生发布课后练习,巩固学生对第四章"三角形"的理解和运用,并对教学进行反思,以调整自己的教学策略。

2.教学目标分析

(1)知识与技能:梳理本章的知识点,理解三角形的相关概念及性质,并能够运用所学的三角形知识点解决实际问题;通过反馈测试评价的结果,让学生了解自己的知识、能力水平,提高解题能力,提高数学综合素质。

(2)过程与方法:经过复习三角形性质,发展数学推理能力;在独立思考的基础上经历性质的探索、发现过程,发展演绎推理能力;通过分析错题,找出错因,矫正、巩固、充实、完善和深化常见题型的答题技巧。

(3)情感态度与价值观:在教师的指导与帮助下,积极参与问题的讨论,培养与他人交流合作的学习习惯;引导学生正确看待考试分数和错题,增强学好数学的信心。

3.学习者特征分析

(1)智力因素分析:七年级的学生处于形式运算阶段,学生在第二章"相交线和平行线"的学习过程中,积累了一些初步的数学活动经验,空间观念、几何直观与推理能力得到了初步的培养,并且学生经过"三角形"知识点的系统学习和习题练习后,对三角形的相关概念及性质已有了系统的把握,不过还需要在教师的引导下,深化对问题的认识和解题方法的运用。

(2)非智力因素分析:由于七年级的学生对事物具有充足的好奇心,能够挑战较困难的事物,这为讲评课的开展提供了必要的条件。学生具有较强的学习动机,情感趋向积极、健康,有利于教师在课堂中开展师生的合作交流与答疑。

(3)学生信息素养分析:七年级的学生虽然可以运用软硬件设备,但熟练程度仍需要练习,对一些功能操作还需要花时间来体验,并且信息的分析、运用能力还有待提高。

4.教学内容分析

"三角形"是北师大版《数学》七年级下册第四章的内容。本章是初中几何图形的重要内容之一,核心思想方法是类比思想和转化思想,是在掌握三角形的有关概念基础之上,能拓展至多边形的有关概念,利用三角形的有关性质研究了多边形的内角和、外角和公式。并能够将这些知识用于解决实际生活中的问题。根据学生的特点,一方面要通过教师的引导,让学生发现自己的知识盲区;另一方面要创造条件和机会,让其能够对知识点进行拓展,并能够发挥学习的主动性。同时,讲评课要设计得具有针对性,针对的是学生的弱点,知识的难点,从多方位多角度培养学生的数学逻辑思维能力和创新思维。

5.教学重难点分析

(1)教学重点:三角形概念、原理的理解与运用。

(2)教学难点:解题方法与技巧的掌握。

6.教学策略与方法

本节课以教师讲解和评析为主,开展教学活动。教师讲评试卷时需要仔细分析试卷,有针对性地讲解。讲评课的备课要完成对学生测评的准确统计,归类分析,制定教案。在讲评课上需要实现重视激励,借题拓展。在课后,教师需要选择有针对性适量的作业同时还需要要求学生认真订正试卷并写好考试小结。

7.教学媒体与资源

课前:利用教学助手平台为学生发布测试卷,学生在平台上完成后点击提交,教师利用云校家平台的自动计分功能为学生计分,并统计每题的错误率。教师针对学生的测试情况,针对易错点、知识难点设计微课和导学,通过云校家平台发布给学生。

课中:教师借助课件展示学生课前测试情况,借助PPT展示课堂需要讲解的知识点,利用教学平板电脑在云校家平台为学生提供练习题。

课后:教师在教学助手平台为学生布置课后作业,学生完成任务后利用教学助手平台上传作业,教师依据修改作业后反馈给学生,并将优秀作业分享到班级群。

8.教学活动过程

本课需1课时,共计45分钟。通过有规划的师生活动,并借助教学平板电脑使学生按时完成导学。在教师的引导下,完成对三角形知识的巩固和拓展,使得学生能够更加系统和全面掌握本章节的知识点。课堂中的教学活动具体如下。

(1)课前

在该环节,教师为学生发布三角形知识的相关测试题,并以导学的形式发送至云校家平台。学生通过云校家平台学生端访问平台,在个人设备上完成测试并提交答案。教师统计学生的测试情况,记录相关数据,并将学生未掌握或者掌握不牢固的三角形知识点录制成微课以及测试题答案发送给学生。学生自主校对答案,观看视频,完成思维导图。

(2)课中

在该环节,教师首先需要将课前的学生测试情况分享给学生,让学生对自己有清晰的定位。随后,具有针对性地讲解测试题,为学生分析正确解题步骤,讲解易错和易忽视的知识点,并对该章的重要知识进行回顾。在整个教学活动中,学生是学习的中心,教师主要承担的是讲解者以及分析者角色。具体活动如表4-9所示。

表4-9 "三角形"教学活动表

	教师活动	学生活动	信息技术支撑	设计意图
导学激趣	(1)教师为学生展示课前测验的情况,引导学生对自我进行定位和分析。 (2)展示错误率较高题型,需要学生重点关注。 (3)组织学生与同桌分享思维导图。	导学分享 学生查看试题错误率,分享课前制定的思维导图,梳理知识点,借鉴他人经验。	(1)PPT课件。 (2)教学平板电脑。 (3)云校家平台。	吸引学生注意力,激发对先前知识的回忆以及学生的学习动机。

续表

教师活动	学生活动	信息技术支撑	设计意图
引导点拨 (1)借助学生课前的学习数据,帮助学生梳理三角形单元的所有知识点。(2)借助PPT,为学生展示和分析三角形的重难点,尤其是如何判断三角形的全等。(3)组织学生再次分享思维导图。	**合作探究** (1)学生借助教师的讲解,修改和拓展思维导图。(2)记录重难点。(3)与同桌再次合作交流,分享讨论。	PPT课件。	通过教师的引导和帮助,使学生加深对三角形知识的印象,为题型的应用奠定基础。
精讲释疑 (1)根据测试题,教师首先需要为学生校对和分析错误率较高的题型。(2)教师其次需要为学生剖析和讲解其他易错题。(3)教师接着询问学生是否还需要拓展和分析试卷上其他的试题。	**疑难探究** (1)学生遵循教师讲解顺序,做好笔记,分析解题步骤。(2)学生做好错题和解题方法的记录。(3)针对疑惑,学生利用云平台举手功能进行提问。	(1)PPT课件。(2)教学平板电脑。(3)云校家平台。	通过教师的讲解与剖析,在掌握三角形章节知识的基础之上,加深对重要结论的理解,同时形成基本的分析技能。
拓展延伸 (1)为学生提供三角形单元的变式训练例题。(2)维持课堂秩序,观察学生的解题情况。(3)学生完成练习后,邀请并辅助学生解答。(4)对学生的解题答案进行点评,教师进行拓展。	**巩固迁移** (1)学生完成拓展例题。(2)主动回答问题。(3)听讲与总结。	(1)PPT课件。(2)教学平板电脑。(3)云校家平台。	提高学生的应用、迁移与反思能力。
课堂总结 (1)教师对整体课所学的知识点进行总结。(2)教师对学生的上课表现进行评价。(3)布置课后作业。	**自我总结** (1)学生再次做好笔记,系统回顾知识点。(2)做好作业记录。	PPT课件。	形成对本章知识点的系统梳理。

在引导点拨环节,一方面,教师需要为学生提供三角形知识的初步结构图,以帮助学生梳理自己的思维导图。另一方面,教师需要借助PPT为学生展示和讲解三个三角形的重难知识点,分别是:重难点1,三角形的边及有关线段;重难点2,三角形中有关角的求值;重难点3,全等三角形的性质与判定。在此基础之上,为学生提供方法指导。

教师在精讲释疑环节,需要借助测试题为学生总结三种解题的思想方法,分别是:思想方法1,分类讨论思想;思想方法2,方程思想;思想方法3,整体思想。

(3)课后

在该环节,教师首先需要借助智慧教学平台的数据统计分析功能,总体分析学生课前的测验试卷,课上的互动数据,对学生的学习情况进行精准定位。其次,为学生设计深化和巩固三角形章节知识的测试卷,通过云校家平台发送给学生。接着,学生需要通过云校家平台下载打印测试卷,自主完成后,校对答案,并将自主批阅修改后的测试卷拍照上传给教师,便于教师查看。再次,教师根据学生课前、课中、课后学生的完成情况和表现情况进行分析,将结果反馈至班级群,学生可在班级群中提出疑问,开展习题探讨和难点知识答疑,以提高学生数学学习的兴趣,家长在该过程可参与互动。最后,教师对整个课堂环节进行反思,调整教学计划。

9.学习评价

课前:该环节主要包括学生完成导学测验、校对答案,课前诊断,制作思维导图分析知识点。教师主要通过学生课前测试情况,了解学情,设计相关教学活动。

课中:该环节主要包括教师的点评、同学间的互评和学生的自评。评价内容主要包括课上的学习表现以及学习效果。

课后:该环节主要包括教师对学生作业的批阅、教师的课后反思;学生自我评价,包括知识,能力,思维;家长对学生学习表现的评价。

(五)复习课

初中数学教学的重点是培养学生的知识技能、逻辑思维以及创新能力,而数学复习课是指根据学生的认知特点和规律,在学生学习数学的某一阶段,以巩固、梳理已学知识、技能,促进知识系统化,提高学生运用所学知识解决实际问题的能力为重要任务的一种课型。通过在教师的带领下,帮助学生回忆学过的公式、法则、定义、定理以及解题方法,使学生能够对新旧知识做更明确的联想以及逻辑的联系,能够确定解决同类问题的法则以及方法的异同,以更全面的观点分析数学问题。在复习课教学中采用"互联网+"环境下新型数学课堂教学模式,旨在借助互联网技术,提供必要的学习资源,营造开展复习课的教学环境,帮助学生提高认知水平,完善知识结构,形成系统化的思维方式。

课前阶段的教学目标:依据复习目标,学生进行复习课前的自我测试和评估,实现对自身学情的精准掌握。在课前阶段,教学环节包括:确定复习目标—发布题单—自主检测。首先,确定复习目标环节。通过年级备课组集体备课研究,确立本节课复习内容、复习目标、复习重点和难点,通过智能学习平台调查统计分析,将数学其他四个课型中学生存在的问题与疑惑进行归类和整理,设计学生课前自主检测题单。其次,发布题单环节。教师将检测题单发布在云校家平台上,让学生课前预习,学生根据复习内容,利用思维导图自主构建知识体系。最后,自主检测环节。学生进入完成题单和思维导图后,能提前熟悉本节课复习内容、复习目标,做到对基本概念、定理进行复习,为课堂做准备。

课中阶段的教学目标:学生以小组的形式分享课前制作的思维导图,共同完成知识的建构;通过梳理知识点,形成对章节或小节知识的整体感知。在课中阶段,教学活动的环节包括:导学分享—知识回顾—实践提升—课堂总结。首先,导学分享环节。教师利用课件分享学生课前制作的思维导图,其后将学生分为若干小组,由学生自行利用思维导图的方式来讨论学习,并展示各自的成果,学生相互补充和探讨,教师在课堂中对某些小组未能解决的问题或个体问题进行提示、指导。其次,知识回顾环节。教师为学生讲解和分析重难知识点,并指导学生做好笔记,之后学生可举手发言,向教师提出疑问。再次,实践提升环节,教师根据讲解的知识,在云校家平台发布课堂例题,学生自主完成后,提交答案,教师查看学生练习情况后,根据答题情况,讲解例题。最后,课堂总结环节。教师引导学生总结所学知识和解题技能,理清知识点,深化对数学知识点的理解。

课后阶段的教学目标:通过完成经典题型,再次学习,强化解题思路,提升问题解决能力。教师梳理出课上讲解的经典题型,并将全班分成学习小组,选派代表制作学习视频,分享解题思路,上传到班级群或学习平台便于教师和其他同学查看。教师查看视频后,将评价反馈至班级群,之后为学生布置练习题作业,由学生自主完成。教师针对整个课堂环节,进行反思,对学生的应答思维进行深入的剖析,同时优化复习课的教学策略。

数学复习课"整式的乘除"教学案例

一、案例基本信息

1.学校:西北某中学

2.年级学科:七年级数学

3.教材版本:北师大版

4.案例名称:整式的乘除

5.课型:复习课

6.学时:1学时

二、教学设计

1.设计思想

本案例是一堂数学复习课,其目标在于对本章知识点进行查补缺漏,以此校正学生对本章知识理解上的偏差。因而教师以知识复习作为重点,师生答疑为主要活动,让学生能够清晰地了解并意识到自己在掌握本章知识点上的疏漏。同时,通过课堂小测来检验学生的复习情况,围绕知识点开展师生、生生之间的讨论与探究,并对学生的课堂表现情况及复习情况进行总结,从而帮助学生在知识理解,解题技巧等方面找到最佳途径,有助于学生对"整式的乘除"的理解和运用。

2.教学目标分析

(1)知识与技能:梳理本章的知识点,了解整数指数幂的意义和整数指数幂的运算性质,会进行简单的整式乘、除运算。能推导乘法公式:平方差公式与完全平方公式,并能利用公式进行简单的计算;了解公式的几何背景,发展几何直观。

(2)过程与方法:通过学习类比、归纳、转化等方法,提高思考与运算,发展运算能力;通过领悟做题的基本步骤和方法,提高解决问题的能力;通过体会字母表示数的意义,发展符号意识。

(3)情感态度与价值观:在整式乘、除、幂的学习过程中,发展勇于探究、质疑及合作交流的精神。

3.学习者特征分析

(1)智力因素分析:七年级的学生处于形式运算阶段,虽然对第一章每小节的知识已有了初步的学习,但却没有形成章节知识点的综合汇总,思维能力还不具备系统性,在知识的熟悉程度以及解题的思维方法上还存在着缺陷,因而需要教师通过复习课来提升和训练学生的思维和能力。

(2)非智力因素分析:由于七年级的学生对事物具有充足的好奇心,具有较强的学习动机,并且该阶段的学生情感总趋向是积极的、健康的,因而对于复习课的开展奠定了基础。

(3)学生信息素养分析:七年级的学生虽然可以运用软硬件设备,但熟练程度仍需要练习,对一些功能操作还需要花时间来体验,并且信息的分析、运用能力还有待提高。

4.教学内容分析

"整式的乘除"是北师大版《数学》七年级下册第一章的内容。本章是初中代数的重要内容之一,核心思想方法是类比思想和转化思想,学生要掌握幂的运算,重点是整式的乘法、除法运算,并灵活运用平方差公式和完全平方公式。根据学生的心理特点,一方面要运用问题情境激发其兴趣,另一方面要创造条件和机会,让其发表见解,发挥学习的主动性。同时,复习课要设计一些具有综合性、灵活性、发展性的问题,让学生综合运用所学知识解决日常生活中的数学问题,多方位多角度地培养学生的创新思维,以促进学生主体性的发展。

5.教学重难点分析

(1)教学重点:整式的乘除法,乘法公式的应用。

(2)教学难点:整式乘法公式的应用。

6.教学策略与方法

本课以深度解析"整式的乘除"的重难知识点为重点,主要通过回顾、探究、讲解、答疑、拓展等对本章的重要概念进行总结。因此,本节课采用以学生自主探究为主,教师讲练结合为辅的策略和方法。

7. 教学媒体与资源

课前:利用教学助手平台为学生发布章节知识点,引导学生对章节知识进行总结与回顾,发布每节课上所用到的课件以及导学案,便于学生系统性复习。

课中:教师借助课件展示学生课前学习情况,以及需要复习的知识点,利用教学平板电脑的云校家平台为学生提供练习题,为课堂活动的开展提供支撑。

课后:教师在教学助手平台为学生布置课后作业,学生完成任务后利用教学助手平台上传作业,教师依据修改作业后反馈给学生,并将优秀作业分享到班级群。

8. 教学活动过程

本课需1课时,共计45分钟。通过有规划的师生活动,并借助教学平板电脑使学生按时完成导学,在教师的指导下完成测验检测复习情况,使得学生能够更加系统和全面掌握本章节的知识点。课堂中的教学活动具体如下。

(1) 课前

在该环节,教师为学生准备视频微课、PPT课件并针对本章知识点设计课前测试题,并以导学的形式发送至云校家平台。学生课前通过平台,使用个人平板电脑学习教师录制的微视频,梳理知识点,以小组为单位完成思维导图,在规定时间内完成相关内容的练习并提交给教师,练习的测试结果帮助教师进行学情诊断,进而确定课堂的重难点。并通过教学平台的数据分析,了解学生哪里掌握得好,哪里掌握得不好,进而确定该节复习课的侧重点在于哪个知识点的理解与运用。

(2) 课中

在该环节,教师首先需要完成对学生课前学习情况的总结,主要根据学生课前复习题的练习情况,讲解易错和易忽视的知识点,并对该章的重要知识进行回顾,帮助学生对本章知识形成整体性的建构。在整个教学活动中,学生是学习的中心,教师主要承担的是辅助者以及指导者角色。具体活动如表4-10所示。

表4-10 "整式的乘除"教学活动表

	教师活动		学生活动	信息技术支撑	设计意图
导学激趣	教师展示学生课前的导学情况,引导学生积极思考。	导学分享	学生分享导学以及课前制定的思维导图,梳理知识点,借鉴他人经验。	PPT课件。	激发学生的学习动机。
引导点拨	(1)借助学生课前的学习数据,帮助学生梳理;讲解重难点、易错点知识。(2)借助PPT,让学生自主练习习题,学生完成后,提供和分析解题步骤。(3)组织学生讨论交流。	合作探究	(1)记录重难点。(2)练习习题。(3)与同桌合作交流,并分享自己的做题步骤。	PPT课件。	通过营造学习气氛,引导学生梳理知识,探究疑难。
测验监督	(1)教师将课堂经典例题及三个变式练习题共享至云校家平台,并明确练习要求。(2)组织学生答题。	综合训练	利用云校家平台,进行答题检测,对知识点进行拓展应用。	(1)教学平板电脑。(2)云校家平台。	通过对例题的训练,查漏补缺,明确学生在知识和解题方法上的缺陷;通过采用"变式训练",着重分析平方差从不同角度、不同方向、不同层次的问题设计。
精讲释疑	(1)通过云校家平台的统计功能,分析学生错误率和正确率。(2)为学生提供正确答案,进行错题分析,再次讲解错误率较高的题,剖析知识点。(3)组织学生讨论交流,并利用平台互动功能,让学生提出疑问。	疑难探究	(1)校对答案,做好笔记。(2)讨论与探究。(3)学生发言,向老师提出疑问。	(1)PPT课件。(2)教学平板电脑。	通过教师的讲解与同伴之间的探究,主动分析问题,通过教师的帮助,构建知识体系。

	教师活动	学生活动	信息技术支撑	设计意图
拓展延伸	(1)为学生提供拓展复习练习题。(2)针对学生做题情况,随机抽取学生回答问题。(3)播放相关知识的二维动画,巩固知识,点拨思维。	巩固迁移	(1)学生练习。(2)回答教师问题。(3)交流与总结。	(1)PPT课件。(2)教学平板。	提高学生的应用与反思能力。

在教师的测验监督环节,教师需要为学生提供练习题,学生需要自主完成练习。

计算$(2a+3b)(2a-3b)$三个变式训练,包括:变式(1),变换符号$(-2a-3b)(2a-3b)$;变式(2),变换项数$(2a+3b+3)(2a-b-3)$;变式(3),连续应用$(2a+3b)(2a-3b)(4a^2+9b^2)$。

在教师的拓展延伸环节,教师需要借助云校家平台为学生发布拓展复习题,并针对学生的做题情况,巩固知识点。

(3)课后

在该环节,教师首先需要根据课前、课中的教学情况,借助智慧教学平台的数据统计分析功能,以数字化、可视化的方式展示课堂情况,让教师准确地了解学生对整章知识的掌握情况;其次,教师根据学生个人学习情况布置分层作业,并实现个性化的辅导;最后,教师根据学生的完成情况,反馈至班级群,并可进行班级探究,开展习题探讨和难点知识答疑,以提高学生数学学习的兴趣,让学生主动运用数学知识解决实际问题,增强学生应用数学的意识。

9.学习评价

课前:该环节主要包括学生完成导学练习、校对答案以及学习诊断。教师主要通过学生课前练习情况,了解学情,设计相关教学活动。

课中:该环节主要包括教师的点评、同学间的互评和学生的自评。评价内容主要包括课上的学习表现以及学习效果。

课后:该环节主要包括教师对学生作业的批阅、教师的课后反思;学生自评,包括知识、能力、思维;家长对学生学习表现的评价。

三、英语学科模式应用案例

义务教育初中阶段英语课程体系以培养学生的综合语言运用能力为目标。根据英语学科的教学特点和教学内容，将英语课型主要划分为阅读课、听说课、作文课、讲练课和复习课五类。课题组以新型英语课堂教学模式为指导进行教学设计，对西北某中学英语教学中的阅读课、听说课、作文课、讲练课和复习课五种课型都进行了教学模式实践。通过教学活动的实施，借助互联网学习技术，为学生呈现真实的语言学习环境，支持开展多种交互式学习活动，使学生掌握一定的语言基本知识和基本技能，建立初步语感，培养学生自主学习的能力和表达交际能力。"互联网+"环境下英语学科阅读课、听说课、作文课、讲练课和复习课的教学案例如下。

（一）阅读课

阅读课承载着每个单元最核心的语句及语法内容，英语阅读作为语言技能的重要组成部分，是语言输入的主要环节，在英语教学中占有重要地位。阅读课具有较强的综合性，包括知识学习、听说训练。在阅读课教学中采用"互联网+"环境下新型英语课堂教学模式，旨在利用互联网技术与资源，帮助学生转变学习方式，通过先学后导的方式构建学习愿景，支持学生自主合作探究，通过分析文章不断运用词汇和语法，发现问题，使知识问题化，继而使问题能力化，以此培养学生对语篇的分析理解能力、阅读方法、思维能力、概括能力与判断能力。

课前阶段的教学目标：学会理解文本内容，通过自主学习发现问题、生成问题；在教师指导下能够根据教学目标和要求，事先预习学习内容，了解文章背景，掌握基础词汇及短语。在课前阶段，教学环节包括：发布导学—完成导学—提出问题—在线答疑。首先，发布导学环节。教师课前制作教学课件和导学任务单，通过云校家平台发布阅读原文、基础词汇以及相关背景资料。其次，完成导学环节。学生查看导学任务单，完成对应学习任务并上传至云校家平台。再次，提出问题环节。在导学任务单上标记不理解的内容、注明感想问题、相关资料问题、思考与文章主体相关的文化及社会问题。最后，在线答疑环节。在话题专区留言问题，教师和其他学生进行在线答疑。

课中阶段的教学目标:通过小组合作探究的形式,学生泛读提取文章中的背景信息与资料、找出文章中的新单词和词组、梳理文章中的语法句型并翻译分析句子成分,总结文章内容每段的主题并完成问题;掌握阅读文章的方法和策略,提高阅读分析和概括能力;学会在具体语境中如何使用所学知识,提高发现、探索和解决问题的能力。在课中阶段,教学活动的环节包括:导学分享—小组合作—精讲精练—梳理总结。首先,导学分享环节。教师总结云校家平台上提交的导学任务单的完成情况,展示优秀学生作品,带领学生一起梳理导学案中的问题和知识点。学生用iPad登录云校家平台,查看自己的自学任务单,回顾预习知识。其次,小组合作环节。教师划分学习小组,将文章阅读分为泛读大意、梳理词组、解析句子和归纳主旨等几部分,让学生小组分工完成这些任务,提取文章中的背景信息,梳理词组和句型,总结文章内容每段的主题,并完成教师提出的问题,以小组为单位上台展示学习成果,小组之间相互补充评价,共同解析文章中的重要知识点。再次,精讲精练环节。教师了解小组合作环节中学生的文章解析情况,针对学生理解的难点知识进行精讲精练,通过词组游戏、造句、在线检测等形式帮助其他学生理解、记忆和应用难点词组和语法知识。最后,梳理总结环节。教师让各小组总结本节课的文章内容,用自己的话描述总结文章大意,再次巩固课文知识。

　　课后阶段的教学目标:通过课后练习和在线检测巩固知识点,逐步养成总结反思的习惯。在课后阶段,重点在于学习巩固与反思。学生在教师的指导下,完成课后检测题,巩固学习效果。学生采用思维导图的形式梳理阅读课的知识框架,及时查漏补缺,同时将思维导图上传至云校家班级圈,便于学生互相学习和交流。

英语阅读课"Fun Times Park"教学案例

一、案例基本信息

1. 学校:西北某中学

2. 年级学科:九年级英语

3. 教材版本:人民教育出版社版

4. 案例名称:Fun Times Park

5. 课型:阅读课

6.学时:1课时

二、教学设计

1.设计思想

本案例是九年级的一节阅读课。《义务教育英语课程标准(2022年版)》指出,就工具性而言,英语课承担着培养学生英语素养和发展学生思维能力的任务。阅读能力是重要的语言技能之一,阅读教学对于初中阶段学生的英语水平提升具有重要作用。本案例采取任务式教学的思想,坚持以问题为导向,精心设计问题,形成有效的任务链。针对英语学科核心素养要求,结合智慧课堂信息化平台的使用情况,设计了读前、读中、读后三个环节,所有任务都由学生亲自参与和体验,以引导学生去独立思考、合作研究和解决问题,同时锻炼和培养学生的科学精神和批判性思维。

2.教学目标分析

(1)知识与技能:了解欣赏游乐园基本信息,会使用宾语从句礼貌地提出请求,掌握相关词汇和句型;通过略读和跳读解决阅读问题,培养英语语言运用能力。

(2)过程与方法:学生在教师的引导提问下思考,归纳总结出共性规律和个性化经验。

(3)情感态度与价值观:学生养成独立思考的习惯,形成大胆尝试、礼貌请求的品质,增加民族文化自信,具备弘扬民族文化的意识。

3.学习者特征分析

(1)智力因素:经过七、八年级的学习,学生已掌握基本的英语词汇和阅读技能,并能够通过阅读获取信息,具备一定的用英语思考和解决问题的能力。

(2)非智力因素:九年级学生在心理和情感上处于敏感期,对像游乐园这样的活动充满兴趣,同时他们偏好感性思维,渴望在课堂上讨论贴近生活的话题。然而,他们仍不够大胆,在公共场合还不会主动用英语进行对话。

(3)学生信息素养分析:班级同学对用学生端进行抢答、提问、拍照上传等操作已经相当熟悉,能够与教师进行充分互动。

4.教学内容分析

与其他短文式阅读不同,本文的特点是对话形式,全文分四个场景。因此,本节课以短文阅读理解和对话理解相结合为出发点来设计。在读中环节,分别设计快读、略读、细读三部分任务,来帮助同学们理解对话;读后环节,交流是一种情感的升华,让学生带着情感进行角色扮演,体会主人公的情绪;在展示环节,要求同学们把对话改写成短文,考查学生对知识的理解程度,锻炼学生的写作能力。

5.教学重难点分析

(1)教学重点:本节课的重点是能够运用阅读技巧理解课文,掌握重点短语和句型,让学生学会能够礼貌地提出请求。通过快读抓大意、略读抓细节、细读深理解及读后交流、分享、展示等活动来突破本课重点内容。

(2)教学难点:本节课的难点是掌握宾语从句的结构,并在实际语境中应用。本课教师创设游乐园情境,引导同学们有礼貌地提出请求。

6.教学策略与方法

本节课采用了任务型英语阅读教学模式和智慧课堂教学模式相结合的方式开展教学。在教学过程中,教师结合具体阅读任务,在智慧课堂信息化平台的支持下,引导学生泛读、精读课文内容,同时利用skimming和scanning阅读策略,让学生完成相应任务,以达到理解课文的目的。随后,在精读的基础上让学生思考讨论,引导学生对文章信息归纳总结,从而生成观点。课前,教师为学生准备预习微课,鼓励学生自主预习。课中,教师在读中环节分别设计快读、略读、细读三部分任务来帮助同学们理解对话;在读后环节让学生带着情感进行角色扮演,体会主人公的情绪;在展示环节,要求同学们把对话改写成简短的短文,考查学生的理解程度,锻炼写作能力。整堂课从头至尾以竞赛、小组评分、计入光荣榜等互动模式进行师生、生生互动,活跃课堂气氛,提高教学效率。

7.教学媒体与资源

课前:利用云校家信息化平台设计一个短视频和一个课前预习微课,帮助学生初步了解课文里的生词和句式,激发学生的学习兴趣。通过信息化平台发布预习作业,批改作业,收集、分析学情数据。

课中:在导入环节播放提前录制的学生对话短视频,引出本课话题。利用教学助手展示课中的四幅图,并随机点名请同学分享游乐项目,训练学生的语言表达能力。在写作环节，先向同学们展示课前录制好的一位同学的作业范例，给同学们指明写作形式及要点；在同学们写作的过程中，利用云校家平台手机端随堂拍摄功能，在大屏幕上展示一两个同学的作业，同学之间互相学习并指出错误，督促同学们规范书写。在课堂检测环节，把题目发到每位同学的平板电脑中，同学们在线作答，平台计时，统计答题情况，以便教师准确了解学生的知识掌握情况，从而进行适当调整。

课后：通过作业与动态评价工具布置个性化课后作业，结合批改结果给出针对性指导，并将优秀作业分享到班级群。

8.教学活动过程

本案例为1课时，用时45分钟。通过在智慧课堂中的教学实施，本课完成了引导学生了解游乐园的基本信息，掌握相关词汇和宾语从句，会礼貌地询问信息和提出请求；训练了学生的思维方法和能力，增强了学生的文化自信。主要教学实施过程如下：

（1）课前

学生观看一个游乐园游玩的欢乐短视频，内容是一个外国人指路问路的视频，学习一个讲解课文生词和句式等知识点的微课。同时教师发布预习作业，让学生回答两个问题，带着问题对文章进行初步探究。课前的活动实施既让教师掌握了学情，也唤醒了学生已有的知识储备，增强了学生进一步学习的动机。

（2）课中

课中教学活动如表4-11所示。

表4-11 "Fun Times Park"教学活动表

	教师活动		学生活动	信息技术支撑	设计意图
导学评价	(1)教师展示学生的导学案完成情况，点评学生导学完成情况。(2)教师引导学生发言介绍欢乐时光公园。(3)播放提前录制的学生对话短视频，引出本课话题。	导学分享	(1)观看其他同学的导学案，进行自我评价。(2)学生发言，分享课前查阅的有关欢乐时光公园信息。(3)观看同学录制的角色扮演视频，明确主题。	提供学生导学案以及课程材料，促进学生对内容的理解。	营造轻松的课堂氛围，使学生快速融入课堂，并回顾课前学习的内容。

续表

教师活动		学生活动		信息技术支撑	设计意图
情境导入	(1)创设情境。教师播放与游乐园相关的图片和音频。(2)引导启发。①要求学生速读课文,抓取重要游玩项目的信息。②利用教学助手平台展示课中的四幅图,并随机点名同学分享游乐项目。(3)精读指导。①让学生精细阅读。②展示问题,引导学生在精读课文之后回答有趣的互动问题。③请学生以小组为单位进行抢答,给小组积分,并对学生的回答进行点评。	情境感知	(1)感受情境。观看视频图片。(2)速读课文,整体感知。①速读课文,找出重要游玩项目的信息。②同学分享游乐项目。(3)精读课文,合作学习。①学生对文章进行仔细阅读,思考相关问题。②有感情地朗读课文。③学生以小组为单位抢答问题。	(1)提供PPT、文档、图片资料。(2)平台提供点赞、抢答功能。	(1)利用小组合作学习调动学生积极性。(2)通过略读掌握文章大意。(3)通过有趣的互动问题激发学生的学习兴趣。
精讲指导	(1)听力探究。①说明听力的方法技巧,指导学生听力练习。②分段播放听力,每次听两遍。③提问引导学生完成听力练习。(2)在线检测,当堂反馈。①要求学生翻译句子,描述欢乐时光公园。②写作前录制好一位同学的视频播放给大家借鉴。③学生写作时利用随堂拍摄功能上传练习,以便同学之间互相学习并指出错误。教师指导学生翻译和写作,讲解重要语法,当堂解决学生的问题。(3)交流分享。①教师指导学生掌握鼓励他人的方法。②教师评价学生的交流对话。	疑难探究	(1)听力探究。①听力练习,学会抓取关键词。②仔细听取三段内容,完成听力练习题。(2)在线检测,当堂反馈。①在线翻译写作,在线提交。②通过核对自己和其他同学的答案,反思自己的问题,并向老师提出疑问。(3)交流分享。①话题讨论:如果你是一名欢乐时光公园的导游,你会如何介绍它?②用下面的单词和句子进行对话。Scare; fun; hungry; Water City Restaurant; Uncle Bob's; a rock band; come a little earlier to get a table; You never know until you try something.	(1)平台支持上传习题答案功能。(2)平台初步分析评价学生的作业情况。	(1)通过分段听课文,锻炼学生听力,并完成任务来深入理解课文。(2)通过协作训练巩固语法知识。(3)利用在线检测功能,当堂检查学生掌握情况。

续表

教师活动		学生活动	信息技术支撑	设计意图
总结启发	(1)总结梳理。①带领学生一起总结本节课学到的重点单词、语法和句子表达。②随机选人总结。(2)布置作业。让学生完成教学助手平台的课后练习。	拓展延伸 总结梳理。学生和教师一起回顾思考,进行总结发言。	平台提供资料共享功能。	(1)通过梳理总结,巩固新知。(2)通过云校家推送课后作业给学生,以便教师更好地统计学生的知识掌握情况。

学生在导学分享环节,观看班级同学准备去游乐园游玩的对话短视频,复习前一天所学内容,进一步了解中西文化差异并巩固宾语从句的礼貌问答句型。

教师在情境导入环节,利用画廊功能向学生展示四幅游乐园图片,创设游乐园场景,将学生带入其中,既活跃课堂气氛,又引出本课话题,激发学生兴趣。并让同学们自由讨论,培养学生科学的评价观。

在线检测环节,通过句子排序、词语连线和判断正误等互动试题,增加课堂趣味性;学生回答问题时,利用随机抢答、光荣榜计分功能,调动学生积极性。教师逐步引导学生深入理解课文内容,并通过小组活动带领学生有感情地分角色朗读,从语言输入到语言输出,让学生学以致用。

通过分段课文听力练习,锻炼学生听力,并通过完成任务来更深层地理解课文。利用平台随机挑人、分组挑人等功能为学生的课堂表现加分,记入光荣榜,促进学生的竞争意识。

在交流分享环节,鼓励同学们大胆尝试,礼貌问答。写作前录制好一位同学的视频播放给大家借鉴。学生写作时利用随堂拍摄功能分享练习,同学之间互相学习并指出错误。

(3)课后

通过在线检测、课后作业与动态评价工具布置课后练习,让学生通过智慧课堂信息化平台搜集更多关于游乐园及礼貌问答的网络资源,并在班级分享,激发学生兴趣,拓宽学生知识面。教师批改作业,根据学生的问题给出针对性指导,加深学生对本课的认识与理解。

9.学习评价

课前:借助作业与动态评价工具,发布学习内容预习微课,学生完成相关预习作业,教师结合预习作业的批改情况,初步评价学生对预习知识的掌握情况,并以此为依据设计针对性的教学过程。

课中:在精读环节、知识巩固与创新环节,抛出问题让学生思考交流,并开启平台随机挑人功能让学生进行班级展示,教师利用智慧课堂信息化平台上的点赞、喝彩、批注等互动功能及时评价学生的表现,最后进行总结并给出反馈。整堂课从头至尾展开竞赛、小组评分、计入光荣榜,充分调动了学生课堂积极性。通过读前、读中、读后等一系列任务突出了本案例教学重难点,培养了学生的科学精神,增强其弘扬民族文化的意识。

课后:利用作业与动态评价工具布置在线检测和课后作业,要求学生在规定的时间内完成并上传作业。教师进行批阅,形成关于学生学习效果的总结性评价,教师根据评价反馈进行针对性、个性化辅导。

(二)听说课

初中英语教学的重点是培养学生的英语交际应用能力,当前初中英语教学的重点是听说课教学。听说课是围绕具体话题情境,进行听、说、读、演活动,以培养学生听力理解、语言知识感知、口语表达能力,进而提升学生的语言综合运用的能力。在听说课中采用"互联网+"环境下新型英语课堂教学模式,将教学内容与互联网技术资源相结合,创设实际生活语境,开展具有趣味性和多样性的活动,让学生体验、感知和实践,培养学生的综合语言运用能力。

课前阶段的教学目标:掌握听力原文中的基础词汇和表达方式;观看音视频等学习资源,利用常用的听力技巧进行自主听力训练。在课前阶段,教学环节包括:发布导学—完成导学—在线答疑。首先,发布导学环节。教师课前制作教学课件和导学任务单,通过云校家平台发布听说课的预习任务,向学生推送听力原文和音视频等补充性材料。其次,完成导学环节。学生查看导学任务单,自主进行听力训练,完成听力检测题,梳理概括重要知识点,并将导学任务上传至云校家平台。最后,在线答疑环节。学生可以在导学任务单中单独列出不懂的知识点,同时在云校家话题区留言,以便教师进行在线答疑。

课中阶段的教学目标:通过小组合作、情境对话、角色扮演等多样化教学形式进行听说训练;在丰富真实的英语学习情境下学习,为真实生活英语交际奠定基础;消除生活英语口语表达的恐惧心理,增强参与生活英语交际的自信心。在课中阶段,教学活动的环节包括:导学分享—小组对话—小组评价—个别指导—课堂总结。首先,导学分享环节。教师总结云校家平台上提交的自学任务单的完成情况,针对错误率较高的问题,邀请学生上台讲解,教师从旁辅助学生,帮助学生梳理课前学习的知识。学生用iPad登录云校家平台,查看自己的自学任务单,遇到问题及时向教师提问,回顾预习知识。其次,小组对话环节。教师为学生划分小组,创设对话情境,学生展开小组讨论,进行角色扮演,穿插互动游戏,每个小组学生共同编写情境对话,组内之间相互进行口语练习。再次,小组评价环节。教师让全班同学以小组为单位上台展示,并分发小组互评表,针对每个小组的合作分工情况,以及小组展示过程中语音语调的准确性、流畅性和表演创新性等,进行小组之间的互评打分。从次,个别指导环节。教师通过教学助手平台向学生推送随堂测试题,及时进行听力检测,同时针对基础较差的同学,对他们进行发音、听力技巧等方面的个别化指导。最后,课堂总结环节。教师总结本堂课的知识,布置课后语音练习。学生通过每日打卡活动板块进行课本的对话跟读,并录音上传至云校家平台。学生进行知识回顾并记录作业。

课后阶段的教学目标:通过过程性评价和口语表达、听力、测试相结合的评价方式,多维度地了解自己的学习情况,实现全面发展。在课后阶段,重点在于学习巩固与评价。学生在教师的指导下,按时进行回归性复习,完成课后作业,巩固学习效果。教师检查学生的语音作业并作出评价,并回答解决学生课后提出的问题。学生提交语音作业,知识掌握不牢靠的学生可以通过云校家平台给教师留言。

英语听说课"How much are these socks?"教学案例

一、案例基本信息

1.学校:西北某中学

2.年级学科:七年级英语

3.教材版本:人民教育出版社版

4.案例名称:How much are these socks?

5. 课型:听说课

6. 学时:1课时

二、教学设计

1. 设计思想

在"互联网+教育"的大背景下,将传统的英语教学模式与信息技术融合,将更有利于激发学生英语学习的兴趣、保持学生英语学习的积极性及养成良好的英语学习习惯,使学生在学会听、说、读、写的同时,学会如何学习。因此,本案例借助教学助手、互动课堂、云校家等平台,优化学生的英语学习环境、激发学生的英语学习兴趣、增进和鼓励学生间的互动合作,使初中英语课堂教学互动方式更加简单、高效,从而提高了现代教育信息技术与初中英语课堂的融合度。

2. 教学目标分析

(1)知识与技能:掌握10-30以内的基数词用法,归纳出构词规律;在购物情境中,熟练使用10-30以内的英文基数词以及应用于购物的英文句型。

(2)过程与方法:学生通过观看课前导学中的数字学习资源进行预先学习,达到自身知识的最近发展区;通过分组讨论、小组比赛等方法进行合作和探究性学习,形成合作意识和探究型思维;通过智慧云课堂系统和互动课堂系统,在课堂上实现高效、科学的互动,提高学生的信息技术素养。

(3)情感态度与价值观:通过本节课的学习,引导学生形成正确的金钱观、消费观和审美观,展现学生健康向上的精神风貌。

3. 学习者特征分析

(1)智力因素分析:七年级的学生拥有英语学习的经验,但由于其掌握的英语词汇和句型非常有限,没有形成完整的英语学习体系,在英语学习方法上还需要改善,因而教师需要对学生进行正确引导。

(2)非智力因素分析:对于七年级的学生来说,他们精力充沛,对事物拥有好奇心,对英语学科的学习也有较为浓厚的兴趣。而且,该阶段的学生具有较强烈的自我表现能力和学习热情,也期望与同伴或小组共同完成学习任务,因此,教师应参考这些特点,组织丰富多彩的语言实践活动,引导学生开展具有吸引力和趣味性的英语听说课。

（3）学生信息素养分析：七年级的学生对信息设备的使用比较熟练，因而教师可以利用多媒体资源去创造真实的情境，并借助信息技术达到活跃课堂气氛、实现师生高效互动的目的。但是，对于某些教学软件或平台的操作，学生还需要老师的指导，因此，教师也需要熟悉这些教学软件的功能，提高自身的信息技术应用能力。

4.教学内容分析

本节课的教学内容是人教版《英语》七年级上册 Unit 7 "How much are these socks?"的"Section B (1a-1e)"，课文以谈论服装为主题，通过介绍服装带领学生学习10-30以内基数词的用法、常用的服装名词，以及询问价格和颜色的句型。主要句型包括：How much is this T-shirt? It's seven dollar. How much are these socks? They are two dollars. What color is it? It is red. What color are they? They are green.

5.教学重难点分析

（1）教学重点：掌握10-30以内基数词的用法；掌握英语数字的听说能力。

（2）教学难点：让学生熟练掌握英文购物句型。

6.教学策略与方法

本堂课将围绕"shopping"这一主线，借助多媒体课件，创设真实的情境。通过学生的个体活动、小组协作活动和全班活动，将被动接受知识的学习过程转变为主动探索创造的学习过程，真正实现以学生为主体、以活动为中心的教育理念。同时，采用任务型教学模式，教师以任务形式引导学生自主获得信息，例如通过学习任务单让学生学习并练习1-30基数词的用法；通过听力训练任务，让学生熟悉购物场景句型、掌握习得语言。此外，在教学过程中教师将采用小组竞赛的评价方式，提升学生的参与积极性。

7.教学媒体与资源

（1）课前：教师利用教学助手平台来进行教学设计，用时间轴、翻牌、画廊等模板，将文字、图片、音频、视频等素材整合在一起，从而在课堂上实现模块化教学，为学生提供学习资料。同时利用云校家平台发布导学案，让学生进行自主预习。

（2）课中：教师借助互动课堂等平台的互动工具，如：计时器、随机挑人、移动讲台、小组积分、作业讲评、调用资源等,拓宽学生的学习时空,增加课堂的趣味性和时效性。同时,利用智慧云课堂系统中的截屏测试、全班答题、个人抢答等功能,促进师生间的高效互动,并收集课堂数据进行学情监测,测试学生是否掌握课堂知识内容的学习。

(3)课后:教师利用平台发布课后作业,让学生完成练习后上传平台,借助平台的监测功能初步评价学生的练习情况,同时利用平台收集学生学习数据,便于教师对学生的学习进行反馈评价。

8.教学活动过程

本课需1课时,共计45分钟。通过在智慧课堂环境下的教学实施,通过介绍服装带领学生学习10-30以内基数词的用法、常用的服装名词以及询问价格和颜色的句型,在课堂上实现高效、科学互动,引导学生形成正确的金钱观、消费观和审美观。该课具体教学活动如下。

(1)课前

教师可通过云校家平台进行课前导学,给学生推送趣味化的数字教学视频以及有关购物对话的听力音频,让学生预习后自主完成导学任务单,并上传至云校家平台。

(2)课中

课中教师借助云校家、教学助手、互动课堂等平台,在多媒体设备的支持下,训练学生的听说能力。在教学过程中,教师将学习时间留给学生,让学生自主练习口语,与小组合作进行英语口语交流。具体教学活动如表4-12所示。

表4-12 "How much are these socks?"教学活动表

	教师活动		学生活动	信息技术支撑	设计意图
导学评价	(1)利用互动课堂中的作业讲评,引出10-30基数词用法的课前导学任务单。 (2)根据预习情况来掌握重难点,并根据知识薄弱点把握课堂节奏。	导学分享	(1)观看其他同学的导学案,并进行自我评价。 (2)学生发言,回顾10-30的基数词用法,做好课前准备。	通过互动课堂呈现学生导学案。	使学生快速融入课堂,并对课前预习内容进行回顾。

续表

	教师活动		学生活动	信息技术支撑	设计意图
情境导入	(1)回顾复习。 ①利用"画廊"展示衣服图片，带领学生复习有关衣服的单词。 ②利用互动课堂平台的随机挑人功能抽选学生回答问题。 ③利用智慧教室的随堂抢答功能选两个学生上台进行PK，判断How much句型的对错。 (2)导入。 教师播放视频，让学生学唱数字歌。 (3)呈现新知。 ①教师打开互动试题中的连连看习题模板。 ②教师借助平台的随机挑人功能让学生进行连线活动。 ③教师根据学生表现给出评分。	情境感知	(1)回顾复习。 ①说出图片内容所对应的英文单词，对有关衣服的单词进行回顾。 ②上台的同学做PK游戏，回顾How much句型的用法，其余同学一起思考。 (2)导入。 学生看视频学唱数字歌，再次回顾数字的拼写和用法。 (3)整体感知。 ①学生通过互动试题中的连连看，进行重点数字的拼写。 ②学生进行数字连线活动。	(1)提供PPT、文档、图片资料。 (2)平台提供点赞、抢答功能。 (3)教学助手平台提供互动试题功能。	(1)激发学生学习兴趣、活跃课堂气氛。 (2)促进学生集中注意力。 (3)利用互动游戏寓教于乐，强化学生对重难点数字的拼写。
精讲指导	(1)听力探究。 ①说明听力的方法技巧，指导学生进行听力练习，每次听力听两遍。 ②要求学生圈出听到的数字，完成相应题目。 ③利用移动讲台中的随堂拍照功能拍摄学生的练习答案，进行比对。 (2)小组合作，拓展训练。 ①创设购物情境，并选几位同学演示购物环节。 ②屏幕展示购物的对话、购物的物品以及价格。 ③组织小组进行购物对话模拟。	疑难探究	(1)听力探究。 ①仔细听听力题，学会抓取关键词，圈出听到的数字。 ②完成听力练习题，对比自己和别人的答案，对不足之处进行修改和反思。 (2)小组合作，拓展训练。 ①通过教师示范的购物对话，熟悉并自主模仿购物环节。 ②以小组为单位在课堂上展示购物对话。	平台展示图片和道具。	(1)通过听力训练锻炼学生听说能力；通过习题训练加深学生对课文的理解。 (2)通过小组协作的方式进行角色扮演，开展购物对话活动，锻炼学生的口语表达能力。

续表

教师活动	学生活动	信息技术支撑	设计意图
总结启发：（1）总结升华。利用互动课堂平台的转盘功能，将知识总结和价值观渗透整合到一个环节里。（2）布置作业。让学生完成教学助手平台的课后练习。	拓展延伸：（1）自主总结。①学生自主总结本节课的单词和句型。②回顾知识转盘中呈现的本节课的重要知识。（2）课后作业。课后完成教师布置的课后作业。	互动课堂平台的转盘功能。	（1）帮助学生掌握知识总结，培养良好的价值观。（2）提升学生的总结反思能力。

导学分享环节。利用课前导学中的教学任务单，完成对10—30基数词用法的规律探究；利用互动课堂中的作业讲评，当堂调用学生的学习任务单，查看学生预习状况，据此来掌握课堂重难点，并根据学生的薄弱点来把握课堂节奏。

回顾复习环节。首先，利用"画廊"展示衣服图片，复习衣服单词，在展示完图片之后，用互动课堂里的随机挑人功能让学生回答问题，并根据学生表现给出评分，借助"希沃"游戏功能实现寓教于乐。其次，利用智慧教室中的随堂抢答功能选两个学生上台进行PK，判断How much句型对错。通过游戏化形式来复习How much句型，激发学生学习兴趣，活跃课堂气氛。

情境导入的导入环节。通过"时间轴"，让学生观看视频、学唱数字歌，通过这样形象生动的活动，吸引学生的注意力。

呈现新知环节。首先，利用互动试题中的连连看习题模板，寓教于乐，让学生体验人机交互式学习，从而强化重难点数字的拼写。其次，利用互动课堂中的随机挑人让学生进行数字连线活动，并根据学生表现给出评分。最后，利用智慧云课堂系统的全班答题功能，让全班学生提交答案。该系统可以统计习题完成率和正确率，有助于教师监测学情、掌控课堂。

听力探究环节。让学生圈出听到的数字，训练学生的泛听技能，并在听后利用移动讲台中的随堂拍照功能拍摄、比对学生的答案。

拓展训练环节。首先，师生创设购物情境，演示购物环节，这时屏幕会展示购物的对话和购物的物品以及价格。通过教师的示范性购物对话,让全班学生熟悉购物环节并进行自主模仿。其次,学生以小组的形式展示购物对话,在真实情境下学会应用所学句型。

总结升华环节。利用互动课堂中的转盘功能,将知识总结和价值观渗透整合在一个环节内,让学生自主总结本节课的知识,学习其中的价值观。

(3)课后

布置家庭作业,进行课后巩固练习。让学生进行写作:假如自己有一个衣服店,请介绍自己店里的衣服。

9.学习评价

课前:借助作业与动态评价工具,发布预习材料,并查阅预习作业的完成情况。教师通过批改预习作业,初步评价学生对预习知识的掌握情况,并以此为依据进行针对性的教学过程设计。

课中:互动课堂平台有抢答、随机挑人等多种功能,使学生积极参与课堂,在课堂中借助平台功能进行生生互评。同时教师在评价学生时,可以对小组进行整体评价,也面向学生个体进行单独评价。在教师评价后,学生还可以借助平台的互动功能,进行自我评价,在平台中反馈评价报告。

课后:利用平台的作业与动态评价工具布置在线检测和课后作业,教师要求学生在规定的时间内完成并上传作业,然后教师批阅,形成关于学生学习效果的总结性评价,并据此进行有针对性的个性化辅导。

(三)作文课

通过写作进行书面表达是英语交际的重要组成部分。初中阶段对于英语写作是"指导性写作"(Guided Writing)。它通过提供情境(文字、图画、表格),让学生用学过的英语语言来描述事物或事件,并表达一定的思想,以此检验学生对所学英语语言知识的实践应用情况,培养其英语应用能力。在作文课教学中采用"互联网+"环境下新型英语课堂教学模式,借助互联网技术重构课堂教学结构,开展以学习者为中心的课堂教学活动,从内容立意、文体结构、语言知识、语篇连贯等方面,来提高学生的书面表达能力。

课前阶段的教学目标:掌握作文的写作步骤和基本格式;了解基本

写作词汇和部分高级词汇,提升文章写作的质量。在课前阶段,教学环节依次为:发布导学—完成导学—在线答疑。首先,发布导学环节。教师课前制作教学课件和自学任务单,通过云校家平台发布作文课的预习任务,从云校家平台备课区分享"作文格式和词汇表达"相关的微课和其他学习资源。其次,完成导学环节。学生查看导学任务单,完成对应学习任务并上传至云校家平台。最后,在线答疑环节。针对有疑问或不懂的知识,可以在话题专区留言,让教师和其他学生在线答疑。

课中阶段的教学目标:通过小组合作的方式,结合课前所讲文体格式进行写作训练;学会审题、谋篇布局,完成不同文体的写作步骤,丰富英语表达语境策略;通过主题作文练习,消除在生活中英语书面表达的恐惧心理。在课中阶段,教学活动的环节包括:导学分享—质疑释难—小组合作(头脑风暴)—独立写作—交流评价。首先,导学分享环节。教师总结云校家平台上提交的自学任务单的完成情况,讲解重难点,邀请学生分享和作文主题相关的词汇和背景知识,回顾预习知识。其次,质疑释难环节。教师呈现作文主题和要求,通过提问的方式,以问题为导向,引导学生审题,确定文体及时态,写出粗略的行文逻辑。再次,小组合作环节,教师让全班同学以小组为单位交流讨论、头脑风暴。在讨论过程中学生复习写作步骤,主要包括审题(审主题、审人称、审时态、列要点),主要进行选词、组织要点及扩词成句,学生进行集体写作,完成基本的文章框架。教师总结评价学生的小组成果。从次,独立写作环节。教师通过拍照投屏各小组在头脑风暴环节完成的文章要点框架,提醒关联词使用、复杂句使用和高级词汇使用的注意事项。学生进行独立写作,谋篇布局,完成之后通过 iPad 上传至教师端。最后,交流评价环节。教师选取几篇较好的和问题突出的作文,和全班同学一起检查修改,重点检查单词拼写及标点符号是否有问题、要点是否遗漏、句子结构是否正确、字数是否符合要求等。

课后阶段的教学目标:通过课后拓展练习和在线检测巩固知识点,逐步养成总结反思的习惯。在课后阶段,学生完成拓展小作文写作,及时巩固学习效果,采用思维导图的形式梳理写作步骤,将其内化于心,养成规范写作的习惯。

英语作文课"Mom Knows Best"教学案例

一、案例基本信息

1.学校:西北某中学

2.年级学科:九年级英语

3.教材版本:人民教育出版社版

4.案例名称:Mom Knows Best

5.课型:作文课

6.学时:1课时

二、教学设计

1.设计思想

母爱是最伟大、最无私、最真挚的情感。九年级的孩子正处于青春叛逆期,通常忽略母爱,把母爱看作是一种负担,很多同学感觉自己已经长大,甚至盼望着摆脱妈妈的唠叨和爱。在常规教学中,如何结合教材内容挖掘并捕捉教育契机,渗透对学生情感态度价值观的引导教育,是每位教育人义不容辞的责任。这篇文章的主题是"妈妈最懂孩子",传递了伟大的母爱。教学活动中通过歌曲、视频和多种信息技术手段来让孩子感受、理解并接纳妈妈的爱,通过听、说、读、写、演等各种教学活动来完成各项教学任务,从而在情感态度与价值观上培养孩子们爱妈妈、爱他人,学会感恩。

2.教学目标分析

(1)知识与技能:熟练理解掌握 tiny\cry\field\hug\lift\badly\awful\regret 等重点词汇,以及 talk back\lift up\regret doing 等重点词组,初步了解英文诗的语言组织特点,体味英文诗的美。

(2)过程与方法:通过对文本的反复朗读,学生能够在阅读中利用图片和标题预测文章大意,掌握诗歌阅读技巧。在阅读的过程中,学生能自己梳理文章脉络,并根据重点词汇及短语,用自己的话转述文章的主要内容。

(3)情感态度与价值观:通过对文本深入细致的理解朗读,让同学们理解感受母爱的伟大与无私,从而教育同学们学会感恩。

3.学习者特征分析

(1)智力因素分析:经过初中阶段两年多的系统学习,大部分学生在英语学习方面已具备较强的听、说、读、写能力,对新知识的接受能力较强。

(2)非智力因素分析:大部分学生学习态度端正,求知欲强,能够跟随教师的引导积极参与各类教学活动;极少部分学生对英语学习产生畏难情绪,学习被动,参与意识淡薄。

(3)学生信息素养分析:本课程的学习需要学生能够熟练使用云校家平台,完成预习工作以及相应的练习题,需要学生能够熟练使用手机应用软件进行拍照、打字等。初三年级的学生经过前两年的锻炼对手机及其应用的使用非常熟悉,学生的信息素养满足本课要求。

4.教学内容分析

本课教学内容是人教版《英语》九年级第七单元"Section A 3a"中的文章"Mom Knows Best",这篇文章属于诗歌载体,通过描述孩子在各个成长阶段与母亲之间的互动,表达了母亲对孩子浓浓的爱。文章选材贴近学生生活,且以故事的形式呈现,学生能够感同身受,为之触动,引起共鸣。

5.教学重难点分析

(1)教学重点:熟练理解掌握tiny\cry\field\hug\lift\badly\awful\regret等重点词汇,以及talk back\lift up\regret doing等重点词组。

(2)教学难点:初步理解感知英文诗的韵律节奏之美,并掌握诗歌阅读技巧和写作技巧。

6.教学策略与方法

本节课最重要的就是通过情境引入的方式,为学生设置任务来完成学习,因而教师主要通过情境教学法、任务教学法进行教授,学生通过自主学习以及小组合作进行学习。

7.教学媒体与资源

课前:教师完成导学案、微课、PPT的制作,通过云校家平台发布导学案,学生按照导学案要求,提前学习单词、熟悉相关短语,完成导学案任务,并将导学案的完成情况上传至云校家平台。

课中:教师利用平台同屏工具分享直观图片及优美视频,运用平台课堂互动工具进行课堂互动、及时反馈,利用互动课堂作业讲评功能直接调用课前预习作业。

课后:学生通过平台作业与动态评价工具完成并提交作业,利用平台作业与动态评价工具推送作业,在班级空间进行交流讨论。教师推送优秀作业,择优发布至班级空间,对学生提出的疑问提供个性化辅导。

8.教学活动过程

本课需1课时,共计45分钟。借助云校家、互动课堂等平台的帮助,让每位同学都能参与到文本主旨——母爱这个话题的讨论中来。本节课将尽力创设真实学习情境,让每位同学的情感都能得到熏陶与升华。主要教学实施过程如下。

(1)课前

教师向学生推送文本视频及课前预习导学案,让学生自主预习,初步扫清认读障碍,梳理学习重难点并激发学生进一步学习的动机。此外,教师根据学生导学案的完成情况,研究学情,进一步明确课堂教学重难点,并适时调整教学进度。

(2)课中

拓展升华环节,通过前面一系列教学活动的铺垫,组织同学们用自己最简单、最质朴的语言来表达自己的心声,让同学们学会理解,学会感恩。具体的教学活动如表4-13所示。

表4-13 "Mom Knows Best"教学活动表

	教师活动		学生活动	信息技术支撑	设计意图
导学激趣	自由谈论。①抛出自由讨论的主题:What is your mom like?②播放视频《You Raise Me Up》。	导学分享	自由谈论。①认真观察图片,用心思考并积极抢答问题。②观看视频,用心体会视频中所隐含的深意。	(1)教师利用同屏工具分享直观图片及优美视频。(2)运用平台课堂互动工具进行课堂互动和及时反馈。	利用丰富媒体资源吸引学生注意力,通过轻松风趣的话题既优美而又震撼人心的视频激发学生学习兴趣,引出本课主题。
呈现新知	整体感知。①说明学习目标。②向学生展示英文诗。③引导学生理解英文诗的大意。④选取学生在全班面前进行示范朗读。	感知阅读	整体感知。①跟随老师节奏朗读并了解本节课学习目标。②借助图片及文本初步感知英文诗的结构。③认真倾听示范朗读及同学课前预习朗读。	(1)教师利用平台同屏工具直观呈现学习目标及内容。(2)利用互动课堂平台作业讲评功能直接调用课前预习作业。	让学生明确学习目标。直接调用学生课前预习作业,在当堂检测学生预习效果的同时充分发挥示范引领作用。

续表

教师活动		学生活动		信息技术支撑	设计意图
精讲指导	(1)快速阅读。 ①任务一 阅读并找出诗的特征。 ②任务二 阅读并回答以下问题： a. How many parts can the poem be divided into? b. How can the poem be divided? (2)精读细悟 ①任务一 仔细阅读诗的三部分并理解其中主旨。 ②任务二 角色扮演第二部分"Misunderstand mom's love"（采用视频音乐伴奏）。 ③任务三 小组内朗读英文诗，注意诗的韵律。 ④任务四 分享来自妈妈们的几封信和短视频。	探究分享	(1)快速阅读。 ①认真有感情朗读，尝试总结英文诗的特征。 ②按照老师引导理清文章脉络，划分文章结构。 (2)精读细悟。 ①根据朗读提示，逐节朗读诗文，并体会文本所蕴含的深意。结合自身感受。 ②小组合作演一演误解妈妈爱的情景。其他同学通过平台弹幕评价讨论。 ③跟随伴奏真诚朗读诗文。 ④通过同屏分享，细悟品味来自妈妈的信和视频。	(1)教师利用教师端进行分享指导，利用平台课堂互动工具进行抢答互动。 (2)随机调用资源，分享英文诗的语言组织特征。 (3)利用信息技术教育手段为同学们角色扮演活动烘托气氛、创设情景。	(1)训练学生阅读策略，培养学生思维能力及探究意识。 (2)采用多元化互动方式训练学生信息检索、分析能力，掌握语篇重点。 (3)搭建同学们与妈妈间进行交流的桥梁，通过倾听妈妈的心声来感受妈妈的爱。
强化巩固	阅读并完成填空练习。	提炼升华	根据提示，完成文本填空。	通过在线检测功能了解同学们对今天所学文本的掌握情况。	再现教学重点，强化巩固学习效果。
总结启发	总结并布置课后任务： Mom is the most patient to all of us. She always does everything for us without any complaint. Mom's love is the greatest and the most selfless. Now let's express our sincere thanks and love to our mother. Please write one or two sentences to our mom.	拓展延伸	认真倾听并感受妈妈的无私与爱，写下自己此时此刻想对妈妈说的话。	同屏分享自己想对妈妈说的话。共同体味，理解妈妈的爱。	创设情境，产生共鸣，唤醒同学们的感恩意识，让同学们理解并真诚表达对妈妈的爱。

导入新课环节。教师以"What is your mom like to you?"为题让同学们自由讨论,并在轻松愉快的氛围中进入本节课的学习。然后,请同学们观看短视频"You Raise Me Up",渲染课堂气氛,让同学们初步感知妈妈在每个人成长过程中的艰辛付出与不易。

呈现新知环节。教师通过读前整体感知活动,引导学生明确本节课的学习目标,初步了解文章的大意,初步体味英文诗的语言组织特点及韵律美。

精讲指导环节。精读细悟各项教学活动,以各个学习任务为驱动,引领学生层层深入理解文本内容,体会其中隐含的深意;通过教师的讲解及资源分享,了解英文诗的特点;组织同学们小组合作来演一演"误解妈妈爱"的情境,活跃课堂气氛的同时引发学生更深层次的思考。

提炼升华环节。通过分享课前准备好的来自妈妈的一封信,向同学们再次传递来自妈妈无私真挚的爱,拉近与母亲间的距离,扣动同学们的心弦。

强化巩固环节。通过呈现与文本内容契合的文章,以在线检测的形式让同学们作答,随堂反馈学生对学习重点的掌握情况。

(3)课后

布置课后实践作业:为家人做一些力所能及的事情;写一些发生在自己与妈妈之间的故事;以"Dad Knows Best"为题,大胆创作英文诗一首,引导同学们变输入为输出,实现本节课的各个教学目标。

9.学习评价

课前:教师在云校家平台中观看学生的导学案完成情况,结合平台提供的数据,对学生的预习情况开展课前评价,设计教学过程。

课中:教师首先评价学生的问题回答情况,纠正其不足,同时评价学生导学案完成情况,如学生完成效率、完成效果以及是否正确熟练使用云校家平台工具等。其次,对学生的朗读和表演进行评价,借此机会使学生更加熟悉教学内容,加深对教学重点的印象。

课后:教师指导和评价学生的英文诗创作,反思教学过程以及学习效果,教师间进行研讨,不断提高教学效率、提升教学效果。

(四)讲练课

讲练课是全面完成英语教学任务的重要手段,是提高学生知识运用能力的重要步骤。讲练课能够促进学生对英语基本知识和技能的进一步理解、掌握、巩固和应用。在讲练课教学中采用"互联网+"环境下新型英语课堂教学模式,借助互联网技术来丰富讲练课的形式,提高讲练效率;借助互联网技术和资源进行理解练习、模仿练习、巩固练习、应用练习、拓展练习和综合性练习等,培养学生语言运用的能力。

课前阶段的教学目标:完成练习题和试卷等作业,向教师反馈完成效果和个体差异。在课前阶段,教学环节包括:发布练习——完成练习——作业检查。首先,发布练习环节。教师课前为学生布置适量练习作业,通过云校家平台发布。其次,完成练习环节。学生在规定时间内完成练习并将其上传至云校家平台。最后,作业检查环节。教师对学生的作业进行在线检查,重点检查学生的练习完成率、答题效果等,及时掌握学生在答题中存在的问题,以便在后面的讲评中及时调整教学策略,有的放矢,达到"促中拔尖、分层教学"的目的。

课中阶段的教学目标:通过讲解语篇练习温故知新,在巩固基础的同时提高能力;通过在讲练中增加语言输入,弥补教材输入量不足或语言过难过易的缺陷;通过在课堂中主动地表达观点,提升语言表达能力和逻辑思维能力。在课中阶段,教学活动的环节包括:导学展示——边评边学——边评边练——评后反思。首先,导学展示环节。教师展示云校家平台上提交的作业完成情况,为学生呈现错误率较高的问题。学生用iPad登录云校家平台,查看自己的练习作业,明确自己的错误和问题。其次,边评边学环节。学生在做试卷或练习的过程中,会接触到大量阅读材料,教师要为学生解释文中不懂的词法、句法或语法现象等,选出文中4-5个重点词语或个别典型句子,显示在荧屏上,让全体学生大声朗读。再次,在边评边练环节。教师通过讲练结合的方式,在讲解习题过程中穿插试题练习、口语练习等活动,借助教学助手平台随机挑人功能活跃课堂氛围,让学生讲解习题,并进行必要的争论,通过畅所欲言的争辩,暴露学生的缺陷,从而帮助教师从根本上解决学生不懂的问题。最后,在评后反思环节。教师在讲评结束后,留给学生时间,让学生反思答题中的得失,掌握答题技巧,总结经验教训。学生将典型的错误写进自己的错题集,便于复习时回头看。

课后阶段的教学目标:反思答题中的得失,逐步掌握反思的策略和方法。在课后阶段,重点在于答题反思和总结。学生在课后自主回顾课堂中没有讲评的内容,整理错题集,逐步掌握反思的策略和方法。

英语讲练课"Is this your pencil?"教学案例

一、案例基本信息

1. 学校:西北某中学

2. 年级学科:七年级英语版

3. 教材版本:人民教育出版社

4. 案例名称:Is this your pencil?

5. 课型:讲练课

6. 学时:1课时

二、教学设计

1. 设计思想

本案例是七年级的一节讲练课。讲练课旨在提高学生知识运用能力,是全面完成英语教学任务所必不可少的重要步骤。本案例将采用"互联网+"环境下新型英语课堂教学模式,借助互联网技术丰富讲练课的形式,提高讲练效率。针对英语学科核心素养要求,设计了课前、课中、课后三个环节,利用互联网技术和资源进行理解练习、模仿练习、巩固练习、应用练习、拓展练习和综合性练习等,培养学生运用语言的能力。

2. 教学目标分析

(1) 知识与技能:一是熟悉新单词和关键句子;二是学会区分"所有者"的相关语法知识;三是掌握含有be动词的一般疑问句以及名词性物主代词。

(2) 过程与方法:一是能听懂确认物主关系的对话,能学会熟练运用英语询问物品的所属,能读懂寻物启事和招领启事及有关描述物主关系的短文;二是能用英语写寻物启事和招领启事。

(3) 情感态度与价值观:在日常生活中,要学会如何与他人更好地交往,增强与他人沟通交流的能力,培养学生养成拾金不昧的良好品德及健康向上的人格。

3.学习者特征分析

(1)智力因素分析:该阶段的学生已经具备初步的语言表达能力、较强的记忆力和模仿能力,但对知识的灵活运用能力还有待提高,需要大量的各种形式的练习。

(2)非智力因素分析:七年级的学生具有较高的求知欲和表现欲,希望自己的表现能得到老师和同学的认可。本单元的主题与学生的生活息息相关,利用这一点可以激发学生的学习热情,训练他们的阅读和听读能力。

(3)学生信息素养分析:本课程的学习需要学生能够熟练使用云校家平台,完成练习任务,需要学生能够熟练使用手机应用软件,能够熟练在云校家平台上进行下载、提交、修改等功能。七年级学生已经基本熟悉信息媒体设备的使用方法。

4.教学内容分析

本课教学内容是人教版《英语》七年级上册第三单元"Section B 3a-4"中的内容,主要教学内容是让学生学会表述物品所有者的方法,掌握与学校生活、学习等贴近的物品名称。通过课堂上的练习与评讲,培养学生的知识运用和迁移能力,同时训练学生的听说读写能力。

5.教学重难点分析

(1)教学重点:掌握新单词;掌握含有be动词的一般疑问句;掌握名词性物主代词。

(2)教学难点:训练学生的阅读和听读能力。

6.教学策略与方法

本节课最重要的就是采用练习法突破教学重难点,巩固学生所学知识,提高学生知识运用和迁移能力。同时结合讲授法,帮助学生解决疑难问题,培养学生语言运用能力。本课借助"互联网+"环境下的各种技术手段和学习工具,丰富练习课的趣味性,提高讲练效率。

7.教学媒体与资源

课前:教师课前为学生布置适量的练习作业,通过云校家平台发布。学生在规定时间内完成练习并将其上传至云校家平台。教师对学生的作业进行在线检查,重点检查学生的练习完成率、答题效果等。

课中：教师展示云校家平台上提交的作业完成度，呈现错误率较高的问题。学生用iPad登录云校家平台，查看自己的练习作业，明确自己的错误和问题。教师针对这些问题进行讲评，开展教学互动。

课后：学生通过平台作业与动态评价工具完成并提交课后作业，利用作业与动态评价工具推送作业，对于课堂上未能讲评到的内容，可在班级空间交流讨论。

8.教学活动过程

本课需1课时，共计45分钟。借助云校家、互动课堂等平台的帮助，让学生能对含be动词的一般疑问句、名词性物主代词等英语基本知识和技能进一步理解、掌握、巩固和运用。

(1)课前

教师向学生推送适量的课前练习导学，让学生自主完成练习任务，在规定时间内完成练习并上传至云校家平台。学生通过提前练习，明确自己的学习疑难点，激发其求知欲。教师在线检查学生的完成情况，掌握学生的练习问题，为后面的教学调整提供参考。

(2)课中

首先，由教师展示云校家平台上提交的作业完成情况，呈现错误率较高的问题。学生明确自己的错误和问题，并带着疑惑进入课堂学习。

其次，学生在教师的带领下开展边评边学的活动，学生在做试卷或练习的过程中，会接触到大量阅读材料，教师针对学生不懂的词法、句法或语法等，选出文中几个重点词语或典型句子，显示在PPT上，为学生讲解。

同学们完成课堂练习。通过在课堂上完成实际的练习，学生巩固语法、句法基本知识，加深对本小节学习内容的理解。

最后，还可以借助教学助手平台的随机挑人功能，让学生讲解习题，必要时进行小组讨论，让学生合作解决疑惑。具体的教学活动如表4-14所示。

表4-14 "Is this your pencil?"教学活动表

	教师活动		学生活动	信息技术支撑	设计意图
导入新课	向学生发布任务。 ① Please check your own homework. ② Revise and record your question.	导学思考	(1)认真查看作业反馈情况。 (2)修订错误的练习题目,记录自己的疑惑。	运用平台课堂互动工具进行课堂互动和及时反馈。	让学生利用丰富教学工具查看和修订自己的作业完成情况,帮助学生发现问题,为后续的问题讨论打下基础。
引导启发	(1)引导讨论。 ①让学生分享自己的问题。 ②使用PPT展示问题。 ③引导学生进行问题讨论。 ④分析讲解正确答案。 (2)组织练习。 ①要求学生完成人称代词的练习任务。 ②讲解部分练习题。 ③随机抽取学生向全班讲解习题。	探究分享	(1)课前问题解决。 ①学生展示他们各自的问题。 ②学生就各种问题展开激烈讨论。 ③学生认真听老师的讲解。 (2)课中练习分享。 ①学生认真完成练习任务。 ②学生认真听老师讲评作业,并做好笔记。 ③学生为其他同学讲解习题。	(1)教师利用平台同屏工具直观呈现学生存在的问题。 (2)教师利用平台同屏工具呈现练习题目。 (3)教师借助教学助手平台随机挑人功能,让学生讲解习题。	(1)教师先让学生主动提出问题,再组织学生交流讨论,最后再由教师讲解,培养学生主动解决问题的意识和合作交流能力。 (2)通过练习,帮助学生巩固和深入理解知识,训练学生知识运用和迁移能力。 (3)利用现代化技术活跃课堂气氛,丰富课堂形式,调动学生的学习积极性。
强化巩固	引导学生完成听读练习。	提炼升华	学生完成听读练习。	学生通过平台音频互动工具进行听读技能的训练。	完成"听、说、读、写"强化训练,巩固学生学习技能。
总结启发	总结本节课重点: ①There are eight nominal possessive pronouns. ②The structure of general interrogative sentences with be verb is "Be(am/is/are)+主语+其他"	拓展升华	总结笔记,补充知识。	教师利用平台同屏工具呈现本节课的重点知识小结。	帮助学生巩固和总结练习中的知识点,加深学生的理解和记忆。

强化巩固环节。通过音频互动工具训练学生听读技能;让学生完成"听、说、读、写"的相关练习,强化和巩固其英语语言技能。

拓展升华环节。教师将本节课所做的练习进行一个知识小结,学生根据自己的学习情况进行补充和记录,以帮助学生巩固和总结练习中的知识点,加深学生的理解和记忆。

(3)课后

布置课后作业:一是总结和整理本节课练习课的笔记和知识要点。二是用英语写寻物启事和招领启事。课后拓展:教师在云校家平台上推送一些本节课的复习资料和能力提高练习,学生可以根据自己的学习水平有选择地下载资料,进行课后延伸扩展。此外,云校家平台可以帮助教师形成学生们的课后学习路径,生成近段时间以来课后提高练习的得分率分析图表。教师通过查看学生们的练习得分图表,直观获取学生们总体的学习趋势,以便为后续的教学调整和教学反思提供教学参考。

9.学习评价

课前:教师在云校家平台观看学生的练习导学完成情况,结合平台提供的数据,对学生的练习完成情况开展课前评价,设计练习题目。

课中:教师首先对学生练习导学的完成情况进行评价,评价学生的练习完成率、答题效果等;其次,对学生的习题进行讲解、总结和评价,由此让学生清楚自己的知识漏洞和不足,以巩固英语基本知识和技能。

课后:教师点评和反馈学生的课后学习情况,反思教学过程以及教学效果,并在教师间进行研讨,从而不断提高教学效率、提升教学效果。

(五)复习课

复习课旨在让学生重温已学过的知识和技能,强化记忆,让学生熟练掌握基础知识和基本技能,并使之转化为能力。在复习过程中教师围绕学生学习英语的兴趣开展教学活动,提高学生听、说、读、写的综合水平,提高学生的活用能力和应变能力。在复习课教学中采用"互联网+"环境下新型英语课堂教学模式,借助互联网为学生提供丰富的复习资源和工具,开展多种形式的单元复习活动。

课前阶段的教学目标:借助复习导学指南,学生根据现有学习水平,自主选择合适的内容进行归纳与梳理。在课前阶段,教学环节包括:发布复习导学指南—提交复习成果—作业检查。首先,发布复习导学指南环节。教师课前精心设计复习指南,将复习内容由简单到困难依次呈现。其次,提交复习成果环节。依据学习指南,学生按照自己的学习水平自主安排学习任务,自主梳理、归纳知识点,并上传至云校家平台。最后,作业检查环节。教师及时查看学生的作业,了解学生的完成情况。

课中阶段的学习目标:通过小组合作交流与展示,互相补充,提高自主学习能力和合作交流能力;在教师的帮助与指导下,解决难以突破的障碍问题。在课中阶段,教学活动的环节包括:导学展示—小组展示—自主探究。首先,导学展示环节。教师展示云校家平台上提交的导学复习指南完成情况,邀请学生分享自己的复习成果。其次,小组展示环节。教师遵循"组内异质,组间同质"的原则将学生分组,让学生组成互助学习小组。学生先以小组为单位,完成学习指南中的任务,汇报的小组根据复习指南,运用各种方式进行展示,如板书、猜谜、剖析典型错题等,然后其他学习小组进行针对性补充和解释。在这个过程中,教师适时加强对小组合作学习的巡视和指导,提高小组学习的参与度与效率,让学生进一步厘清知识脉络,丰富知识储备。对于学生展示时能解决的问题,教师不再讲解,小组互相补充仍解决不了的问题,教师进一步启发和点拨,引导学生解决问题。最后,自主探究环节。教师尝试在新旧知识之间找到结合点,针对学生容易出错的薄弱知识点,提供学生自主探究的问题。学生进行充分的自主学习和独立思考,积极探究问题,在交流中将新知识不断融入自己的认知结构,进一步完善知识体系。

课后阶段的教学目标:总结归纳复习课中的重点知识点。在课后阶段,重点在于归纳总结。学生在课后借助思维导图梳理复习课中的词组、语法知识、拓展信息等,形成逻辑清晰的复习资料,上传分享至云校家平台的班级圈,供班上同学参考借鉴。

英语复习课"When was it invented?"教学案例

一、案例基本信息

1.学校:西北某中学

2.年级学科:九年级英语

3.教材版本:人民教育出版社版

4. 案例名称：When was it invented?

5. 课型：复习课

6. 学时：1课时

二、教学设计

1. 设计思想

中国四大发明和现代各类发明是学生必须要学习的常识，这不仅可以帮助学生更好地了解中华文明，也可以激发学生的科学热情，培养学生为科学献身的精神。在以往课堂教学中，该知识主要是在历史课堂上进行学习，学习的方式主要是讲授法，这样的形式较难保持学生的注意力。而本堂课作为复习课，将以音频的形式来为学生回顾介绍，让学生以看视频的形式进行学习，激发学生的多感官刺激，加深学生对各类发明故事的印象。同时，漫画风格的讲解形式，也更容易吸引学生的注意和求知欲，通过听、说、读、写等各种教学活动来完成教学任务。

2. 教学目标分析

(1) 知识与技能：熟练掌握gunpowder\paper making\printing\compass等重点词汇；熟悉中国四大发明的故事，掌握故事描写的方法。

(2) 过程与方法：通过观看视频和反复朗读，学生能理解中国四大发明的故事，并能用英语简单描述现代发明的故事。

(3) 情感态度与价值观：通过对四大发明的学习，激发学生对发明、创造的热情，培养学生为科学献身的精神。

3. 学习者特征分析

(1) 智力因素分析：九年级的学生经过多年英语学习的熏陶，已具备用英语简单交流的能力，学生的听、说、读、写和接受能力都较强，对中国四大发明的故事也有所了解。

(2) 非智力因素分析：九年级的学生意志能力较强，能跟随教师的引导积极参与各类教学活动，对用英语表达自身思想也有浓厚兴趣。但也有部分学生因为基础较差，对英语存在抗拒情绪，参与课堂教学活动的意识淡薄。

(3) 学生信息素养分析：九年级的学生具备良好的信息素养，能够熟练借助各类技术平台搜索信息、分享信息等，本课会涉及云校家平台的一些简单操作，学生的信息操作能力满足该课的需要。

4.教学内容分析

本课采用的教材是人教版《英语》九年级第6单元第一课"When was it invented?",本课主要是复习中国四大发明和各类现代发明的故事,选材贴近学生的生活,并且早已被学生了解,整体难度不高。但作为非母语的知识,教师在进行复习介绍时,应注意准备多样化的复习资料,采用多元化的方式来培养学生的听、说、读、写能力,促进学生对本章知识的掌握。

5.教学重难点分析

(1)教学重点:熟练掌握 gunpowder\paper making\printing\compass 等重点词汇以及故事的表达。

(2)教学难点:学会故事描写的技巧。

6.教学策略与方法

该课是复习课,主要引导学生对所学知识进行复习巩固,延伸教材内容,促进学生对重难点的掌握。教师在教学中主要采用以下教学策略:(1)演示法,通过播放视频,让学生带着问题回顾中国四大发明的故事;(2)问答法,教师在播放完视频后,要求学生解答问题,培养学生的听、说能力;(3)任务导学法,在复习完中国四大发明的故事之后,教师给出当代的一些发明,让学生进行小组合作,选取一个发明进行其发明故事的讲解,培养学生的信息收集能力、合作交流意识以及英语的听、说、读、写能力。

7.教学媒体与资源

课前:教师在课前主要进行导学案、PPT、练习题和微课等资料的准备工作,并利用云校家、教学助手等平台发布课前预习资料,让学生结合课本资料,对章节内容进行预复习,并及时通过云校家平台将学习结果反馈给教师。

课中:教师首先利用多媒体播放四大发明的视频,让学生带着问题去观看,复习相关知识点。然后,教师发布小组任务,通过云校家平台推送相关的资料,让小组通过讨论完成现代发明故事的撰写,并进行小组展示。

课后:教师利用云校家平台发布课后家庭作业,并为学生答疑解惑。同时,教师借助云校家平台的数据,对学生进行总结性评价。

8.教学活动过程

本课需1课时,共计45分钟。通过智慧课堂环境下的教学实施,让学生以视频回顾和小组任务分工的形式,了解各类发明的故事,掌握故事描写的方法以及相关词汇的读、写。该课具体教学活动如下。

(1)课前

课前让学生完成导学案,使用英语撰写发明小故事。

(2)课中

课中,主要分为两个部分。第一,教师引导学生复习四大发明涉及的词汇,然后播放视频,让学生带着问题去观看,并引导学生回顾描写故事的方法。第二,按照小组合作的形式,要求学生完成现代发明故事的描写,并进行展示,锻炼学生的读、写能力。具体教学活动如表4-15所示。

表4-15 "When was it invented?"复习课教学活动表

	教师活动		学生活动	信息技术支撑	设计意图
导学评价	(1)教师分享学生导学案,让学生发言。(2)教师对导学案中学生的问题进行答疑,并复习相关词汇。	情感感知	(1)学生观看平台中的导学案分享,同时分享自己的认识。(2)学生认真听课,并做好笔记。	(1)云校家、教学助手等平台提供展示功能。(2)多媒体提供展示功能。	通过成果展示和分享,激发学生的斗志,培养学生的语言表达能力。
情境导入	教师借助云校家平台播放四大发明的故事,让学生带着问题进行观看。	情感感知	学生带着问题认真观看视频,并解答教师提出的问题。	(1)多媒体提供展示功能。(2)平台允许学生、教师上传文档等资料。	学生通过带着问题学习的形式,培养英语的听、说能力,归纳故事描写的方法。
精讲指导	(1)教师总结归纳故事描写的方法。(2)教师发布小组任务,要求学生选一个现代发明,完成故事描写的任务。(3)教师组织小组进行成果分享和点评。	拓展延伸	(1)学生认真听讲,做笔记。(2)学生进行小组讨论,完成小组任务。(3)学生进行成果展示和组间互评。(4)学生认真听教师和同学的点评。	(1)平台提供资料上传和资料展示功能。(2)平台提供点赞、互评功能。(3)平台对学生的练习情况进行分析并初步评价。	通过练习可以帮助学生实现知识迁移,检测学生对故事描写方法的掌握,培养学生的合作意识、语言表达能力和信息素养。

续表

教师活动	学生活动	信息技术支撑	设计意图
总结启发 (1)教师让学生分享练习技巧和思路。(2)教师引导学生思考故事描写方法的运用场景。(3)教师分层布置课后练习作业。	拓展延伸 (1)学生分享自己的练习技巧和思路。(2)学生思考故事描写手法的运用场景,并利用云校家平台反馈结果给教师。	平台提供点赞互评功能,并允许学生上传资料。	提高学生的反思能力和归纳总结能力,培养学生的发散思维,巩固学生对课堂知识的掌握。

导学评价环节。教师利用云校家平台呈现学生的预复习情况,并解答学生导学案中存在的问题,引导学生回顾中国四大发明所涉及的词汇,为后续观看中国四大发明的视频做好铺垫。

情境导入环节。教师利用云校家平台播放中国四大发明的故事,引导学生带着问题进行观看,培养学生的听、说能力,并要求学生总结归纳故事描写的方法,培养学生的思考能力和归纳能力。

精讲指导环节。教师首先借助PPT梳理故事描写的方法,引导学生系统复习。然后,教师发布小组任务,并借助云校家平台推送相关资料,让学生进行合作探索和小组成果展示,通过讲练结合的形式,帮助学生内化知识,培养学生的听、说、读、写和协作交流能力。

(3)课后

学生需要在课后的规定时间内,完成教师在云校家平台布置的课后作业,并结合教师提供的复习资料,对故事描写方法做进一步的掌握和练习。教师需要及时批改学生的作业,并将学习评价反馈给学生,对平台中学生反馈的疑问进行解答。同时,教师还应提供多元化的学习资料,以帮助学生夯实基础。

9.学习评价

课前:教师借助云校家、教学助手等平台发布课前预习资料,借助平台的分析功能初步了解学生的学情,以此进行针对性的教学设计。

课中:通过学生自评、组内自评、组间互评和教师点评等方式,多方位点评学生对故事描写方法的知识掌握与运用情况,包括习题的完成效果、知识运用的情况、语言表达能力等,促进学生进行正确的定位。

课后:教师借助云校家平台线上批改课后作业,利用平台的分析功能，结合学生的多方面表现对学生进行总结性评价，并将评价结果和相应的复习意见及时反馈给学生，帮助学生更清晰地了解自己，明晰努力的方向。同时，教师还应针对学生的情况进行自我反思，反思各环节中教学的不足以及改善当前问题的方法，以进一步提高教学效果。

# 第五章 "互联网+"环境下新型课堂教学模式实证研究

第一节 实验研究

"互联网+"环境下新型课堂教学模式实证研究是本研究的核心内容,分别采用实验研究法和个案研究法来开展实证研究,二者研究结论相互印证。实证研究总体框架如图5-1所示。基于设计的研究范式,实验研究分两轮进行,每一轮一个循环,验证和完善新型课堂教学模式。个案研究则以学科课程为个案,追踪教师应用新型课堂教学模式的过程以及学生在常规课堂和直播课堂中的学习和发展的轨迹,从另一个侧面验证教学模式的有效性,且为建构教师应用新型课堂教学模式的策略打下基础。

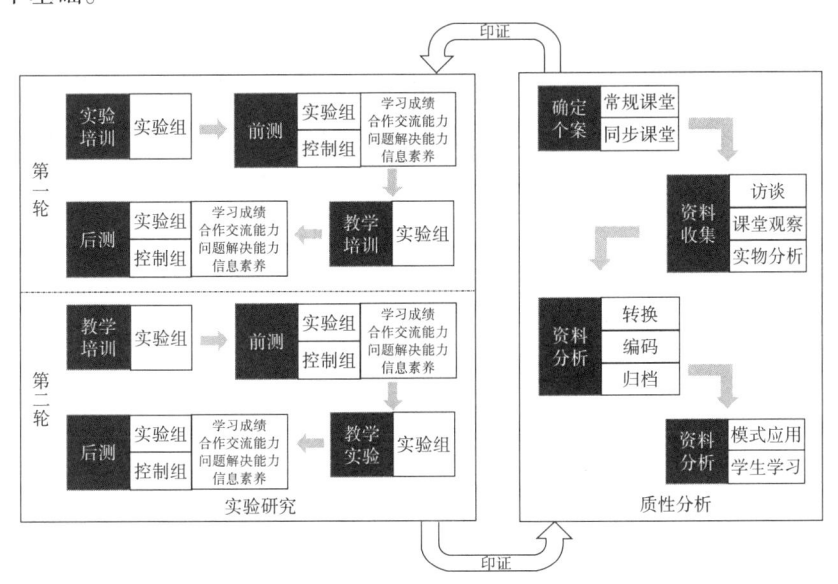

图5-1 实证研究框架

一、研究前期准备

本次实验地点为西北某中学,该校作为"互联网+教育"示范校,教学云校家平台开放共享,移动网络覆盖全校,每个教室都配备智能一体机,信息化教学设备齐全。实验对象包括初一年级的4个班,参与实验的学科教师共3名,此外,还包括与实验相关的教学管理人员及家长。为了使实验开展更加高效,本研究进行了充分的前期准备工作,从制度、人员、设备方面进行统筹规划,以保证教学实践有序进行。前期准备包括组建课题团队、制定管理制度、培训实验教师、动员学生家长、配备实验设备。在团队组建方面,课题组核心成员包括高校教授、一线教师、研究生和教学管理人员,组成了一支20多名成员在内的新型信息技术创新团队。在管理制度方面,制定了科学的教研制度、考核制度和激励机制,明确课题组成员的责任分工,保证实验计划顺利完成。在教师培训方面,对参与课题的全体教师进行教学模式培训和信息素养培训,让教师明确实验内容、实验流程和注意事项,熟练操作云校家、教学助手和互动课堂平台。在动员家长方面,针对全体家长开展了"互联网+"教学实践动员大会,通过家长会向其介绍本次实验的目的和意义,发放问卷收集家长关于实验开展存在的问题和建议,动员家长积极参与配合,明确在教学过程中自身的责任,发挥监督管理作用,通过家校共育配合学校的教学实验。在设施配备方面,其有实验数据记录、分析设备及实验设备,包括班级智能一体机设备,学生的智能手机、平板电脑等移动便携电子设备。

二、实验设计

(一)研究目的

实验研究旨在以新型常规课堂教学模式为指导进行学科教学设计,将"互联网+"环境下新型常规课堂教学模式应用于各个学科,验证新型常规课堂教学模式的教学效果。本实验设计了实验组和控制组,在实施教学模式之前,对学生进行学习成绩、合作交流能力、问题解决能力和信息素养测验,在教学实践之后再次进行测验。对比分析学生在学习成绩、合作交流能力、问题解决能力和信息素养等方面的变化,以验证教学模式的有效性,为进一步完善教学模式提供数据支持。

(二)研究对象

本研究以西北某中学的学生为研究对象,选取语文、数学、英语三个学科,共3名教师,每人教授2个平行班级,从其中选取一个班级作为实验班,选取另一个班级为控制班。实验班和控制班如表5-1所示。

表5-1 实验班和控制班

学科	实验班	控制班
语文	七年级12班	七年级3班
数学	七年级13班	七年级3班
英语	七年级7班	七年级3班

(三)研究过程

为验证新型课堂教学模式对学生发展的影响,同时修改完善教学模式,实验研究分两轮进行,每一轮一个循环,具体如表5-1所示。每一轮实验研究分为前测、培训、教学活动以及后测四个环节。实验组学生和教师在实验前要开展相应的培训活动。第一轮实验时间为2019年9月至2019年12月,验证新型教学模式对学习者学习成绩、合作交流能力、问题解决能力、信息素养的影响,评价模式的有效性,修改和完善模式。第二轮实验时间为2020年9月至2020年12月,验证新型教学模式学习者学习成绩、合作交流能力、问题解决能力、信息素养的影响。个案研究则以学科课程为个案,追踪教师应用新型课堂教学模式的全过程以及学生在常规课堂、直播课堂的学习和发展的轨迹,从另一个侧面验证教学模式有效性,且为建构教师应用新型课堂教学模式的策略打下基础。

(四)研究内容

本实验的研究内容为学生的语文成绩、数学成绩、英语成绩以及每个学生的合作交流能力、问题解决能力和信息素养。研究"互联网+"环境下新型语文、数学、英语课堂教学模式对实验班学生的学习成绩、合作交流能力、问题解决能力和信息素养的影响。

(五)研究假设

本实验分学科进行,分别研究语文、数学、英语学科教学模式对学生学习成绩和能力的提升效果,针对各学科提出了研究假设。

假设1:实验班学生的期末学习成绩与控制班期末学习成绩之间有显著性差异。

假设2:实验班学生的合作交流能力与控制班的合作交流能力有显著性差异。

假设3:实验班学生的问题解决能力与控制班的问题解决能力有显著性差异。

假设4:实验班学生的信息素养与控制班的信息素养有显著性差异。

(六)测量工具

根据《中国学生发展核心素养》,拟重点关注新型课堂教学模式对学习者的学习成绩、合作交流能力、问题解决能力和信息素养的影响。各因变量的测量工具如下。

学习成绩:在第一轮实验中,以2019—2020学年第一学期学生期中考试成绩作为前测成绩(模式未实施),以2019—2020学年第一学期学生期末考试成绩作为后测成绩(模式已实施)。在第二轮实验中,以2019—2020学年第二学期的学生期末考试成绩作为前测成绩,以2020—2021学年第一学期的学生期中考试成绩作为后测成绩。

合作交流能力:余亮等人编制的《协作技能量表》(2010),该量表的信度达到0.878。

问题解决能力:参考杨滨等[1](2017)分析出的PISA2003问题解决能力的六种子能力,结合学科教学内容,编制问题解决能力测题,该量表整体信度达到了0.933。

信息素养:根据国际学生信息素养测评框架、方法与评价[2]编制了与教学活动相关的测试题共21道。

---

[1] 杨滨,张炳林.学生问题解决能力综合测评法研究[J].电化教育研究,2017,38(8):27-28.
[2] 唐晓玲.国际学生信息素养测评框架、方法与评价[J].图书情报工作,2015,59(15):13-14.

三、实施步骤

(一)语文学科教学模式实施步骤

1.课前导学阶段

初中语文内容以现代文阅读为主,课前任务要求学生读课文,扫清字词障碍,同时对特定的文体有特定的重点。课前任务中,需要学生明确教学目标,做好高效学习的准备,所以课前导学任务设置一定要少而精。语文课前导学准备环节如下。

(1)导学任务设计

语文课题小组的教师通过讨论和研究,共同设计导学案的基本模板,导学案中主要分为学习目标、学习重难点、学习方法、微课视频、针对练习五项,各实验班教师可以根据本班学生的具体学习情况作相应调整,实现统一性和针对性的有机结合。首先由主备人员在该学科集体备课的前一周备好相关课程的导学任务单。然后在集备会上,教师共同研讨、优化,进一步研究攻破教学重难点的方法。由于导学任务单的主要作用是对学生的语文学习进行指导、规划,让学生对将要开始的学习做到心中有数,所以导学任务单一般要提前一天或一周左右发给学生。

(2)导学微视频准备

语文课前导学环节,主要为学生提供微课视频等学习资源来帮助学生获得知识。语文教师在假期中,根据课程标准的要求,确定一个学期的教学内容,编写教学计划;学科教师之间进行交流、筛选网上各种优质的语文教学视频和资料;学科组选出音色好、普通话好的教师进行视频录制,在紧密结合教材内容的基础上录制微视频;将整个学期的主要教学内容按单元主题建立较为丰富的微课视频库。在教学实验开始之后,教师会按照课时和教学进度给学生布置适量的学习任务,在课前要求学生通过云校家平台学习规定的微视频。

(3)导学检测题设计

导学检测题用于辅助学生课前自学并进行自我检测,同样是需要教师研究和开发的内容。语文学科教师团队进行集体备课,在深入研究教材、教学内容和学生已有的知识结构的基础上,提前设计每节课的导学检测题,对新授课文的字词语篇、发音、写作背景等进行检测,扫清阅读障碍。同时,要求学生把预习过程中出现问题的地方做好记录,让学生能够提出问题,带着问题走进课堂。

2. 课堂领学阶段

"互联网+"环境下新型语文课堂教学模式最显著特征是教师利用上课的大部分时间帮助学生解决问题,完成最大程度的知识内化,使学生进行有针对性、高效率地学习。课堂的环节主要分为四个板块:导学分享—整体感知—合作探究—拓展延伸。

(1)导学分享

在导学分享环节,主要是学生进行自学检测,解决基本问题。教师要求学生对课前自学的结果进行分享汇报、检测、反馈自学成效。教师结合导学检测和学生反馈的情况,归纳出具有普遍性、代表性的问题,引导学生思考分享,形成共识。对于暂时还不能解决的问题,教师及时汇总,以便在精讲释疑环节通过帮助学生进行合作探究,共同解决问题。

(2)整体感知

在整体感知环节,教师要求学生在较短的时间内对课文要点进行大体领会和把握。在此基础上,教师借助教学助手、一体化电子白板和网络信息资源,通过语音、图片、视频、动画等形式在课堂上创设教学情境,设计出有价值的探究性问题,使学生在教师的带领下进行自主探究,培养学生对现代文的认识、理解和运用能力,掌握阅读文章的方法,提升思维能力、概况判断能力与表达能力。

(3)合作探究

在合作探究环节,以小组为单位,对成员进行明确分工,完成共同的学习任务,增强师生和生生之间的交互活动。在课堂中教师有意识地进行小组合作学习,根据学生的不同特点进行小组划分,成员一般控制在5人以内。教师安排学生汇报读书心得、两分钟演讲、辩论赛、戏剧表演等,在小组学习中,学生既能独立思考,发挥主观能动性完成自己的任务,又能将自己的成果与小组其他成员交流共享,在遇到问题时,组内的成员可以相互分享和帮助。另外,教师可在组内或组间进行指导和协助,以实现学生的高效学习。

(4)拓展延伸

在拓展延伸环节,针对经过小组讨论仍无法解决的问题,教师要重点提出来,通过提示信息引导学生思考,通过讲评的方式与学生一起剖析问题,分析原因,使学生的知识网更加系统。针对学生学习中的问题进行深入研究,开展针对性练习,在问题解决的基础上教师进行适度的拓展和延伸。促进学生对知识的理解,锻炼学生自我反思、语言表达、思维发展的能力。

3.课后助学阶段

课后,教师根据学生的不同学习情况,采用纸质文本、在线检测、学习打卡、思维导图等多种呈现形式为学生布置针对性的学习任务。学生课后复习课堂学习知识,完成作业练习,提交至云校家平台,方便教师及时查收作业。此外,学生通过教师提供的数字化学习资料进行线上学习,自主查阅资料,查漏补缺,对知识进一步拓展延伸。

(二)数学学科教学模式实施过程

1.课前导学阶段

数学课前导学环节是主要用来了解学习方法的环节,通过课前学习可以使学生清楚地认识到本堂课的价值所在,以更高效地获得数学知识,为接下来课堂上的知识内化吸收起到了很好的铺垫作用。数学课前导学准备环节如下。

(1)导学任务设计

数学导学案是教师根据数学教学计划编制的。在导学案中,教师根据学生的数学学习基本情况,明确指出了每次课前学习的内容和学习的目标,同时在学习的方法上也给予明确指导,使学生能清楚自己课前学习的基本方向。数学教师通过数学课题小组的讨论和研究,共同设计导学案的基本模板,导学案中主要分为学习目标、学习重难点、学习方法、微课视频、针对练习五项。各实验班教师可以根据本班学生的具体学习情况做相应调整,实现统一性和针对性的有机结合。在该环节,注重学生完成课前学习,进而保证数学新型课堂教学模式的整个流程得到有效运转。

(2)导学微视频准备

数学课前导学环节,主要为学生提供微课视频等学习资源来帮助学生获得知识。在假期中,数学教师根据课程标准的要求,确定一个学期的教学内容,编写教学计划;与同行之间进行交流,筛选网上各种优质的数学教学视频和资料;和学科组教师共同合作,在紧密结合教材内容的基础上录制微视频;将整个学期的主要教学内容按单元主题建立较为丰富的微课视频库。在开学之后,教师会按照课时和教学进度给学生布置适量的学习任务,并在课前要求学生通过云校家平台学习规定的微视频。

(3)导学针对练习设计

针对练习的设计关键在于考虑不同层次学生对新知识的理解情况,以实现巩固和监测的效果。练习题的设计要把握好学生对新旧知识的联系,一方面促进学生通过已有的数学知识过渡到新的知识上,另一方面要学生通过学习新知识建立对旧知识的深入理解和建构。在此设计下,学生在视频学习结束后,完成教师设计的学习单,平台自动批改,及时反馈答案。学生可以立即查看并修改,把练习中的错题总结归纳,将自己无法解决的问题记录在笔记上。

2.课堂领学阶段

"互联网+"环境下新型数学课堂教学模式最显著特征是教师利用上课的大部分时间帮助学生解决问题,完成最大程度的知识内化,使学生进行有针对性、高效率的学习。课堂的环节主要分为四个板块:导学分享—合作探究—疑难探究—巩固迁移。

(1)导学分享

在导学分享环节,教师反馈学生课前预习的情况,让学生明确问题。一种是学生在课前学习中遇到的解决不了的部分疑难问题,还有一种是教师根据已有的教学经验预先设计出学生很有可能遇到的疑难问题。明确什么样的问题对学生课堂学习产生效果和好的影响,课堂问题设计环节的确定主要来自这两方面。所以,教师要从这些问题中归纳出具有普遍性、代表性的问题作为课堂环节要解决的主要对象,帮助学生解决学习中的疑难问题,让学生能够积极主动地进入到课堂教学中。

(2)合作探究

在合作探究环节,关键在于学生能够学会交流、学会分享。教师通过发现数学教学中学生存在的问题,引导和启发学生的思维,激发学生的学习热情之后,接下来利用师生、生生之间的合作交流来学习知识。新型数学课堂教学模式采用小组合作交流的形式。在这种合作交流的学习方式下,教师有规划地帮助学生建立学习小组,推选有自主学习意识和有责任感的学生担任组长,小组成员间合理分工;学生小组也可以派代表在课堂上总结学习成果,与同学交流分享学习经验,以促进全体学生的共同进步。

(3)疑难探究

在疑难探究环节,核心问题在于帮助学生掌握方法、解决难点。教师根据学生的问题,让学生明确概念,理解做题关键方法,同时还要让学生清楚数学知识以及公式的本质,更重要的是让学生形成通过概念、定理来解决问题的思维和能力。教师要带着这三个思想,对学生进行逐一的解答,在这个过程中教师要做到因材施教,不仅要解决当下的数学问题,更重要的是还要培养学生的数学思想和学习思想。

(4)巩固迁移

在巩固迁移环节,教师在具体的课堂教学环节设置拓展性问题,培养学生举一反三的思想和能力。如在勾股定理的课堂上,教师先在课前留下有关数学史的思考,学生可以上网找到相关资料自主学习,自己先行研究问题,将探索之后仍然不懂的问题留下,在课堂上与教师一起解决。在这一环节教师要多引导学生进行自主思考,这样学生学到的知识会更加扎实,更有利于开发学生的创新思维。

3.课后助学阶段

课后助学阶段,教师需要完成"教学反思",通过对整个教学活动进行回忆和再现,扬长避短,弥补教学中的问题与不足,及时调整教学计划,针对课程中的遗留问题以及学生的课堂表现,形成反馈策略和课后学习任务,通过云校家平台发送给学生。课后学习任务的布置同样遵循线上线下相结合原则、混合型原则以及层次化原则。学生通过完成课后学习任务形成知识的"巩固提升"。通过教师提供的数字化学习资料,学生在课后进行线上练习,对课堂学习知识进行复习、巩固,加以深化。

(三)英语学科教学模式实施过程

1. 课前导学阶段

课前准备阶段主要是指教师对课前学习内容和任务的准备以及学生课前自学。这一阶段是新型课堂教学模式成功实施与否的基础和前提保障。英语学科新型课堂教学模式的课前准备阶段主要内容包括以下几个环节。

(1)导学任务设计

教师根据学生的英语学习基本情况,明确指出了每次课前学习的内容和学习的目标,同时在学习的方法上也给予明确指导,使学生能清楚自己课前学习的基本方向。英语教师通过英语课题小组的讨论和研究,共同设计导学案的基本模板。导学案中主要分为学习目标、学习重难点、学习方法和习题检测四大项,各实验班教师可以根据本班学生的具体学习情况做相应调整,实现统一性和针对性的有机结合。导学任务设计要注重学生切实完成课外学习,进而保证英语新型课堂教学模式的整个流程得到有效运转。

(2)英语导学材料准备

在假期中,教师根据课程标准的要求,确定一个学期的教学内容,编写教学计划,与同行之间进行交流,筛选网上各种优质的英语教学视频和资料,采用教学视频、音频、图片的形式为学生提供学习资源。和学科组教师共同合作,在紧密结合教材内容的基础上录制微视频、整合资料。将整个学期的主要教学内容按单元主题建立起较为丰富的资源库。在开学之后,教师会按照课时和教学进度给学生布置适量的学习任务,并要求学生通过云校家平台学习规定的学习素材。为了丰富学生的英语文化知识,提升学生的英语知识素养,英语教师们经常会通过在线平台为学生布置一些精彩地道的英语演讲、电影片段、歌曲、有趣的英语闯关游戏等。

(3)导学练习检测设计

教师通过布置与课外学习材料相一致的练习测试,一方面加强学生对新知识的巩固和理解,另一方面对学生的自主学习起到一定的监督和激励作用。教师在导学案中布置与本节内容知识点一致的习题,如对英文词汇的检测,对重点短语、句型、语法的训练,通过云校家在线学习平台为学生布置检测题,及时检测和强化学生对课前自学知识的记忆。在上课之前,学生的检测结果会上传至云校家平台,以便教师及时查看学生的完成情况。

2.课堂领学阶段

"互联网+"环境下新型英语课堂教学模式最显著的特征是教师利用课堂活动通过与学生交流互动,提升学生听、说、读、写的语言综合应用能力。课堂的环节主要分为四个板块:导学分享—情境感知—疑难探究—巩固延伸。

(1)导学分享

英语新型课堂上的第一个环节就是通过导学分享对课前学习内容进行回顾。在这个分享回顾过程中,教师会为学生安排各种小任务,如教师通过将课前学习的视频在课堂上统一再播放一遍,并在播放过程中穿插一些小问题,来检测学生课前学习的掌握情况。同时,教师抓住英语知识基础性强且繁杂的特征,帮助学生在集体环境中记忆与理解知识点,鼓励学生积极分享,讲解与展示课前导学环节的视频、朗诵音频等作品成果,相互参考借鉴,并对自己导学环节的学习过程进行自我评价和反思。

(2)情境感知

在情境感知环节,初中阶段学生的英语基础相对薄弱,虽然在课前导学环节学生进行了自主学习、独立探索,对学习内容有了一定程度的了解,但是对知识的整体逻辑的把握上还比较欠缺。教师首先通过对话交流、视听等方式创生教学情境,带领学生整体感知教学内容,形成师生间的双向互动。然后,学生自主探究新课环节的重要语法、词汇、表达等。最后,教师对学生在该阶段的学习进行评价,总结知识点,为学生提供学习反馈,确保大部分学生都能跟上课堂节奏,为下一步疑难探究做好准备。

(3)疑难探究

在疑难探究环节,将时间转移到学生的合作学习上,让学生拥有更多展示自学的机会。在英语课堂教学过程中,教师以小组为单位,以教学单元主题为展示内容,安排小组轮流进行单元课堂展示,鼓励学生相互合作,以听、说、读、写多种方式来展示自己的学习成果。与此同时,为了保证非展示小组的成员也能够积极投入到单元学习之中,教师对非展示小组也要安排任务,要求其对展示小组作出细致性的点评,并就展示中的重点、难点问题展开全班讨论。教师在这一过程中通常提出一些有建设性的问题来引导学生思考和对知识的深层理解,帮助学生突破重难点。

(4)拓展延伸

在拓展延伸环节,通过让学生进行一些难度较高的练习,提升学生的英语综合应用能力。通过多样化的活动来提升学生的英语技能,结合教材特点,通过编制对话、角色扮演、辩论、游戏等方式将英语知识贯通到学生的交际之中,让学生充分感受到学习英语的用途和乐趣。教师可以通过学生对知识点的总结和评价了解学生的知识学习程度,同样也锻炼了学生的知识归纳能力和英语表达能力,让学生再一次对所学知识进行系统性巩固。

3.课后助学阶段

教师在课后助学阶段注重学生对知识的巩固应用和反思,是课堂教学的延伸。根据不同学生的能力基础和学习情况为学生布置针对性的课后学习任务,采用纸质文本、在线检测、学习打卡、思维导图等形式,通过多种类型的课后作业丰富学生的学习形式、帮助学生巩固知识点。课后学习任务的布置遵循线上线下结合原则、混合性原则以及层次化原则。学生通过完成课后学习任务形成知识的"巩固提升"。学生课后复习课堂学习知识,完成作业练习,巩固课堂知识,通过教师提供的数字化学习资料,进行线上学习以延伸知识。

四、数据采集

数据采集分两轮进行,分别对实验班和控制班进行前测数据采集和后测数据采集。第一轮数据前后测时间分别为2019年11月和2020年1月,第二轮数据前后测时间分别为2020年6月和2020年11月。数据采集利用纸张试卷回收和电子问卷回收相结合的方式。通过纸张试卷回收学生学习成绩数据,通过在线电子问卷回收学生的合作交流能力、问题解决能力和信息素养能力数据。

五、数据分析

(一)数据分析方法

数据分析拟采用独立样本 t 检验和配对样本 t 检验分析方法,在控制无关变量(授课教师、班主任、班级)的条件下,比较实验班与控制班学生在学习成绩、合作交流能力、问题解决能力、信息素养方面的差异,以此验证各学科新型课堂教学模式的有效性。

(二)数据分析工具

数据分析工具采用SPSS数据统计与处理软件,SPSS具有操作界面简单、输出结果直观等特点,其统计分析过程包括描述性统计、均值分析、相关分析、回归分析等几大类,本研究主要运用的统计分析为描述性统计和均值分析。

(三)数据分析过程

1.语文学科数据分析

(1)第一轮数据分析

①学习成绩差异性分析

实验班和控制班前测对比分析:对实验班和控制班被试的语文成绩前测数据进行独立样本 t 检验,结果如表5-2所示。实验前实验班和控制班语文成绩无显著性差异($t=1.545, p>0.05$),表明实验班和控制班的语文成绩前测得分具有同质性,学生初始语文知识水平相对一致,可以对其进行分组研究。

表5-2 实验班&控制班前后测成绩独立样本 t 检验

	组别	个案数	平均值 (M)	列文方差相等性检验		平均值相等性的 t 检验		
				F	显著性	t	自由度	显著性(双尾)
前测对比	实验班	50	93.240	0.950	0.332	1.545	98	0.126
	控制班	50	88.860					
后测对比	实验班	50	101.780	0.161	0.690	3.005	98	0.003
	控制班	50	93.480					

实验班和控制班后测对比分析:对实验班和控制班被试的语文成绩后测数据进行独立样本t检验,结果如表5-2所示。实验班与控制班语文成绩有显著性差异($t=3.005, p<0.05$),实验班的语文平均成绩高于控制班的语文平均成绩,说明相较于传统教学模式,"互联网+"环境下新型语文课堂教学模式更有利于学生对语文知识的理解。造成实验班和控制班后测成绩有显著差异的原因可能是:第一,教学模式激发了学生的学习兴趣,"互联网+"环境下新型语文课堂教学模式基于"先学后教,以学定教"的教学理念,教师运用了信息化手段,例如云校家、教学助手等平台,设计了丰富的微课和多样的课堂活动,有效提升了学生的学习兴趣,让学生乐于学习;第二,教学模式促进了学生的知识理解,"互联网+"环境下新型语文课堂教学模式借助"课前—课中—课后"三个环节,分别在不同阶段引领了学生探索知识,包括课前导学提升学生的自学能力、课中领学促进学生的合作学习,课后提供资源引导学生拓展学习,这些环节活动有助于学生对知识的理解,因此对学生的成绩影响明显。

②合作交流能力分析

实验班和控制班前测对比分析:对实验班和控制班被试的合作交流能力的前测数据进行独立样本t检验,结果如表5-3所示。实验前实验班和控制班合作交流能力无显著性差异($t=0.237, p>0.05$),表明实验班和控制班的合作交流能力前测得分具有同质性,学生初始合作交流能力相对一致,可以对其进行分组研究。

表5-3 实验班&控制班前后测合作交流能力独立样本t检验

	组别	个案数	平均值（M）	列文方差相等性检验		平均值相等性的t检验		
				F	显著性	t	自由度	显著性（双尾）
前测对比	实验班	50	117.080	0.029	0.866	0.237	98	0.813
	控制班	50	116.280					
后测对比	实验班	50	114.280	3.021	0.085	3.005	98	0.498
	控制班	50	117.020					

实验班和控制班后测对比分析:对实验班和控制班被试的合作交流能力的后测数据进行独立样本t检验,结果如表5-3所示。实验后实验班和控制班合作交流能力无显著性差异($t=3.005, p>0.05$)。因此,研究

有必要分别对实验班和控制班的合作交流能力进行前后测对比分析。

实验班与控制班前后测对比分析：对实验班被试的合作交流能力前后测数据进行配对样本t检验，结果如表5-4所示。实验班实验前后学生合作交流能力无显著性差异（$t=1.077$，$p>0.05$）。对控制班被试的合作交流能力前后测数据进行配对样本t检验，结果如表所示。控制班实验前后学生合作交流能力无显著性差异（$t=-0.311$，$p>0.05$）。造成实验班学生合作交流能力实验前后无明显差异的原因可能是：第一，教学模式实施周期短，学生合作交流能力的培养是一个长期缓慢的过程，在短时间内无法观察出明显变化，因此教学模式目前对实验班学生合作交流能力的影响还不明显；第二，教师的合作引导水平还需要提升，"互联网+"环境下新型语文课堂教学模式倡导师生互动、生生互动，教师不仅需要设计线上课堂合作学习活动，线下还需要把控好学生的合作交流环节，创造机会引导生生互动，同时还需要提高与学生的合作交流技能，而对于合作交流环节，教师还在摸索适应新型语文课堂教学模式的最佳教学方式，因此合作交流能力实验前后无明显差异。

表5-4　实验班&控制班前后测合作交流能力配对样本t检验

组别	个案数	前测均值	后测均值	前后测成绩配对样本t检验			
				相关系数	t	自由度	显著性（双尾）
实验班	50	117.080	114.280	.578	1.077	49	0.287
控制班	50	116.280	117.020	.540	−0.311	49	0.757

③问题解决能力分析

实验班和控制班前测对比分析：对实验班和控制班被试的问题解决能力的前测数据进行独立样本t检验，结果如表5-5所示。实验前实验班和控制班问题解决能力无显著性差异（$t=-0.027$，$p>0.05$），表明实验班和控制班的问题解决能力前测得分具有同质性，学生初始问题解决能力相对一致，可以对其进行分组研究。

实验班和控制班后测对比分析：对实验班和控制班被试的问题解决能力的后测数据进行独立样本t检验，结果如表5-5所示。实验后实验班和控制班问题解决能力无显著性差异（$t=-0.037$，$p>0.05$）。因此，研究有必要分别对实验班和控制班的问题解决能力进行前后测对比分析。

表 5-5　实验班&控制班前后测问题解决能力独立样本 t 检验

	组别	个案数	平均值（M）	列文方差相等性检验		平均值相等性的 t 检验		
				F	显著性	t	自由度	显著性（双尾）
前测对比	实验班	50	70.860	0.000	0.996	−0.027	98	0.307
	控制班	50	73.060					
后测对比	实验班	50	71.500	0.816	0.369	−0.037	98	0.970
	控制班	50	71.600					

实验班与控制班前后测对比分析：对实验班被试的问题解决能力前后测数据进行配对样本 t 检验，结果如表 5-6 所示。实验班实验前后学生问题解决能力无显著性差异（$t=-0.454$, $p>0.05$）。对控制班被试的问题解决能力前后测数据进行配对样本 t 检验，结果如表所示。控制班实验前后学生问题解决能力无显著性差异（$t=0.913$, $p>0.05$）。造成实验班学生问题解决能力实验前后无明显差异的原因可能是：第一，教学模式实施周期短，"互联网+"环境下新型语文课堂教学模式实验周期目前只实施了半学期，实验时间过短，而学生能力的培养是一个长期缓慢的过程，因此教学模式目前对实验班学生问题解决能力的影响还不明显；第二，教师的教学技能有待提升，"互联网+"环境下新型语文课堂教学模式要求教师设计问题，引导学生对问题进行探究，同时对学生的问题进行答疑解惑，为了加深学生的理解，教师需要掌握释疑的方法、技巧等，对教师的教学技能要求高，师生目前还在探索适应"互联网+"环境下新型语文课堂教学模式。

表 5-6　实验班&控制班前后测问题解决能力配对样本 t 检验

组别	个案数	前测均值	后测均值	前后测成绩配对样本 t 检验			
				相关系数	t	自由度	显著性（双尾）
实验班	50	70.860	71.500	0.677	−0.454	49	0.652
控制班	50	73.060	71.600	0.586	0.913	49	0.366

④信息素养分析

实验班和控制班前测对比分析：对实验班和控制班被试的信息素养的前测数据进行独立样本 t 检验，结果如表 5-7 所示。实验前实验班和控制班信息素养无显著性差异($t=-0.300, p>0.05$),表明实验班和控制班的信息素养前测得分具有同质性,学生初始信息素养相对一致,可以对其进行分组研究。

实验班和控制班后测对比分析:对实验班和控制班被试的信息素养的后测数据进行独立样本t检验,结果如表5-7所示。实验后实验班和控制班信息素养无显著性差异($t=0.427, p>0.05$)。因此,研究有必要分别对实验班和控制班的信息素养进行前后测对比分析。

表5-7 实验班&控制班前后测信息素养独立样本t检验

	组别	个案数	平均值(M)	列文方差相等性检验		平均值相等性的t检验		
				F	显著性	t	自由度	显著性(双尾)
前测对比	实验班	50	13.500	0.135	0.714	-0.300	98	0.765
	控制班	50	13.720					
后测对比	实验班	50	13.040	5.603	0.020	0.427	98	0.671
	控制班	50	12.720					

实验班与控制班前后测对比分析:对实验班被试的信息素养前后测数据进行配对样本t检验,结果如表5-8所示。实验班实验前后学生信息素养无显著性差异($t=0.891, p>0.05$)。对控制班被试的信息素养前后测数据进行配对样本t检验,结果如表所示。控制班实验前后学生信息素养无显著性差异($t=1.862, p>0.05$)。造成实验班学生信息素养实验前后无明显差异的原因可能是:第一,教学模式实施周期短,学生能力的培养是一个长期缓慢的过程,因此教学模式目前对信息素养的影响还不明显;第二,教师信息化教学能力不足,"互联网+"环境下新型语文课堂教学模式需要教师转变传统的教学方式,由单纯的知识传授面向学生的全面发展,在教学过程中需要教师善用各类教学软件、设备以及资源,创设生动的语文学习情境,对教师的信息化教学水平要求较高,教师在整个模式的实施过程还在不断提升改进自己的教学水平,对学生信息素养能力的有效培养方式还在摸索之中。

表5-8 实验班&控制班前后测信息素养配对样本t检验

组别	个案数	前测均值	后测均值	前后测成绩配对样本t检验			
				相关系数	t	自由度	显著性（双尾）
实验班	50	13.500	13.040	0.554	0.891	49	0.377
控制班	50	13.720	12.740	0.586	1.862	49	0.069

综上所述，"互联网+"环境下新型语文课堂教学模式通过教师采用开放性的教学手段，借助课前课中课后三环节的连通式学习，有助于学生对语文知识的理解，对学生的语文成绩的影响呈积极作用。但由于实验周期比较短、教师的信息化教学水平有待提高以及新型语文教学模式的实施是一个长期过程，教师需要不断调整教学方式，学生也需要不断适应新的学习方式，因此学生的合作交流能力、问题解决能力和信息素养实验前后相比没有显著差异，为此本研究将调整实验，进一步开展实验研究。

（2）第二轮数据分析

①学习成绩差异性分析

实验班和控制班前测对比分析：对实验班和控制班被试的语文成绩前测数据进行独立样本t检验，结果如表5-9所示。实验前实验班和控制班语文成绩有显著性差异（$t=2.796,p<0.05$）。造成实验班和控制班前测成绩有显著差异的原因可能是：实验班一直采用"互联网+"环境下新型语文课堂教学模式进行授课，控制班采用传统教学模式进行授课，实验班的学生获得了学习自主权，更有利于学生对语文知识的理解。此外，在2020新冠病毒疫情期间，实验班的学生因为在前期接触了互联网学习，因此更快适应线上学习，从而导致成绩显著高于控制班。

实验班和控制班后测对比分析：对实验班和控制班被试的语文成绩后测数据进行独立样本t检验，结果如表5-9所示。实验班与控制班语文成绩没有显著性差异（$t=0.167,p>0.05$）。造成实验班和控制班后测成绩无显著性差异的原因可能是：第一，学生需要一定的适应过程，前测时学生处于初一阶段，后测时学生从初一升到了初二，学生在这个阶段处于青春期，情绪波动较大，因此无论是实验班还是控制班的学生，他们都处在年级转变的适应阶段，学生的学习状态都比较不稳定；第二，知识难点的提升,初二知识相较于初一知识难度显著提升,无论是实验班还是控制班的学生理解起来都比较吃力,因此学生的后测成绩没有显著差异;第三,在2020年新冠病毒疫情期间,实验班学生更容易适应线上教学,而回到了常规课堂中,学生的成绩增长速度减缓,因此与控制班的差异缩小。

表5-9 实验班&控制班前后测成绩独立样本 t 检验

	组别	个案数	平均值(M)	列文方差相等性检验		平均值相等性的t检验		
				F	显著性	t	自由度	显著性(双尾)
前测对比	实验班	50	88.060	0.099	0.754	2.796	98	0.006
	控制班	50	75.680					
后测对比	实验班	50	80.960	1.985	0.162	0.167	98	0.867
	控制班	50	75.760					

②合作交流能力分析

实验班和控制班前测对比分析:对实验班和控制班被试的合作交流能力前测数据进行独立样本 t 检验,结果如表5-10所示。实验前实验班和控制班合作交流能力无显著性差异($t=3.005, p>0.05$),表明实验班和控制班的合作交流能力前测得分具有同质性,学生初始合作交流能力相对一致,可以对其进行分组研究。

实验班和控制班后测对比分析:对实验班和控制班被试的合作交流能力后测数据进行独立样本 t 检验,结果如表5-10所示。实验后实验班和控制班合作交流能力无显著性差异($t=0.354, p>0.05$)。因此,研究有必要分别对实验班和控制班的合作交流能力进行前后测对比分析。

表5-10 实验班&控制班前后测合作交流能力独立样本 t 检验

	组别	个案数	平均值(M)	列文方差相等性检验		平均值相等性的t检验		
				F	显著性	t	自由度	显著性(双尾)
前测对比	实验班	50	114.280	3.021	0.085	3.005	98	0.498
	控制班	50	117.020					
后测对比	实验班	50	111.960	0.736	0.393	0.354	98	0.724
	控制班	50	110.440					

实验班与控制班前后测对比分析:对实验班被试的合作交流能力前

后测数据进行配对样本 t 检验,结果如表 5-11 所示。实验班实验前后学生合作交流能力无显著性差异($t=0.789,p>0.05$)。对控制班被试的合作交流能力前后测数据进行配对样本 t 检验,结果如表所示。控制班实验前后学生合作交流能力无显著性差异($t=1.824,p>0.05$)。造成实验班学生合作交流能力实验前后无明显差异的原因可能是:第一,能力的提升是一个长期过程,任何教学模式的实施,对学生能力的影响都是一个长期发展的过程,"互联网+"环境下新型语文课堂教学模式实施了一年半左右,其间还受到了新冠病毒疫情的影响,导致模式实际实施的时间并不足以显著提升学生的合作交流能力;第二,师生的合作交流还需要深层次提升,"互联网+"环境下新型语文课堂教学模式倡导师生互动、生生互动,这种互动并不仅是形式上的互动,更多是思想上的交流碰撞,因此教师的合作交流场所应打破课堂限制,不仅需要设计课堂合作交流活动,更应该布置课下合作学习任务,增加合作交流的机会,促进学生合作交流能力的提升。

表 5-11 实验班&控制班前后测合作交流能力配对样本 t 检验

组别	个案数	前测均值	后测均值	前后测成绩配对样本 t 检验			
				相关系数	t	自由度	显著性（双尾）
实验班	50	114.280	111.960	0.505	0.789	49	0.434
控制班	50	117.020	110.440	0.453	1.824	49	0.074

③问题解决能力分析

实验班和控制班前测对比分析:对实验班和控制班被试的问题解决能力前测数据进行独立样本 t 检验,结果如表 5-12 所示。实验前实验班和控制班问题解决能力无显著性差异($t=-0.037,p>0.05$),表明实验班和控制班的问题解决能力前测得分具有同质性,学生初始问题解决能力相对一致,可以对其进行分组研究。

实验班和控制班后测对比分析:对实验班和控制班被试的问题解决能力后测数据进行独立样本 t 检验,结果如表 5-12 所示。实验后实验班和控制班问题解决能力有显著性差异($t=2.151,p<0.05$),为了验证新型课堂教学模式是否能显著提高实验班的问题解决能力,研究有必要分别对实验班和控制班的问题解决能力进行前后测对比分析。

表 5-12 实验班&控制班前后测问题解决能力独立样本 t 检验

组别		个案数	平均值 (M)	列文方差相等性检验		平均值相等性的 t 检验		
				F	显著性	t	自由度	显著性（双尾）
前测对比	实验班	50	71.500	0.816	0.369	-0.037	98	0.970
	控制班	50	71.600					
后测对比	实验班	50	74.800	3.095	0.082	2.151	98	0.034
	控制班	50	69.040					

实验班与控制班前后测对比分析：对实验班被试的问题解决能力前后测数据进行配对样本 t 检验，结果如表5-13所示。实验班实验前后学生问题解决能力有显著性差异（$t=-2.128, p<0.05$）。对控制班被试的问题解决能力前后测数据进行配对样本 t 检验，结果如表所示。控制班实验前后学生问题解决能力无显著性差异（$t=0.971, p>0.05$）。造成实验班学生问题解决能力实验前后有明显差异的原因可能是：第一，学生学习自主性提升，"互联网+"环境下新型语文课堂教学模式对学生的自主性要求较高，需要学生课前导学、自主探究预习，因此经过一段时间的培养，使得学生养成了良好的学习习惯，自主探究意识提升；第二，课堂引导促进了学生思考，"互联网+"环境下新型语文课堂教学模式在课堂中倡导教师将课堂还给学生，引导学生自主探究学习问题，采用先学后释疑的教学方式，学生在不断思考和教师的有意识引导下提升了对问题的分析、解决能力等，因此使得学生的问题解决能力有效提升。

表 5-13 实验班&控制班前后测问题解决能力配对样本 t 检验

组别	个案数	前测均值	后测均值	前后测成绩配对样本 t 检验			
				相关系数	t	自由度	显著性（双尾）
实验班	50	71.500	74.800	0.611	-2.128	49	0.038
控制班	50	71.600	69.040	0.370	0.971	49	0.337

④信息素养分析

实验班和控制班前测对比分析：对实验班和控制班被试的信息素养前测数据进行独立样本 t 检验，结果如表5-14所示。实验前实验班和控制班信息素养无显著性差异（$t=0.427, p>0.05$），表明实验班和控制班的信息素养前测得分具有同质性,学生初始信息素养相对一致,可以对其进行分组研究。

实验班和控制班后测对比分析:对实验班和控制班被试的信息素养后测数据进行独立样本t检验,结果如表5-14所示。实验后实验班和控制班信息素养有显著性差异($t=2.036$,$p<0.05$)。为了验证新型课堂教学模式是否能显著提高实验班的信息素养,研究有必要分别对实验班和控制班的信息素养进行前后测对比分析。

表5-14 实验班&控制班前后测信息素养独立样本t检验

	组别	个案数	平均值(M)	列文方差相等性检验		平均值相等性的t检验		
				F	显著性	t	自由度	显著性(双尾)
前测对比	实验班	50	13.040	5.603	0.020	0.427	98	0.671
	控制班	50	12.740					
后测对比	实验班	50	14.100	0.021	0.886	2.036	98	0.044
	控制班	50	12.880					

实验班与控制班前后测对比分析:对实验班被试的信息素养前后测数据进行配对样本t检验,结果如表5-15所示。实验班实验前后学生信息素养有显著性差异($t=-2.116$,$p<0.05$)。对控制班被试的信息素养前后测数据进行配对样本t检验,结果如表所示。控制班实验前后学生信息素养无显著性差异($t=-0.225$,$p>0.05$)。造成学生信息素养实验前后有明显差异的原因可能是:第一,教师善用信息技术开展活动,"互联网+"环境下新型语文课堂教学模式借助了云校家、教学助手等平台开展学习活动,学生课前自主借助移动设备查阅相关知识进行预习,课中教师提供了微课等丰富的教学资源,采用学情诊断及时发现问题,从而为学生答疑解惑,同时学生也借助平板电脑等移动设备跟随教师一起探究知识,这一系列活动与信息技术息息相关,促进了学生对计算机的进一步了解,获得了技能的提升;第二,线上学习机会的增加,"互联网+"环境下新型语文课堂教学模式倡导的是线上为辅、线下为主的混合式教学方式,要求学生课前课中自主利用信息技术探究知识,使得学生线上学习的机会增加。而且由于新冠病毒疫情的影响,学校及时调整教学策略,

采用了"空中课堂"互联网教学,大大增加了学生的线上学习的时间和机会,学生的信息素养明显提升。

表5-15 实验班&控制班前后测信息素养配对样本t检验

组别	个案数	前测均值	后测均值	前后测成绩配对样本t检验			
				相关系数	t	自由度	显著性（双尾）
实验班	50	13.040	14.100	.522	−2.116	49	0.039
控制班	50	12.740	12.880	.319	−0.225	49	0.823

综上所述,由于"互联网+"环境下新型语文课堂教学模式"以生为本"的教学理念、线上线下融通的课堂环节、丰富多样的教学活动等,对学生的语文成绩有一定的影响,其中学生的信息素养、问题解决能力有显著提升。但是由于学生升入初二需要一定的适应期、知识难度提高、师生合作交流还不够深入等原因,使实验班学生的学习成绩与控制班相比没有显著变化,合作交流能力在实验前后也没有显著差异。

2.数学学科数据分析

（1）第一轮数据分析

①学习成绩差异性分析

实验班和控制班前测对比分析:对实验班和控制班被试的数学成绩前测数据进行独立样本t检验,结果如表5-16所示,实验前实验班和控制班数学成绩无显著性差异（$t=-0.328$,$p>0.05$）。表明实验班和控制班的数学成绩前测得分具有同质性,学生初始数学知识水平相对一致,可以对其进行分组研究。

实验班和控制班后测对比分析:对实验班和控制班被试的数学成绩后测数据进行独立样本t检验,结果如表5-16所示。实验班与控制班数学成绩无显著差异（$t=-0.445$,$p>0.05$）。说明在经过一段时间的教学实验后,"互联网+"环境下新型数学课堂教学模式对实验班学生数学成绩没有产生较大影响。造成实验班和控制班后测成绩无显著差异的原因可能是:第一,教师对新型教学模式的应用处在适应期或未进行灵活应用,教师在实施新型教学模式的过程中,需要一定的适应能力和创新能力,如果只是生搬硬套,容易导致学习效果不佳;第二,学生不能快速适应新型教学模式,新的教学方式给学生带来的直接影响就是学习方式发生转变,如果学生不能快速适应这种变化,学习效率就会大打折扣。

表5-16 实验班&控制班前后测成绩独立样本t检验

	组别	个案数	平均值(M)	列文方差相等性检验		平均值相等性的t检验		
				F	显著性	t	自由度	显著性(双尾)
前测对比	实验班	53	80.300	3.405	0.068	-0.328	104	0.744
	控制班	53	78.740					
后测对比	实验班	53	93.570	0.004	0.952	-0.445	104	0.657
	控制班	53	91.580					

②合作交流能力分析

实验班和控制班前测对比分析:对实验班和控制班被试的合作交流能力的前测数据进行独立样本t检验,结果如表5-17所示。实验前实验班和控制班合作交流能力无显著性差异(t=0.590,p>0.05),表明实验班和控制班的合作交流能力前测具有同质性,学生合作交流能力的初始水平相对一致,可以对其进行分组研究。

实验班和控制班后测对比分析:对实验班和控制班被试的合作交流能力的后测数据进行独立样本t检验,结果如表5-17所示。实验后实验班和控制班合作交流能力无显著性差异(t=-0.154,p>0.05)。因此,研究有必要分别对实验班和控制班的合作交流能力进行前后测对比分析。

表5-17 实验班&控制班前后测合作交流能力独立样本t检验

	组别	个案数	平均值(M)	列文方差相等性检验		平均值相等性的t检验		
				F	显著性	t	自由度	显著性(双尾)
前测对比	实验班	53	112.70	0.739	0.392	0.590	104	0.557
	控制班	53	114.85					
后测对比	实验班	53	116.30	2.456	0.120	-0.154	104	0.878
	控制班	53	115.58					

实验班与控制班前后测对比分析:对实验班学生在实验前后的合作交流能力进行配对样本t检验,结果如表5-18所示。实验班实验前后学生合作交流能力无显著性差异(t=-1.057,p>0.05)。对控制班学生前后测的合作交流能力进行配对样本t检验,结果如表5-18所示。控制班实验前后学生合作交流能力有显著性差异(t=5.820,p<0.05)。造成实验班学生合作交流能力实验前后无明显差异的原因可能是:第一,培养目标

不够清晰,在短时间的实验周期中,教师需要先适应教学模式带来的教学变化,在教学培养目标上可能弱化了对学生的合作交流能力的关注与培养,导致学生的合作交流能力没有较为明显的变化;第二,学生缺乏合作交流的机会,由于教师对学生的合作交流能力没有给予深度关注,在缺乏与同伴面对面交流和表达的情况下,其合作意愿、协作技能难以在短时间内发生明显改变。

表5-18 实验班&控制班前后测合作交流能力配对样本t检验

组别	个案数	前测均值	后测均值	前后测成绩配对样本t检验			
				相关系数	t	自由度	显著性（双尾）
实验班	53	112.700	116.300	0.240	−1.057	52	0.296
控制班	53	114.850	91.580	−0.018	5.820	52	0.000

③问题解决能力分析

实验班和控制班前测对比分析:对实验班和控制班被试的问题解决能力的前测数据进行独立样本t检验,结果如表5-19所示。实验前实验班和控制班问题解决能力无显著性差异(t=0.807, p>0.05),表明实验班和控制班的问题解决能力前测具有同质性,学生问题解决能力的初始水平相对一致,可以对其进行分组研究。

实验班和控制班后测对比分析:对实验班和控制班被试的问题解决能力的后测数据进行独立样本t检验,结果如表5-19所示。实验后实验班和控制班问题解决能力无显著性差异(t=−1.205, p>0.05),因此,研究有必要分别对实验班和控制班的问题解决能力进行前后测对比分析。

表5-19 实验班&控制班前后测问题解决能力独立样本t检验

	组别	个案数	平均值（M）	列文方差相等性检验		平均值相等性的t检验		
				F	显著性	t	自由度	显著性（双尾）
前测对比	实验班	53	70.680	6.588	0.012	0.807	97.299	0.422
	控制班	53	72.260					
后测对比	实验班	53	73.090	9.805	0.002	−1.205	92.103	0.231
	控制班	53	69.360					

实验班与控制班前后测对比分析：将实验班学生在实验前后的问题解决能力进行配对样本t检验，结果如表5-20所示。实验班实验前后学生问题解决能力无显著性差异（$t=-1.272, p>0.05$）。对控制班被试的问题解决能力前后测数据进行配对样本t检验，结果如表5-20所示。控制班实验前后学生问题解决能力有显著性差异（$t=2.543, p<0.05$）。造成实验班学生问题解决能力实验前后无明显差异的原因可能是：第一，教师对该模式的理解不够深入，在短时间的实验周期中，教师未能很好地将数学学科与该模式相融合，在一些教学环节中还是按照传统的教学方式进行，对学生的数学实际问题解决、逻辑推理过程等方面的培养不够深入，导致学生对解决问题的积极性没有产生明显的影响；第二，学生问题解决反思能力不足，由于新型教学模式的开展周期较短，一些学生难以适应新的学习方式，学生在解决数学问题的过程中，不易跟上进度或者较少开展反思，导致学生在短时间内的问题解决能力未出现明显的提升。

表5-20　实验班&控制班前后测问题解决能力配对样本t检验

组别	个案数	前测均值	后测均值	前后测成绩配对样本t检验			
				相关系数	t	自由度	显著性（双尾）
实验班	53	70.680	73.090	0.213	−1.272	52	0.209
控制班	53	72.260	69.360	0.960	2.543	52	0.014

④信息素养分析

实验班和控制班前测对比分析：对实验班和控制班被试的信息素养的前测数据进行独立样本t检验，结果如表5-21所示。实验前实验班和控制班信息素养无显著性差异（$t=0.227, p>0.05$），表明实验班和控制班的问题解决能力前测得分具有同质性，学生初始问题解决能力相对一致，可以对其进行分组研究。

实验班和控制班后测对比分析：对实验班和控制班被试的信息素养的后测数据进行独立样本t检验，结果如表5-21所示。实验后实验班和控制班信息素养无显著性差异（$t=-0.334, p>0.05$）。因此，研究有必要分别对实验班和控制班的信息素养进行前后测对比分析。

表 5-21　实验班&控制班前后测信息素养独立样本 t 检验

	组别	个案数	平均值（M）	列文方差相等性检验		平均值相等性的 t 检验		
				F	显著性	t	自由度	显著性（双尾）
前测对比	实验班	53	14.060	4.622	0.034	0.227	97.169	0.821
	控制班	53	14.210					
后测对比	实验班	53	13.470	9.630	0.002	−0.334	87.915	0.739
	控制班	53	13.260					

实验班与控制班前后测对比分析：对实验班被试的信息素养前后测数据进行配对样本 t 检验，结果如表 5-22 所示。实验班实验前后学生信息素养无显著性差异（$t=-1.272$, $p>0.05$）。对控制班被试的信息素养前后测数据进行配对样本 t 检验，结果如表 5-22 所示。控制班实验前后学生信息素养有显著性差异（$t=2.543$, $p<0.05$）。造成实验班学生信息素养实验前后无明显差异的原因可能是：第一，实验周期较短，新型教学模式要求学生在课前课后通过自主检索信息或学习资源，部分学生在较短时间内，难以转变或适应新的学习方式，导致学生出现资源检索困难等现象，进而出现实验前后学生信息素养总体上没有明显差异的结果；第二，教师信息化教学能力亟待强化，由于学生信息素养很大程度上受环境影响，当教师在教学活动过程中未有意引导或向学生提供相关的资源支持，学生的信息意识和资源操作机会就会下降。

表 5-22　实验班&控制班前后测信息素养配对样本 t 检验

组别	个案数	前测均值	后测均值	前后测成绩配对样本 t 检验			
				相关系数	t	自由度	显著性（双尾）
实验班	53	14.060	13.470	0.160	−1.272	52	0.341
控制班	53	14.210	13.260	0.959	2.543	52	0.000

综上所述，从学生成绩方面来看，实验班和控制班学生的学习成绩无显著性差异，表明"互联网+"环境下新型数学课堂教学模式对实验班学生的成绩无影响。从能力培养方面来看，控制班学生合作交流能力、问题解决能力、信息素养显著下降；实验班学生的合作交流能力、问题解决能力、信息素养均没有显著性差异，可能与该模式实施周期不足、教师

信息化教学水平、学生适应新的学习方式有关,为此本研究将调整实验,进一步开展实验研究。

(2)第二轮数据分析

①学习成绩差异性分析

实验班和控制班前测对比分析:对实验班和控制班被试的数学成绩前测数据进行独立样本t检验,结果如表5-23所示。实验前实验班和控制班数学成绩有显著性差异($t=-2.622,p<0.05$)。造成实验班和控制班前测成绩有显著差异的原因可能是:实验班的学生在新型教学模式的教学下,学习水平已经高于控制班。在第一轮实验中,实验班和控制班学生学习水平基本一致,但经过一段实验周期后,实验班教师和学生基本适应新型教学模式,学生学习水平相比实验初期有了较为明显的提升,因此在第二轮实验前测与控制班学生有显著性差异。

实验班和控制班后测对比分析:对实验班和控制班被试的数学成绩后测数据进行独立样本t检验,结果如表5-23所示。实验班与控制班数学成绩无显著性差异($t=-1.495,p>0.05$)。造成实验班和控制班后测成绩无显著差异的原因可能是:第一,师生需适应当时疫情下的在线教学,新冠病毒疫情让师生们措手不及,而疫情期间实施的在线直播教学,需要教师和学生适应在线教学模式的变化,不得不暂时中断"互联网+"新型数学教学模式实验;第二,教学模式细化程度不够,"互联网+"环境下新型课堂教学模式对教学改革具有引领、驱动作用,并给教师们提供了适合不同学科的分科模式,但学科课型种类多样,该模式不能很好适用于每种课型。教师在实际教学中,如果未能根据自己的教学情况充分发挥教学智慧,将新型数学教学模式继续细化到不同数学学科课型,则难以使新型教学模式的优势发挥至最大化。

表5-23 实验班&控制班前后测成绩独立样本t检验

	组别	个案数	平均值(M)	列文方差相等性检验		平均值相等性的t检验		
				F	显著性	t	自由度	显著性(双尾)
前测对比	实验班	53	77.720	0.026	0.873	-2.622	104	0.010
	控制班	53	62.920					
后测对比	实验班	53	76.230	0.064	0.800	-1.495	104	0.138
	控制班	53	67.450					

②合作交流能力分析

实验班和控制班前测对比分析:对实验班和控制班被试的合作交流能力前测数据进行独立样本t检验,结果如表5-24所示。实验前实验班和控制班合作交流能力无显著性差异($t=-0.154$,$p>0.05$),表明实验班和控制班的合作交流能力前测得分具有同质性,学生初始合作交流能力相对一致,可以对其进行分组研究。

实验班和控制班后测对比分析:对实验班和控制班被试的合作交流能力后测数据进行独立样本t检验,结果如表5-24所示。实验后实验班和控制班合作交流能力无显著性差异($t=-1.006$,$p>0.05$)。因此,研究有必要分别对实验班和控制班的合作交流能力进行前后测对比分析。

表5-24 实验班&控制班前后测合作交流能力独立样本t检验

	组别	个案数	平均值（M）	列文方差相等性检验		平均值相等性的t检验		
				F	显著性	t	自由度	显著性（双尾）
前测对比	实验班	53	116.300	2.456	0.120	-0.154	104	0.878
	控制班	53	115.580					
后测对比	实验班	53	116.250	4.076	0.046	-1.006	104	0.317
	控制班	53	112.400					

实验班与控制班前后测对比分析:对实验班被试的合作交流能力前后测数据进行配对样本t检验,结果如表5-25所示。实验班实验前后学生合作交流能力无显著性差异($t=1.857$,$p>0.05$)。对控制班被试的合作交流能力前后测数据进行配对样本t检验,结果如表5-25所示。控制班实验前后学生合作交流能力无显著性差异($t=0.015$,$p>0.05$)。造成实验班学生合作交流能力实验前后无明显差异的原因可能是:第一,教师教学中对学生合作交流能力培养与数学学科融合度不够,数学学科的教学内容主要是教师讲解习题、学生练习习题,注重对知识的举一反三和数学问题的解决,教师在教学中合作探究的环节设计得较少;第二,学生缺乏合作交流的机会,由于新冠病毒疫情的客观原因,教师无法为学生提供小组合作的条件,学生缺乏与同伴面对面交流和表达的机会,因此,其合作交流能力并没有得到显著提高。

表 5-25　实验班&控制班前后测合作交流能力配对样本 t 检验

组别	个案数	前测均值	后测均值	前后测成绩配对样本 t 检验			
				相关系数	t	自由度	显著性（双尾）
实验班	53	112.700	116.300	0.911	1.857	52	0.069
控制班	53	116.300	116.250	0.180	0.015	52	0.988

③问题解决能力分析

实验班和控制班前测对比分析：对实验班和控制班被试的问题解决能力前测数据进行独立样本 t 检验，结果如表 5-26 所示。实验前实验班和控制班问题解决能力无显著性差异（$t=-1.205$，$p>0.05$），表明实验班和控制班的问题解决能力前测得分具有同质性，学生初始问题解决能力相对一致，可以对其进行分组研究。

实验班和控制班后测对比分析：对实验班和控制班被试的问题解决能力后测数据进行独立样本 t 检验，结果如表 5-26 所示。实验后实验班和控制班问题解决能力有显著性差异（$t=-2.766$，$p<0.05$）。为了验证新型课堂教学模式是否能显著提高实验班的问题解决能力，研究有必要分别对实验班和控制班的问题解决能力进行前后测对比分析。

表 5-26　实验班&控制班前后测问题解决能力独立样本 t 检验

	组别	个案数	平均值（M）	列文方差相等性检验		平均值相等性的 t 检验		
				F	显著性	t	自由度	显著性（双尾）
前测对比	实验班	53	73.090	9.805	0.002	-1.205	92.103	0.231
	控制班	53	69.360					
后测对比	实验班	53	77.890	1.392	0.241	-2.766	104	0.007
	控制班	53	69.340					

实验班与控制班前后测对比分析：对实验班被试的问题解决能力前后测数据进行配对样本 t 检验，结果如表 5-27 所示。实验班实验前后学生问题解决能力有显著性差异（$t=-2.041$，$p<0.05$）。对控制班被试的问题解决能力前后测数据进行配对样本 t 检验，结果如表 5-27 所示。控制班实验前后学生问题解决能力无显著性差异（$t=0.039$，$p>0.05$）。造成实验班学生问题解决能力实验前后有明显差异的原因可能是：第一，教师

教学方式进行了彻底转变。在传统教学中,教师只是传授学生已有的知识经验,忽视学生个性化、综合能力的发展,在数学学科中的表现即强调数学问题解决的结果,而非问题解决的过程,弱化了对学生问题解决能力的培养。在新型课堂教学模式下,教师逐渐转变原有的教学方式,不再要求学生机械记忆公式、简单计算练习题,而是在课堂上引导学生对数学原理进行分析、推演,重视对学生的数学实际问题解决、逻辑推理过程等方面的培养;第二,学生问题解决后的反思行为增加,在第一轮实验中,有些学生缺乏教师的及时引导、家长的监督以及反思问题、交流问题的经验。在吸取经验后的第二轮实验中,教师通过对学生的有效引导,使学生渐渐养成了问题解决后的反思习惯,学会了分析探究数学问题的最优解,因此学生的问题解决能力有了显著性提高。

表5-27 实验班&控制班前后测问题解决能力配对样本t检验

组别	个案数	前测均值	后测均值	前后测成绩配对样本t检验			
				相关系数	t	自由度	显著性(双尾)
实验班	53	73.090	77.890	0.233	−2.041	52	0.046
控制班	53	69.360	69.340	0.984	0.039	52	0.969

④信息素养分析

实验班和控制班前测对比分析:对实验班和控制班被试的信息素养前测数据进行独立样本t检验,结果如表5-28所示。实验前实验班和控制班信息素养无显著性差异($t=-0.334$,$p>0.05$),表明实验班和控制班的信息素养前测得分具有同质性,学生初始信息素养相对一致,可以对其进行分组研究。

实验班和控制班后测对比分析:对实验班和控制班被试的信息素养后测数据进行独立样本t检验,结果如表5-28所示。实验后实验班和控制班信息素养有显著性差异($t=-3.420$,$p<0.05$)。为了验证新型课堂教学模式是否能显著提高实验班的信息素养,研究有必要分别对实验班和控制班的信息素养进行前后测对比分析。

表 5-28　实验班&控制班前后测信息素养独立样本 t 检验

	组别	个案数	平均值 (M)	列文方差相等性检验		平均值相等性的 t 检验		
				F	显著性	t	自由度	显著性(双尾)
前测对比	实验班	53	13.470	9.630	0.002	−0.334	87.915	0.739
	控制班	53	13.260					
后测对比	实验班	53	14.680	0.602	0.440	−3.420	104	0.001
	控制班	53	12.150					

实验班与控制班前后测对比分析:对实验班被试的信息素养前后测数据进行配对样本 t 检验,结果如表5-29所示。实验班实验前后学生信息素养有显著性差异($t=-2.430, p<0.05$)。对控制班被试的信息素养前后测数据进行配对样本 t 检验,结果如表5-29所示。控制班实验前后学生信息素养有显著性差异($t=4.293, p<0.05$)。造成实验班学生信息素养实验前后有明显差异的原因可能是:第一,教师自身信息化教学水平的提高,在经过较长一段时间的教学后,教师基本具备"互联网+"环境下新型数学课堂教学模式所需的教学技能,可以在熟练掌握教学技术手段的同时及时给予学生学习工具的支持;第二,教师注重学生信息素养的培养,新型教学模式要求学生完成教师在学习平台上布置的课前导学预学和课后拓展深习,学生在课前课后自主学习的过程中,教师有意识加强了对学生自主检索资源、合理筛选信息等方面的培养,使得学生的信息素养有所提高。

表 5-29　实验班&控制班前后测信息素养配对样本 t 检验

组别	个案数	前测均值	后测均值	前后测成绩配对样本 t 检验			
				相关系数	t	自由度	显著性(双尾)
实验班	53	13.470	14.680	0.530	−2.430	52	0.019
控制班	53	13.260	12.150	0.940	4.293	52	0.000

综上所述,结合第二轮的实验数据,从学生成绩方面,实验班和控制班在前测学生的学习成绩有显著性差异,在后测学生虽没有显著性提高,但保持稳定水平,可以认为"互联网+"环境下新型数学课堂教学模式对实验班学生的成绩没有产生负面影响。在能力培养方面,实验班学生

的合作交流能力没有显著性变化,而问题解决能力、信息素养均有显著性提高,主要与教师教学方式有所转变、信息化教学水平有所提高、学生学习方式有所变化等有关。

3.英语学科数据分析

(1)第一轮数据分析

①学习成绩差异性分析

实验班和控制班前测对比分析:对实验班和控制班被试的英语成绩前测数据进行独立样本t检验,结果如表5-30所示。实验前实验班和控制班英语成绩无显著性差异($t=0.599, p>0.05$),表明实验班和控制班的英语成绩前测得分具有同质性,学生初始英语知识水平相对一致,可以对其进行分组研究。

实验班和控制班后测对比分析:对实验班和控制班被试的英语成绩后测数据进行独立样本t检验,结果如表5-30所示。实验班与控制班英语成绩无显著性差异($t=1.328, p>0.05$),造成实验班和控制班后测成绩无显著差异的原因可能是:第一,教学模式实验周期不足,本次实验周期为半学期,新型英语课堂教学模式的成绩提升作用在短时间内不明显;第二,教师处于适应新型教学模式阶段,教师需要时间适应教学模式的过渡,在教学模式实验前期教师还处于应用探索阶段,在有限的时间内教师无法得心应手运用新型教学模式实施活动,难以发挥教学模式的优势,因此对学生成绩的提升不显著;第三,学生学习自主性薄弱,"互联网+"环境下新型英语课堂教学模式对学生自主性要求高,学生能够课前自主完成导学任务、课上进行探究性学习、课后按时完成作业,这些是成绩提升的前提条件,学生在传统课堂教学模式下习惯了被动接受知识,其学习自主性受到抑制,自主学习能力比较薄弱,学生同样需要时间转变学习态度,调整学习方式以适应新的课堂模式,因此短时间内成绩提升不显著。

表 5-30　实验班&控制班前后测成绩独立样本 t 检验

	组别	个案数	平均值 (M)	列文方差相等性检验		平均值相等性的 t 检验		
				F	显著性	t	自由度	显著性(双尾)
前测对比	实验班	61	94.110	0.004	0.952	0.599	120	0.550
	控制班	61	91.590					
后测对比	实验班	61	94.885	3.113	0.080	1.328	120	0.187
	控制班	61	88.738					

②合作交流能力分析

实验班和控制班前测对比分析：对实验班和控制班被试的合作交流能力的前测数据进行独立样本 t 检验，结果如表 5-31 所示。实验前实验班和控制班合作交流能力无显著性差异（$t=0.995, p>0.05$），表明实验班和控制班的合作交流能力前测得分具有同质性，学生初始合作交流能力相对一致，可以对其进行分组研究。

实验班和控制班后测对比分析：对实验班的合作交流能力前后测数据进行配对样本 t 检验，结果如表 5-31 所示。实验后实验班和控制班合作交流能力无显著性差异（$t=1.150, p>0.05$）。因此，研究有必要分别对实验班和控制班的合作交流能力进行前后测对比分析。

表 5-31　实验班&控制班前后测合作交流能力独立样本 t 检验

	组别	个案数	平均值 (E)	列文方差相等性检验		平均值相等性的 t 检验		
				F	显著性	t	自由度	显著性(双尾)
前测对比	实验班	61	116.950	1.001	0.319	0.995	120	0.322
	控制班	61	113.623					
后测对比	实验班	61	115.525	4.130	0.044	1.150	120	0.252
	控制班	61	111.098					

实验班与控制班前后测对比分析：对实验班被试的合作交流能力前测、后测数据进行配对样本 t 检验，结果如表 5-32 所示。实验班实验前后学生合作交流能力无显著性差异（$t=0.605, p>0.05$）。对控制班被试的合作交流能力前测、后测数据进行配对样本 t 检验，结果如表 5-32 所示。控制班实验前后学生合作交流能力无显著性差异（$t=0.748, p>0.05$）。造成实验班学生合作交流能力实验前后无明显差异的原因可能是：第一，

教学模式实验周期不足,"互联网+"环境下英语新型课堂教学模式实施时间有限,合作交流能力的培养需要一个较长的过程,因此短时间内合作交流能力没有明显变化;第二,教师对教学模式的应用把控能力不足,合作学习环节的开展对教师的教学预设能力、教学指导能力、课堂管理能力要求较高,而实验班英语教师为年轻教师,教学经验不够丰富,对教学模式的应用把控能力相对不足,因此合作交流环节活动的开展效果会受到影响,导致合作交流能力实验前后无明显差异。

表5-32　实验班&控制班前后测合作交流能力配对样本t检验

组别	个案数	前测均值	后测均值	前后测成绩配对样本t检验			
				相关系数	t	自由度	显著性（双尾）
实验班	61	116.470	114.790	0.296	0.605	60	0.547
控制班	61	113.623	111.098	0.247	0.748	60	0.457

③问题解决能力分析

实验班和控制班前测对比分析:对实验班和控制班被试的问题解决能力前测数据进行独立样本t检验,结果如表5-33所示。实验前实验班和控制班问题解决能力无显著性差异($t=1.421$,$p>0.05$),表明实验班和控制班的问题解决能力前测得分具有同质性,学生初始问题解决能力相对一致,可以对其进行分组研究。

实验班和控制班后测对比分析:对实验班的问题解决能力前后测数据进行独立样本t检验,结果如表5-33所示。实验后实验班和控制班问题解决能力无显著性差异($t=0.553$,$p>0.05$)。因此,研究有必要分别对实验班和控制班的问题解决能力进行前后测对比分析。

表5-33　实验班&控制班前后测问题解决能力独立样本t检验

	组别	个案数	平均值（M）	列文方差相等性检验		平均值相等性的t检验		
				F	显著性	t	自由度	显著性（双尾）
前测对比	实验班	61	74.295	1.441	0.232	1.421	120	0.158
	控制班	61	71.131					
后测对比	实验班	61	72.328	5.144	0.025	0.553	120	0.582
	控制班	61	70.934					

实验班与控制班前后测对比分析:对实验班被试的问题解决能力前测、后测数据进行配对样本t检验,结果如表5-34所示。实验班实验前后学生问题解决能力无显著性差异($t=1.237,p>0.05$)。对控制班被试的问题解决能力前测、后测数据进行配对样本t检验,结果如表5-34所示。控制班实验前后学生问题解决能力无显著性差异($t=0.100,p>0.05$)。造成实验班学生问题解决能力实验前后无明显差异的原因可能是:第一,教学模式实验周期不足,"互联网+"环境下英语新型课堂教学模式实施时间有限,传统英语课堂教学以讲授模式为主,学生习惯了被动接受知识,将这种学习方式扭转为发现问题、主动探究的学习方式需要时间,因此短时间内学生问题解决能力没有明显变化;第二,教学模式中对学生问题解决能力培养与学科融合度不够,英语学科的教学内容以记忆性知识为主,语言的应用以表达输出为主,学习过程注重语言知识的积累,教学模式中学生自主探究环节较少,弱化了对学生问题解决能力的培养,因此学生的问题解决能力没有显著变化。

表5-34 实验班&控制班前后测问题解决能力配对样本t检验

组别	个案数	前测均值	后测均值	前后测成绩配对样本t检验			
				相关系数	t	自由度	显著性（双尾）
实验班	61	74.295	72.328	0.226	1.237	60	0.221
控制班	61	71.131	70.934	0.458	0.100	60	0.921

④信息素养分析

实验班和控制班前测对比分析:对实验班和控制班被试的信息素养前测数据进行独立样本t检验,结果如表5-35所示。实验前实验班和控制班信息素养无显著性差异($t=0.803,p>0.05$),表明实验班和控制班的信息素养前测得分具有同质性,学生初始信息素养相对一致,可以对其进行分组研究。

实验班和控制班后测对比分析:对实验班的信息素养前后测数据进行配对样本t检验,结果如表5-35所示。可知实验前后学生信息素养无显著性差异($t=-0.114,p>0.05$)。因此,研究有必要分别对实验班和控制班的信息素养进行前后测对比分析。

表 5-35　实验班&控制班前后测信息素养独立样本 t 检验

	组别	个案数	平均值 (M)	列文方差相等性检验		平均值相等性的 t 检验		
				F	显著性	t	自由度	显著性（双尾）
前测对比	实验班	61	14.115	0.001	0.975	0.803	120	0.424
	控制班	61	13.590					
后测对比	实验班	61	12.820	0.635	0.427	−0.114	120	0.910
	控制班	61	12.902					

实验班与控制班前后测对比分析：对实验班被试的信息素养前测、后测数据进行配对样本 t 检验，结果如表 5-36 所示。实验班实验前后学生信息素养无显著性差异（$t=1.934, p>0.05$）。对控制班被试的信息素养前测、后测数据进行配对样本 t 检验，结果如表 5-36 所示。控制班实验前后学生信息素养无显著性差异（$t=1.286, p>0.05$）。造成实验班学生信息素养实验前后无明显差异的原因可能是：第一，教学模式实验周期不足，"互联网+"环境下英语新型课堂教学模式实施时间有限，学生获取信息、加工信息能力的培养需要一个较长的周期；第二，教师信息化教学能力不足，"互联网+"环境下新型英语课堂教学模式的核心在于培养教师的信息化教学能力和学生的信息素养，而学生信息素养的提升以教师信息化教学能力为基础，而在实验期间，教师在适应新型教学模式的过程中还在摸索如何使用和操作信息技术，模式实践期间，教师的主要精力集中在提高自身的技术操作的熟练度、利用教育技术手段进行教学设计创新的能力，因此对于学生信息素养能力培养和指导较少，所以学生信息素养的提升会相对滞后，造成信息素养没有明显变化。

表 5-36　实验班&控制班前后测信息素养配对样本 t 检验

组别	个案数	前测均值	后测均值	前后测成绩配对样本 t 检验			
				相关系数	t	自由度	显著性（双尾）
实验班	61	14.115	12.820	0.999	1.934	60	0.058
控制班	61	12.902	13.590	0.405	1.286	60	0.203

综上所述，通过实验研究发现，"互联网+"环境下新型英语课堂模式对学生的英语成绩可能有促进作用，对学生的合作交流能力、问题解决能力和信息素养暂时没有提升作用。考虑受模式实验周期比较短、教师

信息化教学能力不足和学生适应新型英语教学模式需要时间等因素影响。为此,本研究将结合质性分析,从学生的课堂表现以及作品中来进一步分析学生的合作交流能力、问题解决能力和信息素养;另外,本研究将调整实验,进一步开展实验研究。

(2)第二轮数据分析

①学习成绩差异性分析

实验班和控制班前测对比分析:对实验班和控制班被试的英语成绩前测数据进行独立样本t检验,结果如表5-37所示。实验前实验班和控制班英语成绩无显著性差异(t=2.179,p>0.05),表明实验班和控制班的英语成绩前测得分具有同质性,学生初始英语知识水平相对一致,可以对其进行分组研究。

实验班和控制班后测对比分析:对实验班和控制班被试的英语成绩后测数据进行独立样本t检验,结果如表5-37所示。实验班与控制班英语成绩无显著性差异(t=1.504,p>0.05)。造成实验班和控制班后测成绩无显著差异的原因可能是:第一,知识难度增加,由于学生升学到八年级,知识整体难度增加,可能造成学生对知识掌握程度不够,因此导致成绩没有显著提升;第二,受新冠病毒疫情影响造成实验断层,第一轮实验和第二轮实验期间,学生受到疫情影响,教学实验出现断层,学生居家学习效果不佳,在第二轮实验开始实施时的初始成绩受到较大的影响,在回归正常课堂教学期间还有一个适应期;第三,学生成绩的提升是综合因素的结果,英语成绩的提升是听、说、读、写能力的综合提升,成绩的提升相较其他学科而言提升时间较长。

表5-37 实验班&控制班前后测成绩独立样本t检验

	组别	个案数	平均值(M)	列文方差相等性检验		平均值相等性的t检验		
				F	显著性	t	自由度	显著性(双尾)
前测对比	实验班	61	70.331	0.102	0.750	2.179	120	0.550
	控制班	61	61.033					
后测对比	实验班	61	73.967	0.005	0.944	1.504	120	0.135
	控制班	61	67.311					

②合作交流能力分析

实验班和控制班前测对比分析:对实验班和控制班被试的合作交流能力前测数据进行独立样本t检验,结果如表5-38所示。实验前实验班和控制班合作交流能力无显著性差异($t=1.388$,$p>0.05$),表明实验班和控制班的合作交流能力前测得分具有同质性,学生初始合作交流能力相对一致,可以对其进行分组研究。

实验班和控制班后测对比分析:对实验班的合作交流能力前后测数据进行独立样本t检验,结果如表5-38所示。实验后实验班和控制班合作交流能力无显著性差异($t=-0.140$,$p>0.05$)。因此,研究有必要分别对实验班和控制班的合作交流能力进行前后测对比分析。

表5-38 实验班&控制班前后测合作交流能力独立样本t检验

	组别	个案数	平均值(M)	列文方差相等性检验		平均值相等性的t检验		
				F	显著性	t	自由度	显著性(双尾)
前测对比	实验班	61	115.295	5.074	0.026	1.388	120	0.168
	控制班	61	110.000					
后测对比	实验班	61	114.640	0.559	0.456	-0.140	120	0.889
	控制班	61	115.130					

实验班与控制班前后测对比分析:对实验班被试的合作交流能力前测、后测数据进行配对样本t检验,结果如表5-39所示。实验班实验前后学生合作交流能力无显著性差异($t=-0.659$,$p>0.05$)。对控制班被试的合作交流能力前测、后测数据进行配对样本t检验,结果如表5-39所示。控制班实验前后学生合作交流能力无显著性差异($t=-0.736$,$p>0.05$)。造成实验班学生合作交流能力实验前后无明显差异的原因可能是:第一,英语课堂本身其合作交流空间有限,英语课堂主要以听说表达为主,课堂合作交流环节主要是进行同桌角色扮演,进行对话交流,较少进行多人团队协作以解决问题,因此学生在课堂中合作交流能力培养受到限制,合作交流能力提升不显著;第二,中下游学生合作交流能力提升缓慢,在合作交流环节,学优生能够更快参与适应合作任务,并在合作交流过程中起带头引领作用,而对于学困生而言,由于难以融入和发挥优势进而被边缘化,由此造成学生整体合作交流能力的两极分化,就出现整体合作交流能力下降而没有显著下降。

表5-39　实验班&控制班前后测合作交流能力配对样本t检验

组别	个案数	前测均值	后测均值	前后测成绩配对样本t检验			
				相关系数	t	自由度	显著性（双尾）
实验班	61	115.295	117.033	0.392	−0.659	60	0.512
控制班	61	111.098	113.623	0.205	−0.736	60	0.465

③问题解决能力分析

实验班和控制班前测对比分析：对实验班和控制班被试的问题解决能力前测数据进行独立样本t检验，结果如表5-40所示。实验前实验班和控制班问题解决能力无显著性差异（$t=0.836, p>0.05$），表明实验班和控制班的问题解决能力前测得分具有同质性，学生初始问题解决能力相对一致，可以对其进行分组研究。

实验班和控制班后测对比分析：对实验班的问题解决能力前后测数据进行独立样本t检验，结果如表5-40所示。实验后实验班和控制班问题解决能力有显著性差异（$t=2.028, p<0.05$）。为了验证新型课堂教学模式是否能显著提高实验班的问题解决能力，研究有必要分别对实验班和控制班的问题解决能力进行前后测对比分析。

表5-40　实验班&控制班前后测问题解决能力独立样本t检验

	组别	个案数	平均值（M）	列文方差相等性检验		平均值相等性的t检验		
				F	显著性	t	自由度	显著性（双尾）
前测对比	实验班	61	72.361	6.045	0.015	0.836	121	0.405
	控制班	61	70.177					
后测对比	实验班	61	77.574	0.026	0.871	2.028	120	0.045
	控制班	61	72.787					

实验班与控制班前后测对比分析：对实验班被试的问题解决能力前测、后测数据进行配对样本t检验，结果如表5-41所示。实验班实验前后学生问题解决能力有显著性差异（$t=-2.305, p<0.05$）。对控制班被试的问题解决能力前测、后测数据进行配对样本t检验，结果如表5-41所示。控制班实验前后学生问题解决能力无显著性差异（$t=-1.330, p>0.05$）。造成实验班学生问题解决能力实验前后有明显差异的原因可能是由于讲授式课堂向启发式课堂的转变为学生提供了更多解决问题的机会。

新型课堂教学模式给学生提供更多自主听、说、读、写的活动,在课前导学环节,教师为学生提供大量听说类型的音视频资源,学生能够自主跟读练习,尝试解决基本的词汇和语法问题;课堂上,学生在教师的引导下能够突破难点,因此学生的问题解决能力显著提升。

表5-41　实验班&控制班前问测问题解决能力成绩配对样本t检验

组别	个案数	前测均值	后测均值	前后测成绩配对样本t检验			
				相关系数	t	自由度	显著性(双尾)
实验班	61	72.361	77.574	0.540	−2.305	60	0.025
控制班	61	70.344	72.787	0.572	−1.330	60	0.189

④信息素养分析

实验班和控制班前测对比分析:对实验班和控制班被试的信息素养前测数据进行独立样本t检验,结果如表5-42所示。实验前实验班和控制班信息素养无显著性差异(t=−0.286,p>0.05),表明实验班和控制班的信息素养前测得分具有同质性,学生初始信息素养相对一致,可以对其进行分组研究。

实验班和控制班后测对比分析:对实验班的信息素养前后测数据进行配对样本t检验,结果如表5-42所示。实验后实验班和控制班信息素养有显著性差异(t=1.981,p=0.05)。为了验证新型课堂教学模式是否能显著提高实验班的信息素养,研究有必要分别对实验班和控制班的信息素养进行前后测对比分析。

表5-42　实验班&控制班前后测信息素养独立样本t检验

	组别	个案数	平均值(M)	列文方差相等性检验		平均值相等性的t检验		
				F	显著性	t	自由度	显著性(双尾)
前测对比	实验班	61	12.700	0.685	0.410	−0.286	120	0.776
	控制班	61	12.903					
后测对比	实验班	61	13.852	0.006	0.937	1.981	120	0.050
	控制班	61	12.525					

实验班与控制班前后测对比分析:对实验班被试的信息素养前测、后测数据进行配对样本t检验,结果如表5-43所示。实验班实验前后学

生信息素养有显著性差异($t=-2.178, p<0.05$)。对控制班被试的信息素养前测、后测数据进行配对样本t检验,结果如表5-43所示。控制班实验前后学生信息素养无显著性差异($t=0.531, p>0.05$)。造成实验班学生信息素养有显著提升的原因可能是:第一,教师适应了新型课堂教学模式,教师信息化教学能力得到提升,在第一轮实验之后,教师已经适应新型教学模式的过程,技术操作的熟练度、利用教育技术手段进行教学设计创新的能力都得到提升,伴随自身信息素养的提升,教师逐渐关注学生信息素养的培养和指导;第二,学生持续受到技术作用影响,新型课堂教学模式的实施为学生创造信息技术教学环境,学生不断与各种信息手段和数字资源之间进行交互,获得更多操作技术获取信息的机会,进而使学生的信息素养得到提升。

表5-43 实验班&控制班前后测信息素养配对样本t检验

组别	个案数	前测均值	后测均值	前后测成绩配对样本t检验			
				相关系数	t	自由度	显著性(双尾)
实验班	61	12.700	13.833	0.425	-2.178	59	0.033
控制班	61	12.902	12.590	0.311	0.531	60	0.597

综上所述,通过实验研究发现,"互联网+"环境下新型英语课堂模式对学生的英语成绩和合作交流能力都没有显著提升作用,而对学生的问题解决能力和信息素养具有显著提升作用。考虑受模式实施周期的增长影响,师生更加适应新型教学模式,因此学生的能力素质得到培养和提升,但是学生的英语成绩提升却相对滞后。

六、研究结论

"互联网+"环境下新型课堂教学模式实践应用两个周期之后,通过对学生学习成绩和能力素质测量结论进行分析,得到以下结论。

第一,"互联网+"环境下新型课堂教学模式实施周期越长效果越好。任何教学模式的实施都是一个长期过程,对学生的能力影响是循序渐进的。在第一轮实验数据分析中,学生的能力普遍没有提升。然而,随着实验周期的增长,教师的教与学生的学逐步适应。一方面,教师逐渐摆脱传统教学方式的束缚,深入研究理解"互联网+"新型课堂教学模式,在教学过程中依据学科特点不断调整教学,探索出"互联网+"新型教学模式的最佳教学方式;另一方面,学生逐渐摆脱传统学习方式的影响,适应了教师教学风格的变化,在学习过程中,由被动学习转向主动探究,自主性提升,探索出"互联网+"环境下新型课堂教学模式下适合自己的学习方式。因此,在第二轮实验数据分析中,学生的能力普遍都有提升。

第二,"互联网+"新型课堂教学模式对学生学习成绩有积极影响,促进学生问题解决能力、信息素养显著提高。首先,在成绩方面,"互联网+"环境下新型课堂教学模式与传统课堂相比,一是教育理念先进,使得学生主体地位得以体现,一切教学为了学生;二是教育资源丰富,使得学生拓展了知识获取的广度、延伸了知识理解的深度;三是教育过程联通,使得学生开展过程性的学习,促进知识的建构。由此,"互联网+"新型课堂教学模式有助于学生学业成绩的提升,但由于实验期间受新冠病毒疫情的影响,导致实验出现断层,学生重返校园学习需要一定的适应期,且伴随跨年级知识难度变大,因此实验班学生的成绩虽然有所提高,但与控制班相比差距还不显著。其次,在能力方面,"互联网+"环境下新型课堂教学模式有两个优势,一是线上线下混合式学习贯穿教育全过程,课前学生借助数字化资源导学预习,课中教师利用网络平台开展丰富教育活动,课后学生通过学习平台练习反馈;二是启发引导式教学激发学生深度学习,课前导学促进学生自主思考,课中精讲促进学生深入理解,课后助学促进学生反思探究。在"互联网+"新型课堂教学模式的影响下,学生的问题解决能力和信息素养显著提升,而由于师生合作交流还处于浅层形式上的交流,因此学生的合作交流能力普遍没有提升。

从以上结论可以发现,教师的教学观念和信息化教学能力对学生成绩、能力素质培养方面的影响重大,决定了"互联网+"环境下新型课堂教学模式的实施效果。因此,在"互联网+"环境下新型课堂教学过程中要注重对教师信息化教学能力的培养,帮助教师及时转变传统的教育方式,学会利用互联网资源和技术,调整教学方法和策略。同时,也要强调对学生学习方式的指导,消除传统学习方式对学生的不利影响,帮助学生掌握信息化学习技巧和养成良好的学习习惯,使得教师和学生共同适应"互联网+"环境下新型教与学的方式。

第二节 个案研究

一、访谈研究

(一)访谈目的

访谈旨在针对各学科实验班的教师、学生和家长三类人群,采用面对面访谈或电话访谈的方式,从多角度了解教师、学生、家长对"互联网+"环境下新型语文课堂教学模式、"互联网+"环境下新型数学课堂教学模式、"互联网+"环境下新型英语课堂教学模式实施的真实态度,并收集其对新型教学模式实施的疑问和建议,为完善各学科教学模式提供实践参考。

(二)前期准备工作

在访谈前,本研究团队做了充分的准备,包括确定访谈对象、制定访谈提纲和准备访谈相关的工具等。并在征得被访者的同意后,让被访者了解访谈的目的,约定访谈时间和地点。由于访谈人群涉及教师、学生和家长,因此针对不同的访谈对象拟定了以下三类访谈提纲。

1. 教师访谈提纲

教师访谈提纲分为四个维度:教师观念、教学过程、教学效果、教学建议。前三个维度分别设置了两个问题。教师观念和教学效果属于教学感受分析,旨在了解教师在使用新型教学模式后的教学思想是否转变、教学成效是否显著以及内心真实的教学体验与感受;教学过程主要是对教师教学的过程性分析,旨在了解教师在教学过程中如何进行教学设计、如何组织课堂教学以及运用了何种教学策略等;教学建议则是为了了解科任教师对新型教学模式实施的建议和问题,为完善新型教学模式提供真实客观的实践参考。教师访谈问题如表5-44所示。

表5-44　学科教师访谈表

1.您最初对新型语文/数学/英语课堂教学模式的态度是怎样的？现在呢？
2.您认为新型语文/数学/英语课堂教学模式与传统课堂的不同之处主要在哪些方面？
3.能具体说说您在新型语文/数学/英语课堂教学模式下是如何组织课堂的吗？或者说如何进行教学设计的？
4.您在实施新型语文/数学/英语课堂教学模式的过程中遇到了哪些困难？您是如何解决的？
5.对于语文/数学/英语学科，您认为新型教学模式有哪些优势和不足？
6.请结合语文/数学/英语素养谈谈新型教学模式产生了哪些教与学的影响？
7.您对这种教学模式有什么建议？

2.学生访谈提纲

学生访谈提纲分为三个维度：学习过程、学习成效、教学建议。前两个维度分别设置两个问题。学习过程属于过程性分析，旨在了解学生在课前、课中和课后学习环节中是否积极参与，对该教学模式是否满意或喜欢，在学习过程中是否遇到了困难以及如何解决困难等；学习成效是为了了解学生在经过该教学模式后，学习成绩是否有所提高，学习方法是否有所改进，从中收获或提高了哪些能力等；教学建议则是站在学生角度，了解他们对新型课堂教学模式的建议，从而更好地改进教学模式。学生访谈问题如表5-45所示。

表5-45　学生访谈表

1.在语文/数学/英语学科上，新型课堂和传统的课堂相比较你更喜欢哪一种？为什么？
2.你通过新型教学模式的学习后成绩提高了吗？具体是哪些方面获得进步了呢？
3.你认为该模式给你的学习方式带来了哪些变化？
4.你在新型教学模式中遇到了哪些学习问题或困难？你是如何解决困难的？
5.你认为这种学习方式哪些方面做得不够好？有哪些值得改进的建议？

3.家长访谈提纲

家长访谈提纲分为四个维度：支持度、参与度、满意度、教学建议。支持度反映家长对实施新型教学模式的态度，家长的态度会直接影响新型教学模式的实践效果；参与度反映的是家长参与家校共育的程度，结合新型教学模式的特点，高参与度的家长必然对新模式实施有促进作用；满意度则是反映家长对该教学模式的满意程度，可以进一步反映该教学模式的教学成效；而教学建议则是了解家长对改进新型教学模式的想法，从不同角度为完善新型课堂教学模式提供真实客观的实践参考。家长访谈问题如表5-46所示。

表5-46　家长访谈表

1.您对学校开展的新型教学方式支持还是反对？原因是什么？ 2.您经常与学校老师联系并关注学生的课后学习吗？ 3.您认为您的孩子在新的教学方式下有所变化吗？具体表现在哪些方面（比如学习自觉性、学习成绩、学习习惯等）？ 4.您对这种教学方式满意吗？有什么样的建议？

(三)访谈数据收集与分析

首先，确定访谈名单。其次，根据访谈名单，向被访者询问是否自愿接受采访，了解被访者意愿后，与被访者商量访谈地点，确定访谈时间。再次，按照访谈提纲实施访谈，并做好访谈记录和录音工作。最后，对访谈所收集的信息和资料进行整理、分析。

(四)访谈结论

1.语文学科访谈结论

(1)教师访谈

通过从教学观念、教学过程、教学效果、教学建议四个维度对语文教师进行访谈后，分析归纳访谈内容，可以得出如下结论。

在教学观念上，语文教师基本属于比较支持、愿意尝试的态度。语文教师在教学的过程中发现传统以教为主的教学方法易出现"一言堂"现象，不利于培养学生的学习态度，使学生只习惯于抄写语文知识，而自我思考、自我阅读、自我解决问题等语文素养却难以得到提升。而"互联网+"环境下新型课堂教学模式在"以学导教，以教促学"的教学理念指导下，在教学过程中由"教师为主导"转向"主导主体相结合"，同时借助丰富的互联网学习资源与技术平台，引导学生主动学习、合作学习、探究学习，从而培养学生的语文核心素养，激发学生的语文学习兴趣。基于新型课堂教学模式的特点，语文教师普遍认为新型课堂教学模式可以满足当前语文教学的需要,改变当前语文教学困境,因此,教师愿意在语文课堂中积极尝试新型教学模式。

在教学过程设计与实施上,教师基本按照新型课堂教学模式并结合语文课堂实际情况进行授课。教师在教学设计的过程中基于"先学后教"的理念,突出学生的主体地位,按照课前、课中和课后三个阶段进行教学设计。课前,教师做学情分析,结合教材特点、教学目标的要求、教学的重难点等进行导学案的设计,并布置给学生,使之进行课前自我导学。课中,按照学生导学分享、教师引导初探知识、学生合作探究问题、教师精讲疑难、教师总结启发的顺序进行教学活动设计,增强学生的语文思维能力和合作交流能力。课后,教师利用云校家平台在线进行作业布置,让学生利用丰富的互联网资源进行拓展学习。在整个教学过程设计与实施过程中,教师充分利用了云校家、教学助手、互动课堂等平台为技术支撑,以学科教学为导向,按照课前、课中和课后三个环节开展教学活动。

在教学效果上,教师认为新型语文课堂教学模式的教学实践有积极效果和消极效果两方面。第一,积极方面。对学生而言,教师认为在新型语文课堂教学模式的指导下,课前导学有助于提高学生的自主学习能力,课堂领学有助于培养学生的合作交流能力,课后助学有助于提升学生的问题解决能力。同时在整个过程中,由于云校家、教学助手、互动课堂等平台给学生提供了充分的语文学习机会和资源,学生的语文思维和信息素养也得到有效锻炼。对教师而言,新型课堂教学模式对教师的教学能力、教研能力和反思能力都提出了更高的要求。在实施过程中,教师在互联网的支持下,不断扩大知识储备以满足教学需要,不断改进教学方法以实现教学目的,不断发现教学问题以调整教学,由此促进了教师各方面能力的提升。第二,消极方面。首先,在学生方面,容易出现"两极分化"现象。新型课堂教学模式对学生的自制力、自学能力要求更高,某些学生在课前、课后环节不能合理使用手机完成线上作业,便会影响学习效果。此外,还有教师发现部分学生因在课前导学中结合互联网资源掌握了重难点,而在课中探索学习过程中出现兴趣度和积极度显著下降的现象。其次,在教师方面,教学资源的整合、教学活动的设计、灵活的教学过程对教师提出了更高的要求,需要教师花费大量的时间精力来备课、提高自身教学能力。最后,在家长方面,部分家长的传统思维还未转变,认为教师的讲解比学生的自主学习更重要,因此对教师的教学工作配合程度不高,不支持学生在课后使用互联网技术进行学习。

在教学建议上,对上述新型课堂教学模式实施过程中存在的问题,教师提出了三点建议。第一,针对学生"两极分化"的问题,教师认为可以采用"分层分类"布置任务的方式,让所有学生都有事可做,有兴趣做。其中,教师认为对于自制力差而家长监管不力的学生,可以尽量布置线下作业。第二,针对学生在课堂学习兴趣下降的问题,教师认为需要加强导学和课堂知识的关联性,精心设计教学活动。第三,针对家长不理解的问题,教师认为需要加强与家长的沟通,帮助家长转变教育思维,使其参与到学生的学习过程之中,从而形成家校共育的合力。

(2)学生访谈

通过从学习过程、学习成效、教学建议三个维度对学生进行访谈后,分析归纳访谈内容,可以得出如下结论。

在学习过程中,学生对新型语文课堂都比较满意,原因主要有三个方面。第一,新型课堂中有丰富的互联网资源和流畅的教学环节,如微视频、教育游戏等,提升了学生对语文学科的兴趣,使得课堂氛围更加积极活跃。第二,教师讲授方式的转变,给予了学生更多时间去参与课堂活动,使得语文知识变得更容易理解,学生对知识的掌握程度也随之提高。第三,在新的教学模式下,由于兴趣的激励,学生更愿意去付出努力和行动,他们认为自己的主动性得到了提升。

在学习成效上,学生表明自己的各方面都有所进步,主要表现在两方面。第一,新型语文课堂教学模式让语文知识的理解变得更容易,从而使学生的语文学习成绩有所提高。第二,学生认为自己的各项高阶能力有所提升,包括阅读理解能力、问题解决能力、信息素养等。

在教学建议上,学生普遍认为这种教学方式较好,教师线上、线下都会及时对学生进行解答,关注学生的能力发展,并采取针对性措施改进学生的学习问题。但学生认为在学习平台方面还需要改进,如有时会出现在平台中提交作业不成功等现象,希望能对平台的功能进行改进,以此来支持新型学习方式。

(3)家长访谈

通过从支持度、参与度、满意度、教学建议四个维度对家长进行访谈后,分析归纳访谈内容,可以得出如下结论。

在家长支持度上,家长的态度有两种。第一,大部分家长表示支持,他们认为在信息化时代,学生应当全面发展,因此,学校在培养学生掌握知识的同时也需要关注学生的能力发展。第二,少部分家长持不支持的态度,认为任何教育改革都需要一定的适应期,而当前的教育体制并不支持新型课堂教学模式的实施,家长担心教学方式的改变会对学生造成负面影响。

在家长参与度上,家长的参与度普遍较低,原因主要来自两个方面。第一,工作繁忙,家长没有时间和精力来参与孩子的学习,偶尔会辅导孩子的作业,却较少与教师联系沟通。第二,家长认为,初中阶段应当培养孩子的自立自强、自我管控的能力,因此将学习的主动权交给学生,让学生对自己的学习承担责任。

在家长满意度上,与家长支持度相关联,同样具有两种观点。第一,部分家长认为在新型课堂教学模式下,孩子取得了很大的进步,学习习惯、学习成绩、解决问题的能力以及信息素养等都有所提高。第二,另一部分家长表示孩子处于初中阶段,教师应该以学生的学业为主,不应该花费过多精力去改变教学方式。

在教学建议上,大部分家长认为可以继续实施新型教学模式,但需要加强对学生使用信息化设备的监督。少数家长则认为教学模式的改革应该循序渐进,从小学阶段就开始实施。

综上所述,对教师而言,在为期一学期的新型课堂教学模式实践中,教师一直秉持积极尝试的态度,主动参照新型教学模式进行教学设计,以学生为中心,按照课前、课中和课后三个阶段进行教学,并认为自己的信息化教学技能在整个教学实践中获得了提高。对学生而言,学生普遍对这种新型教学方式很满意,通过这种方式,他们不仅在语文学习成绩方面取得了进步,在自主学习能力、合作交流能力、问题解决能力和信息素养等方面也有了一定提升。对家长而言,存在着两种不同的态度,部分家长支持新型教学模式,认为孩子在这种模式中取得了进步,可以长期实施。但也有部分家长认为,教学模式的改革需要适应期,需要整个教育体制的配合,而在初中阶段教师应该以学生的学业成绩为主。总而言之,新型课堂教学模式的可操作性还需加强,在后续的研究中,需结合语文学科特色以及语文教学要求进行细化处理,同时,还应对教师进行教学培训,加强与家长的沟通,以便形成家校共育的合力。

2.数学学科访谈结论

(1)教师访谈

通过从教学观念、教学过程、教学效果、教学建议四个维度对数学教师进行访谈后,分析归纳访谈内容,可以得出如下结论。

在教学观念上,教师秉持支持的态度,认为新型课堂教学模式的本质是先学后教,与学者们所主张的学生主动学、教师积极引导这一观念相吻合。与此同时,教师也认为该模式需要结合数学学科特点,在教学实践中不断摸索,从而发挥模式优势来提高教学效率。因此,教师普遍表示愿意在数学课堂中积极尝试新型课堂教学模式。

在教学过程设计与实施上,教师基本按照新型课堂教学模式进行授课。通过"导学分享""导学检测反馈""知识精讲""合作探究""课堂练习""总结归纳"六个环节,教师在教学实施过程中逐渐实现"先学后教、以学定教"的新型数学课堂教学模式的应用常态化。在课前,教师先发布导学案相关任务,学生在云校家平台上进行提前学习,然后教师再根据数据分析后的反馈结果,预先了解学生的预习情况。在课中,教师先针对学生的疑难困惑给出详细讲解,再抛出问题训练学生的自主学习能力、合作交流能力和问题解决能力,最后进行针对性的课堂练习,以达到巩固提升的效果。在课后,充分利用互联网技术平台将课堂延伸至课外,提高学生学习效率。

在教学效果上,教师认为新型数学课堂教学模式的教学实践有积极效果和消极效果两方面。第一,积极方面。首先,新型数学课堂教学模式让教师的着重点由"怎么教"变成指导学生"怎么学",这与在教学模式中如何设计各环节以突出学生主体地位、激发学生学习积极性密切相关。其次,学生的合作交流能力、问题解决能力得到提升。新型数学课堂教学模式增加了"合作探究"环节,赋予学生面对面交流的机会,学生可以在小组内进行头脑风暴,从而改变合作态度,提高协作技能。学生在协作解决问题的过程中,也培养了其理解、表征、重构问题的能力,从而使得问题解决能力得以提高。最后,学生的信息素养得以提高。新型数学课堂教学模式与传统教学最大不同是以互联网等技术为依托,提升教学效率,因此,新型课堂教学模式可以训练学生自主检索信息、完成云校家学习平台基本操作、评估或重组信息等多方面的信息素养。第二,消极方面。首先,在学生方面,部分学生自主性较弱,在完成课前导学案时,存在延时交作业、格式不规范、完成质量不佳等问题。其次,在教师方面,前期存在技术操作不熟练的问题,但经过后续的培训,这一问题已经得到解决。后期教师存在的问题主要有两个方面:一是认为加重了教师负担,在数学课中,解答题需要计算过程,教师无暇批改学生课前导学中的主观题作业;二是认为新型数学课堂教学模式在实践过程中容易造成流程固定化,使课堂创新度不高。最后,在家长方面,大部分家长对于学生利用平板、手机等设备学习持怀疑态度,认为学生自控能力较弱,使用电子设备学习会造成学生成绩下降。

在教学建议上,对上述新型数学课堂教学模式实施过程中存在的问题,教师提出了三点建议。第一,强化家校合作,共同控制学生使用电子设备学习的时间,例如:教师提前告知家长学习时长,让学生在规定时间内完成学习等。第二,合理利用手机管理软件,监督学生手机使用情况。第三,针对新型数学课堂教学模式在运用过程中存在的问题,教师提出了两点建议。一是减少导学案主观题而增加客观题的设计,以节省教师批改作业的时间。二是在新型数学课堂教学模式的基础上,适当结合数学学科课型特点进行灵活性运用,例如:针对不同数学课课型,适当调整各环节的实施步骤和时间。

(2)学生访谈

通过从学习过程、学习成效、教学建议三个维度对学生进行访谈后,分析归纳访谈内容,可以得出如下结论。

在学习过程中,相比传统数学课堂教学,多数学生更喜欢新型数学课堂教学模式,学生认为这一转变可以提高学习效率。在新型数学课堂中,教师能够给学生提供丰富的网络学习资源,比如"洋葱数学"等,通过这种"先学后教"的方式,学生在课前就能提前掌握基本的数学公式和原理,在课堂上便可根据自己的困惑有针对性地学习,以此提高学习效率。

在学习成效上,学生表示在成绩和自主学习能力两个方面都有所提升。第一,学生数学成绩普遍提高。在新型数学课堂教学模式中,学生较好地适应了新的数学学习方式,对数学公式、概念不再死记硬背,而是学会举一反三,灵活运用规律求解数学问题,因此,成绩得到较大提高。第二,学生自主学习能力有所提高。新型数学课堂教学模式需要学生课前导学和课后深学,多数学生认为只有具备良好的学习自主性才能进行有效学习,因此学生通过网络平台的自主学习,其自主学习能力有所提高。

在教学建议上,学生们从两个方面提出了建议。第一,希望能改进云校家平台。有部分学生认为云校家学习平台功能不够完善,操作不够简便,资源不够丰富。第二,希望在课前预学遇到的学习困难能及时得到解决。课堂上教师针对大多数学生提出的问题进行处理,但有学生表示在进行导学案预学时遇到的少数数学难点问题容易被忽略。

(3)家长访谈

通过从支持度、参与度、满意度、教学建议四个维度对家长进行访谈后,分析归纳访谈内容,可以得出如下结论。

在家长支持度上,大多数家长对新型数学课堂教学模式持支持态度,个别家长比较反对。多数家长充分认识到了互联网具有学习资源丰富、知识传播速度快等特点,认为这种新型教学方式新颖,有利于提高孩子的自主学习能力和信息素养、培养孩子的独立思考和探索习惯,是孩子们重要的学习支架。个别持反对态度的家长主要是担忧互联网教育会对孩子的视力造成影响。

在家长参与度上,几乎每位家长都时常与学校科任教师保持密切联系。多数家长会积极关心学生在学校的表现,并配合好学校相关要求,尽可能为孩子提供良好的"互联网+"学习环境。有的家长还会借助云校家平台对学生的在线学习进行监督,及时了解学生课前、课后的学习情况。

在家长满意度上,从家长的视角中可以了解到学生发生了诸多改变。第一,学生学习成绩的提升。大部分学生在新型数学课堂教学模式的指导下,数学成绩有了不同程度的增长。第二,学生学习自主性的提高。家长认为孩子的自律性有了显著提高,面对手机、电脑等电子设备时,学生能做到认真听课,并逐渐养成良好的在线学习习惯和自主学习能力。第三,学生信息素养的提高。在网络高速发展的现在,尽管网络信息五花八门,但学生在学校教师和家长的正确引导下,基本获得了辨别良莠信息、区分优劣学习资源的能力,从而助力高效学习。

在教学建议上,家长们主要从两个方面提出了建议。第一,建议增加在线实时讨论任务。部分家长反映学生在进行课前预学和课后深学时,偶尔会遇到难以解决的数学问题,希望可以通过云校家平台和师生进行沟通,及时解决学习难点。同时,家长也希望教师能丰富课后作业形式,可适当增添在线讨论等相关任务,以增强学生合作交流能力。第二,建议继续加强学生自主学习能力的培养。由于学生存在个体差异,自主学习能力强的学生,往往可以在该教学模式下较好地进行自我管理和约束,有效提高学习效率。但自律性较差的学生,则不能很好地适应互联网教学,这将直接影响学习效果,导致成绩下降。因此,家长希望学校教师明确学生在"互联网+"环境下学习的要求和规则,采取有效措施保障学生在线学习效果。

综上所述,对教师而言,在经过一学期的新型数学课堂教学模式实践后,教师逐步摒弃传统的教学方式,按照新型教学模式的环节开展教学活动,认为先学后教给课堂教学带来的显著优势促进了学生的问题解决能力、信息素养等方面的发展。对学生而言,大多数学生普遍更喜欢新型数学课堂教学方式,并较好地适应了新的学习方式,提高了学习效果。对家长而言,经过较长时间的新型数学课堂教学模式教学实践后,大部分家长愿意接受"互联网+"环境下新型数学课堂教学模式,认为在该教学模式下,学生自主学习能力和信息素养得到较为明显的提升,并表示会积极配合学校的相关教学要求,做好家校共育工作。总之,新型数学课堂教学模式的改革,需要转变教师教学观念,优化学生学习方式,在教学实践中不断对新型教学模式进行改善和创新。

3.英语学科访谈结论

(1)教师访谈

通过从教学观念、教学过程、教学效果、教学建议四个维度对英语教师进行访谈后,分析归纳访谈内容,可以得出如下结论。

在教学观念上,教师态度出现由质疑、反对到积极支持的转变。在新型英语课堂教学模式实施之前,所有教师对新型课堂教学模式的态度呈现中立、观望或反对态度,其主要原因在于对新型课堂教学模式不了解,且对信息化教学的效果存在质疑。但在新型课堂教学模式实施之后，教师认识到了新型课堂教学模式是顺应信息技术环境下教育的新产物，是帮助优化改进教学效果的新途径，因此，大部分教师转为支持态度。与传统英语教学模式相比，教师认为新型英语课堂教学模式具备以下优势：第一，转变师生角色，新型教学模式的实施改变了教师作为知识灌输者的角色，充分体现了学生的主体地位；第二，提高学生学习积极性，依托互联网技术的教学平台，将形式丰富的教学资源与英语教学融合，可以增加课堂教学的趣味性，从而调动学生学习的积极性；第三，技术辅助教学赋能，教学平台作业数据为教师进行教学诊断、调整教学活动提供了有力支撑。

在教学过程设计与实施上，教师基本按照新型英语课堂教学模式进行授课。教师在教学实践过程中逐渐摆脱了以教为主的课堂教学模式，基本遵循课前、课中和课后的主线去进行教学设计，使突出学生主体地位的新型英语课堂教学模式的应用常态化。在课前，教师为学生布置导学案，让学生进行自主学习；在课中，教师会先利用课前导学反馈，通过数据锁定课堂重难点，然后采取小组合作的方式对重难点进行攻克，并利用针对性练习的精讲精练来达到巩固深化的效果；在课后，利用云校家平台在线进行作业布置。这一系列的教学设计，将互联网元素和英语课堂教学进行了深度融合，使新型英语教学模式的应用落到实处。

在教学效果上，教师认为新型英语课堂教学模式的教学实践有积极效果和消极效果两方面。第一，积极方面。首先，提升学生问题解决能力。课前，学生可通过导学任务完成探究问题；课中，借助小组合作突破重难点问题。这种学生是课堂的主角、教师是协调者的教学方式，可培养学生的问题解决能力。其次，提升学生合作交流能力。新型英语课堂教学模式提倡通过小组合作开展问题探究，这一教学形式有利于培养学生的合作交流技能。再次，提升信息素养。新型课堂教学模式依托信息技术，可以从多方面提升学生的信息技术素养，例如学生通过查阅资料进行自主学习，在云校家平台中完成在线检测、各种形式的作业等，都可作为培养学生信息素养的途径。第二，消极方面。新型英语课堂教学模式在实施过程中存在着一些问题和不足，具体可分为学生、教师及家长三方面。首先，在学生方面，部分学生自控性弱，在课前、课后环节完成线上作业时不能合理使用手机，沉溺于娱乐游戏，影响学习效果。其次，在教师方面,主要存在三个问题:一是教师在平衡学习主动权交给学生和完成教学任务上存在一定困难;二是课型针对性不强,有待细化;三是教学资源的整合与设计对教师提出了更高的要求,需要教师耗费大量时间和精力。最后,在家长方面,很多家长不支持学生使用手机,部分学生很难把握好使用网络的尺度,造成家长出现对手机使用管理的困扰。

在教学建议上,对上述新模式在实施过程中存在的问题,教师提出了三点建议。第一,通过减少课前、课后在线学习活动以弱化对手机的依赖。第二,通过家长会和微信群等渠道改变家长观念,让家长参与学生的学习过程,进行作业监督和手机使用管理。第三,细化学科教学模式,分课型设计教学操作过程,加强模式的可操作性。

(2)学生访谈

通过从学习过程、学习成效、教学建议三个维度对学生进行访谈后,分析归纳访谈内容,可以得出如下结论。

在学习过程中,学生对新型课堂都比较满意,学生普遍更喜欢新型课堂。由于新型课堂中使用多种媒体技术手段和资源,内容呈现更加方便快捷,特别是投影、资源调用等功能方便了师生展示作业、作品,在便于学生查阅、观看的同时,也方便了教师展示讲解,让课堂知识呈现更加高效。

在学习成效上,学生表示自己各方面都有所提升。第一,学生在听力和口语表达方面有所进步。学生认为自己的英语成绩较为稳定,而新型英语课堂教学模式的实施能够有效培养自己的英语听说能力,教师将丰富的听说视频资料上传至云校家平台后,学生在课后能够根据资料自主跟练学习,经过长时间的训练和朗读打卡,听力水平和口语表达能力有了明显提升。第二,学生的学习积极性增加。新型英语课堂丰富的教学内容和有趣的教学环节能够极大地激发学生的学习兴趣和积极性。

在教学建议上,学生对在线学习平台功能和提高学生自制力方面提出了建议。第一,完善在线学习平台功能。在线学习平台较频繁出现卡顿、无法正常登录、无法接收作业等问题,给学生造成了使用上的负担。第二,督促手机的使用管理。学生在新型课堂教学模式学习过程中需要使用智能终端设备,但学生自制力有限,易受到其他娱乐内容的影响,因此,需要教师和家长及时监督管理。

（3）家长访谈

通过从支持度、参与度、满意度、教学建议四个维度对家长进行访谈后，分析归纳访谈内容，可以得出如下结论。

在家长支持度上，家长普遍呈支持态度。在家长看来，互联网是人类现代文明发展的重要特征，教育教学也应跟进发展。同时，互联网支持的新型教学模式可以让课堂更加丰富有趣，能够极大地增加孩子的学习兴趣。

在家长参与度上，家长的参与度普遍较低，主要有两方面的原因。第一，家长工作繁忙。由于家长时间精力有限，对于学生学习的关注度不够，学生大多都是独立完成作业。第二，学生处于青春期，不愿意与家长沟通交流。由于初中阶段的学生处于青春期，独立意识开始萌芽，更愿意自己承担学习任务和问题，不愿意与家长过多交流学习问题，家长只能通过和教师取得联系来关注学生的学习过程。

在家长满意度上，家长的满意度普遍较高。家长认为在新型英语课堂教学模式的实施过程中，学生成绩取得了进步，学习兴趣也得到了提高，特别是学生的学习自主性得到了较好的培养，因此，家长非常支持新型英语课堂教学模式。

在教学建议上，大部分家长认为可以继续坚持新型教学模式的实施，但教师可以适当调整在线学习活动的时长，同时要对学生使用信息化设备的时间加强控制，避免学生沉迷手机和网络。

综上所述，对教师而言，教师在新型英语课堂教学模式实践中，一直处于积极应用的态度，以新型英语课堂教学模式为指导进行教学。对学生而言，学生普遍对新型英语课堂教学方式满意，认为通过这种方式，自己的英语听力、口语、自主学习能力、合作学习能力、问题解决能力和信息素养方面得到了提升。对家长而言，家长支持新型英语课堂教学模式的实施，认为在这种模式中孩子取得了进步，可以长期实施。但新型英语课堂教学模式还存在一些问题，例如可操作性不强、教学平台使用不畅、家长居家学习监督与管理不到位等，在后续研究中需要重点关注。

二、课堂观察研究

(一)课堂观察目的

课堂观察是指观察者带着明确的观察目的,凭借自身感官及辅助工具(观察表、录音录像设备等),直接或间接从课堂情境中收集资料,并依据资料作相应分析的研究方法。课堂观察法可分为参与型观察和非参与型观察[①]。参与型观察是指观察者参与被观察者组织的活动,通过与被观察者的互动深入了解被观察者的行为模式和文化特征。非参与型观察是指观察者不介入被观察者的活动而置身于课堂之外。

在本次实验过程中,由于实验对象的特殊性,本研究的课堂观察主要采用非参与型观察的形式,采用笔录、录音或录像的方式记录教师教学活动过程。观察的重点:教师在教学过程中是否按照"互联网+"环境下新型课堂教学模式教学? 如何运用新型课堂教学模式? 学生在新型课堂上表现如何? 从而从课堂观察的角度来探究学生的学习成绩、问题解决能力、合作交流能力和信息素养在新型课堂教学模式的实施过程中发生的变化。

(二)课堂观察准备

首先,确定观察目的。在"互联网+"环境下新型课堂教学模式的实证研究中,本研究选择课堂观察法的目的是探究教师在教学过程中是否按照"互联网+"环境下新型课堂教学模式教学,如何运用新型课堂教学模式,学生在新型课堂上表现如何,从而通过课堂观察收集数据、分析数据,验证新型课堂教学模式在实际课堂中实施的有效性,以便进一步修改和完善新型课堂教学模式。其次,确定观察对象、地点及次数。以西北某中学为观察场所,先选取了语文、数学、英语三门学科作为观察学科,选取实验班的师生作为观察对象,以一节课作为一个观察节点,进行课堂观察。最后,确定观察手段。本研究主要对教师教学过程进行观察,以便得到课堂教学的全过程,同时由于需要客观、真实地获得师生课堂行为数据,因此,该研究以录像和笔录相结合的方式作为观察手段,以

[①] 王鉴,王俊.课堂生活及其变革研究[J].课程·教材·教法,2013,33(4):30.

便借助观察设备真实记录课堂活动的全过程。同时,观察者也可将课堂活动的要点、重点记录下来,如表5-47所示。

表5-47 学生课堂表现观察记录表

学生课堂表现观察记录表				
年级班级:	学科:	授课教师:		观察时间:
教学环节	学生表现			
	倾听	互动	自主	达成
课前导学				
导学分享				
自主探究				
合作讨论				
课后延伸				

(三)观察法的实施

第一步,主动联系授课教师,确定好观察的班级和时间。

第二步,准备好观察工具(三脚架、录影设备、观察记录表),提前进入教室准备观察工作。

第三步,进行课堂观察。在观察时做到不干扰教学活动的正常进行,以便获取最真实自然和科学有效的观察数据。

第四步,观察结束后,及时收集和保存好相关的观察数据。

(四)数据获取和编码

1.数据分析方法

采用基于信息技术的互动分析系统进行数据分析。在编码体系分析方法中,我国学者顾小清和王炜在真实开展实践的基础上,开创性地提出了基于信息技术的互动分析编码体系(ITIAS)。由于其加入了技术这一编码类别,与本研究的"互联网+"新型教学与探究互联网技术在课堂教学中的应用相契合,因此本研究将ITIAS作为基础原型,结合研究情境和学科特点,进行了学科课堂观察分析的编码体系的改编(详见数据编码),并用此分析方法进行数据分析。

2. 数据分析工具

本研究采用 Nvivo 软件来对相关数据进行处理和分析。Nvivo 软件在质性研究中功能比较全面，不仅可以对文字材料进行编码分析，还可以对音频或视频进行分析。因此本研究利用该软件对课堂教学中生成的材料进行编码和分析。此过程包括准备阶段、编码阶段、分析阶段三个步骤。首先，需要将课堂观察获得的音频或视频数据进行文本转换，力求将这些文字信息翔实、客观地记录下来。其次，需要将转录成文字的数据导入 Nvivo 软件，并建立节点系统，在系统中进行编码。最后，需要对编码进行分析，本研究大多采用了矩阵编码分析方法，通过矩阵图表呈现分析结果。

3. 数据收集

本研究通过录影设备、观察记录表等观察工具，收集了各学科课堂教学的资料，并分别选取了语文、数学、英语三门学科实验前的一节课堂教学视频和实验后的一节课堂教学视频作为课堂分析的材料。

4. 数据编码体系

(1) 师生课堂教学行为分类编码

经查阅文献，发现弗兰德斯课堂互动分析系统和顾小清、王炜老师提出来的 ITIAS 编码分析方法能为本研究的课堂观察分析提供思路。因此，本研究将"互联网+"环境下新型课堂教学模式的课堂行为分为教师教学行为、学生学习行为、技术行为以及沉寂行为四类，四类行为共形成17个编码。同时，按照不同学科教学模式环节，将具体教学环节按教师实际教学情况进行分类。具体编码分类及指标阐述如表5-48所示。

表5-48 师生课堂行为观察编码指标

分类	编码	表述	内容
教师教学行为	1	讲授	教师就教学的内容或步骤为学习者提供基本事实或给予间接依据，包括教师表达出自己的观点，给出自己对知识内容的解释，或者直接转述某位权威人物的观点。比如：教师讲授英语语法知识、评讲试卷等。

续表

分类	编码	表述	内容
教师教学行为	2	指令	主要是教师发出指令,学生按照教师指令执行。比如:教师让学生站起来回答问题。
	3	批评	主要是试图改变学习者的错误行为,让学习者纠正错误行为,比如:纠正学生发音、错误的书写等。
	4	教师鼓励表扬	教师称赞或者鼓励学生的行为,是正面积极的行为。这类行为包括缓解紧张但是不伤人的笑话,对学生点头,简单回应"嗯"或者示意学习者行为继续,等等。
	5	提出开放性问题	以教师的意见为主,所提问题并没有唯一答案,也可以没有特定答案。
	6	提出封闭性问题	教师的提问有明确的答案,比如是或者不是、对或者不对,问题答案具有唯一性。
	7	教师采纳学生意见	可以是对学生的回答表示赞同,也可以是对学生提出的意见或者想法进行阐释、扩大或者发展,如对学生的意见或者想法进行延伸拓展。
	8	教师接受情感	该行为与批评行为相反,不具威胁性,主要是接纳与澄清学习者的态度或者情感,这里的学生情感可能是正面的,也可能是负面的。这一类行为还包括预测学生会发生的情感或者回想学生已经产生的情感。
学生学习行为	9	主动应答	教师向学生提出问题,学生自己主动举手回答,或者将答案说出来。可以是向个人或集体提问。
	10	被动应答	学生为了应对教师的提问被动回答问题,比如教师点名让学生回答。当学生的回答非自发产生,需要教师引导或者在教师指示下完成,该回答都属于被动应答。
	11	与同伴讨论	同桌之间、小组成员之间讨论,交流观点。这里的讨论包含自发产生的,也包括由教师组织的课堂讨论。一般指在课堂上的讨论,但也可以是在学习平台(云校家)上的线上交流。
技术行为	12	教师操作技术	教师操作技术的行为有很多,包括操作教学媒体、移动设备等,比如点击PPT、播放音频或视频、搜索教学资料、展示学生的导学作业等都属于教师操作技术。
	13	学生操作技术	学生可以在课堂上借助媒体展示或分享自己的作业或作品,也可以在学习平台(云校家)上进行技术操作,比如:在平台上完成作业、下载资料、提交自己的作品或作业等都属于学生操作技术。
	14	技术作用于学生	学生观察媒体演示,学习教学内容。

续表

分类	编码	表述	内容
沉寂行为	15	无助于教学的混乱	课堂上暂时停顿、短时间的安静或混乱,体会不到师生之间是否产生了沟通交流就属于无助于教学的混乱。
	16	学生思考	通常表现为教师抛出某个问题或观点后,学生主动思考问题的答案,或教师有意提醒学生进行思考。
	17	学生做练习	做练习一般是在课堂完成随堂练习,包括书面和口头练习。也可以是学生在学习平台(云校家)上完成的一些线上练习,比如完成导学练习或课后练习等都可以叫作练习。

(2)语文学科教学模式环节分类编码

传统课堂中语文学科的教学环节分为以下四个环节:

第一环节,预习新知。教师在该环节引入课文,带领学生一起熟悉文章字词及相关背景介绍等。

第二环节,知识精讲。教师在该环节针对文章知识点进行详细讲解,帮助学生掌握文章重点内容。

第三环节,问题探究。教师在该环节导入问题,引导学生思考探究,通过练习帮助学生进一步掌握知识。

第四环节,总结归纳。教师在该环节对该课所学内容进行简要归纳,激发学生思考。

"互联网+"环境下新型课堂教学模式语文学科的教学环节分为以下六个环节:

第一环节,导学分享与检测。教师在该环节借助教学助手随机挑人或通过指定方式展示导学案成果,激发学生学习兴趣。

第二环节,整体感知。师生在该环节通过课件和思维导图共同梳理、回顾本课学习框架、重点字词。

第三环节,引导启发。教师在该环节借助微课资源创设学习情境,引导学生掌握本课内容的重要知识,培养学生的语文思维能力。

第四环节,合作探究。教师在该环节为学生提供合作交流机会,探究疑难,以此掌握文章重点;学生可通过学习端记录步骤或重难点。

第五环节,反馈释疑。学生在该环节分享反馈学习成果,并由同学进行点评,同时教师对学生的疑惑进行解答。

第六环节,总结归纳。教师在该环节简要归纳本课知识点,拓展学习话题,启发学生进行课后探究,提升学习能力,同时借助教学助手向学生反馈课堂学习情况。

(3)数学学科教学模式环节分类编码

传统课堂中数学学科的教学环节分为以下四个环节:

第一环节,旧知复习。教师在该环节带领学生一起熟悉概念、公式及运算法则等。

第二环节,知识精讲。教师在该环节针对新的法则、公式进行详细演算讲解,帮助学生掌握新知识。

第三环节,课堂练习。教师在该环节给予学生充分的时间进行课堂练习,引导学生思考问题,通过练习进一步掌握知识。

第四环节,讲解练习。教师在该环节对学生练习完成情况进行讲评。

"互联网+"环境下新型课堂教学模式数学学科的教学环节分为以下六个环节:

第一环节,导学分享。教师在该环节借助教学助手向学生反馈课前预习情况,让学生明确问题,或者由学生代表分享优秀导学案以向同学传授学习经验。

第二环节,导学检测与反馈。教师在该环节通过思维导图帮助学生解决预习中的疑难问题,让学生能够积极主动地进入课堂教学。

第三环节,合作探究。教师在该环节为学生提供合作学习机会,学生协作探究问题,以此掌握解题步骤与方法;学生可通过学生端记录学习步骤,或通过教学助手向教师请教。

第四环节,知识精讲。教师在该环节借助课件资源详细分析与讲解重难点,帮助学生梳理做题思路。

第五环节,课堂练习。学生在该环节迁移和应用知识点,检验学习成效。练习形式可以借助练习册,也可以由教师通过教学助手发送给学生,学生借助平板电脑完成。

第六环节,总结归纳。教师在该环节简要归纳知识点,拓展学习深度,启发学生进行课后探究,提升学习能力,同时借助教学助手向学生反馈课堂学习情况。

(4)英语学科教学模式环节分类编码

传统课堂中英语学科的教学环节分为以下五个环节：

第一环节,预习新知。教师在该环节引入课文,带领学生一起熟悉英语词语及相关背景介绍等。

第二环节,知识精讲。教师在该环节针对课文知识点进行详细讲解,帮助学生掌握课文重点内容。

第三环节,课堂练习。学生在该环节主要进行课堂练习。

第四环节,讲解练习。教师在该环节对课堂练习进行讲解。

第五环节,总结归纳。教师在该环节对该课所学内容进行简要归纳,激发学生思考。

"互联网+"环境下新型课堂教学模式英语学科的教学环节分为以下五个环节：

第一环节,导学分享。教学在该环节借助教学助手随机挑人或通过指定方式展示导学案成果。

第二环节,情境感知。教师在该环节通过微课资源创设真实的学习情境,激发学生学习兴趣。

第三环节,知识精讲。教师在该环节针对课文知识点进行详细讲解,帮助学生掌握课文重点内容,并借助思维导图进行梳理与记录。

第四环节,课堂练习。教师在该环节借助教学助手为学生发布学习任务以及相关学习资源检验,学生进行练习检验课堂学习成效。

第五环节,导学检测与反馈。教师在该环节订正和评价学生完成的在线测试题,并对此展开讲解与答疑。

(五)数据分析结果

1.语文学科课堂数据矩阵编码对比分析

(1)矩阵编码整体分析

为了研究教师对"互联网+"环境下新型语文课堂教学模式的实施情况,分别选取了教学模式实施前后的两节实录课堂进行对比分析,课堂由同一位教师讲授且均为现代文课,课堂教学内容分别是"济南的冬天"和"百草园与三味书屋"。"济南的冬天"教学视频共41分21秒,"百草园与三味书屋"教学视频共40分24秒。按照课堂教学行为编码指标体系的要求,每3秒分为一个小片段的原则,将两个教学视频进行分段,"济南的冬天"分为827个片段,"百草园与三味书屋"分为808个片段。按照如下节点对每个片段进行编码,将两个视频进行编码以后,得到教学模式实施前后两个课堂各教学环节的行为编码频数,如表5-49所示。

表5-49 实验前后语文课堂编码矩阵

	实验前				实验后					
	预习新知	知识精讲	问题探究	总结归纳	导学分享与检测	整体感知	引导启发	合作探究	反馈释疑	总结归纳
1.讲授	97	67	81	12	68	35	109	4	16	7
2.指令	27	18	21	3	18	15	23	3	13	2
3.批评	1	5	0	0	0	0	0	0	1	0
4.教师鼓励表扬	7	2	3	0	0	2	2	0	4	0
5.提出开放性问题	9	2	12	0	11	2	11	1	7	4
6.提出封闭性问题	35	8	32	6	29	19	38	0	6	2
7.教师采纳学生意见	9	0	7	0	3	7	2	0	3	0
8.教师接受情感	0	0	0	0	0	0	0	0	0	0
9.主动应答	9	4	12	1	8	1	21	1	4	1
10.被动应答	66	111	49	12	65	52	103	0	28	6
11.与同伴讨论	0	0	0	0	0	0	3	48	5	2
12.教师操作技术	4	0	4	0	8	23	32	0	2	0
13.学生操作技术	0	0	0	0	11	0	0	0	0	0
14.技术作用于学生	0	114	0	0	8	23	37	0	2	0
15.无助于教学的混乱	11	0	5	0	1	1	1	0	0	0
16.学生思考	0	0	48	3	6	1	38	0	0	0
17.学生做练习	7	0	4	1	4	15	10	42	0	0

如图5-2所示,实验前的课堂行为占比从高到低依次是:教师教学行为、学生学习行为、技术行为和沉寂行为;实验后的课堂行为占比从高到低依次是:教师教学行为、学生学习行为、技术行为和沉寂行为。实验前后的课堂行为排序未发生变化,但实验后的教师教学行为整体比率减少,学生学习行为、技术行为、沉寂行为都高于实验前的比率。教师教学行为减少的原因有三点:一是教师减少了课堂教学行为,将课堂中的更多时间留给学生合作交流、探索问题等,由此导致教师教学行为比率减

少,学生学习行为的比率增加;二是因为教师在课堂中对技术的操作以及学生对技术的操作比率增加,技术行为代替了部分教师教学行为,导致教师教学行为整体比率下降;三是在新型语文课堂中教师更加注重创造机会让学生自主探究,预留更多时间和空间让学生做练习、讨论等,激发了学生的学习主动性、积极性,由此导致教师教学行为减少,而沉寂行为中学生练习比率增加。

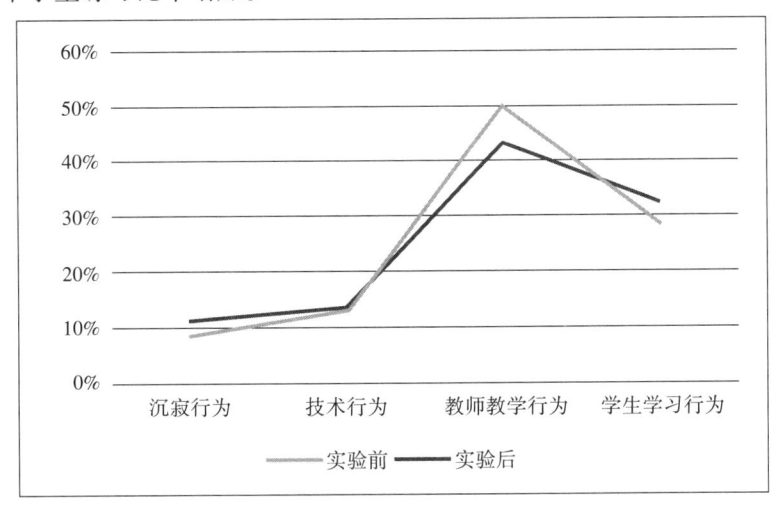

图5-2 语文课堂行为类型比率

(2)教学环节编码节点差异分析

通过对比两个课堂的编码节点情况,发现"互联网+"环境下新型语文课堂教学模式实施前后,在教学环节上有很大差异。两个课堂除了总结归纳是共同环节外,其余教学环节都呈现出各自的特点,其中实验前特有的教学环节是预习新知、知识精讲和问题探究环节,实验后特有的教学环节是导学分享与检测、整体感知、引导启发、合作探究和反馈释疑环节。对比发现,实验前的课堂采用传统以教为主的教学模式,以课堂作为学习的主阵地,在整个教学环节中以教师讲为主,包括对文章的预习、学习以及对问题的探究都是在课堂上由教师指引完成,学生只需要跟随教师的思路进行学习即可,这种课堂在某种程度上丧失了学生的主体地位。实验后的课堂,教师在教学实践的过程中以"互联网+"环境下新型语文课堂教学模式为依托,结合本课教学内容的特性进行教学设计,导学分享与检测、整体感知、引导启发、合作探究和反馈释疑环节都是新型语文课堂教学模式中的环节。在新型语文课堂教学中,教师将预习环节放在课前由学生自主完成,而在课堂上借助互联网技术创设情境,组织学生进行课前导学的分享与检测。此外,新型课堂教学模式下的语文课堂也充分尊重学生的主体地位,教师通过整体感知、引导启发两个环节来逐步实现学生对知识的理解,不再是传统语文课堂中的知识灌溉式教学,有助于学生对知识的掌握。新型课堂将传统语文课堂中的问题探究环节分解为合作探究和反馈释疑环节,将教师讲问题转变为学生合作探究问题,使得学生的问题解决能力、自主探究意识等都得到了有效锻炼。由此可见,在教学模式实施前后,课堂教学发生了极大的改变,教师以"互联网+"环境下新型语文课堂教学模式为指导来调整自己的教学实践,使得课堂教学环节更加灵活和丰富。

(3)教师教学行为矩阵编码结果对比

如图5-3所示,初步对比两种课堂中教师教学行为的频数分布情况,发现两种课堂环境下,教师讲授、提出封闭性问题和指令行为位列前三。矩阵编码具体对比结果如下。

在讲授行为上,实验前的课堂编码总频数为257次,实验后课堂编码总频数为239次。首先,实验前后课堂中,教师讲授行为出现频次都较高,这主要是因为本课课型为新授课,教师需要对该课的重难点知识以及疑难之处进行细致讲解,所以在课堂中教师的讲授都占了很大比重。其中较大区别在于:实验前的课堂中,各个环节都以教师讲授为主,而实验后的课堂,讲授行为主要集中在导学分享与检测、整体感知与引导启发环节。这是因为教师在导学环节对学生的导学问题进行讲解,在整体感知和引导启发环节通过语言帮助学生梳理文章重点知识,而在合作学习和反馈释疑环节中教师讲解较少,将更多时间留给学生进行合作探究。其次,相比实验前,实验后的教师讲授行为略有减少,这与新型语文课堂教学模式以学生为中心,通过技术优化教学的教学思想有很大关联,教师充分利用互联网技术进行教学,同时提供了更多机会让学生去探究知识,因此在讲授行为方面有所减少,而技术行为有所增加。

在指令行为上,实验前的课堂编码总频数为66次,实验后的课堂编码总频数为74次。实验前后课堂中教师指令行为出现频次都较高,这主要是因为教师在教学过程中提出问题后会点名让学生进行回答,在实验后的课堂中,教师操作技术后,会有意识地要求学生学习网络资源,所以在两种课堂中教师指令都占了很大的比重。

在提出开放性问题上,实验前的课堂编码总频数为23次,实验后的课堂编码总频数为36次,有略微提升。这主要源于实验后的课堂更加注重学生的主体地位,教师在各个环节中都提出开放性问题供学生探究,让学生发散思维,思考问题的不同答案,探求答案的过程中引导学生掌握知识点,体现了新型语文课堂教学模式侧重培养学生语文逻辑思维的教学指向。

在提出封闭性问题上,实验前的课堂编码总频数为81次,实验后的课堂编码总频数为93次,两者有略微差别。实验前的课堂编码集中于预习新知与问题探究环节。在预习新知环节,教师主要针对文章内容本身提出问题,答案都比较固定。而在问题探究中,课堂采取"教师讲—学生听"的方式,教师总是给出问题的答案让学生进行选择,因此实验前的封闭性问题较多。而实验后的课堂编码主要集中于导学分享与检测、引导启发环节,这源于在实验后的课堂中,教师课前提供了导学案让学生自主预习,在课中导学中,教师让学生分享导学答案以解决课前疑问,并提出新的疑问来引导学生掌握重点,这些问题也多是封闭性问题。

在鼓励表扬等其他行为上,实验前后发生频次趋于一致,这与授课内容的课型以及教师的个人教学风格有关,且实验前后教师与学生的情感交流都需要加强。

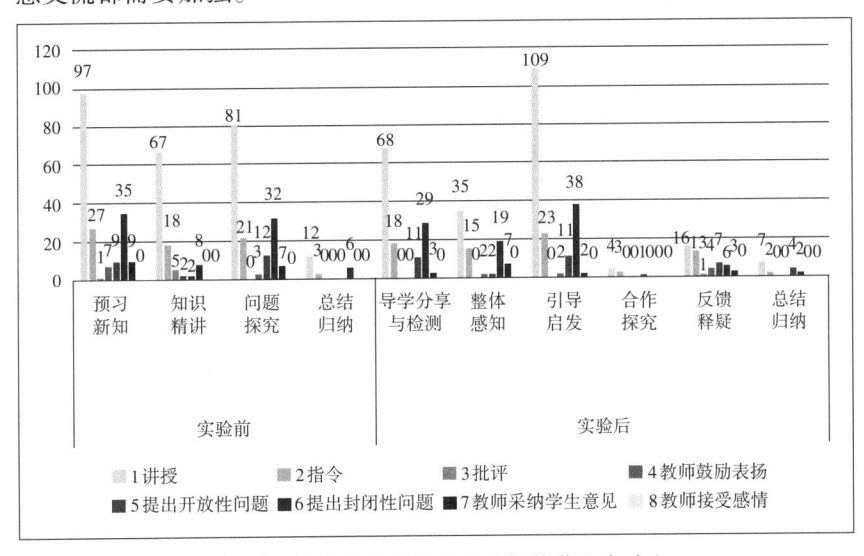

图5-3 语文课堂实验前后教师教学行为对比

(4)学生学习行为矩阵编码结果对比

如图5-4所示,初步对比两种课堂学生学习行为的频数分布情况,发现两种课堂环境下,学生被动应答行为占比最多。矩阵编码具体对比结果如下。

在主动应答行为上,实验前的课堂编码总频数为26次,实验后的课堂编码总频数为36次,两者相差不大。实验前的主动应答行为主要集中在问题探究环节,这源于本课是新授课,学生的积极性以及学习问题较多,因此会主动发表自己的观点。实验后的主动应答行为主要集中在引导启发环节,一方面是由于学生学习的积极性较高,另一方面与教师在该阶段提出更多开放性问题有关,在教师的引导下,学生更愿意提出自己的问题或发表观点。

在被动应答行为上,实验前的课堂编码总频数为238次,实验后的课堂编码总频数为254次。这与前文提及的实验前的课堂教师提出的封闭性问题较多相吻合,教师通过更多的指令和封闭性问题引起学生注意并回答问题,因此学生的被动回答行为相较增加。

在与同伴讨论行为上,实验前的课堂编码总频数为0次,实验后的课堂编码总频数为58次,实验后的课堂远高于实验前的课堂。实验前主要采用的是"教师讲—学生听"的传统授课方式,课堂基本没有合作交流行为。而实验后,在引导启发、合作探究、反馈释疑、总结归纳等环节都有开展师生或学生合作,尤其是合作探究环节,教师提供了更多机会让学生进行思想碰撞,这与新型语文课堂教学模式以学生为中心的教育思想有关,教师有意识地在多个教学环节中进行合作学习的设计以培养学生的合作交流与问题解决能力。

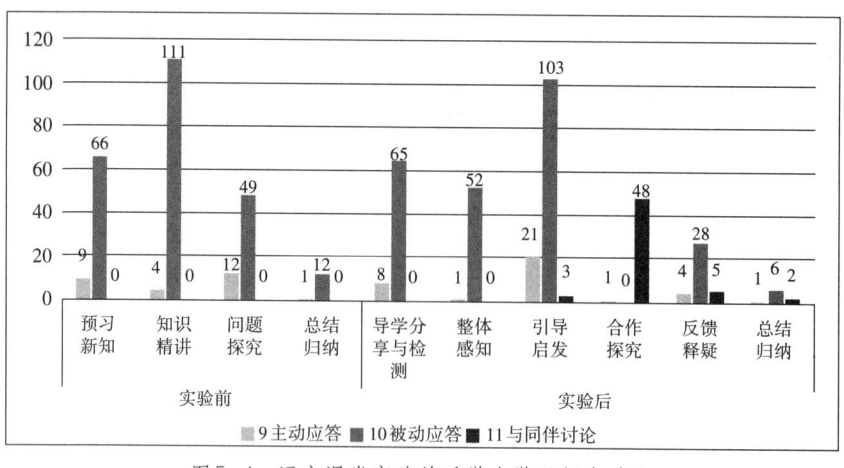

图5-4 语文课堂实验前后学生学习行为对比

(5)技术行为矩阵编码结果对比

如图5-5所示,初步对比两种课堂技术行为的频数分布情况,发现两种课堂环境下,技术作用于学生行为编码最多。矩阵编码具体对比结果如下。

在教师操作技术行为上,实验前的课堂编码总频数为8,实验后的课堂编码总频数为65,两者相差较大。实验前的课堂环境中教师主要以讲授等言语性行为为主,用到的互联网技术手段相对较少且单一。而实验后的课堂中,课堂教学环境与在线教学环境无缝衔接,课中教师经常使用教学助手为学生推送任务、课件,借助教学资源以及平台内嵌的互动工具来实施教学,因此教师操作技术行为显著增加。

在学生操作技术的行为上,实验前的课堂编码总频数为0,实验后的课堂编码总频数为11。实验前总是由教师操作技术,使用技术手段呈现教学内容、调用学习资源,学生被动接受技术作用。而实验后的课堂中,学生使用云校家、教学助手等平台上传作业、评论点赞、进行课堂互动,以此培养学生的信息素养、交流能力、实践能力等。

在技术作用于学生行为上,实验前的课堂编码总频数为114,实验后的课堂编码总频数为70,两者相差较大。实验前的课堂中,技术作用于学生行为主要发生在知识精讲环节,教师在该环节通常选择播放音频或视频的方式让学生熟悉课文,因此在实验前主要将技术用于教学内容的呈现。实验后的课堂中,技术作用于学生行为在导学分享与检测、整体感知、引导启发等多个环节中都存在,教师在平台中选择学生作业展示分享,借助技术创设情境,这也体现了新型语文课堂中技术对教师教与学生学的优化作用。

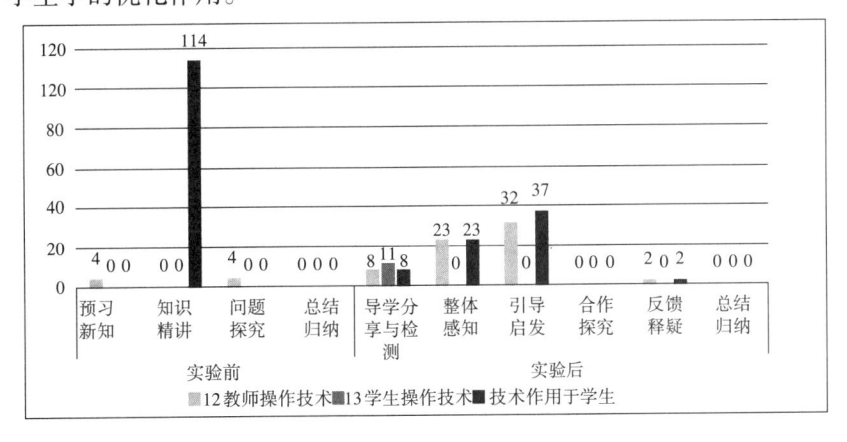

图5-5 语文课堂实验前后技术行为对比

(6)沉寂行为矩阵编码结果对比

如图5-6所示,初步对比实验前后课堂中沉寂行为的频数分布情况,矩阵编码具体对比结果如下。

在无助于教学的混乱上,在实验前的课堂编码总频数为16次,实验后的课堂编码总频数为3次。这是由于在实验后的课堂中采取"先学后教,以学促教"的教学方式,并且借助互联网技术来优化课堂教学,学生的学习兴趣以及积极性有所提升,课堂注意力更加集中,因此教学混乱行为有所下降。这也表明了相较于传统课堂教学模式,"互联网+"环境下新型语文课堂教学模式实用性更高。

在学生思考行为上,在实验前的课堂编码总频数为51次,实验后的课堂编码总频数为45次,两者区别不大。这里编码的思考行为主要指学生在沉默中进行思考,实验后的思考行为略微减少与前文中提到的学生练习行为增加有关,但实际上学生做练习的过程同样也是思考的过程,所以学生的思考行为并未减少,只是改变了思考的方式。

在学生做练习行为上,实验前的课堂编码总频数为12次,实验后的课堂编码总频数为71次,两者相差较大。在实验前的课堂中,教师以讲授为主,学生做练习的机会较少。实验后的课堂中,教师引导学生学习知识,通过更多练习来帮助学生理解知识,在解决问题的过程中掌握知识,作业练习分散地贯穿于整个教学环节中。相较于实验前,实验后的新型课堂教学模式更具有教育性,侧重培养学生的问题解决能力。

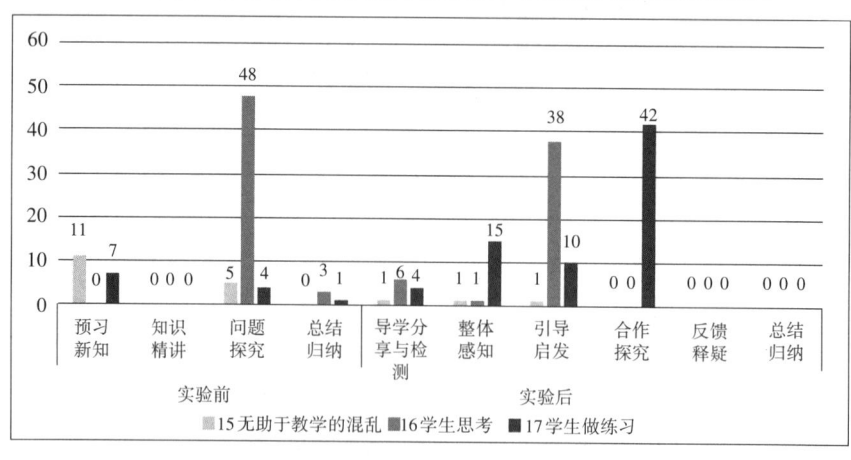

图5-6 语文课堂实验前后沉寂行为对比

2.数学学科课堂数据矩阵编码对比分析

(1)矩阵编码整体分析

为了研究教师对"互联网+"环境下新型数学课堂教学模式的实施情况,分别选取了教学模式实施前后的两节具体课堂进行对比分析,课堂教学内容分别是"有理数的混合运算"和"同类项加减",课堂由同一位教师教授且均为新授课。按照课堂教学行为编码指标体系的要求,每3秒分为一个小片段的原则,其中"有理数的混合运算"教学视频共编码857个,"同类项加减"共编码823个。对应如下节点将两个视频进行编码以后,得到教学模式实施前后两个课堂各教学环节的行为的编码频数,如表5-50所示。

表5-50 实验前后数学课堂编码矩阵

	实验前				实验后					
	旧知复习	知识精讲	课堂练习	讲解练习	导学分享	导学检测与反馈	合作探究	知识精讲	课堂练习	总结归纳
1.讲授	44	124	10	134	45	59	104	40	7	20
2.指令	2	11	5	19	5	1	5	0	1	1
3.批评	16	0	0	6	1	3	0	0	1	0
4.教师鼓励表扬	0	0	0	0	0	3	0	0	0	0
5.提出开放性问题	0	17	0	8	4	4	3	2	0	2
6.提出封闭性问题	0	24	0	20	7	7	2	4	0	1
7.教师采纳学生意见	1	0	0	0	0	2	1	1	0	1
8.教师接受情感	0	0	0	0	0	0	0	22	0	0
9.主动应答	6	99	0	59	34	22	33	0	0	11
10.被动应答	2	7	0	33	5	2	0	0	0	0
11.与同伴讨论	2	5	0	9	0	0	85	0	0	42
12.教师操作技术	0	0	0	3	12	2	2	6	0	0
13.学生操作技术	0	0	0	0	0	0	0	0	0	0
14.技术作用于学生	0	0	0	5	5	9	1	4	0	0
15.无助于教学的混乱	24	11	2	24	2	7	12	0	0	7
16.学生思考	0	0	10	3	0	0	21	0	29	0
17.学生做练习	0	0	103	9	0	0	36	0	75	0

如图5-7所示,实验前的课堂行为频数由高到低依次是:教师教学行为、学生学习行为、沉寂行为和技术行为。实验后的课堂行为频数从高到低依次是:教师教学行为、学生学习行为、沉寂行为和技术行为。实验后的学生学习行为增多,教师教学行为有所减少,其原因在于:一是技术行为增加,技术行为代替了部分教师行为;二是教师在教学环节的设计上以学生为主体,减少了讲授行为,将机会留给学生进行合作交流或独立思考。实验后的技术行为频数高于实验前,其原因在于:教师在课堂教学环节中运用技术的行为增加,在技术作用下学生的行为相应增加。

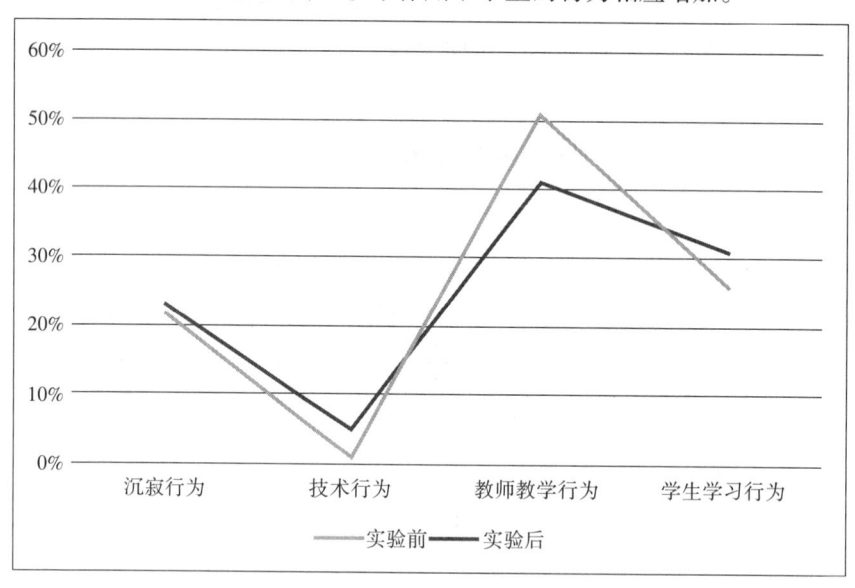

图5-7 数学课堂行为类型比率

(2)教学环节编码节点差异分析

通过对比两个课堂教学的编码节点情况,发现新型数学课堂教学模式实施前后,在教学环节上有很大差异。两个课堂共有的教学环节是知识精讲和课堂练习,实验前的课堂特有环节是旧知复习和讲解练习,实验后的课堂特有环节是导学分享、导学检测与反馈、合作探究、总结归纳环节。对比发现,实验前的课堂以教为主,其本质上依然是教师主导的教学模式。实验后的课堂,教师在新型数学课堂教学模式的基础上,综合设计了导学分享、导学检测与反馈、合作探究、总结归纳这几个新型环节,以学生为中心,对课堂进行了灵活的设计和构建。尤其是合作探究环节,引导学生交流、师生交流互动,培养学生数学抽象思维和逻辑推理能力,使学生的发现问题能力、提出问题能力、分析问题能力与解决问题能力在不同的教学环节中都得到了发展。由此可见,在教学模式实施前后,不仅课堂教学模式发生了改变,学生的能力也得到了发展,教师以"互联网+"环境下新型数学课堂教学模式为指导进行了有益的教学实践。

(3)教师教学行为矩阵编码结果对比

如图5-8所示,初步对比两种课堂教师教学行为的频数分布情况,在传统课堂教学中,教师讲授、指令和提出封闭性问题占比前三,而在新型课堂教学中,教师讲授、提出封闭性问题和提出开放性问题位列前三。矩阵编码具体对比结果如下。

在讲授行为上,实验前的课堂编码总频数为312次,实验后的课堂编码总频数为275次。实验前后课堂中教师讲授行为出现频次都较高,主要分布在实验前的知识精讲和实验后的合作探究环节中。由于实验对象处于初中一年级阶段,教师在实验前的新授课堂中,仍主要以知识讲解、分析为主。实验后,学生在开展合作交流与讨论时,仍需要教师对数学公式和原理进行演示和推理,帮助学生梳理和总结知识。

在指令行为上,实验前的课堂编码总频数为37次,实验后的课堂编码总数为13次,两者相差较大。可见实验前的课堂中教师对学生的掌控作用较强,而实验后的课堂中教师愿意将更多的探究机会留给学生。

在提出封闭性问题上,实验前的课堂编码总频数为44,实验后的课堂编码总频数为21,两者差别较大。实验前的教学环节比较固定,教师对一些问题进行了预设,实验后的课堂教学更加灵活、丰富,教师增加了开放性问题的提问,说明教师在教学活动中,注重了对学生的数学思维、数学分析能力、数学问题解决能力的培养。

在批评行为上,实验前的课堂编码总频数为22次,实验后的课堂编码总频数为5次,两者差距较大。实验前的批评行为主要发生在旧知复习环节,教师纠正学生练习中产生的错误,可以说在传统的教学中,学生对新授课知识不能灵活迁移,一些模糊的知识点未能得到及时解决。而实验后的批评行为主要发生在导学检测与反馈环节,且频数较少,由此可以说明学生可能利用移动网络技术及信息化平台获取了有效的学习资源,自主进行课后学习,查漏补缺,掌握了基本的数学公式或原理,并能较好地进行知识迁移。

在教师鼓励表扬和教师接受情感行为上,实验后的总频数显著高于实验前,说明教师实施新型课堂教学模式过程中注重与学生的情感交流,更多地鼓励和表扬学生。

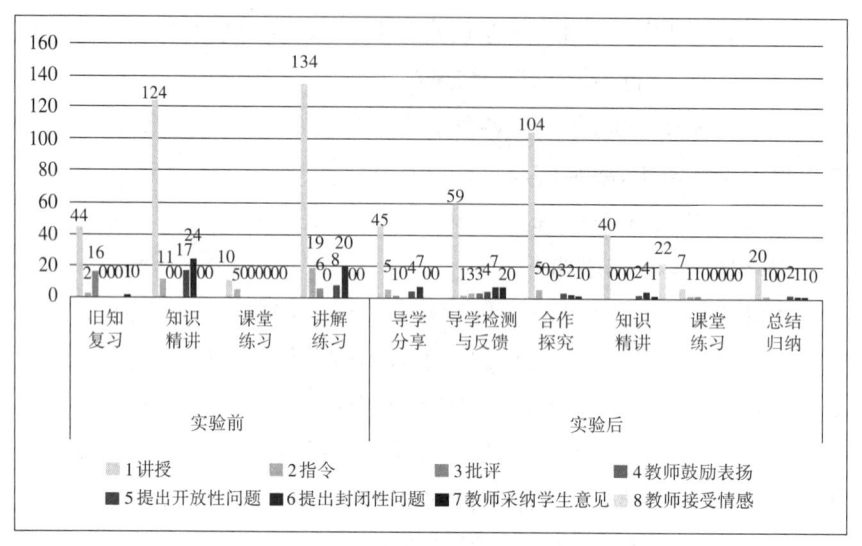

图5-8 数学课堂实验前后教师教学行为对比

(4)学生学习行为矩阵编码结果对比

如图5-9所示,初步对比两种课堂学生学习行为的频数分布情况,矩阵编码具体对比结果如下。

在主动应答行为上,实验前的课堂编码总频数为164次,实验后的课堂编码总频数为100次,两者相差较大。前者主要发生在知识精讲和讲解练习中,其他教学环节较少,在实验前的课堂中,学生学习新知识的积极性较高,主动应答的行为次数增加。在新型教学模式中,学生主动应答在教学各环节均能有所体现,尤其是在导学分享环节次数较多,说明教师按照新型数学课堂教学模式的环节进行上课。

在被动应答行为上,实验前的课堂编码总频数为42次,实验后的课堂教编码总频数为7次,这可能与前面所提及的教师提出封闭性问题的行为在实验后有所减少相关,学生更加偏向主动提出或回答问题。

在与同伴讨论行为上,实验前的课堂编码总频数为16次,实验后的课堂编码总频数为127次,实验后的课堂讨论行为远高于实验前的课堂。

由于实验前的课堂,教师多关注于学生的学习结果,即是否掌握数学知识点,而忽视了学习过程的重要性。在新型课堂教学中,教师意识到学生间的交流和独立思考的重要性,将学习的主动权移交给学生,进而将更多的探究时间留给学生,使得学生合作探究解决问题的机会和频率增加。

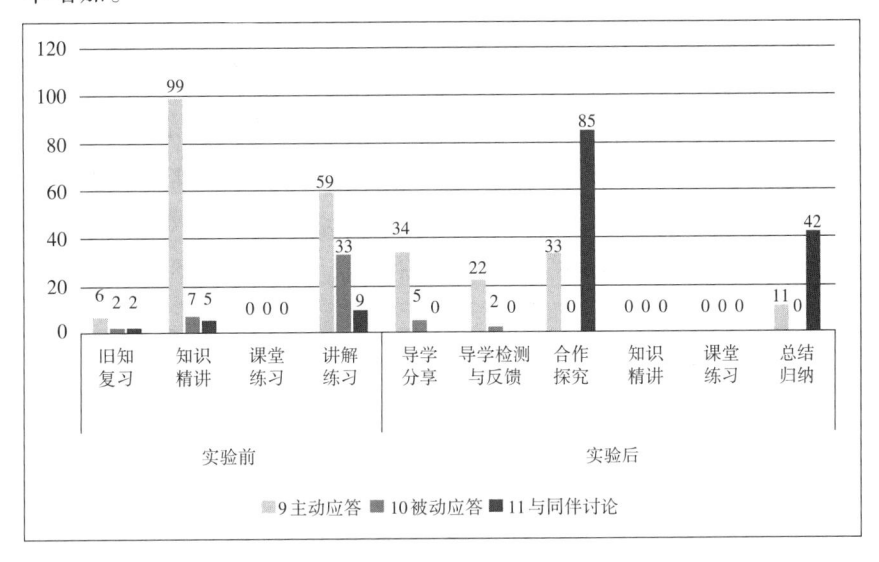

图5-9　数学课堂实验前后学生学习行为对比

(5)技术行为矩阵编码结果对比

如图5-10所示,初步对比两种课堂技术行为的频数分布情况,发现两种课堂环境下,实验前后分别是技术作用于学生行为与教师操作技术行为编码最多。矩阵编码具体对比结果如下。

在教师操作技术行为上,实验前的课堂编码总频数为3次,实验后的课堂编码总频数为22次,两者相差较大。实验前的课堂中,教师所使用的互联网技术手段相对较少。实验后的课堂中,课前教师使用云校家平台发布导学作业,学生完成后将其上传至平台,课中教师将上传至平台的导学、课件等教学资源展示给学生,并利用平台互动功能开展教学活动,因此教师操作技术的次数增加。

在学生操作技术的行为上,在实验前后的课堂中频数都为0次。这是由于在常规课堂教学的环境中,教师主要通过操作技术,利用电子白板、教学平台等技术手段呈现教学内容、调用学习资源、与学生进行互动等,学生几乎没有使用技术手段。而在新型课堂中,由于教师将学生操作技术的机会更多留在课前的导学以及课后学习任务的完成过程中,进而减少了学生在数学新授课堂中的技术操作机会,增加了学生在课堂中的合作交流和答疑探究机会。

在技术作用于学生行为上,实验前的课堂编码总频数为5次,实验后的课堂编码总频数为19次,两者相差较大。这与教师操作技术行为相呼应,在实验前的课堂,技术作用于学生行为主要发生在讲解练习环节,教师多利用PPT展示媒体呈现练习内容,因此学生观看媒体演示较多。在实验后的课堂,技术作用于学生行为几乎在每个环节都存在,其中导学分享、导学检测与反馈环节最多,说明教师注重运用教学助手平台对学生的学习情况进行检测与反馈,提前了解学生学习效果,从而提高课堂教学效率。

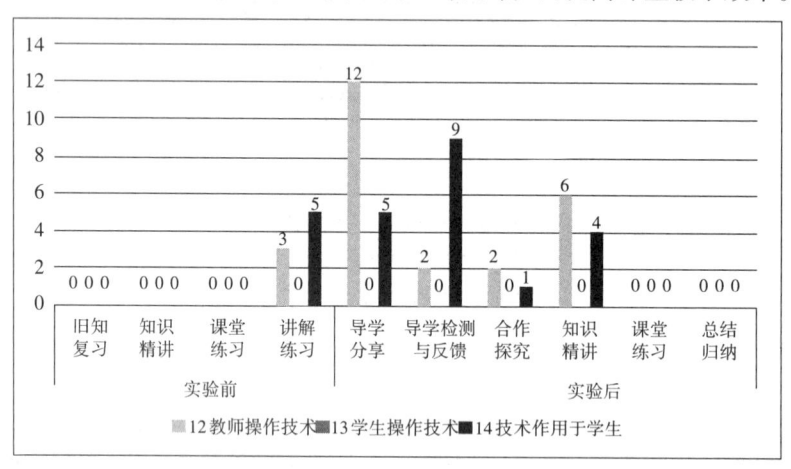

图5-10 数学课堂实验前后技术行为对比

(6)沉寂行为矩阵编码结果对比

如图5-11所示,初步对比实验前后课堂中沉寂行为的频数分布情况,沉寂行为中学生做练习占比最大,矩阵编码具体对比结果如下。

在无助于教学的混乱上,实验前的课堂编码总频数为61,实验后的课堂编码总频数为28,前者明显高于后者。无助于教学的混乱包括暂时的课堂沉默和课堂哄闹,实验前主要发生在讲解练习和旧知复习中,该过程中教师主要是纠正学生混淆、错误的知识点,部分知识可能造成学生的认知冲突,让学生难以理解,因而课堂出现混乱。实验后的混乱行为明显减少,说明新型课堂教学模式有助于学生更好跟进课堂,但一些混乱行为仍然存在,尤其是学生开展合作探究中。原因可能是该环节中学生自主行为较多,教师需要对课堂秩序进行管理和维护。

在学生思考行为上,实验前的课堂编码总频数为13次,实验后的课堂编码总频数为50次,两者相差较大。这与学生做练习行为增加相对应,因为学生在完成练习的过程中要对数学问题进行思考,同样,学生也需要在合作交流的基础上独立思考,训练自身的数学思维。

在学生做练习行为上,实验前的课堂编码总频数为112次,实验后的课堂编码总频数为111次,两者相差甚微。在实验前的课堂中,学生做练习主要集中于课堂练习环节,而实验后除了在课堂练习环节,还发生于合作探究环节,学生在此环节通过小组合作完成推理、演算、练习等任务,练习行为增加,有助于提高学生的数学运算、逻辑推理等数学核心能力。

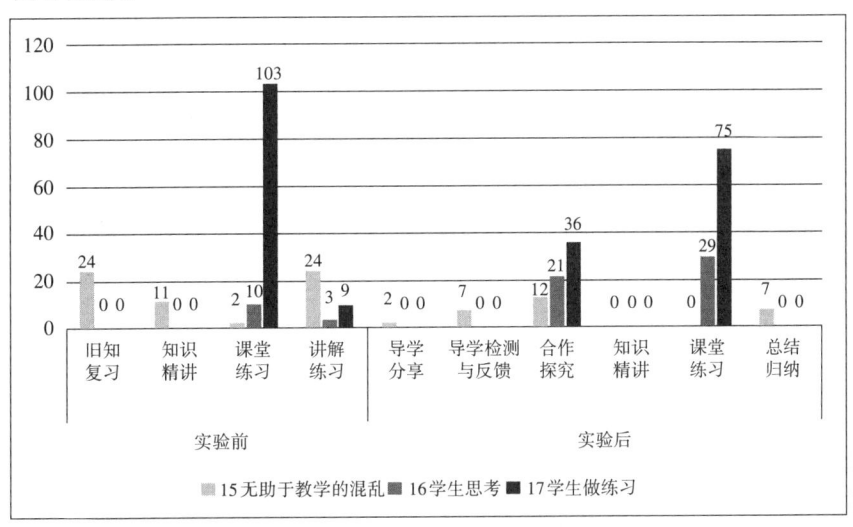

图5-11 数学课堂实验前后沉寂行为对比

3.英语学科课堂数据矩阵编码对比分析

(1)矩阵编码整体分析

为了研究教师对"互联网+"环境下新型英语课堂教学模式的实施情况,分别选取了教学模式实施前后的两节具体课堂进行对比分析,课堂教学内容分别是"This is my sister."和"Do you like bananas?",课堂由同一位教师教授且均为听说课。按照课堂教学行为编码指标体系的要求,每

3秒分为一个小片段的原则,"This is my sister."教学视频共41分15秒,一共分为825个片段,"Do you like bananas?"一共42分12秒,共分为844个片段,对应如下节点将两个视频进行编码以后,得到教学模式实施前后两个课堂各教学环节的行为的编码频数,如表5-51所示。

表5-51 实验前后英语课堂编码矩阵

编码	实验前					实验后				
	预习新知	知识精讲	课堂练习	讲解练习	总结归纳	导学分享	情境感知	知识精讲	课堂练习	导学检测与反馈
1.讲授	9	104	27	44	60	10	9	28	44	47
2.指令	9	39	52	12	5	8	5	17	11	2
3.批评	1	0	0	0	0	8	1	2	2	5
4.教师鼓励表扬	2	2	0	0	0	0	1	5	0	0
5.提出开放性问题	4	1	6	0	3	1	0	0	1	0
6.提出封闭性问题	10	52	31	23	6	2	15	33	0	0
7.教师采纳学生意见	2	9	0	0	1	1	0	4	0	2
8.教师接受情感	0									
9.主动应答	1	46	20	26	26	9	10	33	15	9
10.被动应答	76	63	5	8	8	1	6	12	16	0
11.与同伴讨论	0	0	27	0	5	0	0	4	32	6
12.教师操作技术	0	0	1	0	0	6	1	2	2	8
13.学生操作技术	0	0	0	0	0	0	0	0	0	0
14.技术作用于学生	0	17	40	0	1	92	38	3	15	1
15.无助于教学的混乱	6	11	13	1	19	16	7	14	17	28
16.学生思考	0	104	14	0	1	0	0	0	3	0
17.学生做练习	0	39	109	0	2	63	43	9	13	0

如图5-12所示,实验前的课堂行为占比从高到低依次是:教师教学行为、学生学习行为、沉寂行为和技术行为;实验后的课堂行为占比从高到低依次是:教师教学行为、沉寂行为、技术行为和学生学习行为。实验后的课堂技术行为和沉寂行为高于实验前,教师教学行为和学生学习行为的整体比率都减少。教师教学行为减少原因在于:一是教师提问行为减少;二是技术作用于学生的比率增加,学生接受媒体技术的刺激,技

对学生的作用代替了部分教师行为,导致教师教学行为的整体比率下降。学生学习行为减少的原因在于:一是学生回答行为减少;二是技术作用于学生的比率增加,所以学生学习行为比率相对减少。沉寂行为的变化是因为沉寂行为中无助于教学的混乱比率大幅度增加。

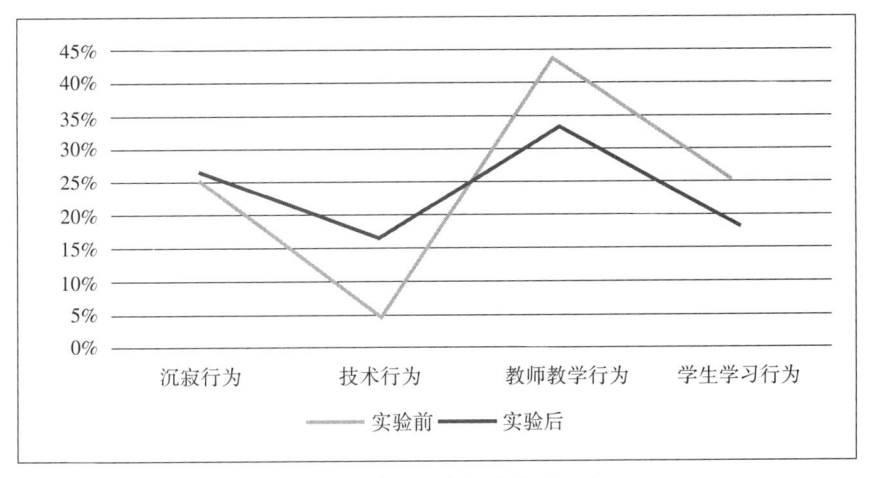

图5-12 英语课堂行为类型比率

(2)教学环节编码节点差异分析

对比发现,两种课堂共有的教学环节是知识精讲和课堂练习,实验前的课堂特有环节是预习新知、讲解练习和总结归纳,实验后的课堂特有环节是导学分享、情境感知、导学检测反馈与讲解环节。实施前的课堂环节较为单一固定,偏向于传统以教为主的教学模式。实验后的课堂,教师在教学模式实践过程中遵循"互联网+"环境下新型英语课堂教学模式进行教学设计,导学分享、情境感知、导学检测反馈与讲解都是新型教学模式中的环节,特别是导学分享环节和导学检测反馈与讲解环节,使得实验后的课堂中整个教学环节更加丰富灵活。此外,实验后的课堂中还新增了情境感知环节,充分体现了以学生为中心的教学设计。由此可见,在教学模式实施前后,课堂教学模式发生了改变,教师以"互联网+"环境下新型英语课堂教学模式为指导进行了教学实践。

(3)教师教学行为矩阵编码结果对比

如图5-13所示,初步对比两种课堂教师行为的频数分布情况,教师讲授、指令和提出封闭性问题行为位列前三。矩阵编码具体对比结果如下。

在讲授行为上,实验前的课堂教师编码总频数为244次,实验后的课堂编码总频数为138次,两者相差较大。实验前后课堂中教师讲授行为出现频次都较高,这主要是因为初一年级学生的英语基础不足,需要教师进行细致讲解,所以在两种课堂中教师讲授都占很大比重。两者区别在于:实验前的课堂中讲授行为在知识精讲和总结归纳环节出现频次较大,而实验后的课堂,讲授行为较为均匀的分散在课堂练习、导学检测反馈与讲解环节,这与教学模式以学生为中心的"先学后教"课堂设计有很大关联,教师在课堂上减少了知识讲授的比重,增加了学生的自主练习机会,通过针对性反馈答疑与引导促进学生对问题的理解和知识的总结。

在指令行为上,实验前的课堂编码总频数为117次,实验后的课堂编码总频数为43次,两者相差较大。可见实验前的课堂中教师对学生的掌控作用较强,而实验后的课堂教师将主动权交给学生,课堂上学生的主体地位更加凸显。

在批评行为上,实验前的课堂编码总频数为1次,而实验后的课堂编码总频次为18次,两者差距明显。批评行为发生于课堂混乱状况下,实验后的课堂学生活动环节较多,且课堂互动技术的使用造成学生的混乱,因此教师需要进行更多的课堂管控,批评行为明显多于实验前的课堂,可见实验后课堂相较于传统课堂更容易造成混乱,因此对教师的教学管理能力要求更高。

在提出封闭性问题上,实验前的课堂编码总频数为122次,实验后的课堂编码总频数为50次,两者差别较大。实验前的课堂,教师进行备课的时候已经对所提问题进行了预设,因此实验前教师提的封闭性问题会更多,这可能与传统课堂相对枯燥有关,教师需要通过提问这种行为来引起学习者注意。

在鼓励表扬等其他行为上,实验前后发生频次趋于一致,这与教师的个人教学风格有关,教师在教学过程中与学生的情感交流较少。

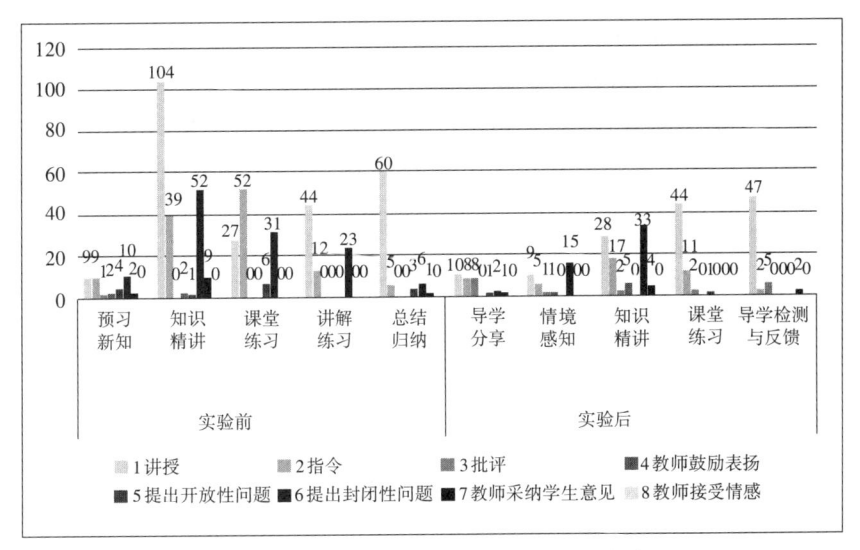

图5-13 英语课堂实验前后教师教学行为对比

(4)学生学习行为矩阵编码结果对比

如图5-14所示,初步对比两种课堂学生行为的频数分布情况,矩阵编码具体对比结果如下。

在主动应答行为上,实验前的课堂编码总频数为119次,实验后的课堂编码总编码总为76次,两者相差较大。两者都在知识精讲环节发生的频次最高,由于知识精讲环节主要是新知识的讲解和学习,学生的新问题较多,因此知识精讲环节的频次最高。两者区别在于:实验前的课堂学生应答行为主要集中在知识精讲、讲解练习和总结归纳环节,实验后的课堂学生应答行为较为均匀地集中在各个环节,说明实验前学生以新知识的学习为主,实验后学生的思考行为一直持续在整个课堂,学习积极性较高。

在被动应答次数行为上,实验前的课堂编码总频数为160次,实验后的课堂编码总频数为35次,两者相差较大,这与前文提及的实验前课堂中教师提出封闭性问题较多相吻合,教师通过更多的指令和封闭性问题引起学生注意并回答问题,因此学生的被动回答行为会更多。

在与同伴讨论行为上,实验前的课堂编码总频数为32次,实验后的课堂编码总频数为42次,实验后的课堂讨论行为高于实验前的课堂。实验前后同伴讨论行为在课堂练习环节的出现频次都是最高的,这是因为英语课堂口语练习中学生进行了角色扮演,但不同的是实验后的同伴讨论行为除了在导学分享和情境感知环节没有出现,在其他三个环节都有体现。同伴讨论行为不只是角色扮演,还有观点探讨与思考等,这与新型英语教学模式通过合作探究环节培养学生的合作学习能力相吻合,且教师有意识在多个教学环节中设计了合作学习活动。

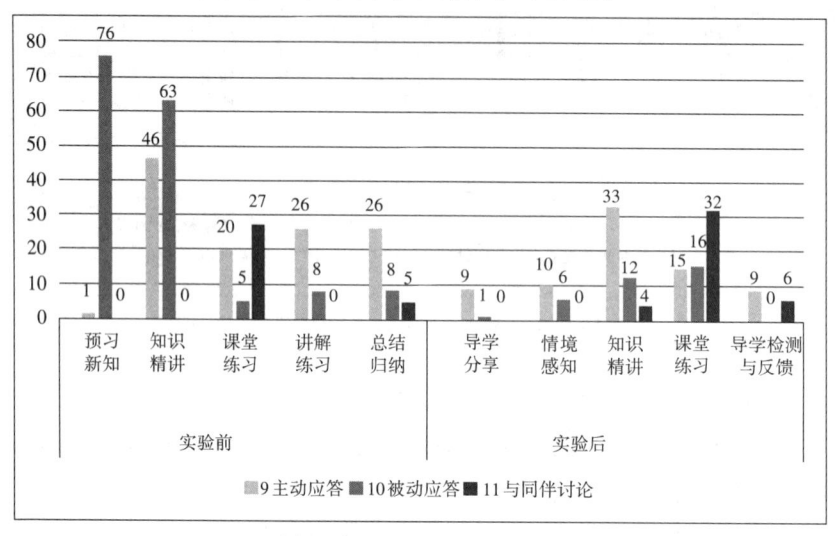

图5-14 英语课堂实验前后学生学习行为对比

(5)技术行为矩阵编码结果对比

如图5-15所示,初步对比两种课堂技术行为的频数分布情况,发现两种课堂环境下,技术作用于学生行为编码频数最多。矩阵编码具体对比结果如下。

在教师操作技术行为上,实验前的课堂编码总频数为1次,实验后的课堂编码总频数为19次,两者相差较大。实验前的课堂环境中教师用到的互联网技术手段相对较少,而实验后的课堂中课堂教学环境与在线学习环境无缝连接。课前教师使用云校家平台发布导学作业,学生完成后将其上传至平台,课中教师直接在教学助手中进行授课,使用教学助手调用导学作业、课件、在线教学资源以及平台内嵌的课堂互动工具等,因此教师操作技术的行为明显增加。

在学生操作技术的行为上,实验前后的课堂编码总频次都为0次。这是由于在常规课堂教学的环境中,主要是教师操作技术,教师使用技术手段呈现教学内容、调用学习资源、与学生互动,学生被动接受技术作用,几乎没有机会使用技术。在新型课堂教学模式中,学生操作技术行为在课前、课后占比较多,因此教师有意识地减少了学生在课堂上的学生技术操作行为。

在技术作用于学生行为上,实验前的课堂编码总频数为58次,实验后的课堂编码总频数为149次,两者相差较大。这与教师操作技术行为相呼应,在实验前的课堂中技术作用于学生在知识精讲和课堂练习环节发生的频次较高,其中课堂练习环节占比最多。这是由于在课堂练习环节中进行了听力训练,技术作用主要体现在教学内容的呈现上。在实验后的课堂中,技术作用于学生行为的每个环节,其中导学分享环节最多,这是由于在导学分享环节,教师通过教学助手调取云校家平台中的作业和音频作品,在全班进行播放展示,同时进行了知识回顾。另外,在情境感知环节,教师通过技术手段播放视频创设了教学情境。

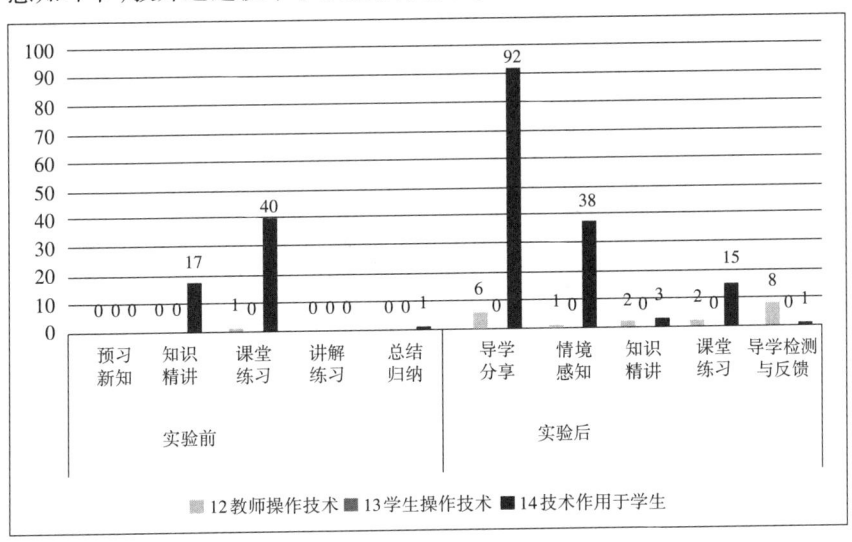

图5-15 英语课堂实验前后技术行为对比

(6)沉寂行为矩阵编码结果对比

如图5-16所示,初步对比实验前后课堂中沉寂行为的频数分布情况,沉寂行为中学生做练习占比最大,矩阵编码具体对比结果如下。

在无助于教学的混乱上,实验前的课堂编码总频数为50次,实验后的课堂编码总频数为82次,后者高于前者。这与前文中提及的教师批评行为的结果相吻合,批评和课堂混乱相对应。由于实验后的课堂中整体教学环节更丰富灵活,学生自主活动环节较多,课堂互动技术(随机挑人等)的使用更易造成课堂的混乱。

在学生思考行为上,实验前的课堂编码总频数为119次,实验后的课堂编码总频数为3次,两者相差较大。这可能和学生与同伴讨论行为有关。在实验后的课堂中与同伴讨论行为更多,并伴随更多的思考行为,因此沉寂行为中的学生思考相对于实验前的课堂减少。

在学生做练习行为上,实验前的课堂编码总频数为150次,实验后的课堂编码总频数为128次,两者相差较大。在实验前的课堂中,学生做练习在整个课堂练习的环节中占比最大,而在实验后的课堂中,导学分享环节的学生做练习频次最高,由于在此环节教师播放导学任务中的音频,这里的练习不是作业练习,而是在沉默聆听。实验后课堂中的作业练习分散于各教学环节,相对实验前作业练习的设置更为灵活合理。

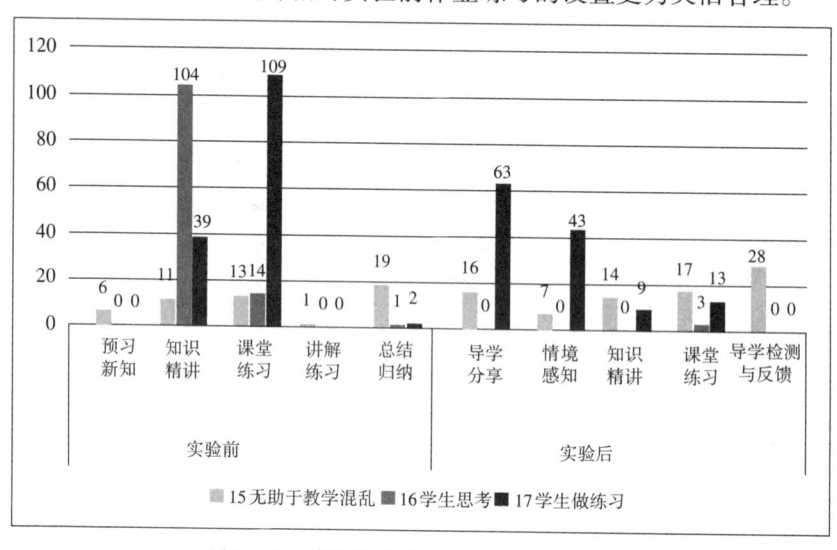

图5-16 英语课堂实验前后沉寂行为对比

(六)课堂观察结论

本研究参考课堂观察编码指标体系,对语文、数学、英语等学科课堂行为数据进行处理和分析。研究发现,实验前后的课堂分别在教师教学、学生学习、技术和沉寂等四类行为上存在较大差异。这是由于实验前采用了传统课堂教学模式进行授课,实验后采用在"互联网+"环境下新型课堂教学模式进行授课,二者的教学理念不同,使得课堂的教学效果和对学生的能力培养路径发生了转变。在"互联网+"环境下的新型课堂教学模式指导下,不同学科的课堂实施过程也表现出了不同的特点。

1. 语文学科课堂观察结论

对实验前后语文课堂的质性研究数据进行分析,旨在研究"互联网+"环境下新型语文课堂教学模式的实施情况,以及教学模式实施过程中对学生合作交流能力、问题解决能力、信息素养的培养情况。通过对课堂质性研究数据进行分析,可以得出以下研究结论。

(1)教学模式实施过程结论

传统课堂教学主要采用"教师讲、学生听"的以教为主的教学模式,而新型语文课堂教学则以"互联网+"环境下新型语文课堂教学模式为指导,结合课堂教学内容进行授课。教师在课堂上借助云校家和教学助手等教学平台,充分利用互联网丰富的教学资源,调整与改变教学环节,新增了"导学分享与检测""整体感知""引导启发""合作探究""反馈释疑"五个环节。为探究教师采用新型教学模式的教学效果,对新型语文课堂的整个教学环节进行分析,具体如下。

①导学分享与检测——教学过程联通性

通过对比两个课堂教学的编码节点情况,发现"互联网+"环境下新型语文课堂教学模式实施后,教学过程呈现出联通性的特点。首先,在新型语文课堂中,课前—课中的教学环节实现了联通。在导学分享与检测环节,学生将课前自主完成的导学内容进行分享,同时学生也在教师的导学检测中回顾了课文内容,增加了对课中内容学习的注意力和兴趣,课堂秩序更加稳定。同样是课堂中的第一个环节,但相较于实验前的第一个环节中存在大量无助于教学的混乱行为,在实验后第一个环节中的无助于教学的混乱行为明显减少。其次,在新型语文课堂中,教材资源和互联网资源实现了联通,教师使用互联网技术优化教学,学生使用互联网技术辅助学习,区别于实验前仅有教师操作技术,实验后实现了多主体的技术操作。因此,导学分享与检测环节,体现了新型语文课堂教学模式的过程联通性特点,说明教师以"互联网+"环境下新型语文课堂教学模式为指导进行了教学实践。

②整体感知——教学流程翻转性

通过对比两个课堂教学的编码节点情况,发现"互联网+"环境下新型语文课堂教学模式实施后,教学流程呈现出翻转性的特点。首先,教师与学生的角色实现了翻转,教师不再是知识的传授者与灌输者,而是引导者、帮助者。教师通过创设问题来帮助学生探究课文主要内容,掌握文章的整体知识,在整个课堂中体现了学生的主体地位。在整体感知环节,学生的被动应答行为最多,教师的提问行为与实验前的知识精讲环节相比也显著增加。其次,教师的教学流程与学生的学习流程实现了翻转。先学后教,学生在课前进行了导学预习,将信息的传递过程放在了课前完成。以教促学,教师在课堂上主要帮助学生进行知识的吸收内化。由于学生有课前学习基础,学生对文章的理解掌握更加容易,问题的回答或观点的提出得到了教师的认可,在实验后的整体感知环节中教师采纳学生意见频次最多,而实验前的知识精讲环节教师较少采纳学生的意见。因此,在整体感知环节中,体现了新型语文课堂教学模式的流程翻转性的特点,说明教师以"互联网+"环境下新型语文课堂教学模式为指导进行了教学实践。

③引导启发——教学环境开放性

通过对比两个课堂教学的编码节点情况,发现"互联网+"环境下新型语文课堂教学模式实施后,教学环境呈现出开放性的特点。首先,教师教学方式的开放。教师不再以讲授为主要教学手段,而是提供问题和练习来引导学生学习课文内容,教师提供了时间和机会让学生独立探索知识,在自主思考和练习中掌握学习方法,而后对学生的困惑进行解答。与实验前的知识精讲环节中学生毫无思考行为、练习行为相比,学生的思考和做练习的行为次数明显增加。其次,教学内容的开放。教师的教学内容不再局限于课本知识,而是借助互联网技术为学生无限延展信息的接收源,课堂逐渐向社会、网络领域延伸,拓展了学生的学习内容,与实验前的知识讲解环节中教师毫无操作技术行为相比,教师的技术行为显著增加。因此,在引导启发环节中,体现了新型语文课堂教学模式环境开放性的特点,说明教师以"互联网+"环境下新型语文课堂教学模式为指导进行了教学实践。

④合作探究与反馈释疑——教学活动交互性

通过对比两个课堂教学的编码节点情况,发现"互联网+"环境下新型语文课堂教学模式实施后,教学活动呈现出交互性的特点。首先,在合作探究环节,学生之间进行了自主双向交流式学习,教师提供问题或练习,学生通过小组或团队的形式进行合作探究,共享知识。实验后的师生、生生之间的互动交流显著提升,与实验前问题探究环节中教师讲授行为最多、学生毫无与同伴的交流行为相比,实验后该环节学生与同伴交流行为最多,教师讲授行为较少。其次,在反馈释疑环节,教师开展了双向交流式教学,教师通过讨论、提问探究等多种方式与学生进行了平等对话,了解学生的练习情况,同时借助了互联网技术引导学生抓住问题的关键,进行疑难问题的讲解,帮助学生理解问题。因此,在合作探究与反馈释疑环节中,体现了新型语文课堂教学模式的教学活动交互性特点,说明教师以"互联网+"环境下新型语文课堂教学模式为指导进行了教学实践。

综上所述,从整个教学环节来说,教师的教学过程体现了新型课堂教学模式的基本理念:联通主义、混合学习、多元智能学习理论,说明教师是按照"互联网+"环境下新型语文课堂教学模式为指导进行教学实践的。

(2)学生能力培养结论

通过对比实验前后课堂教学行为,发现新型语文课堂教学模式的实施过程有利于培养学生的合作交流能力、问题解决能力和信息素养。

第一,"互联网+"环境下新型语文课堂教学模式的实施有利于培养学生的合作交流能力,具体表现在交流技能、协调技能以及协作态度方面。对教师而言,在教学过程中更加注重学生的主体地位,积极构建"师生共同体",设计教学活动例如导学分享、反馈释疑等环节,促进师生间的言语交流、情感共融与知识共享。对学生而言,在学习过程中转变了学习的态度,变得更加积极主动,大胆质疑,例如在导学分享环节敢于分享知识、提出疑问。同时,学生还转变了学习方式,变自主探究学习为"独立—合作"双探究学习,例如学生在合作探究环节,既有学生自己对问题的独立思考,又有学生合作探究后的深入思考。新型语文课堂教学模式的应用引发师生教学态度和学习态度的转变,使学生得到了更多交流的机会,从而能够更清晰地表达和分享语文观点、反思对文章以及问题的理解、听取同伴教师的意见而纠正自己的错误观点或行为。同时，小组分工、团队合作的学习形式为学生问题解决能力的提高提供了场所，学生在团队中听取他人的观点也促进了对信息的评价判断能力。综上所述，"互联网+"环境下新型语文课堂教学模式的实施有利于培养学生的合作交流能力。

第二，"互联网+"环境下新型语文课堂教学模式的实施有利于培养学生的问题解决能力，具体表现在理解问题、辨别问题、表述问题、解决问题的能力，以及解决问题后的反思和交流能力等方面。对教师而言，教师转变了传统的教学方式，变知识讲授为引导释疑，以教促学，借助问题来促进学生的思考，逐步帮助学生理解课文内容，掌握重难点。对学生而言，学生转变了学习方式，由被动接受学习变为主动学习、探究学习，主动发现问题、思考问题、研究问题、解决问题、反思问题，从而提升自己对问题的理解。新型语文课堂教学模式的应用引发师生教学方式和学习方式的转变，这些转变诱发了学生对语文学习的积极态度，学生积极主动应答教师，在教师的讲授或同伴的回答中发现语文问题，从而向教师提出问题，为同伴纠正问题。同时，课前学生能够独立完成语文导学任务、课中学生合作完成课堂练习，分享交流自己的完成情况，这些环节为学生问题反思交流能力的提高提供了机会。综上所述，"互联网+"环境下新型语文课堂教学模式的实施有利于培养学生的问题解决能力。

第三，"互联网+"环境下新型语文课堂教学模式的实施有利于培养学生的信息素养，具体表现在学生对计算机的理解和对信息的创造性方面。对教师而言，教师的教育手段变得更加开放，在课前使用技术来拉近师生间的距离，掌握学生学习动态，例如借助云校家、教学助手平台的学情分析功能，能够更加了解学生，精准备课，在课中不再仅以书本知识为教学内容，借助互联网技术扩宽信息的接收源、延伸课堂的深度。对学生而言，学生的学习资源变得更具交融性。在课前开展线上学习，借助教师提供的资源完成线上语文导学任务，在课中开展线下学习，操作技术分享导学内容，在教师提供的互联网资源的辅助下深入理解文章内容。新型语文课堂教学模式的应用引发了师生教育手段和学习资源的转变，使得学生扩宽了学习的场所，线上线下交融学习。课前导学中的独立学习为学生检索信息提供了锻炼机会,使学生结合教材课文,通过线上自主组织整理网络资源,形成自己对文章的理解。同时线下学生能对同伴提出的观点进行点评,并提出自己的想法,听取来自同伴或教师的意见,从而整合多方信息,形成自己的语文见解和认识,提升语文思维能力。综上所述,"互联网+"环境下新型语文课堂教学模式的实施有利于培养学生的信息素养。

2.数学学科课堂观察结论

对实验前后数学课堂的质性研究数据进行分析,旨在研究"互联网+"环境下新型数学课堂教学模式的实施情况,以及教学模式实施过程中对学生合作交流能力、问题解决能力、信息素养的培养情况。通过对课堂质性研究数据进行分析,可以得出以下研究结论。

(1)教学模式实施过程结论

传统的数学课堂主要是教师讲授学生做练习的单一形式,而新型数学课堂教学模式则按照"互联网+"环境下新型数学课堂教学模式的环节进行授课,即在教学环节上新增了"导学分享""导学检测与反馈""合作探究""总结归纳"四个环节,并且还借助云校家和教学助手等互联网教学平台辅助师生进行教与学,因此整个教学环节都发生了较大改变。

①导学分享——学习主体自主性

通过对比两个课堂教学的编码节点情况,发现新型课堂教学模式实施后学习主体具有更加独立自主的特点。首先,学习资源选择的自主性。由于新型课堂中,教师改变了传统课堂数学课前预习仅布置机械背诵数学公式或完成简单练习题的低效做法,而借助网络资源帮助学生为课堂学习做好准备,例如教师通过教学助手平台向学生终端提供音视频、动画等多类资源,使得学生的课前预习内容更加丰富。学生可根据自身节奏自主选择适切的学习资源,在"自推、自算、自解"中实现自主"先学"活动,发展数学思维,探究数学规律。其次,学生思考的自主性。学生独立解决导学中遇到的数学难题后,为课堂自主交流探究储备了个人的思考,让课堂的实践以及后续任务的跟进更具有方向性。因此,在导学分享环节,体现了新型数学课堂教学模式的自主性特点,说明教师以"互联网+"环境下新型数学课堂教学模式为指导进行了教学实践。

②导学检测与反馈——教学评价智能化

通过对比两个课堂教学的编码节点情况,发现新型课堂教学模式实施后教学评价具有精准、快捷的特点。首先,学生导学评价的智能化。学生在互联网学习平台上完成数学导学任务后,能立即查看系统呈现的学习反馈,帮助学生了解知识的掌握程度,明白习题中的知识点,归纳解题方法。其次,教师评价过程的智能化。从教师在该环节使用技术的频次可以知道,教师通过教学服务平台监督学生课前自学的全过程,借助智能化、科学化的过程数据灵活作出教学决策,使得后续教学更加具有针对性。因此,在导学检测与反馈环节,体现了新型数学课堂教学模式的智能化特点,说明教师以"互联网+"环境下新型数学课堂教学模式为指导进行了教学实践。

③合作探究——教学活动交互性

通过对比两个课堂教学的编码节点情况,发现新型课堂教学模式实施后教学活动具有交互性的特点。首先,师生互动活动增多。新型课堂中,教师为学生提供了充分表达的平台,以及更多提问、答疑的机会。其次,生生互动行为增多。新型课堂中,学生与同伴间交流合作频率增加,通过共同探究的方式发现、分析以及解决问题的方式,在合作交流中训练了数学思维。最后,学生与技术互动增多。新型课堂中,同伴在开展协作探究时,往往会借助丰富的互联网资源和学习工具,这些学习工具可以帮助学生更好地构建知识,提高学习的效率。因此,在合作探究环节中,体现了新型数学课堂教学模式的交互性特点,说明教师以"互联网+"环境下新型数学课堂教学模式为指导进行了教学实践。

④总结归纳——教学资源针对性

通过对比两个课堂教学的编码节点情况,发现新型课堂教学模式实施后教学资源具有针对性的特点。首先,善用数字化资源扩展知识。此环节教师讲授行为较多,教师有意识地帮助学生建构和完善知识,提高综合归纳能力,同时教师借助数字化资源有针对性地进行扩展,帮助学生完成练习,实现知识点的灵活迁移与应用。其次,善用学习工具归纳总结。新型课堂中,学生的混乱程度减少,而积极性的提升很大程度上与学生学习知识更具系统性和连贯性有关。教师借助思维导图、图表等形式帮助学生归纳重点,实现知识的连贯,减少了认知冲突。因此,在总结归纳环节体现了新型数学课堂教学模式的针对性特点,说明教师以"互联网+"环境下新型数学课堂教学模式为指导进行了教学实践。

综上所述,从整个教学环节来说,教师的教学过程体现了"互联网+"环境下新型数学课堂教学模式的设计思想,突出教学活动的交互性、教学评价的智能化以及教学资源的针对性等特点,说明教师按照"互联网+"环境下新型数学课堂教学模式为指导进行教学实践。

(2)学生能力培养结论

通过对比实验前后课堂教学行为,发现新型数学课堂教学模式的实施过程能有利于培养学生的合作交流能力、问题解决能力和信息素养。

第一,"互联网+"环境下新型数学课堂教学模式的实施有利于培养学生的合作交流能力,具体表现在协作意愿、交流技能方面。对教师而言,传统模式教师以讲授为主,而新型数学课堂教学模式转变成了学生主体的自主、合作、探究教学活动,学生与同伴交流的次数大幅度提高。提高学生合作交流能力的前提需要学生具有交流的意愿和主动表达的态度,新型数学课堂上教师创设数学情境,提出问题,组织学生进行合作探讨与交流。对学生而言,增强协作技能并勇于表达观点,同时善于听取他人意见,实现思维碰撞,其交流技能和协作态度得到了强化。因此,新型数学课堂教学模式有利于培养学生的合作交流能力。

第二,"互联网+"环境下新型数学课堂教学模式的实施有利于培养学生的问题解决能力,具体表现在发现数学问题、表征数学问题、分析和解决数学问题的能力、问题解决后的反思能力这几个方面。对教师而言,在互联网环境下的数学课堂中,教师以提高学生问题解决能力为导向设计教学环节,引导学生对数学问题进行分解和演算。对学生而言,学生能从生活实例中发现数学问题,结合数学基础知识和数学规律理解该问题,在对其进行分析和综合的基础上还能呈现问题的运算思路,最终使问题得以成功解决。问题解决后,学生仍继续探求多种解题思路,选择最佳解题方案。因此,新型数学课堂教学模式有利于培养学生的问题解决能力。

第三,"互联网+"环境下新型数学课堂教学模式的实施有利于培养学生的信息素养,具体表现在信息技术使用、评估和转换信息能力方面。对教师而言,教师在课堂上结合了自己多年的授课经验和熟悉的学科基础知识,精准把握数学学科重点、难点,在此基础上制作了模拟动画或视频、选择了优质的教学资源,来展示数学公式和规律,提供多种形式的信息源。对学生而言,学生依据自己的数学学科知识理解信息意义,对信息进行了有意义的建构,转化并储存在自己的知识库中。由于新型数学课堂教学模式的教学发生在常规课堂中,学生自己在课堂中使用技术的机会较少,因此,学生使用信息技术的能力是否提高还不能在课堂中得以体现,但学生在课前课后会根据平台发布的导学任务和问题,使用数字化资源辅助预学。由此可见,新型数学课堂教学模式有利于培养学生的信息素养。

3.英语学科课堂观察结论

对实验前后英语课堂的质性研究数据进行分析,旨在研究新型英语课堂教学模式的实施情况,以及教学模式实施过程中对学生合作交流能力、问题解决能力、信息素养的培养与提高情况。通过对课堂质性研究数据进行分析,得出以下研究结论。

(1)教学模式实施过程结论

英语新型课堂教学以"互联网+"环境下新型英语课堂教学模式为指导,教师在课堂上借助云校家和教学助手等教学平台,充分利用互联网丰富的教学资源,调整与改变教学环节,新增了"导学分享""情境感知""导学检测与反馈"三个环节。为探究教师采用新型英语课堂教学模式的教学效果,对新型英语课堂的整个教学环节进行分析,具体如下。

①导学分享——教学目标层次化

通过对比两个课堂教学的编码节点情况,发现新型课堂教学模式实施后,教学目标呈现出层次化的特点。首先,三维目标层次清晰。教学内容不仅仅局限于英语词汇、语法等语言知识的记忆讲解,以及注重学生听、说、读、写的语言技能的培养,还特别关注了对学生学习能力的培养,强化学生的跨文化意识。其次,教学活动对能力培养层次清晰。课前教师布置语音朗读、自主查阅资料等作业,让学生借助互联网信息资源自主完成任务,在课堂上为学生提供表达、展示和分享交流的机会,培养学生的合作交流能力、问题解决能力和信息素养。因此,在该环节体现出"互联网+"环境下新型英语课堂教学模式在培养目标上层次化的特点,说明教师以"互联网+"环境下新型英语课堂教学模式为指导进行了教学实践。

②情境感知——教学手段技术化

通过对比两个课堂教学的编码节点情况,发现新型课堂教学模式实施后教学手段具有技术化的特点。首先,教学内容形式技术化。教师利用信息化手段和互联网教学平台作为课堂教学活动的支持条件,为师生提供教学辅助与学习帮助;借助微课、视频等丰富的教学资源为学生自主学习提供有力支撑;通过创设真实的问题情境和数据的反馈掌握学情,进行精准教学。其次,教学工具技术化。学生借助线上学习资源和学习工具进行课前自主学习以及课中合作学习,技术手段为学生拓展了学习边界,丰富了认知活动,提高了英语思维能力。因此,教师以"互联网+"环境下新型英语课堂教学模式的理念和原则为指导,强化了技术在教学中的运用,提高了教学的效率,说明教师以"互联网+"环境下新型英语课堂教学模式为指导进行了教学实践。

③导学检测与反馈——教学反思深层化

通过对比两个课堂教学编码节点情况,发现新型课堂教学模式实施后,教学反思呈现出深层化的特点。在导学检测与反馈环节,教师主要根据学生导学作业反映出来的问题进行答疑讲解。通过学生的导学检测的表现发现导学中学生学习存在的问题,通过教学反思深度分析导学环节中教师、学生及导学案等要素之间的协调关系,总结归纳并提出相应的解决策略。在教学维度上,教师的反思更加关注的是学生课前导学的参与性,而后期则更关注如何引导学生更好使用导学案,关注导学案的分层布置,关注与学生的互动,关注学生学习兴趣的激发。针对学生的反思,表现出由浅层次参与到深层次提升的转变。因此,在该环节体现出"互联网+"环境下新型英语课堂教学模式在教学反思上深层化的特点,说明教师以"互联网+"环境下新型英语课堂教学模式为指导进行了教学实践。

综上所述,教师的教学过程体现了新型英语课堂教学模式的基本理念,从各教学环节中能体现出新型英语课堂教学模式的设计思想,说明教师按照"互联网+"环境下新型英语课堂教学模式为指导进行教学实践。

(2)学生能力培养结论

通过对比实验前后课堂教学行为,发现新型英语课堂教学模式的实施过程有利于培养学生的合作交流能力、问题解决能力和信息素养。

第一,"互联网+"环境下新型英语课堂教学模式的实施有利于培养学生的合作交流能力,具体表现在协作意愿、协作交流技能和协调技能三个方面。教师在"知识精讲""课堂练习""导学检测与反馈"等多个教学环节中,使学生的合作交流由原有的课堂讲解练习拓展到整个课堂,为学生主体行为的施展和合作交流能力的发展提供机会。学生在课堂多个环节中积极为小组争取答题加分的机会,逐渐形成良好的团队协作意识。此外,学生与同伴进行英语对话练习、解决问题和角色扮演,在协作学习过程中听取他人意见,表达想法并反思自己的不足,对他人的表现进行客观点评。当遇到冲突与争论的时候,小组长和成员能够转换角色,对冲突进行调解。新型课堂教学模式的应用为学生提供了师生交流更多的机会,学生表现出主动协作的意愿,除了进行同伴协作,还有角色扮演、竞争和协同等多种方式,这有利于提升学生表达、听取意见的交流技能以及解决冲突的协调技能。综上所述,"互联网+"环境下新型英语课堂教学模式的实施有利于培养学生的合作交流能力。

第二,"互联网+"环境下新型英语课堂教学模式的实施有利于培养学生的问题解决能力,具体表现在发现问题、表述问题、分析问题和解决问题能力这几个方面。教师通过"以导定教,先学后教"的教学方式在课前为学生布置导学任务,推送视频和单词填空、语法填空检测题等学习资源,根据学生导学反馈进行教学预设,在课堂上为学生搭建认知脚手架,引导学生积极思考问题。学生在课前自主先学,分析导学任务并独立完成任务,在解决问题的过程中发现问题并做好记录,在课堂结合自己的理解对问题进行表征,对教师的提问进行主动应答,与同伴进行问题讨论并协作完成小组任务。新型英语课堂教学模式的应用引发师生教学方式和学习方式的转变,这些转变诱发了学生对待问题态度的转变,学生由被动解决问题转为主动分析问题,有利于培养学生发现问题、分析问题、解决理论和实操问题的能力,改变了学生问题解决的途径,既培养学生独立解决问题的能力,又锻炼学生合作解决问题的能力。综上所述,"互联网+"环境下新型英语课堂教学模式的实施有利于培养学生的问题解决能力。

第三,"互联网+"环境下新型英语课堂教学模式的实施对学生信息素养的提升稍显不足,虽有利于提升学生的信息意识,但对创造和交换信息能力的提升比较欠缺。教师在课堂教学中的每个环节都会运用到相关的互联网技术手段,尤其是在"导学分享"环节和"情境感知"环节,运用技术手段展示学生的导学作品,创设真实的英语问题情境。学生接受信息技术手段的刺激与影响,但在课堂上都没有技术操作,大多数的技术行为存在于"知识精讲"以及"课堂练习"两个环节中,可见在课堂上,学生基本没有操作技术的机会,而是接受信息的刺激,因此对学生运用信息技术获取信息、处理信息和生成信息等信息能力的培养比较缺乏。综上所述,"互联网+"环境下新型英语课堂教学模式的实施有利于培养学生的信息意识。

三、实物分析研究

实物分析法是质性研究中一种行之有效的资料收集方法,它是指研究者对所有与研究问题有关的文字、图片、音视频等物品进行分析,阐释具体实物的意义,并从中获取研究所需信息的一种科学研究方法。本研究使用实物研究来收集教师教学和学生学习的相关资料,能更加真实地反映在新型课堂教学模式下教师的教学效果和学生的学习成果,从而帮助本研究进一步分析新型课堂教学模式的实践运用效果,为改善教学模式提供参考。

(一)实物分析的对象

本研究将提取教师的反思表、云校家平台中学生学业作品等,分析教师教学反思,以了解新型课堂教学模式的实践开展情况;分析学生学业作品,检阅新型课堂教学模式各学科的教学成效,为进一步完善"互联网+"环境下新型课堂教学模式提供现实依据。

(二)实物分析的重点

本研究将重点分析教师教学反思表和学生实物作品,其中教学反思关注了教师、教学、学生三个方面,学生作品则重点关注学生导学案、随堂练习和单元测验的变化过程。

(三)实物资料的收集与分析

本研究实物资料的收集将分为两个部分:一是对授课教师的教学反思记录表进行收集,分析教师教学变化过程;二是收集授课教师班级学生的学业作品,分析学生学习变化过程。

(四)实物分析结论

1. 语文学科实物分析结论

(1)教师教学反思实物分析

为了对"互联网+"环境下新型语文课堂教学模式实践效果进行系统分析,本研究对语文教师的教学反思进行了研究,具体如表5-52所示。

表5-52 语文教学反思分析

编号	反思内容
第5周	1.针对教师的反思:反思教学前自身备课情况;反思对学生的态度;反思自身对模式的掌握是否满足教学需要。 2.针对教学的反思:反思教学模式的执行效果;对教学资源的使用不足;各教学环节的时间分配不足;课堂是否太过模式化。 3.针对学生的反思:反思学生的学习效果;反思学生的学习习惯;反思教学模式是否有助于提高学生素养。
第6周	1.针对教师的反思:对软件的各类功能使用还在探索中。 2.针对教学的反思:反思教学模式的教学效果;对资源的使用提出一些想法;提出各环节时间分配的调整办法;尝试利用信息技术来减轻教师的重担。 3.针对学生的反思:学生的学习效果不够理想;教师希望借助软件让学生进行自我复习;思考如何培养学生的自学能力;反思教学模式是否有助于提高学生素养。
第7周	1.针对教师的反思:反思自己的备课方式和课堂表现。 2.针对教学的反思:探索教学软件的新功能;尝试将软件与课堂环节进行结合;提出关于教学环节设计的想法;对各环节时间分配提出改进建议;创造合作奖励机制提高学习效果;思考如何将线下评价机制和课堂内外进行有机整合。 3.针对学生的反思:学生的学习习惯有所改进;学生对学习软件功能操作日益熟练。
第8周	1.针对教师的反思:思考如何将软件中的功能与教学环节相结合使用。 2.针对教学的反思:课堂中使用互联网资源不够稳定;调整教学环节的次序和时间分配;对软件的某些功能提出建议。 3.针对学生的反思:学生的学习效果显著提高、自学性增强;学生对模式提出了自己的需求,比如渴望发言;课堂氛围有所改进;学生的学习方法策略还未掌握。

续表

编号	反思内容
第9周	1.针对教师的反思:拓展教学资源设计;深入探索教学软件的功能,例如云校家平台可解决异地查作业的问题;反思教学问题,例如有没有合理的规划、步骤。 2.针对教学的反思:针对不同课型使用不同教学环节;在时间分配上给予学生更多自主性;思考模式的细节,例如"课前导学"可分为"常规导学""微课导学""习题导学"三种。 3.针对学生的反思:反思学生的学习效果、习惯;对模式的使用有哪些不足。
第10周	1.针对教师的反思:发现教学资源的不足;主动进行教学资源的开发,例如利用软件录制视频。 2.针对教学的反思:拓展更多软件功能应用于教学;对教学环节的时间和次序进行调整;针对模式的课前环节创新性实践,例如推送不同类型导学案改进学生学习效果。 3.针对学生的反思:学生的学习兴趣浓厚;学习质量显著提升;对教学软件的功能进行拓展;作业有创新性,例如利用一些简单的App给自己的视频配音乐,添加文字等。
第11周	1.针对教师的反思:反思教师备课;提出模式应用、学生学习问题的改进建议,例如在课前将零碎知识点做成微课。 2.针对教学的反思:模式应用逐渐常态化;对软件的功能进行反思,有选择性的利用软件进行教学;针对教学需要调整教学顺序。 3.针对学生的反思:学生的预习效果不太理想;反思学生的课堂学习效果,并提出改进意见。
第12周	1.针对教师的反思:反思如何精准备课;和其他教师合作摸索语文教学模式的特点。 2.针对教学的反思:创新应用教学软件的功能;针对不同课型提出教学环节和时间分配的建议;针对不同的教学内容提出教学模式的改进建议。 3.针对学生的反思:学生对新型教学模式的适应及其效果趋于稳定。
第13周	1.针对教师的反思:思考对新型语文课堂教学模式的细化。 2.针对教学的反思:发现导学案的优点;对教学模式的使用常态化。 3.针对学生的反思:发现学生的自学主动性以及学习效果处于平稳提高的趋势。
第14周	1.针对教师的反思:对比传统教学模式与语文新型教学模式在学生能力培养上的优劣。 2.针对教学的反思:探索如何将软件功能与教学模式、学生能力培养更好地结合在一起;调整教学环节和时间分配。 3.针对学生的反思:学生的学习与教师、家长的监管有很大关联性,提出教育建议。

通过分析语文教师的教学反思表可以发现:教师在教学反思的方法和类型上基本没有变化,均是在教学后采用叙事形式对本周教学情况进行的反思总结;在教学反思的内容上,都是从教师、教学和学生三个维度进行反思。对教师的反思内容进行详细分析,可以看出教师在新型课堂教学模式的实践过程中不断成长,主要表现为以下几个方面。第一,针对教师自我的反思,表现为由被动学习到主动探索的转变。在模式实施前期,教师的反思主要表现为对新型课堂教学模式的应用探索以及对软件的学习;在模式实施后期,教师开始反思如何将技术手段、模式教学和学生能力培养更好地结合在一起。第二,针对教学的反思,表现为由刻板教学到创新教学的转变。在模式实施前期,教师只会按照模式的环节进行生搬硬套,没有考虑实际教学需要;在后期,教师对模式的应用有了创新性,逐步探索关于新型语文课堂的最佳教学方式,调整了教学环节。第三,针对学生的反思,表现为从关注成绩到注重能力的转变。在模式实施前期,教师主要分析在模式影响下学生的学习成绩如何,而随着模式的进行,教师开始更多注重学生的能力培养,以及如何帮助学生获得适应互联网环境下的新型学习方式。这一系列的转变说明,"互联网+"环境下新型语文课堂教学模式对于教师的教学能力以及学生综合能力的培养都有显著效果。同时,教师的教学反思也反映出新型课堂教学模式的一些不足,例如对教师的备课能力、学生的自学能力提出了更高的要求,在教学软件使用的过程中对其功能的摸索需要较长的时间,课堂中网络环境也不够稳定等问题。

(2)学生作品实物分析

为了探讨"互联网+"环境下新型语文课堂教学模式对学生素养能力的促进作用,本研究对学生的拍客作品、作业、错题纠正等进行了实物分析,发现该模式对学生的合作交流能力、问题解决能力和信息素养都有较好的促进作用,具体如下。

①对合作交流能力的影响

为了分析该模式对学生的合作交流能力的影响,本研究随机选取了七年级同一名学生在学期中与学期末的作业纠正进行分析,作业主题都是让学生对所完成的作业按照自己的理解进行修改。

对学生作品进行分析发现,学生的作业纠正有很大进步,这种进步中体现了学生合作交流能力的提升,主要表现在两个方面。第一,交流技能的改变。根据学生在期中阶段的课后错题修改集,可以明显看出学生在进行错题纠正时,只简单地将答案进行了更正;而在期末阶段的课堂错题纠正试卷中,则带有学生对题目的分析痕迹,笔记更详细更具体并标有自己的反思。前后形成差异的主要原因是因为前者是学生在课后独立进行纠错而形成的作品,后者是学生在课堂中与同学交流、在教师的讲解帮助下形成的纠错作品,在纠错作品的改进中可体现学生交流技能的提升。第二,协作态度的改变。协作态度在语文学科中指学生为掌握某个知识点或完成某项任务时,能够主动与学生合作,主动向教师寻求帮助。在错题集的纠正中需要师生、生生进行沟通互助,在同伴的帮助下探寻出错题的正确答案。毫无疑问,有了教师和同伴的帮助,后者学生的态度明显变得更加积极,学生为了理解知识而主动分析题目,同时也积极主动地改正错误。综上所述,可以认为在"互联网+"环境下新型语文课堂教学模式影响下,学生的合作交流能力得到了一定提升。

②对问题解决能力的影响

为了分析该模式对学生问题解决能力的影响,本研究侧重选取了七年级同一名学生在学期中与学期末的课后作业进行了分析,作业主题都是让学生结合自己的假期经历,不限定形式进行内容分享。

对学生作品进行分析后发现,学生实验前后的作品有较大差异,体现了学生问题解决能力的变化,主要表现在三个方面。第一,理解、辨别问题技能的改变。学生对语文学科问题情境进行感知,调动已有知识经验,领悟问题背后的内涵,以便正确解决语文问题。教师布置的作业是要求学生分享自己的假期感悟,所谓分享是需要表达自己的看法和见解。但在学期中的学生作业里,学生仅展示了图片,教师难以判断出学生的观点,而在学期末的作业中,学生同样展示了图片,但对每一张图片背后的意义都进行了说明,图文并茂地表达了自己的观点,说明学生对问题的理解能力有所提高。第二,表述、解决问题技能的改变。语文学科中指学生能够运用多种阅读方法和常见的语言表达方式,善于把自己的思维结果用规范的语言进行加工和表述。在学期中的作业里,学生仅展示了图片,作业形式单一,意义不明确,而学期末的作业中,图片与文字书写相结合,并体现节日的特色,在句子中采用了排比、比喻等修辞手法,形式丰富,内容具体,无论是形式上还是内容上都体现出了学生解决问题能力的提升。第三,问题反思和交流能力的改变。语文学科中指学生能够反思自己在语文中的不足,在与人交流的过程中语言准确、简明、实用,敢于提出自己的想法。这一方面主要在课堂中体现,从学生假期作业的逻辑性和完整度也可以间接反映出学生对待问题的思维能力有所进步,思维能力进步也加深了学生反思的深度。综上所述,可以认为在"互联网+"环境下新型语文课堂教学模式的影响下,学生的问题解决能力得到培养与改善。

③对信息素养的影响

为了分析该模式对学生信息素养的影响,本研究侧重选取了七年级同一名学生在学期中与学期末的拍客作品进行分析,作业主题都是要求学生在学习课文内容后,结合自己的生活实际,用音视频的形式分享与主题相关的内容。

对学生作品进行分析后发现,学生的拍客作品由音频转为视频,内容更加丰富,这体现出了学生信息素养的变化,主要表现在三个方面。第一,明确和理解计算机能力的改变。语文学科中学生依据具体情境欣赏、鉴别、确定语言文字所表达的信息,并学会查找语文内容、梳理整合语文知识、分析评价语文知识。从实验前的拍客作品中可以看出,学生采用音频的形式表达信息;而在实验后作品采用了视频的形式。前者只需要学生使用录音工具进行录音,后者则涉及视频拍摄工具、视频处理工具、文字配音工具等,需要学生学习各类工具的使用,并对内容进行查找和设计,这表明学生在明确和理解计算机、访问信息内容上有所进步。第二,评估、管理信息能力的改变。在实验前的拍客作品中,学生是在理解了课文内容的基础上,结合自己的感悟进行内容分享;而在实验后的拍客作品中,学生则是在理解课文内容的基础上,详细观察了自己所拍摄的动物的特点,在进行分析提炼后,模仿课文内容的表达方法分层次进行内容分享。这表明学生对信息的理解、分析、评估、管理信息能力都有所进步。第三,制造和交换信息技能的改变。语文学科中学生能够利用语言文字技巧和创新性表达方式表达出语文观点。在实验前,教师表示可采用音视频的形式表达作品,但学生普遍选择采用音频的形式,而在实验后的作品中,大部分学生都勇于尝试,选择了录制视频。对初一的学生而言,录制视频具有一定难度,但学生敢于探索未知领域,并且使用各类修辞手法表达信息,无疑体现了学生在创新性表达信息方面的进步。综上所述,可以认为在"互联网+"环境下新型语文课堂教学模式影响下,学生的信息素养得到改善与提高。

2.数学学科实物分析结论

(1)教师教学反思实物分析

为了对"互联网+"环境下新型数学课堂教学模式实践效果进行系统分析,本研究对数学教师的教学反思记录表进行了整理与分析,具体如表5-53所示。

表5-53 数学教学反思分析

编号	反思内容
第5周	1.针对教师的反思:反思云校家平台作业布置情况。 2.针对教学的反思:反思课前导学的作用;根据导学情况做适当教学调整。 3.针对学生的反思:反思学生课堂参与的积极性。
第6周	1.针对教师的反思:思考教学资源的展示形式。 2.针对教学的反思:反思教学环节中课堂练习的时间分配。 3.针对学生的反思:思考学生自学能力的培养与提升。
第7周	1.针对教师的反思:反思如何利用互联网加强自习课的课堂辅导。 2.针对教学的反思:反思导学检测与反馈环节;学生完成导学任务的质量。 3.针对学生的反思:反思如何提高学生的课堂练习正确率;如何开展小组合作,如何进行师生、生生互助。
第8周	1.针对教师的反思:思考如何利用有效的教学资源精心备课。 2.针对教学的反思:思考导学检测与反馈问题,反思如何利用导学反馈的数据有针对性地开展教学。 3.针对学生的反思:需要培养学生的学习能力,放手让学生相互自学。
第9周	1.针对教师的反思:利用"洋葱视频"微课发布课前导学,提高课堂教学的效率。 2.针对教学的反思:如何合理调节教学环节,给予学生充分的练习时间。 3.针对学生的反思:思考如何增加初一学生的课堂练习时间。
第10周	1.针对教师的反思:考虑如何在课前利用思维导图提高教学效率。 2.针对教学的反思:思考新型教学模式与数学学科相结合的教学流程,如何完善和优化该模式。 3.针对学生的反思:只针对重点学生的问题进行精讲,没有很好地进行分层施教。

续表

编号	反思内容
第11周	1.针对教师的反思:反思如何培养学生的自学意识、自学方法和自学能力。 2.针对教学的反思:课前导学案应用是否常态化,学生是否基本习惯了导学案的使用。 3.针对学生的反思:课前导学要想方设法调动所有学生的积极性,提高课前导学的效率,防止学生两极分化继续加大。
第12周	1.针对教师的反思:反思在不同课型中如何有效结合新型数学课堂教学模式。 2.针对教学的反思:复习课的教学方式转变,由师生共同回顾变为生生问答回顾;使用教学助手平台改进课堂氛围。 3.针对学生的反思:丰富了复习课的教学形式,调动了学生的积极性;发现学习程度和提问的水平成正比。
第13周	1.针对教师的反思:难以全面把握所有学生的导学情况及真实性。 2.针对教学的反思:教学策略要依据学生情况及时调整。 3.针对学生的反思:针对重难点,改变以往导学反馈直接纠错的做法,可以再次精讲知识。
第14周	1.针对教师的反思:反思学生思考提问的情况、导学任务的完成率和正确率。 2.针对教学的反思:课前,在教师提供明确的预习指导策略中不断提高学生的自主学习能力;课中,学生充分展示自己的学习成果,并通过生生之间提问、补充、质疑、辩论等形式,实现同伴间的合作学习。 3.针对学生的反思:导学展示的顺序为先小组再全班。

通过分析数学教师的教学反思表可以发现:教师在教学反思的方法和类型上基本没有变化,均是在教学后采用叙事形式对本周教学情况进行的反思总结;在教学反思的内容上,都是从教师、教学和学生三个维度进行的反思。通过仔细观察可以发现,其在每一维度的反思内容上具有较大的差异性。第一,针对教师自身的反思,教师由浅显反思向深入反思转变。在新型课堂教学模式的实施过程中,教师最开始仅是尝试技术的基础功能和基本操作,一段时间后意识到技术的有效性,着手思考如何结合学科特色和学生实际学情自主设计教学资源。第二,针对教学活动的反思,教学环节由传统走向创新。教师开始从教学思想上意识到课堂教学活动需要由教师主体向学生主体转变,从教学环节上根据新型数学课堂教学模式的教学环节作出适当调整和改变,包括课前设计导学、课中反馈导学、课后发布导学任务等。第三,针对学生的反思,学生由边缘化逐渐转向中心化。新型数学课堂教学模式实施后,教师开始意识到

课堂教学要以学生为中心,教学活动的设计要围绕学生综合素质的发展而展开,不仅要关注学生的学习成绩,还要发展学生的综合素质,包括学生的数学问题解决能力、小组合作交流能力以及运用信息技术获取学习资源的基本信息素养。但从教师的反思中不难发现,"互联网+"环境下新型数学课堂教学模式还存在一些不足,例如:课前导学使学生出现两极分化,需要教师进行分层教学设计;学习平台网络卡顿,延缓作业提交等问题。

(2)学生作品实物分析

为了具体探讨"互联网+"环境下新型数学课堂教学模式对学生素养能力的促进作用,本研究对学生的课后作业、单元小结思维导图以及习题互讲等作品进行了实物分析,发现该模式对学生的合作交流能力、问题解决能力和信息素养都有较好的促进作用,具体如下。

①对合作交流能力的影响

为了分析该模式对学生的合作交流能力的影响,本研究侧重选取了七年级同一名学生在实验前后的一节作业讲解视频,作业主题是针对重难点知识让学生进行自主讲解习题并上传视频。

学生作品进行分析发现,实验前学生几乎没有相互讲解、探讨交流的机会,新型数学课堂教学模式实施后,教师要求学生与同伴相互讲解解题思路,并利用云校家平台上传讲解视频,这使得教师可以在教学助手平台上观察和了解学生的解题思路、语言表达的变化。在这一过程中,学生的合作交流能力主要体现在两个方面。第一,协作态度的改变。学生针对自己的问题,积极主动地与同伴、教师进行交流和探讨,相互谈论做题思路。这不仅可以促进自身思维能力的发展,还可以培养自己的合作意识。第二,交流技能的改变。在交流过程中,答题正确者可以帮助答错的学生寻找错因,研究对策,归纳做题方法,答错的学生则可在与同伴交流中发现自己的思维误区,在自主交流中,合作完成对问题的探究,相互提高学习效率。综上所述,可以认为在"互联网+"环境下新型数学教学模式影响下,学生的合作交流能力得到明显的改善与提高。

②对问题解决能力的影响

为了分析该模式对学生的问题解决能力的影响,本研究侧重选取了七年级同一名学生在实验前后所完成的课后练习进行分析,作业主题都是完成相关数学计算类练习题。

对学生作品进行分析后发现,在实验前学生几乎没有呈现问题分析、求解的过程,可能只是简单的记住了数学公式或定理,在做题时单纯套用公式得出答案。实验后学生则展示了解题过程及如何解题,能看出学生在积极主动地思考问题、探究解题思路、提炼解题方法。在这一过程中,学生的问题解决能力主要体现在两个方面。第一,理解与表征问题能力的改变。单纯为了求得问题的结果,并不能让学生在千变万化的变式中如鱼得水,学生在解题中先充分理解问题所要表达的信息,再根据问题线索探究问题思路的规律,对问题的关键要素进行概括和总结,这将有利于学生掌握数学的基本思想和方法。第二,问题解决能力的改变。学生根据所掌握的知识和问题特征,逐步把知识之间的联系、思考的过程解释出来,显然在知识的运用与解题方面,该学生已形成了较为系统的分析、比较、反思的数学思维,从而逐渐提高了问题的分析与解决能力。综上所述,可以认为在"互联网+"环境下新型数学课堂教学模式影响下,学生的问题解决能力明显得到改善与提升。

　　③对信息素养能力的影响

　　为探讨"互联网+"环境下新型数学课堂教学模式对学生信息素养的影响,本研究侧重选取了七年级同一名学生在实验前后所完成的单元小结思维导图进行分析,作业主题都是让学生自主总结所学知识点。

　　对学生作品进行分析后发现,实验前学生的思维导图制作简单、内容空乏,形式单一,只是简单地将知识节点按照教材目录堆砌,缺乏主动查询信息的意识和技能,而实验后,学生能够较好地借助数字化资源和工具对所学的数学知识进行总结和归纳。在这一过程中,学生的信息素养主要体现在两个方面。第一,信息技术使用技能的改变。实验后,学生利用现代教育技术制作了多媒体电子视图来呈现知识总结,说明学生有自主运用信息技术的意识和能力,不仅能理解信息带给的知识,形成新的知识框架,还能较为精准地整理与组织所检索到的信息并清晰呈现。第二,信息转换与信息创造能力的改变。由作品可以观察到,该学生尝试将数学概念和示例结合,把抽象化、概念化的知识与实例联系起来进行加工处理,形成了自己对数学的认知和理解。综上所述,可以认为在"互联网+"环境下新型数学课堂教学模式影响下,学生的信息素养的确得到了改善与提升,同时学生的数学素养也有所改善。

3.英语学科实物分析结论

(1)教师教学反思实物分析

为了对"互联网+"环境下新型英语课堂教学模式实践效果进行系统分析,本研究对英语教师的教学反思进行了分析,具体如表5-54所示。

表5-54 英语教学反思分析

编号	反思内容
第5周	1.针对教师的反思:在教学设计上花的时间不够;课堂上没有充分利用互联网和学生高效互动;对于学生的日常评价有待完善,准备对学生实行积分制评价。 2.针对教学的反思:常态化英语主题学习活动。 3.针对学生的反思:学生对主题活动参与度高,表现出极大的兴趣。
第6周	1.针对教师的反思:课堂上的互动效果需要提升;教学设计有待改进和完善。 2.针对教学的反思:善用云校家平台习惯养成功能,让学生每天去打卡,完成听说任务;利用学生点评功能,对学生进行过程性评价;对学生实行积分制,进行跟踪性、过程性评价。 3.针对学生的反思:学生参与度还有待提升。
第7周	1.针对教师的反思:发现互联网是一把双刃剑,要让互联网辅助教学,而不能让互联网绑架教学。 2.针对教学的反思:利用云校家平台来创新作业形式,云校家平台作业形式可以分为图片作业、文档作业、朗读作业和视频作业四种。 3.针对学生的反思:学生的云校家平台作业参与度还有待提升。
第8周	1.针对教师的反思:课堂上的互动效果和教学设计仍需改进。 2.针对教学的反思:尝试调整教学环节,在练习环节,由教师讲转变为学生讲,并准备典型错题和重难题,让学生先自己上黑板做题,再让学生自己改错题,发现问题,改正问题;利用软件调用资源功能调用在线音视频动画,并上传资源到教学平台,进行资源调用;使用互动课堂上课,利用平台随机挑人、计时器、移动讲台直播、翻牌、英文有声单词等功能和学生进行互动。 3.针对学生的反思:思考对自制力差的学生如何利用好信息化设备,而不影响他们的学习。
第9周	1.针对教师的反思:教师发现利用教学助手进行资源调度非常便捷,并计划多利用教学助手制作课件,挖掘其可利用的功能。 2.针对教学的反思:教师打算利用在线检测功能让学生做练习,并对课堂教学环节和教学方法做进一步优化。 3.针对学生的反思:学生对于利用微课来进行复习和预习非常积极。

续表

编号	反思内容
第10周	1.针对教师的反思:教师增加导学检测的形式,如发送音频、视频、微课等;让学生利用云校家平台错题本,建立错题档案。 2.针对教学的反思:教学环节调整方面,教学模式的改革关键环节在于导学检测,应将导学检测中反映的问题在班上集中解答,课堂上也要增加云校家平台作业展示环节,增加学生自主探究的时间,减少老师讲解的时间;教学资源使用方面,借助线上教学资源让学生在课后进行自主学习。 3.针对学生的反思:让同学们在云校家平台每天朗读打卡,参与率较高。
第11周	1.针对教师的反思:教学设计里面花的时间还是不够多,准备对学生进行分组,进行分层布置作业。 2.针对教学的反思:教学环节调整方面,在讲评作业中查看导学检测作业,然后根据反映出来的问题进行答疑和重点讲解,同时增加了查看在线检测作业的环节,对错题进行分析,让学生进行即时改错,以此增加教学的指向性和精准性;教学平台应用方面,发现在线检测对教学很有帮助,既能帮助教师减负,实现智能评价,形成作业分析报告,也能帮助教师学会从翼课网和学科网中去查找所需习题和课件等资源。 3.针对学生的反思:继续使用云校家平台的习惯养成、课前导学、在线检测功能;学生已经慢慢接受了在云校家平台进行学习,学生和家长都比较配合。
第12周	1.针对教师的反思:对翼课网的学习资源进行更多的开发利用。 2.针对教学的反思:教学环节调整方面,初始环节会在讲评作业中查看导学检测的作业,然后根据反映出来的问题进行答疑,之后将更多时间放在学生活动和习题讲解上;教学资源使用方面,自己在翼课网App上探索使用各类智能评价功能,如趣味单词对对碰、在线听力、在线口语评价等。 3.针对学生的反思:本周继续使用云校家平台的习惯养成、课前导学、在线检测功能,学生和家长已经实现常态化使用平台来学习。
第13周	1.针对教师的反思:教师继续细化导学案,引导学生更好地进行自学,并继续摸索新型教学模式的运用。 2.针对教学的反思:围绕着学生的反馈进行授课,既可节约课堂时间,提升教学效率,也可加深学生对知识的理解。 3.针对学生的反思:学生在考试后心态有所放松,导致完成导学案的人数下降。
第14周	1.针对教师的反思:对各种多媒体和技术的运用,还应该更加优化和整合。 2.针对教学的反思:教学模式应用方面,教学环节稳定,基本适应教学模式,进行常态化教学;教学资源应用方面,在备课的时候,从国家教育资源公共服务平台中的"一师一优课",或者教育云中的"互联网+"教育比赛获奖作品展示中下载课件、微课等视频资源。 3.针对学生的反思:学生参与度提升。

续表

编号	反思内容
第15周	1.针对教师的反思:平台的多媒体智能评价功能;增加学生学习的有效性;在教学评价方式和评价手段上进行进一步研究。 2.针对教学的反思:教学模式应用时,教学环节稳定,基本适应新型教学模式,并开展常态化教学。 3.针对学生的反思:学生适应新型教学模式,云校家平台应用常态化。

通过分析英语教师的教学反思表可以发现:教师在教学反思的方法和类型上基本没有变化,均是在教学后采用叙事形式对本周教学情况进行的反思总结;在教学反思的内容上,也都是从教师、教学和学生三个维度进行的反思,但仔细观察可以发现,其在每一维度的反思内容上具有较大的差异性。第一,针对教师自我的反思,表现出由被动接受到主动探索的转变。教师早期自我反思时关注的重心是如何做好教学设计,核心关注如何在教学设计过程中融入互联网技术,过于偏重对技术的使用,总结反思较为笼统而没有针对性。后期逐渐开始关注作业形式、教学互动、教学评价、分层导学、教学资源开发等具体问题,并利用互联网手段和技术支持实现这些想法,例如:创新了英语的教学形式、利用教学助手平台互动工具营造互动课堂氛围、开展小组积分评价、开发课程教学资源等。在整个过程中,教师从一个教学者转变为一个教学研究者,在教学过程中借助互联网手段创新教学方式,适应英语学科教学模式,表现出积极的态度。第二,针对教学的反思,表现出由传统教学到适应新型英语课堂教学模式的转变。从教师早期的教学反思可见,课堂教学模式以讲授为主,学生处于被动接受的地位,随着教学的进行,教师有意识地增加学生活动环节,减少教师讲授环节,让学生在练习讲解环节自主发现问题,更正问题。例如:在导学检测环节,教师主要根据学生导学作业反映出来的问题进行答疑讲解。因此,从后期的教学反思内容可见,教师已经转变传统教学模式,形成较为稳定的新型教学模式,"互联网+"环境下新型英语课堂教学模式正逐步实现常态化应用。第三,针对学生的反思,表现出由浅层次参与到深层次提升的转变。在学生维度上,实验前教师的反思更加关注的是学生课前导学的参与性,而后期则更关注如何引导学生更好使用导学案、导学案的分层布置、与学生的互动、学生学习兴趣的激发等。因此,从教师的教学反思中可以发现,教师

十分注重对教学和自身的反思,对于学生的反思相对不足。此外,通过反思发现"互联网+"环境下新型英语课堂教学模式还存在一些不足,例如:云校家平台的资料过于杂乱,不利于教师的筛选使用;教师还需要借助外部资源备课,增加了教师的负担;对学生手机使用管理缺乏支持,部分家长难以做到监督控制;等等。

(2)学生作品实物分析结论

为了探讨"互联网+"环境下新型课堂英语教学模式对学生素养能力的促进作用,本研究对学生的单元知识小结、音频练习作品、单元测试题和错题反思等作品进行了实物分析,发现该模式对学生的合作交流能力、问题解决能力和信息素养都有较好的促进作用,具体如下。

①对合作交流能力的影响

为探讨"互联网+"环境下新型英语课堂教学模式对学生合作交流能力的影响,本研究侧重选取了七年级实验班同一名学生实验前后的错题反思进行分析,其反思主题都是对单元错题进行整理归纳。

对学生作品进行分析后发现,新型英语课堂教学模式更有利于培养学生的合作交流能力,在本研究中具体表现在以下两个方面。第一,促进合作学习态度转变。学生合作交流的态度由被动接受转为主动分享。在传统教学模式中,学生习惯于教师的主导,学习处于被动接受地位,在课堂上仅是教师向学生的单向传输知识,因此,学生的错题反思主要是基于教师讲解的简单摘抄,错题记录比较单一,只有简单的知识更正。而新型英语课堂教学模式实施之后的错题集内容不仅有对知识点的更正,还有解题思路,学生的态度发生了明显的转变,开始积极与教师、同学进行沟通交流,不仅会主动分享自己的解题思路,也会耐心倾听他人分享的做题技巧,所以整理出的错题反思更具深度。第二,提升学生合作交流的兴趣。对比学期中,学生在学期末进行错题订正时,开始主动与大家进行错题讨论,并乐于为有需要的同学提供帮助,同时,在课后还能对讨论的内容进行系统整理,促使其交流能力、学习能力的提升。由此可见,"互联网+"环境下新型英语课堂教学模式实践对学生的合作交流能力有较好的提升作用。

②对问题解决能力的影响

为探讨"互联网+"环境下新型英语课堂教学模式对学生问题解决能

力的影响,本研究侧重选取了七年级同一名学生分别在学期中与学期末的音频练习作品进行分析,作业主题都是课文朗读。

对学生作品进行分析后发现,学生在学期中和学期末的朗读作品具有较大差异。学期中的作品主要体现在英语知识的理解与表达方面,学期末的作品更能体现学生在问题理解、问题表述、问题反思等问题解决能力上的进步,在本研究中具体表现在以下三个方面。第一,理解与表征问题能力的改变。学期中的作品中,学生对课文的朗读比较流利、清晰,但是细听不难发现,学生对某些单词的发音及处理比较机械,音调较为单一,不能体现出朗读时的感情,而在学期末的导学音频中可以发现,学生针对单词和短语做了较好的处理。如自问自答"What does he look like?""Really tall!"的过程中,可以听出学生对"look like"短语做过具有针对性的练习,发音较为清晰,且在疑问与陈述的过程中,带着自己的感情。第二,问题解决能力的改变。与学期中的音频相比,学生的口语表达熟练程度也取得了较大的进步,学生能够通过课前熟悉知识,及时总结出自己在口语练习的过程中表现出的机械性问题,灵活地运用感情并纠正发音。在具体处理问题的过程中,学生融入了自己的思考,并能够归纳总结问题发生的规律。由此可见,在"互联网+"新型课堂英语教学模式的应用过程中,学生在课前问题解决能力的基础上有所改变。第三,问题反思和交流能力的改变。在解决英语问题的过程中,学生形成了一套解决问题的技巧,具备了一定的分析能力,体现了学生问题反思能力的提高。综上所述,可以认为"互联网+"环境下新型英语课堂教学模式实践对学生问题解决能力的培养具有促进作用。

③对信息素养的影响

为探讨"互联网+"环境下新型英语课堂教学模式对学生信息素养的影响,本研究侧重选取了七年级同一名学生在学期中和学期末的思维导图进行分析,该名学生的作品主题都是通过阅读教师提供的学习材料对本单元的知识进行初步归纳。

对学生作品进行分析发现,实验前的作品中主要是对单词、短语以及语法句子的简单抄写,其中并没有体现出学生在学习预习资料后的独立思考内容。经过一个学期"互联网+"环境下新型英语课堂教学模式应用后,学生的信息素养能力有了极大的提升,主要体现为三个转变。

第一,信息筛选能力转变。在实验后导学作品中可以清晰发现,学生对单词进行了筛选,侧重于重点单词的内容。学生由最初单纯阅读教师提供的学习材料,转变为能针对预习材料去主动查找、探究自己所需要的信息;由最初无重点的预习学习材料,转变为对预习材料进行辨别分析评估后,有选择性地学习知识。第二,信息表达能力提升。学生由最初的简单誊抄预习材料,转变为灵活选择预习材料的知识内容,并结合自己的理解创造性地表达信息,做到对不同短语进行归纳和分类解释,并分享自己的学习经验。第三,信息处理能力提升,针对不同的句型,学生能够分析知识要点,并提出解题思路。对于重点语法,学生也结合自己的实际学习情况归纳出记忆要点、学习技巧。综上所述,可以认为"互联网+"环境下新型英语课堂教学模式对于提升学生的信息素养有一定的效果。

四、研究结论

在"互联网+"环境下新型课堂教学模式实践应用,通过分析访谈、课堂观察和实物分析的结果,可以得出以下结论。

第一,教师基本按照"互联网+"环境下新型课堂教学模式为指导进行教学设计。通过课堂观察可以发现,各学科教师在实际教学中,虽与新模式有细微差异,但基本符合"互联网+"环境下新型课堂教学模式的指导思想,各教学环节也均能体现新型课堂教学模式的教学理念,这说明教师在实践过程中融入了自己的思考,并逐步形成"先学后教"新型课堂教学模式的应用常态化。

第二,"互联网+"环境下新型课堂教学模式可以促进教师专业成长。通过教师的教学反思表可以发现,各学科教师在新型教学模式的探索过程中均展现出三方面的成长:一是关注自身发展,积极探索学习,努力提升自身信息化教学水平;二是关注学生主体性,旨在激发学生学习兴趣,培养学生高阶能力;三是关注教学创新,通过革新教学观念与实践探索,解决教学问题。

第三,"互联网+"环境下新型课堂教学模式对学生合作交流能力、问题解决能力和信息素养的培养具有较好的促进作用。通过学生访谈、实物分析可以发现,学生各项能力在新型课堂教学模式的实践中均取得一定的改善与培养,尤其是在学生的问题解决能力和信息素养能力方面,互联网技术的加入使得其培养环境更加丰富。从问题解决能力的培养来看,新型课堂教学模式具有较大优势,在各学科教学中均能较好地促进学生问题解决能力的发展。从信息素养能力的培养来看,新型课堂教学模式在各学科教学中虽都取得较好的效果,但在英语等语言类课程中的提升稍显不足,这可能跟英语课堂学生缺乏操作技术的机会有关。这一差异性也说明,"互联网+"环境下新型课堂教学模式还需结合学科特色进行进一步优化完善。

第四,"互联网+"环境下新型课堂教学模式基本获得家长的支持。通过对家长的访谈可以发现,"互联网+"环境下的新型课堂教学模式能有效增进家校信息互通,家长在及时了解学生在校学习情况的同时,还能帮助学校引领孩子快速适应新的学习方式。家长在"互联网+"环境下新型课堂教学模式影响下发生了以下几个方面的转变。一是家庭教育观念的转变。大多数家长比较支持"互联网+"环境下新型课堂教学模式,逐渐转变了对在线学习的偏见,反而认为学生在利用移动互联学习终端进行学习后能有效提高学生的学习自主性。二是树立终身学习意识。随着互联网、移动通信等技术的快速发展,家长也逐步树立起终身学习意识,更新互联网思维,不断学习互联网知识,掌握基本的互联网技术,以提供学生必要的学习支持。三是履行家校共育责任。"互联网+"环境下新型课堂教学模式对家长督学工作提出了新要求,家长主动承担起了对子女家庭教育的责任,积极配合好学校相应的教学要求,为学生创设良好的家庭网络学习氛围和稳定的学习条件,通过家校共育的力量共同促进学生的发展。

从以上结论可以发现,教师在教学实践中基本遵照了"互联网+"环境下新型课堂教学模式进行教学设计,新模式的实践应用也使学生和教师获得了相应的成长。与此同时,各项数据也体现出"互联网+"环境下新型课堂教学模式存在的不足,主要表现在以下四个方面。第一,对学生自主学习能力要求较高。课前导学案的设计易使课堂出现"两极分化"现象,导致新型课堂教学模式实施受限。第二,对教师信息化教学能力要求较高。互联网工具的使用、教学资源的整合、教学活动的设计、灵活的教学过程要求教师具备较高的信息化教学能力,使得教师教学重心出现由关注学生到关注课堂实施的转变。第三,缺乏家校沟通。新型课堂教学模式在实施前期未重视家长观念的转变,使得家长对互联网工具的使用出现反对态度,导致新型课堂教学模式的课前导学环节和课后助学环节实施受限。第四,新模式的课型针对性不强。各学科教师均认为,现有新型课堂教学模式更适用于新授课的教学,对于其他课型的适用性不强。毋庸置疑,这些问题是后续研究中特别需要关注的重点。

第三节　研究总结

一、教师层面

(一)教学理念和教学方式的双重转变

"互联网+"环境下新型课堂教学模式的实施,推动了教师教学理念的转变,使其客观看待教育信息化建设。在新型课堂教学模式实施之后,教师逐渐意识到互联网已经渗透到教育领域的方方面面,改变了传统的教学生态环境,教育信息化成为教育发展的必然趋势。教师感受到技术在开发教学资源、优化教学评价等方面的优势,教育技术能够为教学赋能,能够解决目前各学科中的教学困境,是帮助优化改进教学效果的途径。因此,"互联网+"环境下新型课堂教学模式的实施使教师更加客观积极地看待教育信息化。

"互联网+"环境下新型课堂教学模式的实施推动了教师教学方式的转变,"以学生为中心"的教学方式逐渐常态化。在理念转变的驱动下,教师主动适应新型课堂教学模式,转变教学方式,课堂教学更加强调学生自主学习、探究式学习、借助网络平台进行交互式学习。教师的教学方式由传授知识转变为教给学生学习知识的方法,在课内、课外的各个环节都更加强调根据教育规律设计教育活动以指导学生学习,为学生提供丰富的教学资源,开发能够支持学生学习的素材,传授学生学习方法。因此,"互联网+"环境下新型课堂教学模式的实施使教师逐步脱离讲授式教学的束缚,"以学生为中心"的教学方式逐渐实现常态化应用。

(二)技术应用能力和教研能力的双重提升

"互联网+"环境下新型课堂教学模式的实施促进了教师技术应用能力的显著提升,使教师积极拥抱教育技术。"互联网+"环境下新型课堂改变了原来单纯的"师生"二元关系,增加了技术媒介的作用,形成了"教师—技术—学生"的三元结构。技术作为新型课堂教学的核心要素,网络环境下的课堂将倒逼教师提升技术素养。面对网络化、数字化、智能化的教学环境,促使教师积极运用教学助手、云校家、互动课堂等互联网教学平台,掌握加工、处理、传递和发布信息的工具以及网络协作学习工具等,推动教师提升信息获取、信息分析、信息处理等能力。因此,"互联网+"环境下新型课堂教学模式的实施使教师成为信息化教学的设计者、引导者、指导者和咨询者,网络环境下的课堂推动教师积极拥抱技术,提升信息素养。

"互联网+"环境下新型课堂教学模式的实施使教师教学研究能力得到有效提升,教师专业化素养迅速成长。新型课堂教学模式的实施促使教师必须改变传统教学模式以适应新型课堂教学模式,对教师的知识能力、教学能力、反思能力都提出了更高的要求。在这个过程中,教师将教学与教研相结合,对教改中遇到的问题进行理论研究,不断总结教学经验。在互联网的支持下不断扩大知识储备以满足教学需要,在模式的指引下不断改进教学方法以实现教学目的,在平台数据的支持下不断发现教学问题以调整教学。教师结合学科和学段特征,以"互联网+"环境下新型课堂教学模式为指导,进而探索和发现新的教学规律、教学方法和教学模式。因此,"互联网+"环境下新型常规课堂教学模式的实施提升了教师的教学教研能力,推动教师由教学型教师向研究型教师成长。

二、学生层面

(一)学习态度和学习方式的双重转变

"互联网+"环境下新型课堂教学模式的实施促使学生的学习态度转变,学习积极性和课堂参与度提升。"互联网+"环境下新型教学模式以"学生中心"为理念,师生主体地位、课内外教学环节发生翻转,与传统课堂相比,学生在课前、课中都拥有更多自主探索、展示的机会,学生学习积极性被充分调动。趣味性、实践性强的教学活动激发了学生的学习动机,学生在课堂上明显投入更多思维、情感和言语行为,具体表现为课堂参与人数、参与时间、参与态度、参与效果的积极转变。因此,"互联网+"

环境下新型课堂教学模式的实施激发了学生学习动机,增强了学生学习的积极性。

"互联网+"环境下新型课堂教学模式的实施促使学生的学习方式转变,学生主观能动性得以发挥,自主先学常态化。受教师教学方式转变的影响,"老师说、学生听"的课堂转变为"老师教、学生学"的课堂,学生在课堂内外拥有更多自主和权力,主观能动性和创造性得到充分发挥。在课前导学环节,学生在教师的指导支持下,自主明确学习目标,规划学习时间,完成导学内容,进行自我测评。学生逐渐适应并习惯自主学习、探究式学习、借助网络平台进行交互式学习,进而实现深度学习的发生。因此,"互联网+"环境下新型课堂教学模式的实施提高了学生的学习自主性,使学生的学习方式由被动学习变为主动学习。

(二)学习成绩和学习能力的多维培养

"互联网+"环境下新型课堂教学模式的实施注重对学生学习成绩的培养,学习成绩基本保持稳中有升。"互联网+"环境下课堂教学模式的实施,在实现教学改革的同时保障了学生学习成绩的稳定,语文、数学、英语各科的学习成绩都有小幅度提升。因此,"互联网+"环境下新型课堂教学模式的实施对学生学习成绩的提升具有一定的积极作用。

"互联网+"环境下新型课堂教学模式的实施重视对学生学习能力的培养,促进高阶能力形成。教学模式的实施重点关注学生自主学习能力、合作交流能力、问题解决能力和信息素养能力等的培养,由于能力的培养是一个长期的过程,所以短期内学生合作交流能力提升效果不显著,但问题解决能力、信息素养均有显著提升。课前导学有助于提高学生的自主学习能力,课堂领学有助于培养学生的合作交流能力,课后助学有助于提升学生的问题解决能力,同时在整个过程中,由于云校家、教学助手、互动课堂等互联网平台给学生提供了充分的学习机会和学习资源,学生的思维能力和信息素养也得到有效锻炼。因此,"互联网+"环境下新型课堂教学模式的实施关注对学生学习能力的多维培养。

三、学校层面

(一)校本资源和生成性资源的开发利用

"互联网+"环境下新型课堂教学模式的实施促使教师拓展教学资源、开发空间、建设校本资源。"互联网+"环境下新型课堂教学模式的实施以丰富的教学资源为基础,而教学资源特别是数字化资源是学生进行自主学习的根基,因此教师需要为学生提供多种学习资源以满足学生的多种学习需要。在这种情境下,新型课堂教学模式推动教师摆脱了现有教材资源的局限,走进了广阔的教学资源开发空间。由于不同学科、班级、学段的差异,教师在进行资源搜索、选择的过程中不断拓宽资源获取渠道,借助校内资源、在线资源和社会资源,通过自主研发和二次开发的方式,积累了大量教学资源,具体包括教案、微课、测试题和其他学习素材,这些丰富的素材成为宝贵的校本资源,具有校本特色,推动了校本资源库的建设。因此,"互联网+"环境下新型课堂教学模式的实施促使教师摆脱现有教材的桎梏,开发并形成了大量校本教学资源。

"互联网+"环境下新型课堂教学模式的实施积累了大量生成性资源,师生双主共促进,线上线下资源共生成。"互联网+"环境下新型课堂从静态、封闭走向动态、开放,师生互动引发学生生成具有积极意义的认知成果。在课堂教学和网络教学环境相结合的混合式教学情境中,生成性资源不再转瞬即逝,而是得到完整记录和保存。教师的教学空间和学生的学习空间由线下向线上延伸,线上学习环境为师生过程性资源的生成提供了孵化空间,学生在课前线上学习过程中,提交的作业、成果等都以数字化形式记录下来并得到循环应用。这些生成性资源为课堂注入了生命力,创造了良好的教学气氛,从而有利于教学生动活泼地展开,并进一步促进学生的全面发展。因此,"互联网+"环境下新型课堂教学模式的实施积累形成了大量生成性资源,使资源得到规范记录。

(二)教研共同体打造和管理体系升级

"互联网+"环境下新型课堂教学模式的实施推动学校打造形成新型教师专业发展共同体,实现了教研共同体建设机制的创新。以教学模式实施为任务驱动,促使教研共同体研究常态化。通过定期举行专家座谈、研讨会、公开课、观摩课、说课和教学反思等多种形式的教研活动,开创自上而下和自下而上双向并行的教研共同体建设路径。自上而下由学校部门引领,构建层级分明、责任分明的教研共同体,形成规范化建设路径;自下而上由优秀教师组织引领,形成由多方教研人员组成的教研共同体,构建兼顾个人优势的灵活发展路径,进而打造跨学科合作教研、跨年级对照教研、跨学校专题教研等多种类型教研共同体。

"互联网+"环境下新型课堂教学模式的实施促进学校完善内部管理制度,推动管理体系升级。通过加强队伍建设、制定科学管理制度、落实教学环节来升级校内管理体系。注重加强班子队伍建设,形成了一个榜样型的领导集体担任语文、数学、外语的主科教学。强化学习研讨,促进教师队伍发展,注重教师培训和对外交流学习,通过交流培训更新教师教育观念,提升教学信息素养,为课堂教学注入活力,提高学校内部管理效能;制定可操作、易执行的科学管理制度,用制度促进教师积极教学教研,强化学生管理,强化校内管理,调动教师的工作积极性;落实教学中心环节,提升新型课堂教学模式的教学质量。学校须对教师备课、课后辅导、听课学习进行明确要求和督查,建立常规教学登记档案,深入开展"学生评教""教师评教",及时反馈、解决评教中发现的问题,有力地提升课堂教学效果。

第六章 "互联网+"环境下新型课堂教学模式推广策略

第一节　学校层面

任何新事物的扩散都是多种因素共同作用的结果,"互联网+"环境下新型课堂教学模式的推广亦是如此。因此,学校在推广新型课堂教学模式时,就必须去关注目标、团队、资源和制度四大核心要素。

一、明确推广目标

明确的推广目标对新模式的扩散具有导向作用,是新模式顺利推行的基础。因此,从学校层面而言,若想使"互联网+"环境下新型课堂教学模式达到较好的推广效果,就必须制订明确的目标,主要包括两方面的内容。第一,明确模式的推广方案。学校在推广模式的过程中,需要对各项因素进行综合考虑,例如教学活动方式的改变、现有教学空间的调整、教与学关系的改变、各级各类教学活动的设计和学科适用性等[1],以此形成具体化的新型课堂教学模式分级、分科、分步推进操作方案。同时,在制订好推广方案之后,学校还应借鉴"增城中学"的教学模式变革经验,鼓励各科教师围绕新型课堂教学模式进行课题研究,利用科研项目助推教学模式变革[2],从而探索出符合本校的新型课堂教学模式变革之路。第二,强化宣传力度。学校应对新型课堂教学模式的推广意义进行宣传,以此保障推广任务顺利下达,为革新传统课堂教学埋下伏笔。在宣传过程中,首先,学校应组建专业的宣传队伍[3],在保障宣传强度的同时,把握正确的舆论方向,使外宣效果达到最优化。其次,学校应拓宽

---

[1] 陈佑清.教学过程的本土化探索——基于国内著名教学改革经验的分析[J].当代教育与文化,2011,3(1):64.
[2] 宋东胜.学校教学改革如何稳落地、见实效?[J].中小学管理,2019(4):57.
[3] 张艳霞,马可.对外宣传工作是提升学校软实力的途径之一[J].沧桑,2010(8):218.

宣传渠道,重视宣传方式的多样化[1],例如可借助校报、传单、校园网、新媒体、家长会等方式在家校范围内进行宣传,也可通过跨界合作利用新闻报道、期刊杂志等媒体对外界进行宣传。

二、组建教研团队

根据洋思中学、德宏州民族第一中学、杜郎口中学和东庐中学等学校的模式变革经验可以看出,教学模式变革具有自上而下的特点,而教研共同体则在模式变革中发挥着关键性的作用[2]。因此,为保障新型课堂教学模式变革的常态化,学校在推广教学模式变革的过程中,必须组建教研团队,即教研共同体,发挥多级联动作用,具体可参考中卫三中采取的以下措施。第一,实行科研项目制,明确教研规划。学校在建设教研共同体时,也可围绕新型课堂教学模式、结合各学科特色成立教研课题组。例如以校长为决策人,各学科代表为组长,分科下设五个工作小组[3],以课题任务驱动的形式进行教学模式变革研究,探索本校新型课堂教学模式的实践路径。同时,还应制订明确的教研规划,聚焦可能会遇到的问题,分级分科开展教研活动,并通过教研成果激励教师进行教研活动,从而在全校范围内形成常态化、自觉化的变革。第二,实施双线并行制,拓宽建设路径。分析现有中小学教学模式变革的成功经验,可以发现,它们基本具有自上而下的变革共性,这说明以校长为决策监督,构建一个层级分明、责任分明的教研共同体对于教学模式变革非常重要。但这并不是唯一途径,除了构建教研共同体以外,还可以自下而上组织各科优秀教师进行教研引领,发挥校长主导、教师主体的变革优势,通过双线并行,拓宽新型课堂教学模式的变革路径。第三,采用异团队制,多方协同教研。教研共同体的建设离不开教师、领导和专家三方主体的协同合作。从教师层面而言,可利用少数带多数的原则,分科选取优秀教师进行教研领导,先进行新型课堂教学模式的探索,继而由点到面辐射

---

[1] 李久艳,梁益铭.高校图书馆经典阅读推广研究——以中山大学图书馆阅读推广模式为例[J].图书馆研究,2016,46(3):78.
[2] 陈佑清.教学过程的本土化探索——基于国内著名教学改革经验的分析[J].当代教育与文化,2011,3(1):62.
[3] 宋东胜.学校教学改革如何稳落地、见实效?[J].中小学管理,2019(4):57.

整个学校;从校领导层面而言,可通过改进原有的管理制度、发布新的管理制度等方法来营造教研文化和教研氛围,助推教研活动的顺利实施;从专家层面而言,可通过理论指导、方法创新等措施对教研团队进行集中指导,强化教师对新型课堂教学模式的认同感,促进理论和实践的充分融合。第四,推进跨界教研制,丰富教研体系。教研共同体的建设不应仅局限于本校或者本学科,应该放宽视野,通过跨界合作丰富教研体系。从横向来看,可以以学科、校际或区域等为单位扩大教研共同体范围;从纵向来看,可以依据学科、年级和学校等特点细分教研共同体的类型。第五,推动教研常态制,开展多种活动。学校在建设好教研共同体后,应积极开展各类活动,引导教学模式变革由强制化转为常态化。从学校层面而言,可定期邀请专家开展座谈会和研讨会,破除教师的思想误区,为新型课堂教学模式的进一步变革提供方法和指导;从教师层面而言,可定期开展示范教学、示范课、经验分享等活动,在聚焦教学实际问题的同时,为教师搭建参考借鉴的平台。除此之外,学校还应要求教师定期撰写教学反思,并委派学科组长进行收集整理,以便新型课堂教学模式在实践过程中的共性问题得到及时发现和解决,从而保障新型课堂教学模式变革的顺利推进。

三、完善配套资源

新型课堂教学模式的推广离不开配套教学资源带来的物质支持和技术支持,因此,学校在推广新型课堂教学模式的过程中,还应注重配置与之相匹配的教学资源。根据现有的教学资源,学校在推广过程中需完善以下四方面的内容。第一,配置与新型课堂教学模式相适应的硬件设备。目前,学校大部分教室的配置仍以课桌、黑板和多媒体三大基本件为主,硬件设施并未跟上,不具备全面推广新型课堂教学模式的条件。因此,学校应该向有关部门申请配置相应的硬件设备,做好硬件支持基础工作,例如建设智慧教室等。第二,建立系统化的网络教学资源库。在新型课堂教学模式的实践过程中,各科教师都反映出一个相同的问题——云校家平台的资源虽然丰富,但是内容杂乱无序、资源结构不完善,备课需要耗费大量时间和精力,这说明现有的网络教学资源库还存在很多问题。因此,为保障新型课堂教学模式的顺利实施,学校必须采取措施建立系统化的网络教学资源库。一方面,学校应该出台相关管理办法和激励机制,培养全校教师建设资源库的意识,并以教研共同体为单位进行资源的集中开发,以保障资源库的持续性建设;另一方面,学校应把握好资源库建设的学科方向,以各科优秀教师为引导,结合学科特色,围绕本学科知识体系进行资源建设,以便教师在使用过程中能快速定位到相关位置,从而实现教育教学的最优化[1]。第三,形成校本资源。学校在构建网络教学资源库的同时,应结合自身情况,形成校本资源。一是要做好校本资源的存量分析[2],即号召各科教师在学校已购买的各类资源库中进行资源筛选[3],并上传到本校资源库中,在筛选过程中,要注意线上资源和线下资源的联系[4],从而使校本资源更具使用价值。二是要进行校本资源的增量开发,校本资源的建设不应仅依赖于现有的资源库,还应结合本校现有的资源进行增量开发。例如中卫三中的"六个一制度"产生的学科示范课、教学反思表、研讨总结等,都可作为校本资源增量开发的重要来源,同时,学校还可以采取一定的激励机制,激励各科教师制作优质教学资源,拓宽资源的来源渠道。三是要做好校本资源的减量工作[5],校本资源的可持续性建设除了需要做好增量工作以外,还需做好减量工作,学校需派专人对校本资源进行管理,剔除不合格或者冗余的资源,保障校本资源的精简性。第四,进行资源库的管理。学校应委派专人进行资源库的统一管理,一方面要优化资源检索、下载等功能,强化共享机制,提升资源使用的便捷性;另一方面要针对不同人群,分级提供不同权限,便于进行系统管理[6]。

---

[1] 罗廷锦,余胜泉.浅谈教育教学资源库的建设[J].现代教育技术,2002(2):37.
[2] 任帅军.开发校本资源 优化教学生态——以复旦大学"基础"课为例[J].教育与教学研究,2019,33(7):42.
[3] 董晓.信息化教育下校本教学资源库的建设[J].中国教育技术装备,2012(26):69.
[4] 刘大军,许文果.试论高校精品课程推广和利用模式的建构[J].江苏高教,2007(2):90.
[5] 任帅军.开发校本资源 优化教学生态——以复旦大学"基础"课为例[J].教育与教学研究,2019,33(7):43.
[6] 马俊臣.云计算环境下的网络教学资源库建设[J].中国教育信息化,2010(9):19.

四、健全管理制度

明确推广目标、组建教研团队和完善配套资源均属于教学模式变革的准备工作,要想顺利推进变革,还离不开配套管理制度的支撑。因此,学校在推广新型课堂教学模式的过程中,必须根据新型课堂教学模式的特点,健全现有管理制度,重点需要关注以下三个方面。第一,健全硬件管理制度。原有课堂教学所需的硬件设施大多仅局限于课桌、黑板和多媒体,其日常管理办法较为简单,而新型课堂教学模式的推广,意味着配套教学资源更新的同时,也必将引起对现有规章管理制度的改进,它与配套教学资源一起对新型课堂教学模式的顺利实施起着支撑作用。第二,健全行政管理制度。学校应健全行政制度,设立专人负责推动教学模式的变革工作,可效仿中卫三中建立"六个一制度",即一周至少开展一次示范课、一周至少访谈一位教师、一周进行一次学科研讨会、一周提交一次教学反思表、两周开展一次研讨总结会和每月邀请一位专家进行实地指导。第三,健全评价管理制度。评价在教育系统中起着杠杆作用,若评价方式未改变,那么教育系统的其他要素也很难发生改变。一是完善评价标准。学生的学业成绩仍是当下评价教师的重要指标,这一指标导致教师在面临新型课堂教学模式时产生不想变、不敢变的心理,担心自己的付出得不到肯定。因此,为调动教师变革的积极性、保障新型课堂教学模式的顺利实施,必须完善教师评价标准,消除教师变革顾虑。二是健全激励机制。教师的时间精力有限,特别是中学教师,工作负担重,习惯于采用既有的教学模式进行授课,而改变教学模式初期需要投入大量时间成本。因此,学校必须健全激励机制,使教师投入到教学模式改革实践之中。

第二节 教师层面

教师是立教之本、兴教之源,是教育信息化变革实施过程中的关键。从创新扩散理论的角度来看,教师的教学观念、教学方法和手段、教学模式创新、教学资源设计与开发等方面的转变就包含了其对"互联网+"环境下新型课堂教学模式接受和采纳的过程,这也是"互联网+"环境下新型课堂教学模式在教师层面得以推广的关键要素。

一、转变教师教学观念

教学观念是已有的教师观、学生观、教学经验等方面的总和,是教师接受"互联网+"环境下新型教学模式变革的预备状态。因此在推广和实施过程中,要特别关注教师如何转变其教育教学观念,这不仅是"互联网+"环境下新型课堂教学模式变革的开始,也是教师从心理上对新的教学模式适应与调整的过程。第一,由知识传授向知行创一体化培养转变。"互联网+"环境下新型教学模式是以现代教育理论为指导,以现代技术手段为支撑的,相比传统教学教师角色发生了重大转变,教师由权威的知识传播者转变为学生学习的激励者和协同者。教育信息化已进入2.0时期,要求教师重新对教学进行细化式分工,能够通过互联网等技术在教学模式、教学方法方面发挥作用,促进学生转变学习方式,发展综合素质,实现对学生进行知行创一体化培养和高度个性化的教学服务。第二,由集权化向人性化管理转变。传统教育的管理注重模式化和标准化,学生的个性和自由被长期忽视。在"互联网+"环境下新型课堂教学模式下,要求学生学会在课前进行自主学习,在课后进行扩展学习,其学习水平和学习深度定有所差异,教师应接受学生的差异性。而传统教育管理方法与新型教学模式理念背道而驰,因此,教师还需尽量为不同层次的学生制订各异的管理方法以适应新的教与学的方式,尤其是学生在互联网平台上学习的要求、条例、规则等制度,进而督促学生养成良好的自主学习习惯。

二、提高信息化教学水平

信息化教学能力是教师在信息技术环境下设计、实施和评价教学的能力,是教师在"互联网+"环境下实施新型教学模式的所需要具备的技能。教师往往不喜欢复杂和繁琐的技术手段,希望教学设备操作简单、技术手段易于掌握;教学资源适合教师教学风格和教学水平;教学方式便于快速掌握。因此,加强对教师信息化教学能力的培训是模式推广过程中必不可少的策略。第一,面向全校教师开展常规(模式)培训。以提升教师信息化应用能力、专业自主发展能力为导向,全面促进信息技术与教育教学融合创新发展,设计循序渐进、与时俱进的多轮培训模式。例如在"互联网+"环境下新型课堂教学模式改革的初期,学校聘请专业人员对教师进行专项培训,专门培训教师如何使用支持教与学的工具。当教师们基本掌握教学技能后,再运用平台思维,通过网络培训平台向教师们展示名家授课,体验多媒体教学设计的典型案例,学习教育信息化课程和专家讲座,多层次提高信息化教学认知,以便能够在互联网环境中,合理利用网络资源和信息技术,有效推进"互联网+"教学。第二,以赛促进,辅以培训。以竞赛激发为抓手,再以榜样的力量带动,是我国提升教师信息化教学创新创造能力值得总结推广的好做法[①]。该方法的实质就是通过竞赛激发教师教学教育观念的转变,实现教师信息技术应用能力和促教与学方式的变革,从而形成优质的案例并给其他学校示范。"互联网+"环境下新型课堂教学模式创新主体是教师,而教师对模式的接纳是需要被激发的,在学校出台各种激励政策下,教师可自下而上组织多种形式的竞赛活动,如教师信息化教学能力大赛、多媒体教学设计大赛、微课比赛等,加速推动教学模式改革创新,促进教师信息化教学能力的提升。

三、推动教师校本教研

教研是促进中小学教师专业发展、促进教学理论和教学实践深度结合的有效途径,其以促进教师高水平专业发展为核心,推动教师质量和教育质量的良性发展。因此,加强教师教研在推进"互联网+"环境下新

---

① 陈耀华.提升教师信息化教学力的中国路径及优化发展[J].中国电化教育,2020(12):101.

型课堂教学模式的改革中具有重要作用。第一,组建"骨干引领、学科联动、团队互助、整体提升"的研修共同体。由教师代表引领教师研修团队结合校本资源,围绕"互联网+"环境下新型课堂教学模式学科课程标准、教学标准等,开展跨学科教学案例研讨、课堂实录分析,最终形成新型教学模式示范课例。第二,开展多类别课题研究。一方面,以学校为单位申报与信息化教学有关课题,以课题研究为依托,让教师借助课题开展信息化教学研究;另一方面,教师可以在"互联网+"环境下新型课堂教学模式的实践应用中寻找有创新意义的课题。第三,利用"互联网+"组织多形式教研活动。借助多种活动的同步学习与实践,实现教师教研教学能力的立体化提升,比如设计教师研修社区、教师工作坊、讨论交流会、撰写教学反思等多种形式的活动。此外,借鉴新冠病毒疫情期间教育实践的启示,教师还应转换思路,创新应用移动网络技术,拓展教研活动的场所和时空,善用"屏幕"实现跨学校、跨时空的协同教研。

四、培养教师变革代表

"互联网+"环境下新型教学模式变革对于大多数教师来说都是前所未有的"新事业",如果大家都按照齐步走的方式进行变革,只能是缓慢前进,因此,应当鼓励一批教师领头进行教学模式探索创新,通过率先取得的教学经验带动全校教师快速融入教学变革的环境中。由此可见,教师代表的示范作用是不可低估的,"互联网+"环境下教学模式的推广需要重视对教师代表的培养。第一,赋予教师代表权责,帮助团队管理。为更好地对整个教学改革团队进行管理和监督,需要在每个课题项目中分别选拔一两个变革代表负责人,并赋予他们相应的职责。负责人一方面要落实学校及上级下发的制度要求,另一方面要在课题组内定期组织教师开展研讨会、存档教师教学反思记录以及保持对其他教师的持续追踪,以便观察他们对"互联网+"环境下新型课堂教学模式的态度变化,并向他们了解新型教学模式应用实施的情况和建议。第二,激励教师变革代表对新型教学模式进行再创新。"互联网+"环境下新型课堂教学模式给教师们提供了适合不同学科的分科模式,但教学是一门艺术,"教学有法,而教无定法",在具体的教学过程中,早期的接纳者(教师变革代表)

会根据教学情况充分发挥自己的智慧,探索和创新教学模式,最后形成适合自身教学的"互联网+"环境下新型课堂教学模式。激励教师变革代表不断开拓与创新,发挥其示范作用,从而加快"互联网+"环境下新型课堂教学模式的推广进程。

五、开发精品教学资源

"互联网+"环境下新型教学模式的相对优势主要表现在,该模式运用互联网技术提高教学效果、减少教师教学工作量和提供网络教学资源三方面。因此,为进一步体现"互联网+"环境下新型课堂教学模式的优越性,努力打造精品课程资源体系是十分必要的举措。第一,开发大量精品教学资源。为适应新型教学模式的变革,除改变教师观念、教学水平之外,教学内容也是不可忽略的一部分,精品教学资源体系的构建需要一批优秀的教师队伍来合力研发,为新型模式课程教学储备大量教育资源。与此同时,通过建设精品教学资源又使得教师们相互支持、相互促进,从而有效提高教师的教学水平和专业技能。第二,形成优质教学资源共享机制。例如骨干教师可先将教师们分散的课程资源集中在网络平台,再筛选出精品课程形成系列栏目,传送到平台上形成特色校本教学资源,为快速共享创造条件。如此,教师不必花大量时间为每节课都设计教学内容,而是根据自己的教学需要在平台上选择适宜的教学资源,可以大大减少教学备课的工作量。

六、开展全程检测评价

教师评价具有预测、诊断、改进、激励等功能,在教学改革的过程中,关注教师发展才能做到与教学改革的效果相得益彰。第一,利用新技术开展教师伴随式数据采集与过程性检测。教师在通过培训后,其信息化教学水平是否有效提高,是否已经具备基本的信息化教学能力,还需要借助新型技术手段来科学、精准、全过程检测教师信息化教学水平实质性变化,以提高教学变革助学的精准性。第二,实施成果导向的评价方式。评价以激发教师专业发展为目标,引导教师参与"互联网+"环境下新型课堂教学模式教学改革的积极性,将教师研修学习、教学实践、教学反思等活动纳入评估范围,搜集教师教研能力、信息化教学水平常态数据,结合教师在新型教学模式应用实施过程中所取得的教学成果,通过教研组自评、互评等多种评价方式促进教师专业发展。

第三节 家长层面

家庭是孩子的首个学习场所,家长则是孩子的第一任老师,对学生的教育具有潜移默化的作用。"互联网+"时代给家长和孩子带来无限机遇,又带来诸多挑战。为形成家校共育的意识,获得家长支持是新型教学模式推广的必经之路。

一、转变家长观念

家长是推动新型课堂教学模式变革的重要主体,其对新型课堂教学模式的理解程度会直接影响到新模式的实施。因此,从家长层面而言,转变思想观念便是新型课堂教学模式推广的关键,具体可从以下方面入手。第一,强化对新模式的理解[①]。家长对新模式的认可度不高,主要源于对模式的不了解。一方面,学校应该加强宣传力度,拓宽宣传渠道,帮助家长及时了解新模式的相关知识;另一方面,学校应该围绕新模式组织各项活动,例如新模式宣讲会、家长交流会、学科体验课等,让家长在活动中了解新模式的教育理念和实施重要性,从而改变已有的陈旧观念。第二,形成积极舆论导向。家长的思想观念往往会受到社会舆论的影响,因此,学校应该联合政府相关部门通过新闻访谈、政策推广等措施营造变革氛围,形成积极的舆论导向,引导家长配合学校进行变革。第

---

① 许平,胡君.基于移动终端的社区家长教育研究[J].中国成人教育,2018(23):147.

三、转变人才评价标准①。家长不配合学校进行模式变革的另一原因是受到应试教育的影响,担心教学变革会拉低孩子的学业成绩。因此,学校要想进行教学模式创新,就必须转变人才评价的标准,结合新模式特点建立多元评价体系,破除家长唯分数论的刻板印象,才能促进其教育观念的转变。

二、强化家校沟通

家校配合度会直接影响教学模式变革的效果,因此,强化家校沟通便成了新型课堂教学模式变革的重点。在家校沟通过程中,需要注意以下两方面的问题。第一,强化沟通力度。通过前期新型课堂教学模式的实践发现,当下众多家长对于新模式的实施都较为抵触,担心自家孩子成为实验品,从而影响学习成绩。这一现象说明学校对家长的沟通不到位,导致家长新型课堂教学模式不了解,使学校教育与家庭教育出现离心现象。为保障新型课堂教学模式的顺利实施,后期需要强化与家长的沟通力度,提升沟通频率,在转变家长思想观念的同时,通过定期沟通以帮助家校双方互相了解孩子的学习情况和心理情况,便于学校更有针对性进行教学。第二,调整角色定位。新型课堂教学模式要求家长调整自身角色由学校工作的支持者转变为合作者。在进行家校沟通的过程中,学校必须做好引导工作,帮助家长及时调整心态和思想观念;而家长则应该积极配合学校的工作,扮演好合作者的角色,及时传递教师期望和学生期望。同时,家长在家中还应积极与孩子进行亲子沟通,了解孩子的真实想法,做好孩子的思想工作。

三、协助监督学习

新型课堂教学模式的实施除了给教师的教学工作带来挑战以外,也对家长的督学工作提出了新要求。在这一背景下,家长应主动承担起对子女家庭教育的责任,积极配合学校对学生课后学习做好协助与监督。

---

① 王艳,吴贞贞.素质教育推进中家长教育观念转变的矛盾消解策略[J].天津市教科院学报,2012(5):82.

家长可通过以下三方面措施做好督学管理工作。第一，强化手机管理。根据青少年的心理发展规律，处于中学时期的学生自制力较差，因此，家长必须采取措施强化对手机的管理，例如借助"格雷盒子"App等现有的手机管理软件对手机使用范围进行约束，通过伴学软件对手机使用过程进行监督等，从而保障学生对电子产品的合理使用。第二，加强学习引导。一方面，家长需要督促孩子按时完成学习任务，保障课后学习质量；另一方面，家长需要引导学生正确辨别和利用网络学习资源，培养良好的在线学习习惯。第三，定期与教师进行沟通。通过定期与教师进行沟通，了解孩子平时的在校表现，交流奖惩办法和教育理念，提高家长督学管理的全面性和科学性。

四、创设学习环境

良好的家庭环境和学习氛围，不仅有利于学生养成良好的学习习惯，还会对学生学习成绩产生深刻影响。因此，家长需要主动承担起家庭教育的责任，创设与学校教育相适应家庭环境，为学生提供获得适宜的在线学习平台和软件，支持学生课后自主学习的需要，具体可从三方面入手。第一，创设良好的学习环境。家长要尽可能地为孩子创设适宜的学习环境，提供良好的软、硬件条件，让孩子学习舒心、无忧。第二，给孩子树立学习榜样。家长要以身作则，用自己的言行熏陶孩子，率先热爱学习，形成良好家风，营造良好的学习氛围。另外，在孩子学习期间，家长应尽量保持安静，避免孩子受到外界干扰，让孩子安心学习。第三，提供完善的电子学习设备和稳定的网络条件。"互联网+"新型学习方式是以移动互联网为支撑，以手机、平板电脑为载体，让孩子可以在课后进行在线网络学习，因此，家长需要为孩子提供必要的学习支持工具，保障无线网络环境。另外，家长还需保持亲子沟通，以与孩子面对面交流的方式，及时了解孩子网络学习动态，或与孩子共同合作完成在线学习任务，促进亲子关系，形成和谐温馨的家庭氛围。

参考文献

[1]蔡苏,张晗,薛晓茹,等.增强现实(AR)在教学中的应用案例评述[J].中国电化教育,2017(3).

[2]陈坤华,彭拥军,夏永庚.现代教育学[M].长沙:中南大学出版社,2018.

[3]陈耀华.提升教师信息化教学力的中国路径及优化发展[J].中国电化教育,2020(12).

[4]杜修平,杜文睿,王怡雯.连接主义的知识观解读[J].现代教育技术,2012,22(11).

[5]冯晓英,孙雨薇,曹洁婷."互联网+"时代的混合式学习:学习理论与教法学基础[J].中国远程教育,2019(2).

[6]高琳琳,解月光."互联网+"背景下智慧课堂教学设计研究[J].教育理论与实践,2019,39(20).

[7]郭绍青,高海燕,华晓雨."互联网+"单元教学模式设计理论研究[J].电化教育研究,2022,43(6).

[8]郭玉娟,陈丽,许玲,等.联通主义学习中学习者社会网络特征研究[J].中国远程教育,2020(2).

[9]何克抗,李文光.教育技术学[M].北京:北京师范大学出版社,2009

[10]何克抗,吴娟.信息技术与课程整合的教学模式研究之一——教学模式的内涵及分类[J].现代教育技术,2008(7).

[11]何克抗.建构主义的教学模式、教学方法与教学设计[J].北京师范大学学报(社会科学版),1997(5).

[12]黄荣怀,陈庚,张进宝,等.论信息化学习方式及其数字资源形态[J].现代远程教育研究,2010(6).

[13]黄荣怀,刘德建,刘晓琳,等.互联网促进教育变革的基本格局[J].中国电化教育,2017(1).

[14]黄荣怀,张晓英,陈枕,等.面向信息化学习方式的电子教材设计与开发[J].开放教育研究,2012,18(3).

[15]教育部.义务教育课程方案(2022年版)[M].北京:北京师范大学出版社,2022.

[16]李红梅."互联网+"时代"新"学习方式的价值逻辑[J].中国电化教育,2017(6).

[17]李芒.信息化学习方式[M].北京:北京师范大学出版社,2006.

[18]李如密.关于教学模式若干理论问题的探讨[J].课程·教材·教法,1996(4).

[19]李爽,林君芬."互联网+教学":教学范式的结构化变革[J].中国电化教育,2018(10).

[20]李玉斌,戴心来,王朋娇.现代教育技术(第2版)[M].北京:高等教育出版社,2011.

[21]刘邦奇,吴晓如.智慧课堂:新理念 新模式 新实践[M].北京:北京师范大学出版社,2019.

[22]刘革平,谢涛.三维虚拟学习环境综述[J].中国电化教育,2015(9).

[23]刘和海,戴濛濛."互联网+"时代个性化学习实践路径:从"因材施教"走向"可因材施教"[J].中国电化教育,2019(7).

[24]卢家楣.论情感教学模式[J].教育研究,2006(12).

[25]秦虹,张武升."互联网+教育"的本质特点与发展趋向[J].教育研究,2016,37(6).

[26]睢文龙,廖时人,朱新春.教育学[M].北京:人民教育出版,1994.

[27]谭维智.不教的教育学——"互联网+"时代教育学的颠覆性创新[J].教育研究,2016,37(2).

[28]王策三.教学论稿(第二版)[M].北京:人民教育出版社,2005.

[29]王志军,陈丽.联通主义:"互联网+教育"的本体论[J].中国远程教育,2019(8).

[30]王竹立.移动互联时代的碎片化学习及应对之策——从零存整取到"互联网+"课堂[J].远程教育杂志,2016,34(4).

[31]巫新秋.社群学习:让学习自然地发生——以互联网+绘本阅读课程实践为例[J].人民教育,2016(10).

[32]余胜泉,王阿习."互联网+教育"的变革路径[J].中国电化教育,2016(10).

[33]余胜泉.互联网+教育:未来学校[M].北京:电子工业出版社,2019.

[34]张广君."互联网+教学"的融合与超越[J].教育研究,2016,37(6).

[35]张海生,范颖."互联网+教育"时代的学习新形态:主要类型、共性特征与有效实现[J].中国远程教育,2018(10).

[36]张尧,王运武,余长营.面向城乡教育均衡发展的教育变革:徐州市同步课堂教学模式的设计与实践[J].现代教育技术,2019,29(6).

[37]张义兵.教育技术变迁与学习的变革[J].教育学报,2012,8(2).

[38]赵慧勤.现代教育技术应用[M].北京:北京师范大学出版社,2019.

[39] 赵兴龙.翻转课堂中知识内化过程及教学模式设计[J].现代远程教育研究,2014(2).

[40] 祝智庭,彭红超.信息技术支持的高效知识教学:激发精准教学的活力[J].中国电化教育,2016(1).

[41] 祝智庭.教育信息化的新发展:国际观察与国内动态[J].现代远程教育研究,2012(3).

[42] SNYDER W.M, WENGER E. Our world as a learning system: A communities-of-practice approach[M]//BLACKMORE C.Social learning systems and communities of practice.London: Springer,2010.

[43] KIM P, SUH E, SONG D. Development of a design-based learning curriculum through design-based research for a technology-enabled science classroom[J].Educational technology research and development,2015,63(4).